Riscos e Desastres

Caminhos para o Desenvolvimento Sustentável

Riscos e Desastres
Caminhos para o Desenvolvimento Sustentável

Organizadores
Hugo Tsugunobu Yoshida Yoshizaki
Carlos Augusto Morales Rodriguez
Larissa Ciccotti

Revisão Técnica
Dafne Rosane Oliveira
Elaine Gomes dos Reis Alves
Larissa Ciccotti
Lia Helena Monteiro de Lima Demange
Samia Nascimento Sulaiman
Tábata R. Bertazzo
Vivian C. Dias
Wagner Isaguirre do Amaral

2019

Arte da capa
Maria Clara Rodrigues Pinheiro

R595r Riscos e desastres: caminhos para o desenvolvimento sustentável / organizado por Hugo Tsugunobu Yoshida Yoshizaki, Carlos Augusto Morales Rodriguez, Larissa Ciccotti – São Carlos: RiMa Editora, 2019.

422 p. il.

ISBN – 978-65-80035.12.0

1. desastres. 2. redução de risco. 3. objetivos do desenvolvimento sustentável. 4. gestão de desastres. I. Autor. II. Título.

RiMa

Rua Virgílio Pozzi, 213 – Santa Paula
13564-040 – São Carlos, SP
Fone/Fax: (16) 988064652

Sumário

Estudos de caso

Prefácio

O Núcleo de Apoio à Pesquisa (NAP) – Centro de Estudos e Pesquisas sobre Desastres de São Paulo (CEPED-SP), da Universidade de São Paulo (USP), lança o segundo livro sobre a temática de desastres. Nesta obra enfocam-se aspectos teóricos e metodológicos de gestão de desastres e, de forma pioneira, suas conexões com os Objetivos de Desenvolvimento Sustentável (ODSs). Estudos de casos dão vida aos conceitos e possibilitam reflexões para planejamentos futuros.

Este livro é resultado do projeto multidisciplinar PRÓ-ALERTAS CEPED-SP/USP, financiado pela Coordenação de Aperfeiçoamento de Pessoal de Nível Superior (CAPES). O projeto propõe a formação de recursos humanos e o desenvolvimento de metodologias e conhecimentos sobre desastres por meio da sinergia entre nove programas de pós-graduação da USP: Meteorologia – Instituto de Astronomia, Geofísica e Ciências Atmosféricas; Engenharia Hidráulica e Saneamento – Escola de Engenharia de São Carlos; Ciências da Computação e Matemática Computacional – Instituto de Ciências Matemáticas e de Computação; Direito – Faculdade de Direito; Engenharia de Produção, Engenharia Civil e Engenharia de Sistemas Logísticos – Escola Politécnica; Mestrado Profissional em Ambiente, Saúde e Sustentabilidade – Faculdade de Saúde Pública; e Arquitetura e Urbanismo – Faculdade de Arquitetura e Urbanismo.

Esta obra está organizada em 16 capítulos – divididos em duas temáticas – que contam com a participação de pesquisadores e alunos de pós-graduação do CEPED-SP/USP, mas também de colegas de outras instituições, como do Instituto de Pesquisas Tecnológica (IPT), do Centro Nacional de Monitoramento e Alertas de Desastres Naturais (CEMADEN) e da Defesa Civil do Estado de São Paulo.

Na primeira seção, "Conceituação teórica e ferramentas de gestão de riscos e de desastres", são apresentados trabalhos que abordam a relação entre as ODSs e a gestão de risco de desastres, a integração de estudos técnicos e gestão pública, como a saúde humana e a saúde pública são afetadas pelas inundações, além da saúde mental de crianças que vivem em situações de risco e desastres, e dos profissionais de emergência que trabalham nos resgates e convivem com mortes, como a Justiça tem atuado nos casos de desastres nos últimos 22 anos, como a população pode participar na coleta de informações, finalizando com técnicas de baixo custo para monitoramento geomorfológico e uso de drones na investigação e gestão de desastres naturais.

A segunda parte, "Estudos de caso", inicia-se apresentando a atuação da Defesa Civil do Estado de São Paulo e sua contribuição para atender aos ODSs. Em seguida, os leitores são convidados a refletir sobre as similaridades e diferenças entre desastres naturais e antrópicos, as inundações do Jardim Pantanal, como o design inteligente e responsável pode criar respostas com potencial para mitigar os efeitos dos desastres, o acidente tecnológico de Brumadinho, as consequências de uma planta nuclear na Floresta Nacional de Ipanema e, por fim, o desastre natural/tecnológico de Fukushima, no Japão.

Este trabalho vem consolidar o CEPED-SP/USP, que, graças à persistência dos diversos grupos de pesquisa da USP, demonstrou que é possível integrar várias áreas de conhecimento para resolver e responder a inúmeras demandas da sociedade e do poder público. Além disso, é importante destacar o papel da CAPES no fomento do projeto PRÓ-ALERTA CEPED/USP, que se propôs a realizar a sinergia entre diversas áreas de conhecimento para mitigar os efeitos de desastres.

Por fim, agradecemos imensamente à colaboração de todos os colegas que participaram na elaboração dos diversos capítulos deste livro, à CAPES pelo apoio aos pesquisadores do CEPED-SP/USP e, em especial, à Dra. Larissa Ciccotti, que coordenou a edição deste livro. Muito obrigado a todos e sucesso ao CEPED-SP/USP.

Carlos Augusto Morales Rodriguez
Coordenador do Projeto PRÓ-ALERTA CEPED/USP

Hugo Tsugunobu Yoshida Yoshizaki
Escola Politécnica da USP

Objetivos do Desenvolvimento Sustentável e Gestão de Riscos e de Desastres

Larissa Ciccotti, Irineu de Brito Jr, Thomas P. Ribeiro, Tábata R. Bertazzo e Hugo T. Y. Yoshizaki

Introdução

A redução de riscos de desastres (DRR, sigla em inglês) ganhou relevância, na agenda de desenvolvimento pós-2015, com o advento de três agendas internacionais que se relacionam direta e indiretamente com a gestão de desastres. São elas: *Marco de Sendai para a Redução de Riscos de Desastres*, *Acordo de Paris* e *Agenda 2030 para o Desenvolvimento Sustentável.*

Cada uma das agendas possui suas partes interessadas, prioridades, necessidades e objetivos específicos. No entanto, no processo de construção e desenvolvimento, buscaram-se pontos de concordância e sinergia, de modo a evitar alguma inconsistência entre as agendas. Uma das confluências refere-se à redução de risco de desastres, ou DRR (SARMIENTO, 2018). Os desastres, muitos dos quais gerados ou agravados pelas mudanças climáticas, e que estão se tornando cada vez mais frequentes e intensos, impedem o progresso para o desenvolvimento sustentável (UNISDIR, 2015a). Segundo Thomas e Kopczak (2005), a previsão é de aumento na ocorrência de desastres nos próximos 50 anos, principalmente em virtude de fatores como o crescimento populacional, a degradação ambiental e o maior alcance de doenças infectocontagiosas.

O Marco de Sendai relaciona-se de maneira direta com a DRR; já o Acordo de Paris é mais restrito, sendo seu foco voltado para as mudanças climáticas, que por sua vez interferem na ocorrência e intensidade de desastres. A agenda para o desenvolvimento sustentável possui um escopo mais amplo, embora também em consonância com a DRR. Os objetivos do desenvolvimento sustentável (ODS) contribuem para a DRR, que, por sua vez, é determinante para o desenvolvimento sustentável. Nas três agendas há alusão à redução de perdas humanas e econômicas por meio do aumento da resiliência das cidades, redução da pobreza, proteção dos meios de subsistência, desenvolvimento sustentável e medidas de adaptação e mitigação, conforme apresentado na Figura 1 (ROBERTS, et al., 2015; SARMIENTO, 2018).

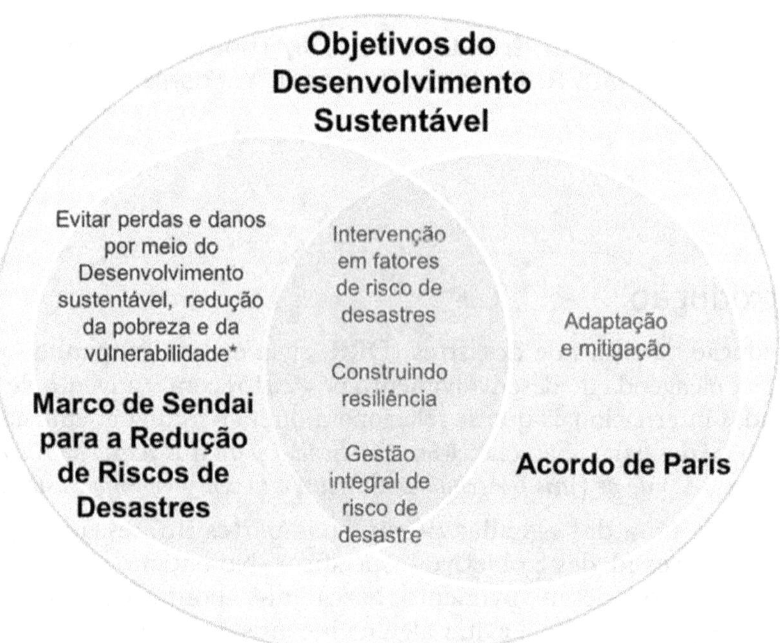

* O Acordo de Paris cita a redução da pobreza, mas não como um objetivo ou um meio de atingir seus objetivos. A redução da vulnerabilidade também é foco do Acordo, entretanto apenas a vulnerabilidade às mudanças climáticas (não em um contexto mais amplo, como nas outras agendas).

Figura 1 Confluência das agendas internacionais pós-2015. *Fonte:* Adaptado de Kelman (2017), Roberts et al. (2015) e Sarmiento (2018).

Além dos pontos de concordância apresentados, outras relações menos diretas entre as agendas e a DRR são verificadas. Este capítulo visa apresentar as agendas pós-2015 e suas relações com a DRR, em especial a conexão entre ela e a agenda 2030 para o desenvolvimento sustentável. Para tanto, cada objetivo do desenvolvimento sustentável (ODS) será discutido individualmente e, quando for o caso, relacionado com capítulos do livro que fazem alusão ao objetivo em questão.

Marco de Sendai

O Marco de Sendai, adotado por 187 países na Terceira Conferência Mundial sobre a Redução do Risco de Desastres, realizada em março de 2015 em Sendai, no Japão, sucede e complementa o *Marco de Ação de Hyogo 2005-2015: Construindo a resiliência das nações e comunidades frente aos desastres*.

Nos dez anos que se passaram entre o Marco de Hyogo e o de Sendai, os desastres atingiram mais 1,5 bilhão de pessoas, deixando mais de 700 mil mortos, cerca de 1,4 milhão de pessoas feridas e 23 milhões desabrigadas. A população mais afetada pelos desastres é a que se encontra em situação de vulnerabilidade social, de modo que os países em desenvolvimento são os que apresentaram maior mortalidade e perdas econômicas. Em termos econômicos, os desastres significaram uma perda de mais de US$ 1,3 trilhão (UNISDR, 2015a).

Apesar dos números apresentados e da necessidade de ações mais integradas e efetivas, o Marco de Hyogo, além de contribuir para o propósito de alcançar os Objetivos de Desenvolvimento do Milênio, possibilitou alguns aprendizados, alguns deles relacionados às mudanças climáticas e ao desenvolvimento sustentável, como:

i) A gestão eficaz dos riscos de desastres contribui para o desenvolvimento sustentável, entretanto os desastres continuam a se contrapor aos esforços para alcançar o mesmo.

ii) Tratar as mudanças climáticas como um dos fatores que geram risco de desastres representa uma oportunidade para reduzir esse risco de forma significativa e coerente em todos os processos intergovernamentais inter-relacionados.

iii) Esforços que visam à redução de riscos de desastres, ao desenvolvimento sustentável e à busca de soluções para a mudança climática contribuem para o aumento da resiliência e para a redução da pobreza.

iv) Há a necessidade de monitoramento, avaliação e compreensão do risco de desastre, mas também de investimentos em saúde, cultura, educação, meio ambiente, aspectos sociais e resiliência pessoal e comunitária (UNISDR, 2015a).

Considerando os avanços, lições aprendidas e lacunas advindas do Marco de Ação de Hyogo, o Marco de Sendai tem por foco a "*Redução substancial nos riscos de desastres e nas perdas de vidas, meios de subsistência e saúde, bem como de ativos econômicos, físicos, sociais, culturais e ambientais de pessoas, empresas, comunidades e países*". Para tanto, o objetivo deixa de ser a resposta e passa a ser a prevenção dos desastres, ou seja, a DRR, o aumento da preparação para resposta e recuperação, e, consequentemente, o aumento da resiliência. Esta, por sua vez, pode ser definida como sendo "a habilidade de um sistema em risco de resistir, absorver, acomodar e se recuperar dos efeitos de um desastre de forma rápida e eficaz, juntamente com a preservação e restauração de suas estruturas e funções básicas" (UNISDR, 2017, tradução nossa); ou seja, é a capacidade de uma comunidade de se recuperar rapidamente após um desastre (PINE, 2009).

De forma a atingir o resultado e o objetivo acordados, foram estabelecidos princípios norteadores e sete metas, dentre elas a redução da mortalidade, do número de pessoas afetadas e das perdas econômicas e de infraestrutura até 2030.

Para que as metas do Marco de Sendai sejam alcançadas, é essencial a mobilização dos países e a cooperação internacional, também em prol das metas e objetivos relacionados no Acordo de Paris e na Agenda 2030 para o desenvolvimento sustentável. O Marco de Sendai ressalta essa necessidade ao reforçar a relação da redução de risco de desastres às mudanças climáticas e ao desenvolvimento sustentável, como descrito em um de seus princípios norteadores: "*O desenvolvimento, o fortalecimento e a implementação de políticas, planos, práticas e mecanismos precisam visar à coerência, conforme necessário, entre as agendas de desenvolvimento sustentável e crescimento, segurança alimentar, saúde e segurança, mudanças e variabilidade climática, gestão ambiental e agendas de redução de risco de desastres* (UNISDR, 2015a). Ainda, o Marco de Sendai julga que o desenvolvimento não pode ser realmente considerado "sustentável" se gerar risco indevido, indesejado e não gerenciado, sendo, portanto, fundamental a gestão integral do risco de desastre em todos os níveis e de forma intra e intersetorial.

Acordo de Paris

O Acordo de Paris visa fortalecer a resposta global às mudanças climáticas, tendo por objetivo central manter o aumento da temperatura média global abaixo de 2°C em relação aos níveis pré-industriais, com esforços para limitar esse aumento a 1,5°C. Neste sentido, o Acordo relaciona a diminuição dos riscos atrelados à mudança climática ao limite do aumento da temperatura global e, consequentemente, à diminuição das emissões de gases de efeito estufa. Ainda, o Acordo enfatiza a necessidade de adaptação aos impactos negativos da mudança climática e a promoção da resiliência climática (UNFCC, 2015).

O Marco de Sendai é referenciado apenas no preâmbulo do Acordo de Paris, que se refere à adoção de acordos internacionais. O Artigo 8 aborda aspectos relacionados à redução de risco de perdas e danos decorrentes das mudanças climáticas, porém sem mencionar o Marco de Sendai. No artigo, as partes reconhecem os riscos associados a eventos de início súbito e lento e o papel do desenvolvimento sustentável na redução desses riscos. Para Kelman (2017), a DRR e o Marco de Sendai são negligenciados no Acordo de Paris. Ainda, segundo a autora, apesar da importância das mudanças climáticas no contexto de riscos de desastres, outros fatores devem ser considerados, sendo a vulnerabilidade, em seu sentido mais amplo, a principal causa de desastres.

Segundo o UNDRR, vulnerabilidade é "uma condição determinada por fatores ou processos físicos, sociais, econômicos e ambientais que aumentam a suscetibilidade de um sistema ao impacto de desastres" (UNISDR, 2017, tradução nossa). Desse modo, a vulnerabilidade é uma característica complexa, de diferentes setores, que potencializa o impacto do desastre.

Nesse sentido, as mudanças climáticas não devem ser vistas de maneira isolada, mas no contexto do desenvolvimento sustentável e na DRR, uma vez que um olhar direcionado somente às mudanças climáticas, sem considerar outros riscos e fatores, pode aumentar o risco de desastres. Como exemplo, a utilização de técnicas de engenharia, como telhados mais pesados, para reduzir a vulnerabilidade aos ciclones tropicais intensos, pode aumentar a vulnerabilidade a terremotos em locais que enfrentam ambos os riscos (KELMAN, 2017).

Agenda 2030 para o Desenvolvimento Sustentável

A Agenda 2030 para o Desenvolvimento Sustentável, implementada em 2015, foi desenvolvida com base no legado, lições aprendidas e lacunas dos Objetivos de Desenvolvimento do Milênio (ODM), implementado em 2000 pela Organização das Nações Unidas (ONU). Os ODM – adotados por 191 membros, incluindo o Brasil – consistiam no compromisso global para redução da pobreza extrema, em um conjunto de oito objetivos[1] com prazo de 15 anos para ser alcançado. Em nenhum dos objetivos havia alusão à redução de riscos de desastres, sendo esta uma das principais lacunas.

1. ODM: 1. Acabar com a fome e a miséria; 2. Oferecer educação básica de qualidade para todos; 3. Promover a igualdade entre os sexos e a autonomia das mulheres; 4. Reduzir a mortalidade infantil; 5. Melhorar a saúde das gestantes; 6. Combater a Aids, a malária e outras doenças; 7. Garantir qualidade de vida e respeito ao meio ambiente; 8. Estabelecer parcerias para o desenvolvimento.

A ocorrência de desastres e a magnitude das perdas das últimas décadas representaram um obstáculo aos esforços mundiais empregados para atender aos ODM, sendo, portanto, imprescindível a inserção da temática da DRR na Agenda pós-2015. Nesse sentido, na Conferência das Nações Unidas sobre o Desenvolvimento Sustentável de 2012, "O Futuro Que Queremos", houve um apelo para que a redução do risco de desastres e resiliência fosse abordada com urgência no contexto da erradicação da pobreza e do desenvolvimento sustentável (UNISDR, 2015a).

Assim, a Agenda 2030 foi desenvolvida considerando a DRR um dos elementos essenciais para o desenvolvimento sustentável, uma vez que trata de um tema transversal a todos os ODS. A seguir, os 17 ODS serão apresentados e discutidos no contexto da DRR. A discussão apresentada baseou-se em documento desenvolvido pela UNDRR [The UN Office for Disaster Risk Reduction, antigo UN Office for the International Strategy for Disaster Reduction. "*Disaster risk reduction and resilience in the 2030 agenda for sustainable development*" (UNISDR, 2015b)]. As principais relações entre os ODS e a DRR são sintetizadas no Quadro 1, no final do capítulo.

ODS 1. Acabar com a pobreza em todas as suas formas, em todos os lugares

A Meta 1.5 visa, "até 2030, construir a resiliência dos pobres e daqueles em situação de vulnerabilidade, e reduzir a exposição e vulnerabilidade destes a eventos extremos relacionados com o clima e outros choques e desastres econômicos, sociais e ambientais".

Deve-se observar que a pobreza, além de impulsionadora de risco de desastres, é também agravada com a ocorrência dos mesmos. Famílias mais pobres, por exemplo, em muitos casos, não têm outra opção a não ser morar em regiões de alto risco, como encostas de morros e margens de rios, uma vez que o custo de vida em outras áreas urbanas é mais elevado. Os impactos dos desastres podem contribuir para o aumento da pobreza e da vulnerabilidade entre os mais pobres (SHEPHERD et al., 2013; WALLEMACQ; HOUSE, 2018). Nesse sentido, o Marco de Sendai aborda a necessidade de fortalecer e ampliar os esforços internacionais para erradicação da fome e da pobreza, por meio da DRR.

ODS 2. Acabar com a fome, alcançar a segurança alimentar e a melhoria da nutrição e promover a agricultura sustentável

Os desastres contribuem para a fome e a insegurança alimentar global, o que é agravado quando a comunidade se encontra em situação de pobreza e vulnerabilidade. Ainda, os desastres, muitos dos quais associados a eventos climáticos, podem causar danos a infraestruturas, ativos e produção de alimentos e aos meios de subsistência de pequenos agricultores e pescadores. O rompimento das barragens de rejeitos de Fundão e do Feijão, em Minas Gerais, apesar de desencadeado pela ação humana, ilustra bem essa situação. Milhares de agricultores e pescadores tiveram seus meios de subsistência destruídos ou impactados pelos rejeitos (VIANA, 2017), deixando diversas famílias em situação de fome.

Este ODS relaciona-se também com o Acordo de Paris, uma vez que as mudanças climáticas podem interferir nos ciclos agrícolas já estabelecidos, sendo necessário desenvolver estratégias de adaptação ao clima no setor agrícola.

Por sua vez, sistemas agropecuários não sustentáveis podem agravar as mudanças climáticas e, consequentemente, contribuir para a ocorrência e intensidade dos desastres. No Brasil, o setor agropecuário foi responsável por 31% das emissões líquidas de GEE do ano de 2015 (MCTIC, 2017). Dessa forma, a promoção da agropecuária sustentável integra-se à gestão da DRR.

A necessidade de integração das políticas de DRR, mudanças climáticas e agropecuárias é reforçada na Meta 2.4, que visa até 2030 garantir sistemas sustentáveis de produção de alimentos e implementar práticas agrícolas resilientes, mais produtivas e que também fortaleçam a capacidade de adaptação às mudanças climáticas e condições meteorológicas extremas, como secas, inundações e outros desastres.

ODS 3. Assegurar uma vida saudável e promover o bem-estar para todas e todos, em todas as idades

Milhares de pessoas têm a saúde e bem-estar afetados por desastres. Seus impactos à saúde física e mental podem se dar de maneira direta ou indireta. Reconhecendo o impacto dos desastres à saúde, a Meta 3.d visa "reforçar a capacidade de todos os países, particularmente os países em desenvolvimento, para o alerta precoce, redução de riscos e gerenciamento de riscos nacionais e globais de saúde".

Como exemplo de impactos à saúde, cita-se o desmoronamento do World Trade Center, em 2001, em Nova York, nos Estados Unidos. Bombeiros que atuaram na busca por sobreviventes, bem como parte da população residente no distrito de Manhattan, apresentaram problemas respiratórios em decorrência do material particulado proveniente do desastre (LIPPMANN et al., 2015). No Brasil, enchentes e inundações deixam um rastro de doenças, como aumento da incidência de leptospirose. Após o terremoto no Haiti, em 2010, o acesso à água potável, que já era precário, tornou-se ainda mais difícil e gerou o que veio a ser considerada a maior epidemia de cólera da história recente (CDC, 2011).

Ainda, as inundações contribuem para o aumento da incidência de doenças relacionadas a mosquitos, como dengue e febre amarela. Nardocci e Nogueira discorrem sobre o impacto da inundação à saúde no **Capítulo II, "Impactos das inundações na saúde da população de áreas urbanas"**. Para as autoras, a insuficiência dos dados históricos de incidência de doenças no Brasil dificulta a avaliação dos impactos de eventos extremos à saúde da população.

No contexto de desastres são também comuns problemas relacionados à saúde mental de pessoas que vivenciaram algum evento traumático, bem como dos profissionais que atuam em emergências e lidam constantemente com a morte e outras situações que causam desolação e tristezas. No **Capítulo III, "Atenção psicossocial a crianças em situações de riscos e desastres"**, Oliveira discorre sobre a necessidade de atenção psicossocial às crianças que vivenciaram desastres e as que vivem em situação de risco. Já no **Capítulo IV, "Profissionais de emergência e desastres e o trabalho cotidiano com a morte"**, os profissionais que atuam em desastres são humanizados por Alves. Esses profissionais, associados a super-heróis no imaginário de muitas crianças, também sofrem e necessitam de cuidados e atenção especiais. Reis e Bernath (2016) discorrem sobre os desafios de trabalhadores humanitários em campo e relatam que as constantes situações de stress podem facilmente levá-los a *burnout* e depressão.

Além dos impactos à saúde dos afetados por desastres e dos profissionais que atuam em situações de emergência, os desastres podem impactar os sistemas de saúde, seja por meio do impacto às instalações ou pela sobrecarga nos atendimentos prestados à população. Nesse sentido, a promoção de sistemas de saúde resilientes, conforme preconizado pelo Marco de Sendai[2], pode contribuir para o fortalecimento das capacidades e resiliência das comunidades para lidar e se recuperar dos impactos dos desastres. O aumento da resiliência do sistema de saúde também é foco de políticas nacionais e internacionais de adaptação às mudanças climáticas. Em dezembro de 2018, ministros

2. Uma das sete metas do Marco de Sendai é a redução substancial dos danos causados por desastres em infraestrutura básica e a interrupção de serviços básicos, como unidades de saúde e educação, inclusive por meio do aumento de sua resiliência até 2030.

da Saúde do Mercosul e dos Estados associados comprometeram-se a colocar a saúde no centro dos planos nacionais de adaptação às mudanças climáticas[3].

É importante também citar que, conforme o Marco de Sendai, as políticas e planos de DRR devem incluir pessoas com necessidades específicas, como as que apresentam risco de vida e que possuem doenças crônicas. Assim, verifica-se que o ODS 3, que se refere à saúde e bem-estar, apresenta relação estreita e importante com a DRR, sendo, portanto, imprescindível maior conexão do setor de saúde com as temáticas relacionadas a risco e desastres.

ODS 4. Assegurar a educação inclusiva e equitativa e de qualidade, e promover oportunidades de aprendizagem ao longo da vida para todas e todos

Educação inclusiva, equitativa e de qualidade é a base para o alcance de todos os ODS, sendo imprescindível para a redução da vulnerabilidade (ODS 1), para a construção de comunidades resilientes (ODS 11) e para a promoção de uma cultura voltada ao desenvolvimento sustentável (ODS 4.7).

A importância da educação é reforçada pelo Marco de Sendai, que ressalta a necessidade de se incorporar o "conhecimento sobre o risco de desastres –incluindo prevenção, mitigação, preparação, resposta, recuperação e reabilitação – na educação formal e não-formal, bem como na educação cívica de todos os níveis e no ensino e treinamento profissionalizante" (UNISDR, 2015a).

Em consonância com o ODS 4 e o estabelecido pelo Marco de Sendai, a Coordenadoria Estadual de Proteção e Defesa Civil de São Paulo (CEPDEC/SP) entende como prioritária a formação de cultura de prevenção a desastres na comunidade. O **Capítulo IX, "O Sistema Estadual de Proteção e Defesa Civil e os objetivos do desenvolvimento sustentável"**, de autoria do coronel Walter Nyakas, chefe da Casa Militar e coordenador da Defesa Civil do Estado de São Paulo, e agentes da defesa civil, apresenta algumas ações da CEPDEC/SP no contexto dos ODS, como o curso virtual "Defesa Civil: A Aventura"; seminários voltados para a educação em redução de risco e de de-

3. https://www.paho.org/bra/index.php?option=com_content&view=article&id=5819:ministros-da-saude-do-mercosul-se-comprometem-a-priorizar-saude-em-planos-de-adaptacao-as-mudancas-climaticas&Itemid=839.

sastres; e incorporação da campanha da ONU *"Construindo Cidades Resilientes – Minha Cidade Está Se Preparando"*.

O curso, disponibilizado em ambiente virtual de aprendizagem da Escola Virtual de Programas Educacionais (EVESP), visa difundir aos alunos da rede estadual de ensino os preceitos de Proteção e Defesa Civil, com a consequente formação de cidadãos conscientes e preparados. Já os seminários de educação desenvolvidos pela CEPDEC/SP têm como um dos objetivos ampliar o debate sobre a formação continuada de professores e técnicos em educação na temática da redução de riscos e desastres, o que vai ao encontro da Meta 4.C, que aborda a formação e qualificação de professores.

Por sua vez, a campanha *"Construindo Cidades Resilientes – Minha Cidade Está Se Preparando"* oferece soluções e ferramentas que possibilitam aos governos e atores locais aprimorarem seus conhecimentos para o planejamento da gestão de risco e do desenvolvimento sustentável. Nesse sentido, a Coordenadoria Estadual promove oficinas para elaboração de planos locais de resiliência, capacitando as cidades paulistas. A campanha também está em consonância com o Marco de Sendai, que ressalta a importância de campanhas globais e regionais como instrumentos para a sensibilização e educação da sociedade e a promoção de uma cultura de prevenção.

O Capítulo I, "Coprodução de conhecimento: ciência, gestão pública e sociedade para a redução de risco de desastre", de Sulaiman, Jacobi e Canil, aborda a importância da participação social e da aprendizagem social para a DRR. A Aprendizagem Social implica promover mais colaboração e desenvolvimento de práticas comunicativas que estimulem o engajamento cooperativo e não diretivo dos diversos atores envolvidos na DRR. Segundo os autores, "atividades de educação, decorrentes de processo participativo, podem oferecer oportunidades de aprendizagem e mudança, potencializando ganhos mútuos por meio das interações", sendo um caminho para transpor barreiras entre o meio técnico-científico, a gestão pública e a sociedade civil. Neste sentido, o capítulo apresenta uma experiência de construção coletiva de Carta Geotécnica de Aptidão à Urbanização por meio de procestesos de aprendizagem social, envolvendo a participação dos técnicos e gestores públicos, assim como da população.

O conhecimento e a conscientização acerca dos riscos naturais e tecnológicos a que determinada comunidade está exposta tem o potencial de influenciar mudanças comportamentais e de percepção de como as pessoas podem proteger melhor suas vidas, propriedades e meios de subsistência, o que contribui para a resiliência das comunidades e a promoção de uma cultura preventiva. No **Capítulo X, "Gestão de desastres de origem natural e antropogênico: reflexões, similaridades e diferenças"**, Brito Jr. e colaboradores destacam a importância da educação e do conhecimento para o desenvolvimento e consolidação de uma cultura preventiva. Para os autores, a cultura da prevenção pode se desenvolver mais facilmente em comunidades afetadas por desastres cíclicos e recorrentes, a exemplo de alguns desastres naturais. Entretanto, é essencial que a cultura preventiva não seja algo inerente apenas às comunidades afetadas por desastres cíclicos, mas às comunidades expostas a diferentes riscos, sejam eles naturais e/ou antropogênico.

ODS 5. Alcançar a igualdade de gênero e empoderar todas as mulheres e meninas

Mulheres, crianças e pessoas em vulnerabilidade social são mais afetadas por desastres, apresentando maiores taxas de mortalidade, morbidade e danos significativos à sua subsistência (UNISDR, 2015b; UNISDR et al., 2018). Dessa forma, esses grupos devem ser considerados em propostas e práticas de DRR. O Marco de Sendai enfatiza que a participação das mulheres é fundamental para gerenciar com eficácia o risco de desastres; projetar e mobilizar recursos; e implementar políticas, planos e programas de DRR sensíveis ao gênero.

Deve-se também destacar a importância da mulher no contexto do capital social, imprescindível à resiliência comunitária. O capital social refere-se às relações cooperativas entre os indivíduos e suas vizinhanças, relacionando-se às redes sociais que facilitam a ação coletiva na ocorrência de desastres, representando o senso de comunidade de determinado grupo. Dessa forma, é necessário que se promovam a liderança feminina e a sua inclusão em programas educacionais voltados à DRR.

Não obstante, comunidades nas quais há igualdade de gênero e empoderamento feminino apresentam maiores condições de readaptação e construção de meios alternativos de subsistência após grandes desastres. Para Moreno e Shaw (2018), os desastres oferecem oportunidade para desafiar relações patriarcais históricas, em que a contribuição das mulheres na redução dos impactos dos desastres possibilita seu empoderamento e melhora sua posição na comunidade.

ODS 6. Assegurar a disponibilidade e gestão sustentável da água e saneamento para todas e todos

A gestão sustentável dos recursos hídricos é essencial para a redução da vulnerabilidade aos desastres hidrológicos. No Brasil, este objetivo se faz ainda mais premente, tendo em vista os baixos índices de cobertura de saneamento, crescimento desordenado das cidades, ocupação de áreas de riscos e importância dos desastres relacionados à água, como inundações, tempestades, secas e deslizamentos de terra.

A Meta 6.6 visa proteger e restaurar ecossistemas relacionados com a água, como rios e aquíferos. Conforme apresentado por Mantovani e colaboradores no **Capítulo VIII, "Drones multirrotores de pequeno porte como ferramenta na gestão de risco de desastres naturais"**, drones vêm sendo utilizados como ferramenta na DRR e podem contribuir com o alcance dessa meta por meio do monitoramento de sistemas de abastecimento, corpos d'água, áreas de preservação e ocupação irregulares. Além disso, os drones podem ser utilizados para mapeamento de áreas de riscos hidrológicos.

Ainda no que tange ao monitoramento, Souza e colaboradores, no **Capítulo VI, "Informações voluntárias na produção de conhecimento científico e gestão de desastres"**, demonstram como cidadãos podem contribuir para a produção de informações científicas e elaboração de políticas de gerenciamento integrado dos recursos hídricos, desempenhando importante papel na gestão de desastres relacionados com extremos hidrológicos. Os autores abordam o conceito de ciência cidadã e apresentam alguns projetos e estudos, demonstrando como a evolução dos aparelhos celulares e seus aplicativos levou à transformação das tecnologias de informação e comunicação, facilitando o modo de coletar informações.

Por sua vez, o **Capítulo XII, "Efeito Lótus: design que aproveita lições aprendidas com desastres hidrológicos"**, de autoria de Barbosa, aborda o design segundo estratégias bioclimáticas e critérios ecoeficientes que visam ao equilíbrio entre o ambiente natural e o ambiente construído, tratando das relações entre o meio ambiente e as alterações geradas pelas construções no mesmo. Alguns casos de conservação e reaproveitamento de recursos hídricos são apresentados, como a iniciativa comunitária desenvolvida no assentamento informal Sangam Vihar (Nova Délhi, Índia) para manejo das inundações. Além de contribuir com a gestão da água e o saneamento, a iniciativa incentiva a participação das comunidades locais, conforme Meta 6.b: "Apoiar e fortalecer a participação das comunidades locais, para melhorar a gestão da água e do saneamento".

Acesso ao saneamento básico e disponibilidade hídrica constituem-se também como fatores primordiais para a resiliência comunitária aos desastres e diminuição de seus impactos, sendo estes relacionados ou não à água. Uma comunidade sem acesso à água potável e ao saneamento básico se torna ainda mais vulnerável em emergências.

ODS 7. Assegurar o acesso confiável, sustentável, moderno e a preço acessível à energia para todas e todos

O acesso à energia segura e sustentável relaciona-se de diferentes maneiras à gestão de riscos e de desastres. Energias mais sustentáveis, como eólica e solar, contribuem para a redução da emissão de GEE do setor energético. O acesso à energia sustentável também é reconhecido na adoção do Acordo de Paris. No Brasil, mesmo com a significativa participação de energia hidráulica, em 2015, o setor de energia contribuiu com aproximadamente 33% das emissões líquidas de gases de efeito estufa (MCTIC, 2017).

Além da contribuição do setor energético para as emissões de GEE, deve-se considerar a importância do acesso à energia para a resiliência comunitária a desastres, bem como seu impacto econômico. Dessa forma, o desenvolvimento de energia sustentável e segura, bem como uma infraestrutura energética resiliente, ou seja, segura, efetiva e operacional durante e após desastres, contribuem com a DRR. Entretanto, é fundamental que as medidas aplicadas pelo setor energético sejam gerenciadas de forma integrada às políticas públicas de DRR e também às de planejamento urbano.

Tendo por premissa um olhar mais amplo e integrado da questão energética, Amaral e colaboradores, no **Capítulo XIV, "Natureza, tecnologia e cidade – enquadramentos construtivos no entorno da Floresta Nacional de Ipanema e do Sítio Nuclear de Aramar"**, abordam as relações entre a Floresta Nacional de Ipanema, o Sítio Nuclear de Aramar e a ocupação rural e urbana de seu entorno, utilizando-se do conceito de construção em oposição ao conceito de desastre. Apesar das inseguranças intrínsecas, a energia nuclear é considerada uma energia sustentável do ponto de vista de emissão de gases de efeito estufa. No entanto, em favor da segurança, a densidade demográfica do entorno de suas instalações deve ser baixa. Os autores ressaltam a importância da caracterização do uso e ocupação do solo para, com o emprego de metodologias de geoprocessamento e cartografia geotécnica, orientar o desenvolvimento urbano local, integrando o desenvolvimento tecnológico à preservação da biodiversidade e ao desenvolvimento social.

ODS 8. Promover o crescimento econômico sustentado, inclusivo e sustentável, emprego pleno e produtivo e trabalho decente para todas e todos

Investimentos no campo da DRR e da resiliência comunitária é imperativo para o crescimento econômico e o desenvolvimento sustentável dos países. Conforme apresentado anteriormente, nos dez anos que se passaram entre o Marco de Hyogo e o Marco de Sendai, a perda econômica resultante de desastres foi de mais de US$ 1,3 trilhão (UNISDR, 2015a).

No Brasil, um estudo desenvolvido por Oliveira (2019) mostrou que os desastres naturais, principalmente as secas e as inundações, levaram à redução da taxa de crescimento econômico e do PIB no estado do Ceará, sendo os setores da agricultura e serviços os mais afetados. O autor considera que seguros que fornecem cobertura para os riscos de desastres naturais e políticas públicas voltadas ao abastecimento de água, ajudam a aumentar a resiliência e, consequentemente, a mitigar os efeitos das secas e inundações na agricultura.

A região da Bacia Amazônica apresenta também perdas econômicas decorrentes de eventos de inundação. Estudos conduzidos por Dolman et al. (2018) estimam uma perda de 60 a 200 milhões de dólares em consequência da enchente que afetou a cidade de Rio Branco, na Bacia Amazônica. Segundo os autores, quando as inundações são recorrentes, as perdas acumuladas ao longo dos anos podem ser significativamente maiores. Assim como Oliveira, os autores apontam a importância de políticas de mitigação e de um sistema de seguro desenvolvido que auxiliem a redução de impactos das inundações. No Brasil, poucas pessoas possuem seguro residencial e, mesmo que o tenham, geralmente não cobre perdas por desastres naturais.

Conforme verificado, as perdas decorrentes de desastres do setor privado e público, incluindo destruição ou perda de ativos, capital e infraestrutura, podem ter impacto negativo sobre o emprego, a atividade econômica e o crescimento. Levando em conta o impacto sobre o emprego e as atividades econômicas da região impactada, considera-se a dependência econômica e de ocupação de uma comunidade a um único setor como algo prejudicial à resiliência comunitária (CUTTER et al., 2010). A baixa diversidade das atividades econômicas das cidades de Mariana (MG) e Brumadinho (MG) maximizou as perdas econômicas das regiões após o rompimento das barragens do Fundão e da barragem do Córrego do Feijão.

De forma a minimizar os impactos econômicos dos desastres, o Marco de Sendai ressalta a importância de se integrarem políticas e ações de DRR a instrumentos financeiros e fiscais, a exemplo de seguros e proteção financeira para investimentos públicos e privados.

Ainda no contexto da DRR, deve-se destacar a Meta 8.8, que visa "proteger os direitos trabalhistas e promover ambientes de trabalho seguros e protegidos para todos os trabalhadores". A segurança no local de trabalho é uma das preocupações de grandes empresas em todo o mundo. Apesar disso, milhares de trabalhadores estão expostos à ocorrência de desastres no ambiente de trabalho, sejam estes provocados por eventos tecnológicos ou naturais, em função da baixa segurança. Em Brumadinho, grande parte dos mortos estava em horário de trabalho no momento do rompimento da barragem, sendo muitos funcionários diretos da empresa Vale e outros de empresas prestadoras de serviço. Promover a resiliência ao risco de desastres dos locais de trabalho por meio de medidas estruturais e não estruturais é também ressaltado no Marco de Sendai.

ODS 9. Construir infraestruturas resilientes, promover a industrialização inclusiva e sustentável e fomentar a inovação

Este objetivo visa ao desenvolvimento de infraestrutura de qualidade, confiável, sustentável e resiliente. Infraestruturas relacionadas ao abastecimento d'água, coleta de resíduos sólidos, energia, transporte, são essenciais para a resiliência comunitária a desastres. Quando uma estrutura falha após um desastre, serviços vitais são interrompidos, prejudicando o retorno à normalidade ou, ainda, criando novos desastres. Estruturas resilientes são aquelas que têm a capacidade de antecipar, absorver, adaptar-se e recuperar-se rapidamente de um evento prejudicial.

Nesse sentido, o Marco de Sendai recomenda a promoção da resiliência de infraestruturas básicas, incluindo instituições de ensino e estabelecimentos de saúde, e das cadeias de suprimento, de forma que permaneçam seguras e eficazes durante e após os desastres. Ainda, incentiva a revisão dos códigos de construção existentes ou o desenvolvimento de novos códigos, padrões e práticas de reabilitação e reconstrução, promovendo uma cultura de manutenção, de forma a promover estruturas resistentes a desastres.

O desenvolvimento de infraestruturas seguras e resilientes é importante não apenas para resistir a desastres, mas também para evitá-los. No **Capítulo XIII, "Acidentes e desastres tecnológicos – abordagem geotécnica"**, Pizzato aborda os desastres tecnológicos relacionados às obras geotécnicas, a exemplos do rompimento das barragens de Fundão (Mariana), em 2015, e da barragem I do Córrego do Feijão (Brumadinho), em 2019. O autor discute a importância de se conhecer o ambiente geológico, de forma a tornar as obras mais seguras e reduzir as incertezas e riscos intrínsecos. Os estudos geotécnicos mostram-se também essenciais às investigações após a ocorrência de acidentes, de forma a entender o processo de desencadeamento do evento e ajudar a prevenir e evitar novos casos. Ainda, empreendimentos mineiros geram quantidade significativa de resíduos, utilizam água no processo e estão, geralmente, localizados próximos a cursos d`água. Nesse sentido, é fundamental que esses empreendimentos sejam sustentáveis, de forma a minimizar os impactos negativos da atividade ao ambiente.

ODS 10. Reduzir a desigualdade dentro dos países e entre eles

Diferentes estudos apontam o aumento da desigualdade de renda tanto dentro dos países como entre eles. A desigualdade é ainda mais pronunciada em países em desenvolvimento, como o Brasil. A desigualdade, assim como a vulnerabilidade social (ODS 1), impacta negativamente a resiliência comunitária aos desastres, cuja ocorrência pode aumentar a desigualdade já existente.

Por sua vez, a desigualdade social, assim como a pobreza e a situação de vulnerabilidade social (ODS 1), pode impulsionar o risco de desastres. Sulaiman e Aledo (2016) destacam que, por mais que todos os grupos sociais possam ser afetados por riscos sistêmicos, é maior a probabilidade de os chamados riscos acumulativos, ou riscos de desastres socionaturais, afetarem determinados grupos socioeconômicos ou sociodemográficos.

Siena (2013) discorre sobre as consequências das desigualdades sociais no processo de ocupação do solo no município de Ribeirão Preto (SP) e o impacto na ocorrência de desastres, em especial os relacionados às chuvas intensas. Para Valencio (2009), as desigualdades econômicas geram assimetrias na capacidade adaptativa das comunidades que sofrem com os impactos negativos dos eventos extremos relacionados às mudanças climáticas. Para a autora, a assimetria de acesso às informações, às tecnologias adaptativas e à capacidade de deslocamento e inserção em territórios mais seguros cria distinções entre os que produzem os riscos e os que estão mais expostos aos mesmos.

Tendo em vista a importância da desigualdade no contexto da DRR, o Marco de Sendai propõe uma abordagem abrangente. Dentre as medidas propostas está o fortalecimento da concepção e implementação de políticas inclusivas e centradas nas pessoas e mecanismos de redes de segurança social ligadas a programas de melhoria de meios de subsistência, a fim de assegurar a resiliência das famílias e das comunidades aos desastres (UNISDR, 2015a).

ODS 11. Tornar as cidades e os assentamentos humanos inclusivos, seguros, resilientes e sustentáveis

O ODS 11 relaciona-se diretamente à gestão de riscos e desastres. A Meta 11.5 visa reduzir o número de mortes e de pessoas afetadas e as perdas econômicas decorrentes das catástrofes[4]. Já a Meta 11.b[5] visa implementar o gerenciamento holístico do risco de desastres em todos os níveis, conforme preconizado pelo Marco de Sendai.

De maneira geral, esse objetivo visa ao aumento da resiliência comunitária das cidades, sendo uma preocupação o desenvolvimento de um processo de urbanização sustentável. Quando a urbanização ocorre de maneira não planejada e em desacordo com os ODS, a densidade populacional pode aumentar o número de pessoas em situação de risco. Estudos demonstram que, até 2050, a população urbana exposta aos ciclones aumentará de 310 milhões para 680 milhões, enquanto a exposição a grandes riscos de terremotos aumentará de 370 milhões para 870 milhões (WORLD, BANK, 2013). Apesar dos números, deve-se considerar que grande parte do que será urbano em 2030 ainda está para ser construído. Nesse sentido, o processo de urbanização apresenta-se como uma oportunidade para a DRR, com o desenvolvimento de cidades inclusivas, seguras, resilientes e sustentáveis.

Para tanto, assim como apresentado no Marco de Sendai e enfatizado na Meta 11.b, é essencial que medidas de DRR se integrem a diferentes políticas e setores, como a de planejamento urbano, o uso e ocupação do solo, o de habitação, dentre outras. Ainda, é necessário o aprimoramento das capacidades técnicas e logísticas para melhor resposta em situações de emergência.

Em consonância com um processo de urbanização mais seguro e sustentável, Vieira e colaboradores discorrem no **Capítulo VII, "Análises geomorfológicas e a suscetibilidade a corridas de detritos: ferramentas de apoio aos planos de mitigação"**, sobre utilização de

---

4. ODS 11.5. Até 2030, reduzir significativamente o número de mortes e o número de pessoas afetadas por catástrofes e substancialmente diminuir as perdas econômicas diretas causadas por elas em relação ao produto interno bruto global, incluindo os desastres relacionados à água, com o foco em proteger os pobres e as pessoas em situação de vulnerabilidade.

5. ODS 11.b Até 2020, aumentar substancialmente o número de cidades e assentamentos humanos adotando e implementando políticas e planos integrados para a inclusão, a eficiência dos recursos, mitigação e adaptação às mudanças climáticas, a resiliência a desastres; e desenvolver e implementar, de acordo com o Marco de Sendai para a Redução do Risco de Desastres 2015-2030, o gerenciamento holístico do risco de desastres em todos os níveis

parâmetros morfométricos no processo de planejamento da expansão urbana nos municípios brasileiros, reduzindo desastres relacionados a movimentos de massa, em especial corridas de detritos.

Apesar da ênfase comumente dada aos desastres naturais, a urbanização pode contribuir também para o aumento de desastres antropogênicos. Brito Jr. e colaboradores apresentam no **Capítulo X,** algumas ferramentas essenciais para a redução de risco de desastres tecnológicos, como mapeamento de gasodutos, oleodutos, estabelecimentos industriais e barragens de rejeitos.

Ainda, a conscientização e a educação acerca dos riscos de desastres são fundamentais para a promoção de uma cultura de prevenção aos desastres. Günther e Boscov, no **Capítulo XV, "Um olhar sobre o gerenciamento de resíduos de desastres no Japão"**, descrevem a vivência e o aprendizado que tiveram em uma missão científica realizada no Japão em 2018, em especial acerca de gestão de resíduos de desastres. As autoras destacam a cultura da resiliência do povo japonês, que aprende a viver com o risco de desastres desde cedo. Segundo as autoras, essa cultura é perceptível na postura individual dos cidadãos, no senso comunitário, na estrutura social e política e, mesmo, na concepção dos espaços internos e externos dos edifícios. No decorrer do capítulo, as autoras destacam outros aspectos da cultura japonesa que contribuem para o aumento da resiliência comunitária aos desastres, como planejamento, estruturação de comando, responsabilidades bem definidas em caso de desastres, preocupação com a recuperação vegetal, capacitação contínua para o enfrentamento de eventos adversos, dentre outros.

No caso do Brasil destaca-se o Estado de São Paulo, que, segundo apresentado por Nyakas Junior e colaboradores no **Capítulo IX, "O Sistema Estadual de Proteção e Defesa Civil e os objetivos do desenvolvimento sustentável"**, vem tomando diferentes medidas para aumentar a resiliência comunitária de suas cidades, a exemplo do programa 5101: São Paulo – Estado resiliente, vinculado à Secretaria da Casa Militar do Estado (Defesa Civil). Ainda, até o início de fevereiro de 2019, das 1047 adesões brasileiras ao programa da ONU, *"Construindo Cidades Resilientes – Minha Cidade Está Se Preparando"*, 460 são paulistas (44%), sendo 459 cidades e o Estado.

ODS 12. Assegurar padrões de produção e de consumo sustentáveis

Padrões de produção e de consumo responsáveis visam minimizar os impactos negativos ao ambiente e à sociedade por meio da gestão sustentável e eficiente dos recursos[6] e por meio da redução da geração de resíduos do processo produtivo e dos resíduos pós-consumo[7].

No Brasil, o setor de tratamento de resíduos representou 5% das emissões líquidas de GEE em 2015 (MCTIC, 2017). Além da contribuição do setor de resíduos para as emissões de GEE, deve-se considerar que a gestão inadequada de resíduos pode induzir ou agravar desastres, a exemplo do deslizamento do Morro do Bumba, em 2010, uma favela construída em um antigo lixão desativado, e dos recentes desastres ocorridos em Minas Gerais relacionados ao rompimento de barragens de rejeitos (BOSCOV et al., 2017).

Por sua vez, a gestão ineficiente de resíduos gerados em desastres também afeta os meios de subsistência e os esforços de recuperação. Dessa forma, deve-se considerar a gestão de resíduos sólidos nas diferentes fases do ciclo de desastres, como proposto por Boscov e colaboradoras (2017). Neste livro, como apresentado anteriormente, a gestão de resíduos de desastres é explorada no **Capítulo XV**, no qual é apresentada a experiência do Japão.

ODS 13. Tomar medidas urgentes para combater a mudança climática e seus impactos

As mudanças climáticas têm modificado e intensificado os riscos aos quais uma comunidade está exposta. Desde 1980, os riscos relacionados ao clima representaram 74% do total de perdas reportadas, 87% do total de desastres e 61% de vidas perdidas. Os riscos relacionados ao clima triplicaram, e o número de pessoas que vivem em áreas propensas a inundações e zonas costeiras expostas a ciclones duplicou (WORLD BANK, 2013). Considerando os últimos dados do Painel Intergovernamental sobre Mudanças Climáticas (IPCC), essa tendência de aumento deverá continuar. Investir em medidas de redução de emissão de GEE, de mitigação e de adaptação às mudanças climáticas é condição para minimizar as perdas decorrentes e, consequentemente, para o desenvolvimento sustentável.

Em consonância com a Meta 13.3, que visa "melhorar a educação, aumentar a conscientização e a capacidade humana e institucional sobre mitigação, adaptação, redução de impacto e alerta precoce da mu-

6. ODS 12.2. Até 2030, alcançar a gestão sustentável e o uso eficiente dos recursos naturais.
7. ODS 12.5. Até 2030, reduzir substancialmente a geração de resíduos por meio da prevenção, redução, reciclagem e reúso.

dança do clima", o **Capítulo XI, "Tipos de respostas de quem vive na várzea do Rio Tietê – Jardim Pantanal"**, de Egute e colaboradores, apresenta um estudo de caso realizado no Jardim Pantanal, no município de São Paulo (SP). Com o objetivo de analisar a capacidade adaptativa a partir da realidade local de seus moradores, os autores apresentam os tipos de respostas adotadas pelos moradores antes, durante a após as frequentes inundações da região.

Além das perdas diretas dos desastres relacionados às mudanças climáticas, deve-se considerar a proliferação e modificação da incidência de doenças relacionadas com a água, a exemplo das doenças gastrointestinais, em virtude das condições meteorológicas esperadas pelas mudanças climáticas. Os diferentes contextos e caminhos pelos quais as mudanças climáticas afetam a saúde são apresentados no **Capítulo II**, de Nardocci e Nogueira, já citado anteriormente.

Ainda considerando o aumento dos danos, sejam estes humanos, sociais, ambientais ou econômicos, decorrentes das inundações no Brasil, e o consequente aumento de casos jurídicos relacionadas ao tema, Lemos e colaboradores, no **Capítulo V, "Perdas e danos decorrentes de inundações no Brasil: desafios e tendências da responsabilidade civil do Estado"**, analisam a jurisprudência dos tribunais federais e dos tribunais dos Estados de Minas Gerais e Santa Catarina, os que mais reportaram casos de inundação no Brasil, a fim de analisar os posicionamentos dos magistrados no que diz respeito à responsabilidade civil do Estado perante os danos ocasionados por inundações.

Por fim, para atingir o ODS 13, ressalta-se a importância do Acordo de Paris e do Marco de Sendai, que, assim como a Meta 13.2[8], ressalta o fortalecimento da resiliência e da capacidade de adaptação, capacitação e integração de medidas de mudança climática em políticas e planos dos países.

ODS 14. Conservação e uso sustentável dos oceanos, dos mares e dos recursos marinhos para o desenvolvimento sustentável

A conservação dos oceanos integra-se também às políticas de mudanças climáticas, uma vez que é reconhecido o impacto da intensificação do efeito estufa aos oceanos e à vida marinha. A Meta 14.3 visa minimizar e enfrentar os impactos da acidificação dos oceanos, inclusive por meio do reforço da cooperação científica em todos os níveis.

8. 13.2. Integrar medidas da mudança do clima nas políticas, estratégias e planejamentos nacionais.

Além da proteção dos oceanos, a Meta 14.5 aborda a conservação das zonas costeiras[9]. Mais da metade da população mundial vive a 100 quilômetros do litoral, sendo, portanto, a conservação dos recursos marinhos e das zonas costeiras vital para essas comunidades, seja em termos econômicos, de subsistência ou de qualidade de vida. Deve-se também considerar que a conservação dessas áreas é um meio de proteção das comunidades perante os riscos naturais, como o aumento do nível do mar e tsunamis. Ainda, a degradação dos ecossistemas marinhos e costeiros pode levar à criação de novos riscos ao remover os benefícios que os ecossistemas proporcionam.

Para Frazier et al. (2013), as comunidades costeiras são especialmente vulneráveis aos impactos das mudanças climáticas, sendo, portanto, essencial o desenvolvimento de indicadores de resiliência comunitária que contemplem a especificidade desse ecossistema, como a existência de programas de gestão costeira e população flutuante oriunda do turismo típico de regiões costeiras. Indicadores específicos podem fornecer uma estimativa mais precisa da resiliência, permitindo à comunidade avançar no aprimoramento da resiliência por meio de iniciativas de mitigação e adaptação mais apropriadas.

O Marco de Sendai reconhece a importância de se considerarem as particularidades de cada região, ao promover a cooperação transfronteiriça para permitir políticas e planejamento para a implementação de abordagens baseadas no ecossistema. Propõe ainda uma série de ações prioritárias para implementação, incluindo a integração da avaliação, mapeamento e gestão de risco de desastres no planejamento e manejo do desenvolvimento de diferentes áreas, como as áreas de planície costeira. Sugere também a identificação de áreas seguras para o assentamento humano, preservando, simultaneamente, as funções ecossistêmicas que ajudam a reduzir os riscos.

ODS 15. Proteger, recuperar e promover o uso sustentável dos ecossistemas terrestres, gerir de forma sustentável as florestas, combater a desertificação, deter e reverter a degradação da terra e deter a perda de biodiversidade

A degradação dos ecossistemas terrestres reduz a biodiversidade e os serviços ecossistêmicos prestados, como a capacidade de fornecer alimentos, água, proteção aos riscos naturais e de sequestro de carbo-

9. 14.5. Até 2020, conservar pelo menos 10% das zonas costeiras e marinhas, de acordo com a legislação nacional e internacional, e com base na melhor informação científica disponível.

no, fundamental para a mitigação do efeito estufa. Por outro lado, ecossistemas saudáveis, como áreas costeiras e florestas, contribuem para reduzir a vulnerabilidade aos riscos naturais, podendo agir inclusive como barreiras físicas para a redução de impactos a determinados eventos e fornecer meios de subsistência. Dessa forma, a restauração do ecossistema e o manejo sustentável dos recursos naturais são elementos essenciais na capacidade de enfrentamento aos desastres[10].

Publicação da União Internacional para a Conservação da Natureza (IUCN, da sigla em inglês) discute a relação do ecossistema e a redução do risco de desastre no contexto do terremoto e tsunami ocorridos no leste do Japão, em 2011. O estudo aponta a necessidade de pesquisas que contribuam para o entendimento dessa relação. Ainda, destaca a importância do ecossistema como serviço ecossistêmico, não apenas como proteção aos riscos naturais (RENAUD; MURT, 2013). Nesse sentido é essencial que a proteção aos ecossistemas seja considerada no clico de gestão de desastre, inclusive nos esforços de reconstrução. A não proteção dos ecossistemas após um desastre pode contribuir para perdas econômicas e ambientais significativas, impondo dificuldades e riscos às comunidades já vulneráveis (SUDMEIER-RIEUX et al., 2006).

Como citado no ODS 14, a proteção dos recursos naturais também é reconhecida no Marco de Sendai, que propõe a inclusão de ecossistemas na análise e planejamento de riscos.

ODS 16. Promover sociedades pacíficas e inclusivas para o desenvolvimento sustentável, proporcionar o acesso à justiça para todos e construir instituições eficazes, responsáveis e inclusivas em todos os níveis

Assim como a vulnerabilidade pode contribuir para o risco de desastre e, ao mesmo tempo, ser intensificada por ele, os desastres e os conflitos humanos também podem se reforçar mutualmente. Comunidades afetadas por conflitos sociais e que possuem frágeis estruturas estatais apresentam baixa capacidade de gerenciar os riscos existentes e responder aos desastres. Por sua vez, tensões sociais extremas podem desencadear um desastre com severas consequências mundiais, a exemplo da Síria e do Sudão do Sul. Conflitos e desastres podem danificar os meios de subsistência da comunidade, as redes sociais, de segurança e de saúde existentes, perpetuando e fortalecendo a vulnerabilidade, desigualdade e os próprios conflitos.

---

10. Environment and Disasters, Disponível em: https://www.iucn.org/theme/ecosystem-management/our-work/environment-and-disasters

Como exemplo, pode-se citar o Haiti, um país assolado há décadas por tensões sociais, desigualdade e violência, além de vulnerável a diferentes riscos naturais, como seca, terremoto, inundações, furacões, dentre outros. Os conflitos contribuíram para a não valorização e priorização em gerenciar os riscos de desastres. Por sua vez, os desastres ocorridos no país, a exemplo do furacão que aconteceu em 2004, contribuíram para o aumento das tensões sociais e da violência, incluindo a violência de gênero[11] (UNDP, 2011).

A Meta 16.5 aborda a redução da corrupção em todas as suas formas. No exemplo do Haiti, verifica-se que a corrupção dificulta o fortalecimento da capacidade de governança. Como resultado das tensões existentes, a gestão dos riscos de desastres e a resiliência do país estão seriamente comprometidas, o que demonstra a importância deste ODS para a gestão de risco de desastre (UNDP, 2011).

Objetivo 17. Fortalecer os meios de implementação e revitalizar a parceria global para o desenvolvimento sustentável

O sucesso das agendas pós-2015 depende de sua efetiva implementação e interesse dos países em alcançar suas metas e objetivos. Para tanto, parcerias entre as partes interessadas, intra e intercomunidades e países são fundamentais. As parcerias devem abranger compartilhamento de experiências, lições aprendidas em desastres, capacitação, intercâmbio de tecnologias, dentre outros.

Com relação à gestão de riscos e de desastres pode-se citar as ações da Agência de Cooperação Internacional do Japão (JICA, da sigla em inglês) e sua política de cooperação com o Brasil, sendo a prevenção de desastres uma das áreas prioritárias[12]. Treinamentos na área são oferecidos, sendo que muitos desses contam com agentes públicos e da Defesa Civil das diferentes esferas do governo brasileiro.

A importância da cooperação internacional é também apresentada no Marco de Sedai e no Acordo de Paris, o que evidencia a importância de construção sinérgica positiva entre os diferentes países para o desenvolvimento de comunidades mais sustentáveis, resilientes e adaptadas às mudanças climáticas.

---

11. Como apresentado anteriormente, alcançar a igualdade de gênero e reduzir a violência baseada em gênero também é alvo do ODS 5.

12. https://www.jica.go.jp/brazil/portuguese/office/projects/index.html

Quadro 1 Síntese das principais relações entre os ODS e a DRR.

Objetivo do Desenvolvimento Sustentável	Relação com a redução de risco de desastre
ODS 1. Erradicação da pobreza	♦ A pobreza, além de impulsionadora de risco de desastres, é também agravada com a ocorrência dos mesmos. ♦ Meta 1.5: Até 2030, construir a resiliência dos pobres e daqueles em situação de vulnerabilidade; reduzir a exposição e vulnerabilidade destes a eventos extremos e a desastres econômicos, sociais e ambientais.
ODS 2. Fome zero e agricultura sustentável	♦ Desastres contribuem para a fome e a insegurança alimentar global. ♦ Desastres podem causar danos à produção de alimentos e aos meios de subsistência de pequenos agricultores e pescadores. ♦ Meta 2.4: Até 2030, garantir sistemas sustentáveis de produção de alimentos e implementar práticas agrícolas resilientes, que fortaleçam a capacidade de adaptação aos desastres.
ODS 3. Saúde e bem-estar	♦ Milhares de pessoas têm sua saúde e bem-estar afetados por desastres. ♦ Promoção de sistemas de saúde resilientes. ♦ Meta 3.d: Reforçar a capacidade de todos os países, particularmente os países em desenvolvimento, para o alerta precoce, redução de riscos e gerenciamento de riscos nacionais e globais de saúde.
ODS 4. Educação de qualidade	♦ Marco de Sendai ressalta a necessidade de se incorporar o conhecimento sobre o risco de desastres na educação formal e não-formal, na educação cívica de todos os níveis e no ensino e treinamento profissionalizante. ♦ Educação inclusiva, equitativa e de qualidade é base para o alcance de todos os ODS, sendo imprescindível para a promoção de uma cultura voltada ao desenvolvimento sustentável (Meta 4.7).
ODS 5. Igualdade de gênero	♦ Mulheres, crianças e pessoas em vulnerabilidade social são mais afetadas por desastres. ♦ O Marco de Sendai enfatiza que a participação das mulheres é fundamental para gerenciar com eficácia o risco de desastres e implementar políticas, planos e programas de DRR sensíveis ao gênero. ♦ Comunidades nas quais há igualdade de gênero e empoderamento feminino apresentam maiores condições de readaptação e construção de meios alternativos de subsistência após grandes desastres.
ODS 6. Água potável e saneamento	♦ A gestão sustentável dos recursos hídricos é essencial para a redução da vulnerabilidade aos desastres hidrológicos. ♦ Acesso ao saneamento básico e disponibilidade hídrica constituem-se em fatores primordiais para a resiliência comunitária aos desastres.

Quadro 1 Síntese das principais relações entre os ODS e a DRR.

Objetivo do Desenvolvimento Sustentável	Relação com a redução de risco de desastre
ODS 7. Energia limpa e acessível	♦ Energias mais sustentáveis contribuem para a redução da emissão de GEE do setor energético. ♦ O desenvolvimento de energia sustentável e segura, bem como uma infraestrutura energética resiliente contribuem com a DRR.
ODS 8. Trabalho decente e crescimento econômico	♦ Investimentos no campo da DRR e da resiliência comunitária é imperativo para o crescimento econômico e o desenvolvimento sustentável dos países. ♦ Desastres podem ter impacto negativo sobre o emprego, a atividade econômica e o crescimento. ♦ O Marco de Sendai ressalta a importância de se integrarem políticas e ações de DRR a instrumentos financeiros e fiscais.
ODS 9. Indústria, inovação e infraestrutura	♦ Quando uma estrutura falha após um desastre, serviços vitais são interrompidos, prejudicando o retorno à normalidade ou ainda criando novos desastres. ♦ O Marco de Sendai recomenda a promoção da resiliência de infraestruturas básicas e das cadeias de suprimentos, de forma que permaneçam seguras e eficazes durante e após os desastres.
ODS 10. Redução das desigualdades	♦ A desigualdade impacta negativamente a resiliência comunitária aos desastres, cuja ocorrência pode aumentar a desigualdade já existente. ♦ Riscos acumulativos, ou riscos de desastres socionaturais, têm maior probabilidade de afetar determinados grupos socioeconômicos ou sociodemográficos.
ODS 11. Cidades e comunidades sustentáveis	♦ Este ODS relaciona-se diretamente com a DRR. ♦ Meta 11.5: Até 2030, reduzir significativamente o número de mortes e o número de pessoas afetadas por catástrofes e diminuir as perdas econômicas diretas causadas por elas, com o foco em proteger os pobres e as pessoas em situação de vulnerabilidade. ♦ Meta 11.b: Até 2020, aumentar o número de cidades e assentamentos humanos que adotem e implementem políticas e planos integrados para a inclusão, a eficiência dos recursos, mitigação e adaptação às mudanças climáticas, a resiliência a desastres; e desenvolver e implementar, de acordo com o Marco de Sendai, o gerenciamento holístico do risco de desastres em todos os níveis.
ODS 12. Consumo e produção responsáveis	♦ Padrões de produção e consumo sustentável visam diminuir o impacto negativo ao ambiente, a exemplo da emissão de GEE oriundos da gestão de resíduos. ♦ A gestão inadequada de resíduos pode induzir ou agravar desastres. ♦ A gestão de resíduos sólidos deve ser considerada nas diferentes fases do ciclo de desastres, incluindo os resíduos de desastres.

Quadro 1 Síntese das principais relações entre os ODS e a DRR.

Objetivo do Desenvolvimento Sustentável	Relação com a redução de risco de desastre
ODS 13. Ação contra a mudança global do clima	♦ As mudanças climáticas estão modificando e intensificando os riscos aos quais uma comunidade está exposta. ♦ Investir em medidas de redução de emissão de GEE, de mitigação e de adaptação às mudanças climáticas são condições para minimizar as perdas decorrentes e para o desenvolvimento sustentável. ♦ Meta 13.1: Reforçar a resiliência e a capacidade de adaptação a riscos relacionados ao clima e às catástrofes naturais em todos os países. ♦ Meta 13.3: Melhorar a educação, aumentar a conscientização e a capacidade humana e institucional sobre mitigação, adaptação, redução de impacto e alerta precoce da mudança do clima.
ODS 14. Vida na água	♦ A conservação dos oceanos integra-se às políticas de mudanças climáticas, uma vez que é reconhecido o impacto da intensificação do efeito estufa aos oceanos e à vida marinha. ♦ A degradação dos ecossistemas marinhos e costeiros pode levar à criação de novos riscos ao remover os benefícios que os ecossistemas proporcionam. ♦ Comunidades costeiras são especialmente vulneráveis aos impactos das mudanças climáticas.
ODS 15. Vida terrestre	♦ A degradação dos ecossistemas terrestres reduz a biodiversidade e os serviços ecossistêmicos prestados, como o sequestro de carbono, fundamental para mitigação do efeito estufa. ♦ Ecossistemas saudáveis contribuem para reduzir a vulnerabilidade aos riscos naturais e fornecer meios de subsistência. ♦ A restauração do ecossistema e o manejo sustentável dos recursos naturais são elementos essenciais na capacidade de enfrentamento aos desastres. ♦ O Marco de Sendai propõe a inclusão de ecossistemas na análise e planejamento de riscos.
ODS 16. Paz, justiça e instituições eficazes	♦ Desastres e os conflitos humanos podem se reforçar mutuamente. ♦ Comunidades afetadas por conflitos sociais apresentam baixa capacidade de gerenciar os riscos existentes e responder aos desastres. ♦ Tensões sociais extremas podem desencadear um desastre com severas consequências mundiais.
Objetivo 17. Parcerias e meio de implementação	♦ As parcerias entre as partes interessadas são fundamentais para o sucesso das agendas pós-2015. As parcerias devem abranger compartilhamento de experiências, lições aprendidas em desastres, capacitação, intercâmbio de tecnologias, entre outros. ♦ A cooperação internacional é também apresentada no Marco de Sedai e no Acordo de Paris.

Considerações finais

Este capítulo teve por objetivo apresentar e discutir as agendas pós-2015 e suas relações com a DRR. Ainda dentro desse contexto, os 17 ODS foram analisados, sendo algumas dessas relações exploradas em capítulos deste livro.

Verifica-se que a DRR e a construção de resiliência são aspectos transversais da Agenda 2030 para o Desenvolvimento Sustentável. A menos que os riscos de desastres sejam efetivamente gerenciados, a crescente perda e os impactos dos desastres continuarão a interferir nos esforços para reduzir a pobreza e alcançar o desenvolvimento sustentável. Isso é facilmente verificado ao se levar em consideração que a intensidade e frequência dos desastres dependem, em grande parte, da vulnerabilidade na qual se encontra uma comunidade. Por sua vez, os ODS contribuem com a DRR. Verifica-se, portanto, uma relação sinérgica entre as duas agendas, sendo o sucesso de ambas codependente.

Por fim, tendo em vista as interfaces e confluências existentes entre as três agendas pós-2015, considera-se que esforços que visam à DRR, ao desenvolvimento sustentável e à busca de soluções para a mudança climática contribuem para o aumento da resiliência comunitária aos desastres e a redução da pobreza. O sucesso depende de um olhar sistêmico e integrado, coerência, complementaridade e interdependência entre as agendas.

Referências bibliográficas

BOSCOV, M. E. G.; RODRIGUES, A. C.; CICCOTTI, L.; GÜNTHER, W. M. R. Resíduos de desastres: problematização e propostas de abordagem. In: GÜNTHER, W. M. R.; CICCOTTI, L.; RODRIGUES, A. C. (Org.). **Desastres: Múltiplas Abordagens e Desafios**. Rio de Janeiro: Elsevier, 2017.

CDC - CENTERS FOR DISEASE CONTROL AND PREVENTION. **Cholera in Haiti: One Year Later**, 2011. Disponível em: < https://www.cdc.gov/cholera/haiti/haiti-one-year-later.html>. Acesso em: 20 jul. 2019.

CUTTER S.L.; BURTON, C. G.; EMRICH, C. T. Disaster resilience indicators for benchmarking baseline conditions. **Journal of Homeland Security and Emergency Management**, v. 7, n.1, p.1-22, 2010.

DOLMAN, D. I.; BROWN, I. F.; ANDERSON, L. O.; WARNER, J. F.; MARCHEZINI, V.; SANTOS, G. L. P. Re-thinking socio-economic impact assessments of disasters: The 2015 flood in Rio Branco, Brazilian Amazon. **International Journal of Disaster Risk Reduction**, v. 31, p. 212-219, 2018.

FRAZIER, T. G.; THOMPSON, C. M.; DEZZANI, R. J.; BUTSICK, D.; Spatial and temporal quantification of resilience at the community scale. **Applied Geography**, v. 42, p. 95-107, 2013.

KELMAN, I. Linking disaster risk reduction, climate change, and the sustainable development goals. **Disaster Prevention and Management**, v. 26, n. 3, p. 254-258, 2017.

LIPPMANN, M; COHEN, M. D.; CHEN, L. Health effects of World Trade Center (WTC) Dust: An unprecedented disaster with inadequate risk management. **Critical Reviews in Toxicology**, v. 45, n. 6, p. 492–530, 2015.

MCTIC/SEPED/CGCL – Ministério da Ciência, Tecnologia, Inovações e Comunicações / Secretária de Políticas e Programas de Pesquisa e Desenvolvimento / Coordenação geral do Clima. **Estimativas anuais de emissões de gases de efeito estufa no Brasil**. MCTIC/SEPED/CGCL, 2017.

MORENO, J.; SHAW, D. Women's empowerment following disaster: a longitudinal study of social change. **Nat Hazards**, February 2018.

OLIVEIRA, V. H. Natural disasters and economic growth in Northeast Brazil: evidence from municipal economies of the Ceará State. **Environment and Development Economics**, v. 24, n. 3, 2019.

PINE, J. C. **Natural Hazards Analysis: Reducing the Impact of Disasters.** CRC Press, Boca Raton, FL, 2009.

REIS, C.; BERNATH, T. Becoming an International Humanitarian Aid Worker. **Butterworth-Heinemann**, 2016.

RENAUD, F.; MURTI, R. **Ecosystems and disaster risk reduction in the context of the Great East Japan Earthquake and Tsunami – a scoping study**. Report to the Keindanren Nature Conservation Fund. IUCN, 2013.

ROBERTS, E., ANDREI, S., HUQ, S. AND FLINT, L. Resilience synergies in the post-2015 development agenda. **Nature Climate Change**, v. 5, n. 12, p. 1024-1025, 2015.

SARMIENTO, J. P. What is the post-2015 development agenda? A look from the underlying disaster risk drivers. **Disaster Prevention and Management**, v. 27, n. 3, p. 292-305, 2018.

SIENA, M. A Política de Assistência Social em Contexto de Desastres Relacionados às Chuvas: um estudo sobre o município de Ribeirão Preto/SP. In **Sociologia dos Desastres - construção, interfaces e perspectivas no Brasil - volume III** /organizado por Norma Valencio / apoio CRESS-RJ – São Carlos: RiMa Editora, 2013.

SHEPHERD, A.; MITCHELL, T.; LEWIS, K.; LENHARDT, A.; JONES, L.; SCOTT, L.; MUIR-WOOD, R.; **The geography of poverty, disasters and climate extremes in 2030**. ODI, 2013.

SUDMEIER-RIEUX, K.; MASUNDIRE, H.; RIZVI, A.; RIETBERGEN, S. (eds). **Ecosystems, Livelihoods and Disasters: An integrated approach to disaster risk management**. IUCN, Gland, Switzerland and Cambridge, UK, 2006.

SULAIMAN, S. N.; ALEDO, A. Desastres Naturais: convivência com o risco. **Estudos Avançados**, v. 30, n. 66, p. 11-23, 2016.

THOMAS, A. S.; KOPCZAK, L. R. **From logistics to supply chain management: the path forward in the humanitarian sector**. Fritz Institute, v. 15, p. 1-15, 2005.

UNDP - United Nations Development Programme. **Disaster-Conflict Interface - Comparative experiences**. BCPR-UNDP, 2011.

UNISDR - United Nations Office for Disaster Risk Reduction. **Sendai Framework for Disaster Risk Reduction 2015 – 2030**. UNISDR, 2015a.

UNISDR - United Nations Office for Disaster Risk Reduction. **Disaster risk reduction and resilience in the 2030 agenda for sustainable development**. UNISDR, 2015b.

UNISDR - United Nations Office for Disaster Risk Reduction. **Terminology**. UNISDR, 2017. Disponível em: < https://www.unisdr.org/we/inform/terminology> Acesso em 15 mai. 2019.

UNISDR (UN Office for Disaster Risk Reduction), World Bank, European Union, GFDRR, UN Women. **Disaster Recovery Guidance Series: Gender Equality and Women's Empowerment in Disaster Recovery**. UNISDR, 2018.

UNFCCC – Convenção-Quadro das Nações Unidas sobre a Mudança do Clima. **O Acordo de Paris**. UNFCC, 2015.

VALENCIO, N. Da morte da Quimera à procura de Pégaso: a importância da interpretação sociológica na análise Do fenômeno denominado desastre. In. **Sociologia dos desastres – construção, interfaces e perspectivas no Brasil** / organizado por Norma Valencio, Mariana Siena, Victor Marchezini e Juliano Costa Gonçalves – São Carlos: RiMa Editora, 2009.

VIANA, J. P. As atividades de pesca e aquicultura na Bacia do Rio Doce: subsídios para a mitigação dos impactos socioeconômicos do desastre da Samarco em Mariana, Minas gerais. **Boletim Regional, Urbano e Ambiental**, v. 16, 2017.

WALLEMACQ, P.; HOUSE, R. **Economic losses, poverty & disasters: 1998-2017**. UNDRR e CRED, 2018.

WORLD BANK. Building Resilience: Integrating Climate Disaster Risk Development. Washington DC, USA, 2013.

Conceituação teórica e ferramentas de gestão de riscos e de desastres

Capítulo I

Coprodução de conhecimento: ciência, gestão pública e sociedade para a redução de risco de desastre

Samia Nascimento Sulaiman
Pedro Roberto Jacobi
Katia Canil

Introdução

A análise de riscos em determinado ambiente envolve a compreensão da causalidade, da temporalidade, da possibilidade e da espacialização do alcance e severidade das consequências de um perigo. Vai muito além de sua origem natural, considerando-se o risco como socionatural (em que o ambiente transformado pela ação antrópica e suas dinâmicas gera processos induzidos). Por isso, é relevante o estudo das interferências antrópicas no meio físico e dos contextos que tornam pessoas e elementos expostos e vulneráveis aos riscos, assim como apontar caminhos para a responsabilidade humana diante desse cenário, como apontado pelo Marco de Ação de Sendai (UN-ISDR, 2015).

A Agenda 2030 para o Desenvolvimento Sustentável, com os 17 Objetivos de Desenvolvimento Sustentável (ODS) (UN, 2015), tem apontado um plano de ação para governos locais e regionais que pode corroborar a redução de risco de desastre. Ao propor o combate à pobreza e à vulnerabilidade (ODS 1), a qualificação educacional para o desenvolvimento sustentável (ODS 4), a redução de mortes e vítimas por catástrofes (ODS 11) e a resiliência e capacidade de adaptação a riscos relacionados com o clima (ODS 13), os ODS indicam que há uma construção social do risco que, portanto, demanda medidas que considerem a complexidade conceitual e metodológica do risco. Neste artigo apontamos a coprodução de conhecimento como possibilidade (Figura 1). Uma análise multifocal do território demanda não apenas especialidades diversas e interdisciplinaridade, mas principalmente o envolvimento de múltiplos atores sociais que potencializem as visões e compreensões da dinâmica desse território para tomadas de decisão e intervenções mais adequadas e validadas socialmente.

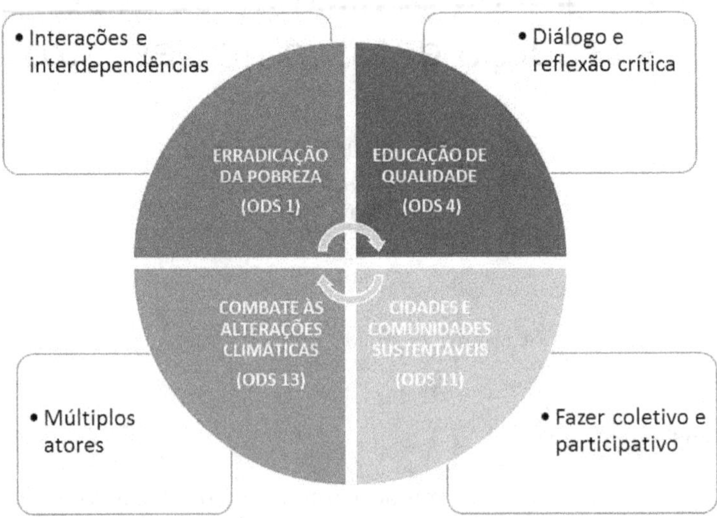

Figura 1 Relação entre coprodução de conhecimento e ODS para redução do risco de desastre. Crédito: Samia Sulaiman.

Novos paradigmas para a gestão de risco têm ganhado atenção no cenário internacional, com ênfase em ações preventivas e em processos participativos. Desde a Década Internacional para a Redução de Desastres Naturais (1990-1999) até o atual Marco de Ação de Sendai, de 2015, o enfoque tem sido ampliado dos aspectos técnico-científicos para a participação social e o aumento da resiliência de governos e comunidades locais perante os desastres (SULAIMAN, 2018). A atual Política Nacional de Proteção e Defesa Civil (Lei n. 12.608/2012) incorpora e ressalta essa abordagem, que relaciona proteção e prevenção à participação social (BRASIL, 2012).

Inúmeros desafios ligados aos processos participativos enfraquecem, dificultam e, até mesmo, inviabilizam a redução de riscos de desastre. Vivemos numa sociedade cada vez mais pragmática e utilitarista. Traduzir o conceito de ambiente e desenvolver o pensamento complexo quanto à formação de novas mentalidades, conhecimentos e comportamentos implicam a necessidade de se multiplicarem as práticas sociais baseadas no fortalecimento do direito ao acesso à informação e à educação em uma perspectiva integradora (JACOBI; GRANDISOLI, 2017).

Ao se reunir uma pluralidade de fontes e tipos de conhecimento é possível abordar um problema definido e construir um entendimento integrado ou orientado para o sistema desse problema. São fundamentais, nesse cenário, novas formas de parceria direta entre governos em todos os níveis e a sociedade civil, na produção de conhecimento e proposição de soluções e responsabilidades colaborativas. Apresentamos, a seguir, o referencial teórico-metodológico da Aprendizagem Social como meio-fim da coprodução de conhecimento para entender, mobilizar e atuar em prol da redução de risco de desastre; depois, apontamos as possibilidades e desafios da participação em processos de coprodução de conhecimento; e, ao final, apresentamos a experiência de coprodução de conhecimento sobre o território, plasmado na Carta Geotécnica de Aptidão à Urbanização do município de Santana de Parnaíba (SP), elaborada entre 2016 e 2017 pela equipe técnica do Laboratório de Gestão de Risco da Universidade Federal do ABC, com o envolvimento da equipe técnica e dos gestores da Prefeitura Municipal.

Aprendizagem Social e sociedades sustentáveis

Para a construção real de práticas capazes de estruturar as bases de sociedades sustentáveis, coloca-se a necessidade de fortalecimento de comunidades de prática (WENGER, 1998) e da Aprendizagem Social (JACOBI, 2012). Estas são caracterizadas como processos que permitem ampliar o número de pessoas no exercício de construção do conhecimento e fortalecimento de canais democráticos de comunicação, de modo a criar e potencializar interações que tragam avanços substanciais na produção de novos repertórios e práticas de mobilização social para a sustentabilidade, em diálogo direto com os Objetivos do Desenvolvimento Sustentável.

Os referenciais da Aprendizagem Social se inserem nas práticas socioambientais educativas de caráter colaborativo, que têm se revelado como veículo importante na construção de uma nova cultura de diálogo e participação (JACOBI, 2012). Como *práxis educativa* engajada e política, abre um estimulante espaço para a construção de eixos interdisciplinares em torno dos quais se tece uma nova cultura para a formação abrangente, a partir de uma abordagem sistêmica e complexa.

Para caminhar em direção à educação inclusiva e equitativa de qualidade, e promover oportunidades de aprendizagem ao longo da vida para todos, como orienta o ODS 4, faz-se necessário ampliar os espaços-tempo educativos e possibilitar processos colaborativos e dialógicos, dando voz e vez a todos. A Aprendizagem Social implica promover mais colaboração e desenvolver práticas comunicativas que estimulem um engajamento cooperativo e não diretivo dos diversos atores envolvidos. As atividades de educação, decorrentes de processo participativo, podem oferecer oportunidades de aprendizagem e mudança, potencializando ganhos mútuos por meio das interações, na medida em que nos diálogos os diferentes atores envolvidos aprofundam o conhecimento sobre os aspectos que mais os afetam e têm a possibilidade de novas aprendizagens e instrumentos de ação (JACOBI, 2012).

Essa abordagem, integradora das relações entre as esferas subjetivas e intersubjetivas, amplia a possibilidade de constituição de identidades coletivas em espaços de convivência e debates. Neles, os conflitos adquirem status de desafios a serem explicitados e negociados. Isto abre caminhos para incrementar os potenciais dos espaços de diálogos horizontalizados, de aprendizagem do exercício da democracia participativa, mediando experiências de diferentes sujeitos autores/atores sociais locais na construção de projetos de intervenção coletivos, que considerem e atuem para a redução da pobreza e da vulnerabilidade, como orienta o ODS 1.

Esse "fazer coletivo" configura-se em importantes estratégias que englobam um conjunto de atores e práticas, e que podem ser um elemento inovador para a construção de pactos de governança no futuro da gestão ambiental, fomentando a compreensão e o acolhimento de novos paradigmas, que possam informar novas escolhas do poder público e da sociedade numa perspectiva de avanço rumo a tornar as cidades e os assentamentos humanos inclusivos, seguros, resilientes e sustentáveis, como preconiza o ODS 11. Instaura-se, assim, a importância de reconhecer a existência e de fortalecer comunidades de prática orientadas para a promoção da sustentabilidade. Comunidades que não podem ser impostas, mas, sim, imaginadas, identificadas, estimuladas, cultivadas e valorizadas.

O arcabouço teórico da Aprendizagem Social nos demonstra que o aprendizado conjunto é fundamental para que as tarefas comuns e a construção de um acordo para a gestão de recursos naturais, levando em conta o processo no qual está inserida, seu contexto e seus resultados, levem ao entendimento da complexidade das questões ambientais que precisam ser discutidas coletivamente para combater os problemas atuais e futuros figurando na agenda de políticas, estratégias e planejamentos nacionais, de modo a fazer frente aos impactos da mudança do clima, como orienta o ODS 13.

Isso reforça a dimensão da participação, compartilhamento e corresponsabilização para decidir quais cenários de sustentabilidade desejados. A coprodução de conhecimento pretende, portanto, integrar os seguintes fatores: uma reflexão crítica; o desenvolvimento de um processo participativo, múltiplo e democrático; a construção de uma percepção partilhada do problema em relação ao grupo de atores sociais envolvidos; e o reconhecimento das interdependências e das interações dos atores. Deitando-se o olhar especialmente para os mais pobres e mais vulneráveis a eventos extremos relacionados com o clima e outros choques e desastres econômicos, sociais e ambientais, como aponta o ODS 1.

Participação e coprodução de conhecimento

Face à imprevisibilidade dos riscos socioambientais e à vulnerabilidade de certos grupos humanos, diversas questões se colocam nos dias de hoje. Como tornar a sociedade mais justa e sustentável e como sensibilizar e criar condições para promover ações pautadas pelo reconhecimento dos riscos e dos vulneráveis? E como ampliar o escopo de atuação da educação ambiental para a sustentabilidade nas questões inerentes aos riscos em práticas que deveriam estar cada vez mais inseridas no cotidiano das pessoas e nas políticas públicas?

A relação entre a formação de quadros nas áreas pública e privada que tenham maior compreensão e domínio dos aspectos que abrangem o enfrentamento dos riscos se torna determinante para fazer frente à magnitude dos eventos naturais adversos, potencializando, assim, a redução da vulnerabilidade das comunidades e, portanto, minimizando a intensidade dos desastres e de riscos indiretos que interagem de forma sistêmica com outros aspectos ambientais e sociais em distintas escalas espaciais e temporais.

Os riscos ambientais implicam ampla revisão das práticas de governança ambiental, como estratégia de enfrentamento dos problemas, fortalecendo-se os processos de governança adaptativa, o que requer que os processos decisórios sejam abertos e participativos. Isto demanda novas estratégias que, pautadas pelo diálogo, impliquem políticas para enfrentar problemas e riscos com a ampliação dos atores envolvidos, de forma a contribuir com seu conhecimento para complementar a informação técnica.

O que se propõe como coprodução do conhecimento significa o resultado da troca de saberes da ciência e da sociedade, num processo colaborativo que reúne pluralidade/diversidade de atores e suas respectivas fontes e tipos de conhecimento, formas de perceber/entender/pensar o mundo que, integradas e em diálogo, colaboram para abordar a complexidade de um problema e de sua solução (ARMITAGE et al., 2011). Segundo Pohl et al. (2010), essa perspectiva modifica tanto as práticas de diagnóstico e pesquisa convencionais e conhecimentos prévios quanto os papéis dos pesquisadores, pela produção interativa de conhecimento entre acadêmicos e não acadêmicos. Uma produção que pode ter apenas pontos de contato, com somas de saberes, valores, posicionamentos e linguagens, ou aprofundar-se num processo de intersecção de algo novo, único, resultado de um espaço permeável e dialógico (ágora), no qual "a ciência encontra o público" e "o público fala de volta para a ciência (NOWOTNY et al., 2001: 247).

A participação social, como processo de troca de opiniões, interesses, inquietudes e propostas, traz benefícios pragmáticos tais como: agregar informação mais representativa e exata acerca das necessidades, priorizar e capacitar a população local para adaptar os programas às condições locais de forma a prevenir conflitos e empregar os recursos com maior eficiência. Traz também benefícios políticos ou democráticos como empoderar o cidadão com a oportunidade de influenciar os processos de decisões, beneficiar a qualidade democrática e a igualdade e gerar confiança do público no processo de participação social (O'FAIRCHEALLAIGH, 2010).

A participação, no entanto, não tem sido entendida como um processo de intercâmbio (o que se dá e o que se espera receber) como define a Teoria do Intercâmbio Social (HOMANS, 1961), em que a visão e os saberes de todos os atores envolvidos devem ser contemplados. Pelo contrário, os gestores entendem os processos participativos como simples processos consultivos, o que pouco empodera os participantes e mantém relações de poder entre os grupos, dificultando a negociação e a tomada de decisão coletiva, com resultados aquém aos interesses, às necessidades e às expectativas dos participantes (ALEDO; MAÑÁS, 2018). Abordagem que também se materializa nas ações educativas baseadas em transmissão de conhecimentos tecnocientíficos e de comportamentos de adaptação para a convivência com o risco (SULAIMAN, 2014). A falta de efetiva e protagonista participação social tem resultado em infinidades de intervenções de engenharia limitadas a responder ao perigo, que sempre deixam abertas as possibilidades para a reconstrução dos riscos (ZUQUIM et al., 2016).

O maior desafio, portanto, é criar oportunidades de participação e aprendizagem social ativas, nas quais haja o real envolvimento dos sujeitos em relações de diálogo, que favoreçam: a percepção da diversidade de opiniões e visões de mundo; a mediação de interesses individuais e coletivos; e a possibilidade de ampliação de repertórios que aumentem a capacidade de contextualizar e refletir (GLASSER, 2007). Para tanto, quanto mais as ações de capacitação dialogarem com visões pautadas pela existência de riscos promovidos pela sociedade humana, denominados de efeitos antrópicos, e os diversos atores envolvidos, com olhar e ação de cuidado para com os mais vulneráveis, maiores serão as possibilidades de formar atores sociais mobilizadores e multiplicadores nos diversos setores da sociedade.

Coprodução de conhecimento na prática

Os avanços da Política Nacional de Proteção e Defesa Civil (PNPDEC), Lei 12.608/12 (BRASIL, 2012), são explicitados em seu parágrafo único que a integra às políticas de ordenamento territorial, desenvolvimento urbano, saúde, meio ambiente, mudanças climáticas, gestão de recursos hídricos, geologia, infraestrutura, educação, ciência e tecnologia e às demais políticas setoriais, tendo em vista a promoção do desenvolvimento sustentável. Essa perspectiva coloca a redução de risco de desastre no Brasil alinhada aos ODS 1, 4, 11 e 13, que sintetizam o combate à pobreza e à vulnerabilidade, a qualificação da educação e o fortalecimento da participação das comunidades locais, a busca por cidades e assentamentos humanos inclusivos, seguros, resilientes e sustentáveis, que considerem a urgência das medidas relacionadas à mudança do clima.

Nesse aspecto, um dos desafios da PNPDEC é integrar a gestão de riscos ao (re)ordenamento territorial e de prevenção, incorporando suas ações à agenda dos planejadores e tomadores de decisão. Assim, desde a implementação dessa política, entende-se que o conhecimento dos riscos, a partir da identificação, mapeamento e avaliação dos perigos e vulnerabilidade, é base indispensável para uma efetiva gestão. Um dos instrumentos técnicos desenvolvidos para a representação desses fenômenos acompanhados de diretrizes para ações estruturais e não estruturais é a cartografia geotécnica.

A Lei propõe três tipos de cartas geotécnicas que têm o papel de auxiliar os municípios na gestão de riscos e se definem em: a) Carta de Suscetibilidade aos processos de geológico-geotécnicos, hidrológicos e correlatos, na escala 1:25.000, que indica a predisposição dos terrenos diante da ocorrência desses processos; b) Carta de Aptidão à Urbanização, que dá suporte à indicação de áreas urbanas adequadas aos usos urbanos e ainda não ocupadas, existentes no interior do perímetro urbano ou em áreas de expansão urbana, na escala 1:10.000; e c) Carta ou Mapa de Risco, que apresenta a distribuição, o tipo e o grau dos riscos geológicos, indicando a proposição de medidas corretivas e de erradicação das situações de risco (CANIL et al., 2018a).

A elaboração das Cartas Geotécnicas de Aptidão à Urbanização, na escala municipal, à luz da Lei 12.608/12, pode ser pensada a partir de processos de aprendizagem social que envolvam a participação dos técnicos e gestores públicos, assim como da população, respeitando o conhecimento individual sobre a realidade municipal, e o contexto territorial do município no que diz respeito às informações relacionadas aos riscos e desastres e da estruturação das equipes técnicas municipais. Toma-se como exemplo o município de Santana de Parnaíba (SP), cuja Carta Geotécnica de Aptidão à Urbanização foi elaborada no período de 2016 e 2017, pelo Laboratório de Gestão de Riscos (LabGRis) da Universidade Federal do ABC (UFABC), com recursos do Ministério das Cidades.

Para a obtenção de resultado mais qualificado do produto Carta Geotécnica de Aptidão à Urbanização (CGAU) e de sua utilização, partiu-se da premissa de que eram essenciais a participação e o envolvimento da equipe técnica e dos gestores da Prefeitura Municipal na elaboração do material. A abordagem participativa desenvolvida teve por base os seguintes passos: a discussão entre a equipe técnica do LabGRis-UFABC com as equipes e gestores municipais sobre a área a ser mapeada; acesso a materiais, dados e informações das características do meio físico, mapeamentos de risco existentes, dentre outros, fornecidos pelos responsáveis municipais; acompanhamento integral das equipes/gestores locais quanto aos procedimentos para construção da CGAU e posterior validação das decisões e dos resultados obtidos. Esse processo buscou fazer com que a CGAU fosse realmente aplicada e integrada ao planejamento urbano territorial (DINIZ, FREITAS, 2013; CANIL et al., 2018b).

Assim, além dos critérios técnico-científicos para a elaboração da CGAU, a partir de metodologias definidas por Prandini (1995), Freitas (2000), Zuquete e Gandolfi (2004), Diniz (2012), Souza e Sobreira (2014), o envolvimento do corpo técnico das prefeituras foi realizado por meio de sensibilização, reuniões técnicas e oficinas de trabalho (CANIL et al., 2016). Essa parceria permitiu o diálogo entre pesquisadores e gestores públicos, facilitando a compreensão do processo de elaboração do produto e seus respectivos resultados.

Estabelecer um protocolo de ações que contemplasse a participação dos técnicos das diversas secretarias municipais também fez parte do processo de elaboração da Carta Geotécnica de Aptidão à Urbanização. No caso da Prefeitura de Santana de Parnaíba, um profissional técnico, formado em geologia, da Secretaria de Planejamento Urbano e Meio Ambiente (SMPUMA), fez o papel de articulação com outras secretarias de governo para integrar os estudos e elaboração da CGAU, destacando principalmente as equipes que atuam nas atividades do Plano Diretor Municipal, Secretaria de Obras, Habitação e Defesa Civil.

Foram realizadas oficinas técnicas logo no início do projeto para apresentar o escopo da proposta do mapeamento e como seria a participação e contribuição de cada uma dessas áreas da gestão municipal. As oficinas ocorreram predominantemente no município, considerando a dificuldade e logística do deslocamento, facilitando, assim, maior presença dos técnicos. Durante os trabalhos de campo, os técnicos também participaram das atividades, principalmente pelo conhecimento da dinâmica territorial municipal. Em cada fase dos produtos intermediários que iam se encaminhando para conclusão, foram realizadas reuniões de validação. Percebeu-se, nesse processo, ação de cooperação e aproximação maior do corpo técnico intersetorial, o que demonstrou que realizar um trabalho com esse grau de envolvimento e motivação gerou não só bom resultado técnico, mas também resultados pessoal e profissional, que só têm a enriquecer a gestão pública em âmbito municipal (CANIL, et. Al., 2018c). Após a finalização da CGAU, também foram realizadas oficinas técnicas para orientação à utilização desse instrumento, auxiliando no planejamento e gestão integrada do uso e ocupação do solo do município especialmente na gestão de riscos (Figuras 2 e 3).

Figura 2 Oficina prática – apresentação da Carta Geotécnica de Aptidão à Urbanização, 2017. Créditos: LabGRis-UFABC.

Figura 3 Oficina prática – apoio aos técnicos para leitura e interpretação da CGAU, 2017. Créditos: LabGRis-UFABC.

A importância de interação com os gestores municipais e os bons resultados obtidos por meio da realização de oficinas técnicas com a participação dos técnicos municipais contribuíram para a compreensão do significado da CGAU e como deverá se dar sua efetiva incorporação na estrutura de planejamento e ordenamento territorial, em nível de prevenção, evitando a formação de novas áreas de risco, bem como indicando diretrizes para ações de intervenção e recuperação de áreas existentes, com relação direta com o ODS 11: "tornar as cidades e os assentamentos humanos inclusivos, seguros, resilientes e sustentáveis".

Reflexões finais

O aprendizado conjunto é fundamental para que as tarefas comuns e a construção de um acordo para a gestão de recursos naturais e dos riscos socioambientais levem ao entendimento da complexidade das questões ambientais que precisam ser analisadas e enfrentadas. Isso reforça a dimensão da participação, compartilhamento e corresponsabilização para decidir quais são os cenários de sustentabilidade desejados.

Nesse sentido, possibilitar processos participativos e de coprodução de conhecimento implica promover mais colaboração e desenvolver práticas comunicativas que estimulem um engajamento cooperativo e não diretivo dos diversos atores envolvidos. Pretende-se que esses atores disponham de instrumentos e de novas habilidades para maximizar os benefícios da sua participação. Isso abre caminhos para incrementar o potencial de fortalecer espaços de diálogos horizontalizados, de aprendizagem, mediando experiências de diferentes atores sociais.

Para ações efetivas e eficientes em prol da redução do risco de desastre, temos a responsabilidade de promover espaços-tempo de reflexão crítica, de processos participativos, múltiplos e democráticos, de construção de uma percepção partilhada do problema em relação ao grupo de atores sociais envolvidos, e de reconhecimento das interdependências e das interações dos atores.

Posicionamentos acadêmicos e experiências práticas estão ocorrendo em torno da participação e da aprendizagem social para a construção compartilhada e inovadora de conhecimento interligando olhares e saberes sobre o território. Essa mobilização é fundamental para a implementação da Agenda 2030, propondo ações e perspectivas orientadas à erradicação da pobreza, da educação e qualidade, da segurança e resiliência comunitária e adaptação aos impactos da mudança do clima, que não são apenas objetivos do desenvolvimento sustentável, mas premissas básicas para a redução de risco de desastre e para a construção de sociedades mais social e ambientalmente justas.

Referências bibliográficas

ALEDO, A. T.; MAÑAS, J. J., 2018. Troca de saberes: participação na gestão de risco. In: SULAIMAN, S. N., JACOBI, P. J. (org). **Melhor prevenir: olhares e saberes para a redução de risco de desastre**. São Paulo, IEE-USP.

ARMITAGE et al., 2011. Co-Management and the co-production of knowledge: learning to adapt in Canada's arctic. Glob. Environ. Change, 21, pp. 995-1004. Disponível em: <https://goo.gl/1BjUSm>, Acesso em: 09/11/2018.

BRASIL, 2012. **Lei n. 12.608, de 10 de abril de 2012**. Institui a Política Nacional de Proteção e Defesa Civil – PNPDEC e dá outras providências. Diário Oficial da República Federativa do Brasil, Poder Executivo, Brasília, DF, 11 abr. 2012.

CANIL, K., NOGUEIRA, F.R., 2018a. São Bernardo do Campo: Uso das cartas geotécnicas para prevenção. In: SULAIMAN, S. N., JACOBI, P. J. (org). **Melhor prevenir: olhares e saberes para a redução de risco de desastre**. São Paulo, IEE-USP.

CANIL, K, FREITAS, C.G.L., SOBREIRA, F.G., COLLARES, E.G. 2018b. Cartografia Geotécnica e Geoambiental. In: OLIVEIRA, A.M.S., MONTICELI, J.J. (org). **Geologia de Engenharia e Ambiental**. São Paulo, ABGE.

CANIL, K., MORETTI, R.S., MOURA, R.B., FURTADO, R.I. Carta Geotécnica do município de Santana de Parnaíba, SP: um olhar para a perspectiva do usuário. **Anais.** 16°. Congresso Brasileiro de Geologia de Engenharia e Ambiental. São Paulo. SP. 2018c.

CANIL, K.; NOGUEIRA, F.R.; MORETTI, R.S.; FUKUMOTO, M. M.; RAMALHO, P. C.; POLLINI, P. B.; REGINO, T. M.; GOMES, A. H. O processo interativo na elaboração da carta geotécnica de aptidão à urbanização e sua aplicação ao planejamento e gestão territorial do município de São Bernardo do Campo, SP. In: III Congresso da Sociedade de Análise de Risco Latino Americana, 2016, São Paulo. **Anais.** São Paulo, SP: Associação Brasileira de Geologia de Engenharia e Ambiental. v. 1. p. 1-7, 2016.

DINIZ, N.C. Cartografia geotécnica por classificação de unidades de terreno e avaliação de suscetibilidade e aptidão. Revista Brasileira de Geologia de Engenharia e Ambiental, v. 2, p. 29-77, 2012.

DINIZ, N. C.; FREITAS, C. G. L. Cartografia geotécnica. In: COUTINHO, R. Q. (Coord.). **Parâmetros para a cartografia geotécnica e diretrizes para medidas de intervenção de áreas sujeitas a desastres naturais.** Brasília: Ministério das Cidades, 2013. Cap. 7, 39 p.

FREITAS, C. G. L. de. **Cartografia geotécnica de planejamento e gestão territorial**: proposta teórica e metodológica. 2000. 230 f. Tese (Doutorado) - Faculdade de Filosofia, Letras e Ciências Humanas, Universidade de São Paulo, São Paulo, 2000.

GLASSER, H. "Minding the gap- the role of social learning in linking our stated desire for a more sustainable world to our everyday actions and policies". In: WALS, A. *Social learning*: towards a sustainable world. Wageningen: Wageningen Academic Publishers, 2007.

HOMANS, G.C., 1961. **Social Behaviour: Its Elementary Forms**. New York: Harcourt.

JACOBI, P. R.; GRANDISOLI, E. Água e sustentabilidade: desafios, perspectivas e soluções. São Paulo, SP: IEE-USP e Reconectta, 2017.

JACOBI, P.R. (2012). Governança ambiental, participação social e educação para a sustentabilidade". In. Philippi, A. et al. *Gestão de Natureza Pública e Sustentabilidade*. São Paulo: Manole.

NOWOTNY, H.; SCOTT, P.; GIBBONS, 2001. **Re-Thinking Science:** Knowledge and the Public in an Age of Uncertainty. Cambridge: Polity Press.

O'FAIRCHEALLAIGH, C., 2010. Public participation and environmental impact assessment: purposes, implications, and lessons for public policy making. **Environmental Impact Assessment Review**, v. 30, n. 1, p. 19-27.

POHL, C. et al, 2010. Researchers' roles in knowledge co-production: experience from sustainability research in Kenya, Switzerland, Bolivia and Nepal. **Science and Public Policy**, 37(4), May 2010, p. 267–281. Disponível em: https://core.ac.uk/download/pdf/85212074.pdf. Acesso em: 20/10/2018.

PRANDINI, F. L. et al. Cartografia geotécnica nos planos diretores regionais e municipais. In: BITAR, O. Y. (Coord.). **Curso de geologia aplicada ao meio ambiente.** São Paulo: ABGE/IPT, 1995. P. 187-202.

SOUZA, L. A.; SOBREIRA, F. G. **Guia para elaboração de cartas geotécnicas de aptidão à urbanização frente aos desastres naturais.** Brasília: Ministério das Cidades, 2014. 68 p.

SULAIMAN, S. N., 2018. Ação e reflexão: educar para uma cultura preventiva. In: SULAIMAN, S. N., JACOBI, P. J. (org). **Melhor prevenir: olhares e saberes para a redução de risco de desastre.** São Paulo, IEE-USP.

SULAIMAN, S. N., 2014. **De que adianta? O papel da educação para prevenção de desastres.** Tese (Doutorado em Educação e Gestão Integral de Água) – Faculdade de Educação, Universidade de São Paulo, São Paulo; Instituto Universitário de Agua y Ciencias Ambientales, Universidad de Alicante, Alicante.

UN - United Nations. A/RES/70/1 - **Transforming our world: The 2030 Agenda for Sustainable Development.** 2015. Disponível em: <https://goo.gl/s3RAhp>, Acesso em: 20/10/2018.

UN-ISDR – International Strategy for Disaster Reduction. 2015. **Sendai Framework for Disaster Risk Reduction 2015-2030.** Disponível em: < https://goo.gl/gmD3D7>. Acesso em: 22/10/2018.

WENGER, E. Communities of practice: Learning, meaning and identity. Cambridge, UK: Cambridge University Press, 1998.

ZUQUETTE, L. V.; GANDOLFI, N. **Cartografia Geotécnica**. São Paulo: Oficina de Textos, 2004. 190 p.

ZUQUIM, M. L.; NOGUEIRA, F. R.; MORETTI, R. S.; CANIL, K. Remanescência da ilegalidade, da irregularidade, da precariedade e dos riscos pós-urbanização de favelas. In: SEMINÁRIO NACIONAL SOBRE URBANIZAÇÃO DE FAVELAS, II, 2016, Rio de Janeiro. **Anais do II URBFavelas.** Rio de Janeiro: IIPUR/UFRJ, p. 1-15, 2016.

Capítulo II

Impactos das inundações na saúde da população de áreas urbanas

Adelaide C. Nardocci
Maria Tereza Pepe Razzolini

As pessoas estão direta e indiretamente expostas aos fatores climáticos. Os efeitos diretos incluem mortes, doenças, traumas físicos e psicológicos associados a eventos climáticos extremos, tais como ondas de calor, tempestades, inundações e secas. Os indiretos são resultantes de alterações ambientais que têm repercussão na saúde e na qualidade de vida das pessoas, tais como as alterações na qualidade e quantidade de recursos hídricos disponíveis, na produção de alimentos e na ecologia de vetores de agentes infecciosos. Esses efeitos também podem resultar em alterações nos processos sociais, envolvendo a migração de grupos populacionais, a redução da produção de alimentos, dentre outros. A magnitude dos efeitos adversos depende não apenas da intensidade dos fenômenos climáticos e ambientais, mas também da vulnerabilidade e da capacidade de adaptação e resposta da população afetada (IPCC, 2007).

Os caminhos por meio dos quais a saúde pode ser direta ou indiretamente afetada pelas mudanças climáticas são mostrados na Figura 1.

Segundo dados do EM-DAT (2018)[1], no período de 1900 a 2018 foram registrados, no Brasil, 229 desastres naturais, sendo as principais ocorrências: inundações (59%), seguidas de deslizamentos de terra (11%) e tempestades (8%). Os eventos de inundações são responsáveis por 60% do número de mortes por desastres registradas no período, como mostra a Tabela 1.

Os eventos de precipitação intensa estão associados a acidentes e traumas que causam mortes por afogamento, deslizamentos de terra, desabamentos de prédios, arraste de veículos para rios e córregos, dentre outros, contribuindo para o aumento da mortalidade e da morbidade

1. EM-DAT: The Emergency Events Database – Universite Catholique de Louvain (UCL). Acesso em: 13 dez. 2018.

por causas externas. Nos dias 5 e 6 de fevereiro de 1982, em um dos episódios de precipitação mais importantes na Região Metropolitana de São Paulo (RMSP), registraram-se 10 mortos e 1.613 pessoas desabrigadas, sendo que, destas, 642 perderam suas casas. Entre os dias 4 e 5 de junho de 1983, registraram-se 63 ocorrências de desabamentos e soterramentos de barracos, 15 mortos e 1.078 desabrigados (ALVES FILHO; RIBEIRO, 2006). O estado de Santa Catarina foi duramente afetado por inundações bruscas no ano de 2008. Em 2010, fortes inundações produziram danos severos nos estados de Alagoas, Pernambuco e São Paulo. Em 2011, a Região Serrana do Rio de Janeiro foi atingida por intensas inundações e deslizamentos de terra, gerando um dos mais graves desastres em termos de óbitos imediatos, que chegou a aproximadamente mil (FREITAS et al., 2014).

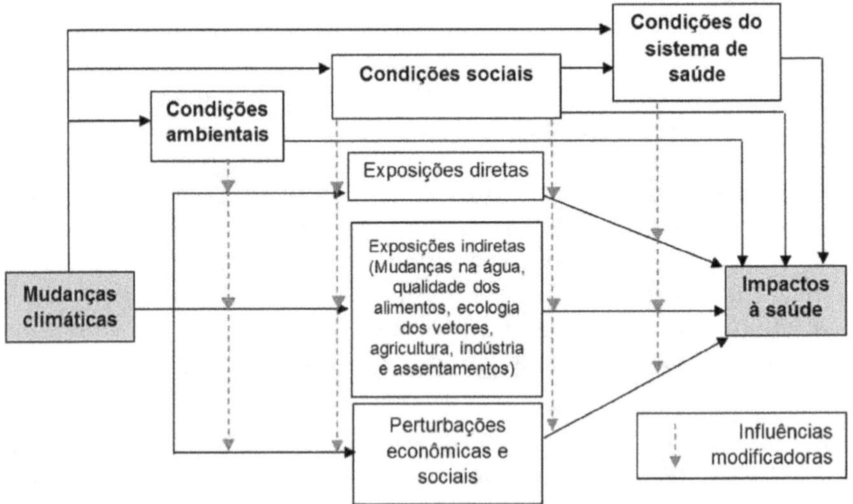

Figura 1 Diagrama esquemático das vias pelas quais as mudanças climáticas afetam a saúde, e influências modificadoras dos fatores ambientais, sociais e do sistema de saúde. Fonte: CONFALONIERI et al., 2007.

Muitos outros eventos de inundações foram registrados nas regiões Sul e Sudeste do Brasil, segundo dados do EM-DAT (2018)[2], os quais provocaram, além de mortes, feridos graves e desabrigados, bairros alagados com pessoas ilhadas, tráfegos ferroviário e rodoviário interrompidos, vias bloqueadas, interrupção dos serviços públicos de

2. EM-DAT: The Emergency Events Database – Universite Catholique de Louvain (UCL). Disponível em: https://www.emdat.be/. Acesso em: 13 dez. 2018.

água, energia elétrica e telefone, prejuízos para o comércio, serviços e indústrias, dentre outros.

Tabela 1 Número e percentual de desastres naturais por tipo, total de mortes, pessoas afetadas e danos econômicos (Brasil, de 1900 a 2018).

Tipo de desastre	**Nº. de eventos (%)**	**Total de mortes (%)**	**Total de pessoas afetadas (%)**	**Total danos ('000 US$) (%)**
Inundação	135 (59%)	7791 (60%)	20206435 (19%)	9465254 (42%)
Deslizamentos	25 (11%)	1745 (13%)	4238614 (4%)	231027 (1%)
Epidemia	20 (9%)	2634 (20%)	2006749 (2%)	5000 (0%)
Tempestades	19 (8%)	354 (3%)	237993 (0,2%)	533000 (2%)
Seca	18 (8%)	20 (0,2%)	78812000 (75%)	11183100 (50%)
Temperatura extrema	8 (3%)	355 (3%)	600 (0%)	1075000 (5%)
Incêndios florestais	3 (1%)	1 (0%)	12000 (0%)	36000 (0,2%)
Infestação de inseto	1 (0,5%)	0 (0%)	2000 (0%)	0 (0%)
Total	229 (100%)	12900 (100%)	105516391 (100%)	22528381 (100%)

Fonte: EM-DAT: The Emergency Events Database – Universite Catholique de Louvain (UCL). Acesso em: 13 dez. 2018.

Além dos efeitos imediatos, a ocorrência de doenças infecciosas é outra importante consequência das inundações em áreas urbanas. Vários estudos conduzidos nas regiões metropolitanas brasileiras têm encontrado associação entre a incidência de casos de leptospirose e os índices de precipitação (PEREIRA, 1998; FIGUEIREDO et al., 2001; TASSINARI et al., 2004). Ghizzo Filho et al. (2018), em um estudo de análise temporal, encontraram associação temporal positiva entre a quantidade de chuva e os casos de leptospirose, de janeiro a dezembro, nos anos de 2005 a 2015 para o estado de Santa Catarina. A falta de saneamento, a exposição à contaminação em virtude das enchentes e a alta densidade populacional são considerados os fatores principais das epidemias em áreas urbanas que afetam, principalmente, a população mais pobre que reside em favelas e áreas próximas de córregos.

Além do impacto direto às pessoas e estruturas sociais, as inundações também podem ter outras múltiplas consequências ambientais. Dentre elas estão a contaminação das residências e edificações pelo rompimento de redes de esgoto e também pela mobilização de substâncias químicas perigosas provenientes de tanques subterrâneos e ou de áreas industriais (EURIPIDOU; MURRAY, 2004; YOUNG, 2004; CRUZ et al., 2004).

Inundações são eventos resultantes de precipitações intensas e concentradas que levam a um extravasamento das águas do canal de drenagem para as áreas marginais e podem ser classificadas em graduais ou bruscas. Inundações graduais são aquelas em que as águas se elevam de forma lenta e previsível, que se mantêm em situação de cheia durante algum tempo e depois escoam gradualmente. As inundações bruscas são aquelas provocadas por chuvas intensas e concentradas em regiões de relevo acidentado, caracterizando-se por súbitas e violentas elevações de caudais, os quais escoam de forma rápida e intensa (CASTRO, 2003). Embora na literatura científica sejam encontradas diversas classificações para inundações e enchentes, as diferenças estão relacionadas à magnitude dos eventos e danos provocados, sendo: *enchentes,* fenômenos naturais mais restritos e sem danos significativos; e *inundações,* eventos que envolvem grandes fluxos de água, que podem ser prolongados e atingir grandes extensões, provocando danos sociais, ambientais e econômicos (TACHINI, 2010).

A ocorrência de inundações também está associada às condições de morfologia e de litologia, às condições de drenagem do relevo, às condições geoambientais naturais e, ainda, às ações antrópicas de modelação e impermeabilização da superfície terrestre, alterando o comportamento natural das águas sobre o relevo e potencializando ainda mais a ocorrência de inundações, sendo estes mais importantes em grandes áreas urbanas (CASTRO, 2003). No Brasil, a ocorrência de eventos de precipitação intensa, principalmente nas regiões Sul e Sudeste, está fortemente associada à presença da chamada Zona de Convergência do Atlântico Sul (ZCAS), definida por uma faixa de nebulosidade que se estende desde o sul da Amazônia até a porção sudoeste do Oceano Atlântico subtropical, que climatologicamente estaciona entre o norte do Paraná e o sul da Bahia, podendo estar presente em outras áreas, porém com menos frequência (ANDRADE, 2011).

Segundo Carvalho et al. (2002), para o estado de São Paulo a intensidade da ZCAS é importante na modulação de eventos extremos em todo o estado, independentemente da sua extensão para o oceano. Os autores constataram que 65% dos eventos extremos ocorreram quando a atividade convectiva apresentou-se intensa e que 35% ocorreram quando ela estava fraca. A ZCAS pode permanecer estacionária por vários dias sobre a mesma região, causando intensificação das chuvas, em especial no final da primavera e no verão (GRIMM, 2011).

O Quarto Relatório do Painel Intergovernamental de Mudanças Climáticas da Organização das Nações Unidas (IPCC) (IPCC, 2007) já afirmava que, para o Brasil, era esperado um aumento dos desastres naturais de origem climatológica. O relatório apontou, em especial, as tempestades, os eventos de precipitação intensa para as regiões Sul e Sudeste nos meses do verão, e o agravamento da seca no Nordeste, e seu avanço para as regiões Norte e Centro-Oeste nos meses de inverno. Diversos estudos já apontavam essa tendência de precipitações mais intensas e concentradas na região Sul e Sudeste nos meses de verão (LIEBMANN et al., 2004; BOULANGER et al., 2005; GROISMAN et al., 2005; HAYLOCK et al., 2006), implicando o aumento do potencial de inundações com consequências severas, principalmente para as regiões urbanas.

O relatório do IPCC, publicado em 2014, enfatiza que há significativas evidências na tendência de aumento de precipitações intensas na região da América do Sul, na variabilidade das vazões dos rios e na disponibilidade hídrica, na importância do uso do solo para a degradação ambiental, exacerbando os impactos negativos das mudanças climáticas (MAGRIN et al., 2014). Para a Região Metropolitana de São Paulo, estudo conduzido por Nobre et al. (2011) concluiu que, para um aumento projetado da extensão da área urbana associado ao aumento de extremos de precipitação, é esperada a intensificação dos eventos de inundações bruscas e dos deslizamentos de terra, afetando principalmente as populações mais vulneráveis.

Silva Dias et al. (2013), analisando os dados de precipitação entre 1933 e 2010, encontraram tendência significativa de aumento de extremos diários de precipitação para São Paulo, associados principalmente a fatores como aumento da ilha de calor e à influência da poluição urbana no clima local. Estudo de projeções climáticas para a Região Metropolitana de São Paulo, realizado por Marengo et al. (2013), também aponta para um aumento da precipitação total, aumento de eventos extremos de precipitação e, ainda, para longos períodos de seca separando dias com intensas chuvas na RMSP.

Além dos danos imediatos, esses eventos podem afetar consideravelmente os fenômenos biológicos, de forma contínua ou episódica, interferindo na capacidade de reprodução e sobrevivência de agentes patogênicos no ambiente, em especial dos vetores de agentes infecciosos. Diante desses cenários atuais e futuros, o estudo do impacto de eventos extremos de precipitações – em particular sobre a população urbana vulnerável, que vive em áreas com estrutura de saneamento deficitária, baixos níveis de coleta de lixo e presença de roedores vetores de doenças – mostra-se relevante, em particular nas grandes regiões metropolitanas das regiões Sul e Sudeste do Brasil.

Inundações e seus impactos na saúde da população

Entre todos os desastres naturais, as inundações são as mais frequentes e que causam maior número de mortes tanto em países do hemisfério sul quanto nos do hemisfério norte, algumas vezes com consequências devastadoras, como os eventos ocorridos na China em 1959 e em Bangladesh em 1974[3]. Em 2017, no Texas, inundações ocorridas após o furacão Harvey afetaram milhões de pessoas e causaram danos da ordem de 125 bilhões de dólares[4]. Ao mesmo tempo, na Índia, em Nepal e Bangladesh severas inundações mataram mais de 1.000 pessoas e afetaram mais de 10 milhões de pessoas (WHO, 2013).

As inundações causam impactos imediatos e de longo prazo à saúde da população atingida, resultantes dos deslocamentos e da degradação das condições de vida. Segundo Paterson et al. (2018), os riscos das inundações à saúde podem ser estratificados em função do tempo, como mostrado no Quadro 1.

Quadro 1 Riscos das inundações à saúde, após sua ocorrência.

Tempo após o evento	Risco
Imediatos	Afogamento Trauma Hipotermia Eletrocussão Intoxicação aguda por monóxido de carbono
<10 dias depois do evento	Infecção cutânea Pneumonias Infecções respiratórias virais Gastrenterites
>10 dias depois do evento	Leptospiroses Doenças associadas a mosquitos Infecções cutâneas de organismos atípicos (fungos, microbactérias) Hepatite A ou E Problemas mentais e/ou emocionais, incluindo estresse pós-traumático e depressão Outras doenças crônicas

Fonte: Adaptado de PATERSON et al., 2018.

3. EM-DAT: The Emergency Events Database – Universite Catholique de Louvain (UCL). Disponível em: https://www.emdat.be/. Acesso em: 13 dez. 2018.
4. *Fonte:* https://www.thebalance.com/hurricane-harvey-facts-damage-costs-4150087.

Mortalidade associada às inundações

O número de mortes em eventos de inundações varia entre os países e dependem da magnitude do evento – extensão, duração e velocidade – e também da vulnerabilidade da população exposta (MALILAY, 2000; AHERN et al., 2005). Segundo dados do EM-DAT[5], no ano de 2018 foram registradas 12 inundações na Europa e 19 na América, as quais resultaram em 46 e 76 mortes, respectivamente. No mesmo período, na Ásia ocorreram 44 eventos com 1.756 óbitos, e, na África, 22 deles com 807 óbitos. A relação do número de óbitos por evento foi dez vezes maior na África e na Ásia em comparação com as demais regiões.

A mortalidade associada a eventos de inundações tem sido estudada em países de alta e baixa renda. A maioria das mortes está relacionada a afogamentos e são maiores nos casos de inundações bruscas, quando grandes volumes de água inundam as comunidades com grande velocidade e intensidade (MALILAY, 2000). Muitos afogamentos ocorrem quando veículos são levados pelo fluxo de água, quando pessoas são atingidas nas ruas e caem em bueiros ou córregos, ou são atingidas por colapso de estruturas ou edifícios (WHO, 2013). No caso de idosos, os afogamentos podem acontecer nas próprias residências (WHO, 2013; SALVATI et al., 2018). Mortes por traumatismos ocorrem durante atividades de resgate, durante a tentativa de proteger pessoas ou bens e quando as pessoas retornam para as áreas inundadas. Também há óbitos por colapso de estruturas e edifícios, por eletrocussão e, ainda, por intoxicação aguda por monóxido de carbono em virtude da ruptura de tubulações de gás de sistemas de aquecimento (WHO, 2013). Alguns estudos também apontam mortes por estresse físico e emocional, os quais aumentam a probabilidade de infartos ou paradas cardiorrespiratórias em pessoas com condições preexistentes. Ainda, em países do hemisfério norte, foram registrados óbitos por hipotermia (DIMITROVA, 2018).

Por outro lado, a mortalidade de longo termo associada às inundações é subnotificada, e os estudos são controversos (WYNNE-EVANS et al., 2011). Bennet (1970), em um estudo controlado sobre os efeitos à saúde da inundação ocorrida em Bristol, em 1968, encontrou um aumento de 50% em todas as causas de morte na população atingida em um ano após o evento, em especial na população com idade entre 45 e 64 anos. Por outro lado, Milojevic et al. (2011) analisa-

---

5. EM-DAT: The Emergency Events Database – Universite Catholique de Louvain (UCL). Disponível em: https://www.emdat.be/. Acesso em: 13 dez. 2018.

ram os padrões de mortalidade após 319 eventos de inundações entre 1994 e 2005 ocorridos na Inglaterra e País de Gales. Esse estudo sistemático mostrou redução de 10% na mortalidade no ano após a inundação. A mortalidade por diarreia aguda tem sido relatada em estudos realizados em países de baixa renda como Sudão e Bangladesh (WHO, 2013).

Estudo de coorte retrospectiva realizado por Li et al. (2007) após as inundações em Hunan, China, revelou que as taxas de anos potenciais de vida perdidos por 1.000 pessoas expostas a inundações de rios e problemas de drenagem foram significativamente maiores do que no grupo não exposto. Segundo os autores, prevenir a ocorrência das doenças crônicas não infecciosas, oferecer suporte social e psicológico e melhor acesso aos serviços de saúde reduzem a mortalidade de longo prazo após as inundações.

Lesões, ferimentos e exposição a produtos químicos

As lesões podem ocorrer em todas as fases das inundações, no entanto, existem poucas informações documentadas sobre elas (WHO, 2013). As lesões frequentemente acontecem quando as pessoas tentam remover os pertences, se salvar ou salvar familiares e animais de estimação de serem levados pela correnteza ou de se afogarem nas inundações. As inundações, particularmente as bruscas, podem arrastar veículos, árvores, móveis e utensílios e, ainda, provocar rupturas de tubulações e tanques, incluindo aqueles que armazenam produtos químicos perigosos. Lesões que incluem fraturas, torções e ferimentos com objetos cortantes e contaminados também podem ocorrer após a volta para casa ou empresas e durante as atividades de limpeza. Choques e eletrocussões também são passíveis de acontecer em locais onde a rede elétrica esteja molhada ou em contato com a água. Lesões provocadas por acidentes envolvendo o desabamento de estruturas fragilizadas atingidas pela inundação também têm sido reportadas. Picadas de cobra e insetos expulsos pela água também podem ocorrer (WHO, 2013). Na França, em 1988, Duclos et al. (1991) reportaram que, em 6% dos domicílios atingidos por inundações, foram relatadas lesões e ferimentos relacionados ao evento.

A ruptura de tubulações e tanques contendo produtos químicos pode ocasionar sérios danos à saúde. A intoxicação aguda por monóxido de carbono tem sido relatada em vários desastres, como nos Estados Unidos da América após o furacão Flórida em 2004 e o furação Rita em 2005, e no Reino Unido após as inundações de 2007, com duas mortes registradas (WHO, 2013). A poluição e contaminação química causadas pelas inundações representam importantes fatores de risco à saúde humana, podendo envolver desde dermatites de contato com a água ou solo contaminado (VACHIRAMON et al., 2008) até grandes vazamentos de produtos químicos perigosos presentes em instalações industriais, de estocagem de produtos e depósitos de resíduos. Dependendo do cenário de inundação (característica da inundação, uso do solo e infraestruturas associadas), os produtos químicos podem ser diluídos na água e ter sua toxicidade reduzida; podem reagir com a água dando origem a nuvens tóxicas; podem ser dispersos por grandes extensões e contaminar solos, ruas e residências, áreas agrícolas, como no caso de produtos pouco solúveis em água, como, por exemplo, combustíveis fósseis; podem contaminar sistemas de abastecimento de água. Além disso, quando os produtos químicos liberados são inflamáveis, também há o risco de incêndios e explosões com danos imediatos à vida e saúde das pessoas (WHO, 2018).

Estresse e efeitos de longo prazo na saúde mental

O estresse psicológico é muito comum após eventos catastróficos, incluindo as inundações. Sintomas como tristeza, depressão, ansiedade, hiperatividade, estado de choque, dificuldade para dormir, entre outros sintomas físicos e emocionais, podem ser observados na população exposta (HEALTH PROTECTION AGENCY, 2010). Esses sintomas em geral são considerados normais após eventos traumáticos. No entanto, se persistirem por mais de um mês ou trouxerem prejuízos para a qualidade de vida das pessoas, demandam cuidados e tratamentos específicos (WHO, 2013).

Os estudos epidemiológicos em saúde mental após eventos de inundação apresentam importantes limitações metodológicas e são difíceis de avaliar. Muitos instrumentos têm sido utilizados, mas estes não são diretamente comparáveis e, em geral, a falta de estudos anteriores aos desastres sobre a incidência e a prevalência dos sintomas dificulta a estimativa dos impactos específicos das inundações. Apesar disto, é bem estabelecido que os desastres e, particularmente, as inundações interferem significativamente na saúde mental e no bem-estar da população afetada. Green et al. (1985) realizaram um estudo caso-controle com pessoas residentes em domicílios direta e indiretamente afetados por inundação e encontraram que 75% delas experimentaram efeitos na saúde mental, sendo que os mais severos foram observados em idosos. Um estudo de coorte realizado na Inglaterra, após a inundação de um rio em 2000, mostrou que os adultos apresentaram risco de estresse psicológico quatro vezes maior, o que explicaria algumas das doenças físicas registradas nos nove meses após o evento (REACHER et al., 2004). Estudo com uma amostra randômica de 1.510 pessoas atingidas pelo furacão Katrina nos Estados Unidos mostrou importante incidência de ansiedade, depressão, insônia e preocupações com o futuro (ADEOLA, 2009).

De forma geral, a extensão dos danos causados pela inundação, o tempo e a intensidade da ruptura na rotina de vida das pessoas, bem como a extensão das perdas e danos e os recursos da comunidade para lidar com o evento, são determinantes dos impactos à saúde de longo prazo. No Reino Unido, há fortes evidências de que a maneira pela qual as pessoas são tratadas por organizações e instituições com as quais elas têm de lidar durante e após os eventos é um importante fator de risco à saúde (WHO, 2013). Os impactos dos desastres na saúde mental de crianças também são significativos e devem merecer atenção especial no planejamento e nas ações pós-desastres (PINA et al., 2008; SCHEERINGA; ZENAH, 2008; WEEMS et al., 2009).

Muitos estudos sobre a prevalência de desordens associadas ao estresse pós-traumático com diferentes desenhos epidemiológicos e escalas de avaliação têm sido realizados. Segundo a Organização Mundial de Saúde (OMS) (WHO, 2013), as taxas de prevalência observadas variam significativamente entre os estudos, sendo, por exemplo, de 2,6%, encontradas em um estudo de coorte com adultos no Vietnã em 2006, a 50,5%, encontradas em um estudo transversal com 101 adultos evacuados pelo Furacão Katrina em 2005. Outro estudo, com 533 estudantes com idade entre 11 e 21 anos, 28 meses após a inundação de 1997 no sudoeste da Polônia, mostrou que 18% dos participantes atenderam aos critérios diagnósticos e estiveram positivamente correlacionados com a exposição ao trauma do desastre. Uma interação entre o trauma, idade e gênero foi observada, com mais sintomas em participantes mais jovens e mulheres (STEPIEN et al., 2005).

Impactos na transmissão e dinâmica das doenças infecciosas relacionadas com a água

As doenças relacionadas com a água[6], especialmente as relacionadas com o acesso à água, as de transmissão hídrica, são sensíveis às condições ambientais e, portanto, podem haver mudanças em sua sazonalidade, frequência e até mesmo na virulência e capacidade adaptativa de micro-

6. Classificação das doenças relacionadas com a água são: veiculação (ou transmissão) hídrica, privação hídrica, criação hídrica e base hídrica (GERBA, 2009).

organismos transmitidos pela água. Espera-se que em decorrência das mudanças climáticas haja alterações na frequência de chuvas intensas e de períodos de seca, inundações e aumento de temperatura. O Quadro 2 ilustra alguns exemplos de patógenos relacionados com a água.

Quadro 2 Exemplos de patógenos referentes às diferentes classificações de doenças relacionadas com a água.

Classificação	**Potenciais causas**	**Exemplos de micro-organismos**
Transmissão hídrica	Contaminação de águas de abastecimento público	*Cryptosporidium* spp., *Giardia* spp., *Vibrio cholerae*
	Contaminação de águas recreacionais (doces e costeiras)	Adenovírus, *Cryptosporidium* spp.
	Inundação	*Leptospira* spp.
	Formação de biofilmes em redes de abastecimento de água	*Mycobacterium* não-tuberculose
	Contaminação de águas para irrigação agrícola	*Salmonella* spp.
Privação hídrica	Higiene precária decorrente de secas	*Chlamydia trachomatis*
Criação hídrica	Criadouros de mosquitos	Vírus da dengue
Base hídrica	Criação de novos ambientes	*Schistosoma mansoni*, *Legionella* spp.

Fonte: LAU et al., 2010; FLAHAUT et al., 2016; LEVY et al., 2016; NICHOLS et al., 2018.

Fortes chuvas e seu subsequente escoamento superficial têm sido considerados fatores importantes no transporte de micro-organismos patogênicos para fontes de água –superficial e subterrânea – destinadas ao abastecimento público, assim como as utilizadas na recreação de contato primário (LAU et al., 2010; LEVY et al., 2016; ANDRADE et al., 2018). O advento de secas traz, também, efeitos na ocorrência e transmissão de doenças infecciosas, como aquelas resultantes da privação hídrica. Tais mudanças devem afetar a probabilidade de ocorrência de doenças transmitidas pela água em virtude da degradação da qualidade de fontes hídricas e aumento de criadouros de mosquitos, além de outros efeitos, como alterações na biodiversidade e escassez de água (NICHOLS et al., 2018). Um importante ponto a ser considerado é que as mudanças climáticas contribuirão para fatores que favorecem a emergência de novas doenças e a re-emergência de outras causadas por patógenos denominados de emergentes e re-emergentes. Os primeiros são aqueles reconhecidos como patógenos humanos pela primeira vez ou, então, que já ocorreram previamente, mas com aumento de sua incidência ou expansão para áreas que ainda não haviam sido relatados, geralmente nos últimos 20 anos (WHO, 2003; WOOLHOUSE, 2006). Os re-emergentes são aqueles cuja incidência aumenta em função de mudanças ambientais nas últimas duas décadas ou na iminência de aumento de prevalência num futuro próximo (WHO, 2003).

O Quadro 3 traz alguns exemplos de potenciais fatores que contribuem para a (re)emergência de organismos patogênicos relacionadas com a água.

Quadro 3 Exemplos de alguns potenciais fatores que contribuem para a emergência e re-emergência de patógenos relacionados com a água.

Criação de novos ambientes	– sistemas de condicionamento de ar, refrigeração, aquecimento de água, p.e. *Legionella pneumophila* – reservatórios e projetos de irrigação, diques, reservatórios, p.e. mosquitos vetores (arboviroses) e esquistossomose – pecuária intensiva (reservatórios animais)
Comportamento humano e demografia	– comércio de produtos agrícolas e viagens internacionais (turismo) – aumento de movimentos migratórios e maior circulação global – mudanças demográficas – colapso nas medidas de saúde pública – uso indiscriminado de antibióticos – desigualdades sociais

Fonte: Adaptado de WHO, 2003.

Há de se enfatizar que as doenças relacionadas com a água são importantes fontes de morbidade e mortalidade em todo o mundo (NICHOLS et al., 2018), mas mais crítico em países em desenvolvimento onde há deficiências em infraestrutura de saúde ambiental, como baixa cobertura de coleta e de tratamento de esgotos, deficiências na drenagem urbana e, ainda, na disposição inadequada de resíduos sólidos. Importante ressaltar ainda que, em locais onde há precariedade em infraestrutura urbana (saneamento) e em sistemas de vigilância aliada às desigualdades sociais, espera-se que os impactos das mudanças climáticas sejam mais severos com a disseminação de microrganismos, acentuando a incidência de doenças infecciosas relacionadas com a água, desafiando a capacidade de adaptação no enfretamento dessas circunstâncias também de cunho socioeconômico. A Figura 2 mostra o diagrama de mecanismos e dinâmica do aumento do risco das doenças gastrointestinais em virtude de condições meteorológicas esperadas pelas mudanças climáticas.

Os sistemas de abastecimento público de água são importantes sob o ponto de vista de riscos associados às doenças relacionadas com as águas, pois a contaminação de fontes de suprimentos de água podem causar surtos de doenças diarreicas em larga escala. Alguns estudos têm associado chuvas intensas com surtos de doenças de transmissão hídrica pelo transporte de patógenos (bactérias, vírus e parasitas) para sistemas de suprimento de água (superficial e subterrâneo), assim como para águas destinadas à recreação de contato primário (MACKENZIE et al., 1994; CURRIERO et al., 2001; AUD et al., 2004; FONG et al., 2007; CHOWDHURY et al., 2017). O caso clássico do surto de criptosporidiose em Milwaukee (Wisconsin, EUA) foi relacionado com fortes chuvas e escoamento superficial que afetaram o sistema público de abastecimento de água de consumo, resultando em 54 óbitos e 403.000 pessoas doentes (MACKENZIE et al., 1994).

Estudo conduzido por Curriero et al. (2001) relatou uma associação estatisticamente significativa entre excesso de chuvas e surtos de doenças transmitidas pela água. Dos 548 surtos de doenças gastrointestinais registrados entre 1948 e 1994 nos Estados Unidos, 51% dos surtos de doenças transmitidas pela água foram precedidos por eventos de precipitação acima do percentil 90, e 68% foram precedidos por eventos acima do percentil 80. Surtos em virtude da contaminação da água superficial mostraram a mais forte associação com o excesso de chuvas durante o mês de irrupção, já os associados à contaminação da água subterrânea (36%) foram relacionados com precipitação extrema ocorrida nos dois meses anteriores.

Na investigação do surto da doença diarreica em Walkerton (Ontário, Canadá), cujos agentes etiológicos identificados foram *E. coli* O157:H7 e *Campylobacter*, demonstrou-se que o mesmo ocorreu após cinco dias de precipitação intensa (AUD et al., 2004).

No Brasil, estudo realizado por Villar et al. (2002) revelou variação sazonal de infecção pelo vírus da hepatite A (HAV), com aumento sazonal na incidência dessa infecção durante a estação chuvosa (dezembro a março), período em que o índice de chuvas é muito alto. Os autores concluíram que as infecções por HAV ocorrem durante todo o ano, porém o pico das infecções acontece durante as estações quentes com grande frequência de chuvas. Na Espanha, Gullón et al. (2017) investigaram a associação entre a taxa de incidência de hepatite A e variáveis climáticas, em 73 municípios, no período de 2010 a 2014. A taxa de incidência dos casos registrados semanalmente de hepatites foi obtida na Rede de Vigilância Epidemiológica Espanhola, com variáveis climáticas obtidas no Centro Nacional de Dados Climáticos. Os resultados indicaram que maior taxa de incidência da doença infecciosa ocorreu após eventos de precipitação acima do percentil 90 e, portanto, ressaltaram risco aumentado para a doença nas duas semanas posteriores ao evento climático extremo.

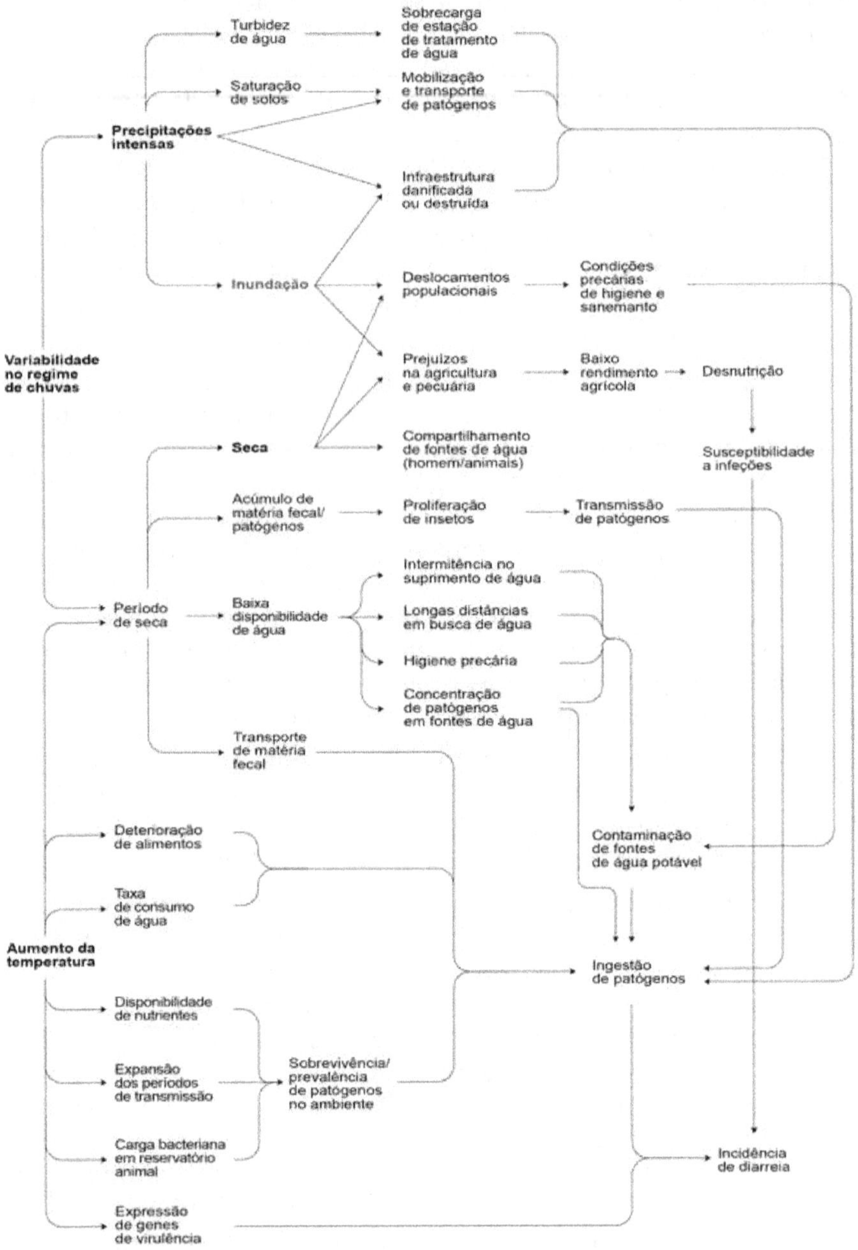

Turbidez de água
Sobrecarga de estação de tratamento de água
Saturação de solos
Mobilização e transporte de patógenos
Precipitações intensas
Infraestrutura danificada ou destruída
Inundação
Deslocamentos populacionais
Condições precárias de higiene e sanemanto
Variabilidade no regime de chuvas
Prejuízos na agricultura e pecuária
Baixo rendimento agrícola
Desnutrição
Seca
Compartilhamento de fontes de água (homem/animais)
Susceptibilidade a infeções
Acúmulo de matéria fecal/ patógenos
Proliferação de insetos
Transmissão de patógenos
Intermitência no suprimento de água
Período de seca
Baixa disponibilidade de água
Longas distâncias em busca de água
Higiene precária
Concentração de patógenos em fontes de água
Transporte de matéria fecal
Deterioração de alimentos
Contaminação de fontes de água potável
Taxa de consumo de água
Aumento da temperatura
Ingestão de patógenos
Disponibilidade de nutrientes
Expansão dos períodos de transmissão
Sobrevivência/ prevalência de patógenos no ambiente
Carga bacteriana em reservatório animal
Incidência de diarreia
Expressão de genes de virulência

Figura 2 Diagrama de mecanismos e dinâmica do aumento no risco de doenças gastrointestinais em virtude de condições meteorológicas esperadas pelas mudanças climáticas (adaptado de LEVY et al., 2016).

Fong et al. (2007), no estado de Ohio (EUA), associaram a qualidade da água de poços à ocorrência de surto de gastroenterite, que afetou 1.450 pessoas entre julho e setembro de 2004. Além da avaliação da qualidade microbiológica, também exploraram a interação entre os sistemas de água superficial e subterrânea da área atingida. Os resultados evidenciaram que, em virtude da extrema precipitação entre maio e julho de 2004, houve transporte de contaminantes microbiológicos da estação de tratamento de esgotos e fossas sépticas para a água superficial (Lago Erie), e desta para o sistema subterrâneo de abastecimento de água, alterando sua qualidade.

Outro aspecto a ser considerado é que alterações ambientais (temperatura, pressão osmótica, salinidade, umidade, dentre outras) podem não só acentuar a disseminação de patógenos e, por conseguinte, a ocorrência de doenças infecciosas, mas também influenciar a conversão de sorotipos não patogênicos para patogênicos, e vice-versa. No caso de *Vibrio cholerae*, Chowdhury et al. (2017) destacam dois estudos que demonstram a soro-conversão de cepas de *V. cholerae* não toxicogênicas para toxicogênicas que, provavelmente, foi influenciada por variações ambientais como o aumento da temperatura da água.

A leptospirose é uma doença que tem sido associada ao aumento da frequência de fortes chuvas seguidas de inundações, favorecendo o contato das pessoas com a bactéria causadora da doença, *Leptospira* patogênica, como já relatado em vários países, incluindo o Brasil (LAU et al., 2010). O aumento do risco de inundação e da temperatura, condições esperadas com as mudanças climáticas, aliado ao adensamento populacional em áreas desprovidas de saneamento e precária estrutura de atenção à saúde, acentuam a transmissão da bactéria e da ocorrência da doença (BARCELLOS; SABROZA, 2001; LAU et al., 2010; DE BRITO et al., 2017).

Com o advento das mudanças climáticas são esperados o aumento da temperatura ambiente, de chuvas intensas, de secas e de inundações (LEVY et al., 2016) e, ainda, aumento na frequência de deslocamentos populacionais (NICHOLS et al., 2018), que podem ocasionar o surgimento de cenários de degradação dos recursos hídricos. Nesse sentido, eficientes sistemas de vigilância em saúde e ambiente são fundamentais na identificação de espaços vulneráveis à ocorrência de surtos de doenças relacionadas à água e na investigação de surtos para se planejarem ações de intervenção de caráter preventivo.

Impactos nos serviços de saúde

Os desastres, e as inundações em particular, também representam uma grave ameaça para a integridade das unidades e serviços de saúde. Há poucos estudos disponíveis, embora seja uma preocupação importante garantir a segurança dos serviços de saúde que são essenciais para o atendimento às vítimas em situações de desastres e garantir hospitais seguros para a proteção dos pacientes, dos profissionais de saúde, dos recursos e, ainda, da infraestrutura dos serviços públicos, especialmente na fase de preparação para as emergências (WHO, 2010).

Por esta razão, a iniciativa Hospitais Seguros, iniciada pela Organização Pan-americana da Saúde (PAHO, sigla em inglês) em 2004, tem sido expandida para todos os países membros da Organização das Nações Unidas, buscando o compromisso de todos para que novos hospitais construídos em locais de risco incorporem requisitos de segurança para ampliar as garantias de que estes continuarão funcionando em situações de desastres e que os já existentes melhorem progressivamente as suas condições de segurança. Um Índice de Segurança Hospitalar foi criado para avaliar a segurança de hospitais em situações de desastres e acompanhar a sua evolução (PAHO, 2008). Segundo a PAHO[7], 16.000 hospitais na América Latina e Caribe estão em áreas de alto risco de desastres.

Além da proteção à integridade das instalações, os serviços também devem estar preparados para um aumento expressivo da demanda, tanto por problemas mais graves como danos menores. Os profissionais de saúde devem ser treinados para atuar em situações de desastre e devem ser elaborados planos adequados para logística de recebimento de recursos e provimentos e também para a transferência de pacientes, quando necessário (WHO, 2013).

Avaliação dos impactos à saúde e gestão dos riscos

A avaliação do impacto e a gestão dos riscos das mudanças climáticas na saúde da população apresentam-se como um dos mais importantes desafios para o campo da saúde pública nas próximas décadas. As doenças infecciosas, em especial as transmitidas por vetores, são ainda hoje causas importantes de morbidade e mortalidade no Brasil e no mundo. Tanto as doenças como os mecanismos de agravos e de morte são influenciados por muitos fatores ambientais e socioeconômicos.

7. Disponível em: http://rozanamontiel.com/proyectos/domo-captador-agua/. Acesso em: 04/09/2018.

Como enfatizado por Freitas et al. (2014), a malária devastou a Europa e o resto do mundo durante quase cinco séculos, em uma época caracterizada por condições sanitárias precárias. A partir do século XVIII, melhorias nas condições de habitação, saneamento, obras de drenagem, bem como mudanças nas práticas agrícolas e no uso do solo, fizeram com que a incidência de malária recuasse em diversas regiões do mundo, mostrando, portanto, a complexidade dos processos envolvidos na relação entre o ambiente, particularmente o clima, e o adoecimento da população.

O Brasil apresenta ainda déficits importantes na universalização do acesso à água segura e valores ainda piores no que se relaciona à coleta e tratamento de esgotos, drenagem urbana e coleta e destinação de resíduos sólidos. Segundo o IBGE (2018), em 2016, 97,9% da população tinha acesso a serviços de água potável gerenciados de forma segura, sendo o Acre o estado com menor índice (91,2%). Quando considerada a população de 0 a 14 anos, o índice cai para 97,2%, sendo menor do que nas demais faixas etárias. Entre as regiões do País, Sul e Sudeste apresentam melhores condições (99,8% e 99,7% respectivamente), e a região Norte tem o pior índice, de 95,1%. No entanto, segundo dados do Instituto Tratabrasil (2017), no ano de 2015, 13,7% da população teve acesso a água canalizada de poço, nascente ou outra forma. No que se relaciona a acesso aos serviços de esgoto, o índice do Brasil é de 82,8%, o menor entre os países do Mercosul. Ainda, 50,3% da população brasileira tinha acesso aos serviços de coleta de esgoto, segundo dados do Sistema Nacional de Informações de Saneamento (SNIS) do Ministério das Cidades de 2015, e mais de 31 milhões de brasileiros (15,3% da população) viviam em moradias com fossa rudimentar, um sistema de esgotamento sanitário que é considerado insatisfatório.

Além desses aspectos, a avaliação dos impactos de eventos extremos à saúde da população e também de outros fatores ambientais e climáticos é dificultada pela falta ou insuficiência de dados históricos de incidência de doenças no Brasil. Os bancos de dados nacionais que consolidam as informações de mortalidade e morbidade foram criados nos anos de 1980 e 1990, o que inviabiliza a análise de longas séries históricas. Além disso, desenhos epidemiológicos tradicionais baseados em expostos e não expostos também não se aplicam no caso de mudanças climáticas. Desta forma, o desafio atual também implica o desenvolvimento de novas abordagens, como novos métodos de análise de riscos, no uso de áreas sentinelas[8] e do geoprocessamento, e análise de dados espaciais (BARCELLOS et al, 2009).

8. Disponível em: http://rozanamontiel.com/proyectos/domo-captador-agua/. Acesso em 04/09/2018.

Avaliação quantitativa de riscos microbiológicos (AQRM) tem sido empregada em diversos estudos para estimar os riscos de infecção em diferentes cenários de inundação em áreas urbanas (VELDHUIS et al., 2010; FEWTRELL et al., 2011; KAZAMA et al., 2012; MAN et al., 2014), entre outras abordagens de avaliação de riscos (APEL et al., 2004).

Experiências com o uso de áreas sentinelas vêm sendo utilizadas como estratégia para monitoramento de problemas de saúde no Brasil e na América Latina (TEIXEIRA et al., 2003; FERREIRA et al., 2017; NORONHA; CAMACHO, 2017). As áreas são escolhidas de forma a representar características de determinada situação, problema ou mesmo a identificação de necessidades sociais, particularmente de saúde, as quais são rotineiramente acompanhadas a fim de detectar mudanças no ambiente ou no estado de saúde da comunidade. A essência dessa estratégia é permitir maior aproximação com a realidade concreta dos fenômenos interativos que permeiam o processo saúde-doença, ao privilegiar o espaço geográfico enquanto categoria de estudo, incorporado do caráter histórico e social do seu processo de ocupação, parte inerente aos determinantes das condições de vida. Segundo Teixeira et al. (2003), é inerente às áreas sentinelas a própria concepção, pois permite a identificação dos problemas de saúde em uma escala temporal mais próxima da ocorrência dos eventos; possibilita proceder levantamentos e análises de informações nos diferentes contextos sociais representados pelas distintas tipologias de cada área sentinela; contribui para o estudo de processos e condições que estão fora do alcance das estratégias tradicionais; viabiliza a incorporação de outros elementos (percepção, comportamentos e atitudes) nas análises e intervenções; e a sua operacionalidade e custo que são passíveis de serem absorvidos pelos níveis locais do sistema de saúde, desde que utilizem a infraestrutura de recursos humanos e materiais preexistentes e limitem-se a um pequeno universo localizado.

O aumento crescente de ferramentas de geoprocessamento e de métodos de análises espaciais com custo reduzido e/ou acesso público com interfaces de uso amigáveis tem permitido a realização de grande número de estudos e mapeamentos de informações sobre os riscos de desastres, sobre vulnerabilidade social (RONCANCIO; NARDOCCI, 2016) e sobre os impactos no ambiente e na população, contribuindo significativamente para a melhoria das atividades de prevenção, preparação e resposta aos desastres.

Desta forma, devemos enfatizar que os impactos das inundações no Brasil podem ser ampliados por um cenário de condições precárias de saneamento ambiental, em especial para os grupos da população excluídos da infraestrutura de saneamento. Do ponto de vista de doenças infecciosas, pode ainda ameaçar os avanços obtidos no país nas últimas décadas, particularmente quanto à redução da mortalidade infantil. Além disto, deve ser enfatizado que o enfrentamento desses impactos não envolve apenas o setor de saúde pública, mas toda a sociedade, que deve estar comprometida com a construção de ambientes saudáveis e sustentáveis e, principalmente, com a redução das desigualdades sociais.

Neste contexto, destaca-se importância da estratégia mundial da Organização das Nações Unidas sobre os Objetivos do Desenvolvimento Sustentável (ODS), a qual visa comprometer, mobilizar e propor meios efetivos de alcançar o desenvolvimento sustentável para todos. Dentre os 17 ojetivos estabelecidos, o ODS3: "Assegurar uma vida saudável e promover o bem-estar para todos, em todas as idades"; o ODS6: "Garantir a disponibilidade e o manejo sustentável da água e saneamento para todos", e, ainda, o ODS11: "Tornar as cidades e os assentamentos humanos inclusivos, seguros, resilientes e sustentáveis" são fundamentais para a redução dos impactos dos desastres naturais na saúde humana.

Referências bibliográficas

ADEOLA F. Mental health and psychological distress sequelae of Katrina. **Human Ecology Review**, v.16, p.195-210, 2009.

AHERN, M. et al. Global Health Impacts of Floods: Epidemiologic Evidence. **Epidemiologic Review**, Oxford, v.27, p.36-46, 2005.

ALVES FILHO, A.P.; RIBEIRO, H. A percepção do caos urbano, as enchentes e as suas repercussões nas políticas públicas da região metropolitana de São Paulo. **Saúde e Sociedade**, São Paulo, v.15, n.3, p.145-161, 2006.

ANDRADE L. et al. Surface water flooding, groundwater contamination and enteric disease in developed countries: a scoping review of connections and consequences. **Environmental Pollution**, v. 236, p.540-549, 2018.

ANDRADE, F. M. de. **Influências remotas na previsibilidade, estrutura e clico de vida da Zona de Convergência do Atlântico Sul**. Dissertação (Mestrado em Meteorologia). Instituto Nacional de Pesquisas Espaciais (INPE), São José dos Campos -SP, 2011.

APEL, A. H. et al. Flood risk assessment and associated uncertainty. **Natural Hazards and Earth System Science**, Copernicus Publications on behalf of the European Geosciences Union, v. 4, n.2, p. 295-308, 2004.

AUD, H.; MACIVER, D.; KLASSEEN. Heavy rainfall and waterborne disease outbreaks: The Walkerton example. **Journal of Toxicology and Environmental Health, Part A**, Washington, v.67, p.1879–1887, 2004.

BARCELLOS, C.; SABROZA, P.C. The place behind the case: leptospirosis risks and associated environmental conditions in a flood-related outbreak in Rio e Janeiro. **Cadernos de Saúde Pública**, Rio de Janeiro, v.17, p.59-67, 2001.

BARCELLOS, C. et al. Mudanças climáticas e ambientais e as doenças infecciosas: cenários e incertezas para o Brasil. **Epidemiologia e Serviço de Saúde**, Brasília, v.18, n.3, p.285-304, 2009.

BENNET, G. Bristol floods 1968. Controlled survey of effects on health of local community disaster. **British Medical Journal**, London, p.454-458, 1970.

BOULANGER, J.P. et al. Observed precipitation in the Paraná-Plata hydrological basin: long-term trends, extreme conditions and ENSO teleconnections, **Climate Dynamics**, v.24, p.393-413, 2005.

CARVALHO, L., JONES, C., LIEBMANN, B. Extreme precipitation events in southeastern South America and large-scale convective patterns in the South Atlantic convergence zone. **Journal of Climate**, v.15, p.2377-2394, 2002.

CASTRO, A. L. C. Manual de Desastres: desastres naturais. Brasília: Ministério da Integração Nacional, 174p., 2003.

CHOWDHURY, F.R. et al. Pandemics, pathogenicity and changing molecular epidemiology of cholera in the era of global warming. **Annals of Clinical Microbiology and Antimicrobials**, v.16, n.10, 2017.

CONFALONIERI, U. et al. Human health. In: CHANGE, I. P. O. C. **Climate Change 2007:** Impacts, Adaptation and Vulnerability. Contribution of Working Group II to the Fourth Assessment Report of the Intergovernmental Panel on Climate Change. , Cambridge, UK: Cambridge University Pressp, p 91-431, 2007.

CRUZ, A.M. et al. State of the art in Natech risk management. **Ispra: European Commission Joint Research Centre**, (EC JRC, UN ISDR EUR 21292 EN), 2004.

CURRIERO, F.C. et al. The association between extreme precipitation and waterborne disease outbreaks in the United States, 1948–1994. **American Journal of Public Health, Newark**, v 91,p.1194–1199, 2001.

DE BRITO, M.M.; EVERS, M. HÖLLERMAN, B. Prioritization of flood vulnerability, coping capacity and exposure indicators through the Delphi technique: A case study in Taquari-Antas basin, Brazil. **International Journal of Disaster Risk Reduction**, v.24, p.119-128, 2017.

DIMITROVA, D. Floods and Disasters – Public Health Challenges. **Trakia Journal of Sciences**, Bulgaria, v. 16, n.1, p.154-157, 2018.

DUCLOS P et al. Flash flood disaster — Nimes, France, 1988. **European Journal of Epidemiology**, v.7, p.365–371, 1991.

EURIPIDOU, E.; MURRAY, V. Public health impacts of floods and chemical contamination. Journal of Public Health, Oxford, v.26, n.4, p. 376-383, 2004.

FERREIRA, M.J.M., et al. Vigilância dos acidentes de trabalho em unidades sentinela em saúde do trabalhador no município de Fortaleza, nordeste do Brasil. **Ciência e Saúde Coletiva**, Rio de Janeiro, v.22, n.10, p.3393-3402, 2017.

FEWTRELL, L. et al. The microbiology of urban UK floodwaters and a quantitative microbial risk assessment of flooding and gastrointestinal illness. **Journal of Flood Risk Management**, v.4, p.77-87, 2001.

FIGUEIREDO, C.M. et al. Lepitospirose humana no município de Belo Horizonte, Minas Gerais, Brasil: uma abordagem geográfica. **Revista da Sociedade Brasileira de Medicina Tropical**, São Paulo, v.34,n.3, p.331-338, 2001.

FLAHAULT, A.; CASTANEDA, R.R.; BOLON, I. Climate change and infectious diseases. **Public Health Reviews**, v.37, n.21, 2016.

FONG, T.T. et al. Massive microbiological groundwater contamination associated with a waterborne outbreak in Lake Erie, South Bass Island, Ohio. **Environment Health Perspective**, v.115, p.856-864, 2007.

FREITAS, C.M.; et al. Desastres naturais e saúde: uma análise da situação do Brasil. **Ciência e Saúde Coletiva**, Rio de Janeiro, v.19, n.9, p. .3645-3656, 2014.

GERBA CP. Environmentally transmitted pathogens In: MAIER, R.M.; PEPPER, I.L.; GERBA, C.P. (coord.), **Environmental Microbiology**. 2. ed. San Diego: Academic Press, p. 447., 2009.

GHIZZO FILHO, J. et al. Temporal analysis of the relationship between leptospirosis rainfall levels and seasonality, Santa Catarina, Brazil, 2005-2015. **Journal of the São Paulo Institute of Tropical Medicine**, São Paulo, v.30, p.1-9, 2018.

GREEN, C. et al. **The health effects of flooding: survey at Uphill, Avon**. Enfield, Middlesex Polytechnic, Flood Hazard Research Centre, 1985.

GRIMM, A. M. Interannual Climate Variability in South America: Impacts On Seasonal Precipitation, Extreme Events and Possible Effects of Climate Change. **Stochastic Environmental Research and Risk Assessment**., v. 25, n. 4, p. 537-554, 2011.

GROISSMAN, P. et al. Trends in intense precipitation in the climate record. **Journal of Climate**, Washington, v.18, p.1326-1350, 2005.

GULLÓN, P. et al. Association between meteorological factors and hepatitis A in Spain 2010-2014. **Environment International**, v. 102, p.230-235, 2017.

HAYLOCK, M.R, et al. Trends in Total and Extreme South American Rainfall in 1960–2000 and Links with Sea Surface Temperature. **Journal of Climate**, Washington, v.19. 1490-1512, 2006.

HEALTH PROTECTION AGENCY. **Microbial risk assessment. Incidence of vector borne diseases in Europe.** Porton Down, Wiltshire, Emergency Response Department, 2010.

IBGE - INSTITUTO BRASILEIRO DE GEOGRAFIA E ESTATÍSTICA. **Objetivos do Desenvolvimento Sustentável – Indicadores**. Brasília, IBGE, 2018. Disponível em: <https://ods.ibge.gov.br/> Acesso em: 24 jan. 2019.

INSTITUTO TRATABRASIL. **Ranking do Saneamento 2017**, Instituto TrataBrasil, São Paulo, 2017.

IPCC, 2007: **Climate Change (2007)** The Physical Science Basis. Contribution of Working Group I to the Fourth Assessment. Report of the Intergovernmental Panel on Climate Change [Solomon, S., D. Qin, M. Manning, Z. Chen, M. Marquis, K.B. Averyt, M. Tignor and H.L. Miller (eds.)]. Cambridge University Press, Cambridge, United Kingdom and New York, NY, USA

KAZAMA et al. A quantitative risk assessment of waterborne infectious disease in the inundation area of a tropical monsoon region. **Sustainability Science**,v.7(1), p.45–54, 2012.

LAU, C.L. et al. Climate change, flooding, urbanization and leptospirosis: fuellingthe fire? **Transactions of the Royal Society of Tropical Medicine and Hygiene**, London, v.104, p.631-638, 2010.

LEVY, K. et al. Untangling the impacts of climate change on waterborne diseases: a systematic review of relationships between diarrheal and temperature, rainfall, flooding, and drought, **Environmental Science and Technology**, v.50n.10, p.4905-4922, 2016.

LI, X. et al. Years of potential life lost in residents affected by floods in Hunan, China. **Transactions of the Royal Society of Tropical Medicine and Hygiene**, London, v. 101,n.3, p. 299-304, 2007.

LIEBMANN, B.Ç. et al.. An Observed Trend in Central South American Precipitation. **Journal of Climate**.Washington, v.17, p.4357-4367, 2004.

MACKENZIE, W.R. et al. A massive outbreak in Milwaukee of *Cryptosporidium* infection transmitted through the public water supply. **New England Journal of Medicine**, London, v. 331,p.161–167, 1994.

MAGRIN, G.O. et al. CENTRAL AND SOUTH AMERICA. IN: BARROS, V.R., ET AL., **Climate Change 2014**: Impacts, Adaptation, and Vulnerability, Part B: Regional Aspects, Cambridge University Press, Cambridge, 1499-1566, 2014.

MALILAY J. Inundaciones. In: NOJI E. K. **Impacto de los desastres en la salud pública**. Organización Panamericana de la Salud, Bogotá, Colombia, 2000.

MAN, H. et al. Quantitative assessment of infection risk from exposure to waterborne pathogens in urban floodwater. **Water Research**, Oxford, v.81,p.90-99,2014.

MARENGO, J.A.; VALVERDE, M.C.; OBREGON, G.O. Observed and projected changes in rainfall extremes in the Metropolitan Area of São Paulo. **Climate Research**, v.57, p.61-72, 2013.

MILOJEVIC, A. et al. Long-term effects of flooding on mortality in England and Wales, 1994–2005: controlled interrupted time-series analysis. **Environmental Health**, v. 10, p. 1-9, 2011.

NICHOLS, G.; LAKE, I.; HAEVISIDE, C. Climate change and water-related infectious diseases. **Atmosphere**, v.9, p.1-60, 2018.

NOBRE, C. et al. **Vulnerability of Brazilian megacities to climate change: The São Paulo** Metropolitan Region (RMSP). In: MOTTA, Ronaldo S. et al.Climate change in Brazil: economic, social and regulatory aspects. Brasília: IPEA, 2011.

NORONHA, T.G.; CAMACHO, L.A.B.. Controvérsias sobre a ampliação das áreas com vacinação de rotina contra a febre amarela no Brasil. **Cadernos de Saúde Pública**, Rio de Janeiro, v.33, n.33, p. 1-12,2017.

PAHO - PAN AMERICAN HEALTH ORGANIZATION. **Hospital Safety Index: Guide for Evaluators**, Washington, D.C.: PAHO, 2008.

PATERSON, D.L.; WRIGH, H.; HARRIS, P.N.A. Health Risk of Flood Disasters. **Clinical Infectious Diseases**, v. 67, p. 1450-1454, 2018.

PEREIRA, R. M. **Leptospirose: alguns aspectos de seu comportamento epidemiológico no Estado de São Paulo, 1989-1994**. São Paulo, 1998., 170p. [Dissertação de Mestrado apresentada à Faculdade de Saúde Pública].

PINA, A.A. et al. Social support, discrimination, and coping as predictors of posttraumatic stress reactions in youth survivors of Hurricane Katrina. **Journal of Clinical Child and Adolescent Psychology**, v.37, p. 564-5742008.

REACHER, M. et al. Health impacts of flooding in Lewes: a comparison of reported gastrointestinal and other illness and mental health in flooded and non-flooded households. **Communicable Disease and Public Health**, v.7, p.39-46, 2004.

RONCANCIO, D.J.; NARDOCCI, A.C. Social vulnerability to natural hazards in São Paulo, Brazil. **Natural Hazards**, v.84, p. 1367-1383, 2016.

SALVATI P. et al. Gender, age and circumstances analysis of flood and landslide fatalities in Italy. **Science and The Total Environment**, Amsterdan, v.610-611, p.867-879, 2018.

SCHEERINGA, M.S.; ZEANAH, C.H. Reconsideration of harm's way: onsets and comorbidity patterns of disorders in preschoolchildren and their caregivers following Hurricane Katrina. **Journal of Clinical Child and Adolescent Psychology**, v.37, p.508-518, 2008.

SILVA DIAS, M.A.F. et al. Changes in extreme daily rainfall for São Paulo, Brazil. **Climatic Change**, v.116, n. 3-4, p. 705-722, 2013.

STEPIEN, A.; HADRYS, T.; KANTORSKA-JANIEC, M. Posttraumatic stress disorder (PTSD) as a result of the 1997 flood—incidence and clinical picture. **Archives of Psychiatry and Psychotherapy**, v.7, p. 29-39, 2005.

TACHINI, M. Avaliação de danos associados às inundações no município de Blumenau / Mario Tachini; orientador: Masato Kobiyama. – Florianópolis,

2010. xvii, 167 f.: il. Tese (Doutorado) – Universidade Federal de Santa Catarina, Programa de Pós-Graduação em Engenharia Ambiental, 2010.Manual de Desastres: desastres naturais. Brasília: Ministério da Integração Nacional, 174p., 2003.

TASSINARI, W.S et al. Distribuição espacial da leptospirose no Município do Rio de Janeiro, Brasil. Ao longo dos anos de 1996-1999. **Cadernos de Saúde Pública**, Rio de Janeiro, v.6, p. 1721-1729, 2004.

TEIXEIRA, M.G. et al. Áreas Sentinelas: uma estratégia de monitoramento em Saúde Pública. **Epidemiologia e Serviços de Saúde**, Brasília, v.12, n. 1, p. 21-28, 2003.

VACHIRAMON, V. et al. Skin diseases during floods in Thailand. **Journal of the Medical Association of Thailand**, v. 91, p.479-484, 2008.

VELDHUIS, J.A.E. et al. Microbial risks associated with exposure to pathogens in contaminated urban flood water. **Water Research**, Oxford, v.44, n. 9, p. 2910-2918, 2010.

VILLAR, L.M.; DE PAULA, V.S.; GASPAR, A.M.C. Seasonal variation of Hepatitis A virus infection in the city of Rio de Janeiro, Brazil. **Revista do Instituto de Medicina Tropical de São Paulo**, São Paulo, v.44, n. 5, p. 289-292, 2002.

WEEMS, C.F. et al. Post traumatic stress, context, and the lingering effects of the hurricane Katrina disaster among ethnic minority youth. **Journal of Abnormal Child Psychology**, v.38, p. 49-56, 2009.

WOOLHOUSE, M.E.J. Where do emerging pathogens come from? **Microbe**,v.1,n.11, p.511- 515, 2006.

WHO - WORLD HEALTH ORGANIZATION. **Emerging issues in water and infectious disease**. World Health Organization, Genebra, 2003.

WHO - WORLD HEALTH ORGANIZATION. **Safe hospitals in emergencies and disasters: structural, non-structural and functional indicators**. World Health Organization, Geneva, 2010.

WHO - WORLD HEALTH ORGANIZATION. **Floods in the WHO European Region: health effects and their prevention**. The Regional Office for Europe of the World Health, Copenhagen, DENAMARK, 2013.

WHO - WORLD HEALTH ORGANIZATION. **Chemical Releases caused by Natural Hazards Events and Disasters – information for public health authorities**, Geneva: World Health Organization, 2018.

WYNNE-EVANS, E. et al. Mapping of European flooding events 2000-2009. **Chemical Hazards and Poisons Report**, v.20, p. 44-49, 2011.

YOUNG, S.; BALLUZ, L.; MALILAY, J. Natural and technologic hazardous material releases during and after natural disasters: a review. **Science of the Total Environment**, Amsterdan,v.322,n.1-3, p. 3-20, 2004.

Capítulo III

Atenção psicossocial a crianças em situações de riscos e desastres

Dafne Rosane Oliveira

As últimas décadas foram marcadas por grande quantidade de notícias sobre a ocorrência de emergências e desastres (E&D), tais como inundações, incêndios, furacões e seca. Emergências são acontecimentos inesperados que, embora não excedam a capacidade de resposta da comunidade, prejudicam a vida e/ou a integridade física de uma ou várias pessoas, causando impacto emocional nos envolvidos, demandando ação imediata e intervenção especializada.

Os desastres são considerados acontecimentos devastadores que atingem um ambiente desprovido de recursos suficientes em seu cotidiano para enfrentar tal adversidade – e serão alvo principal das discussões deste capítulo. Pode-se dizer que se trata de um risco mal gerenciado, ao qual se somam situações de perigo, condições de vulnerabilidade e capacidade insuficiente para reduzir as consequências negativas advindas. Por exemplo, como perigo temos uma chuva, que atinge um ambiente vulnerável (um ambiente habitável totalmente sem escoamento e próximo da margem de um rio). Nesse caso tem-se uma inundação.

Alguns fatores aumentam as chances de desastres, tais como o processo acelerado de urbanização, a ocupação de áreas de risco e a variabilidade climática atual com tendência para o aquecimento global, associada a um aumento de extremos climáticos. (TOMINAGA et al., 2009).

Ainda hoje, quando se fala em E&D, associa-se principalmente às ações realizadas na fase de resposta. Em comparação, pouco se fala da atuação que faz com que um desastre não aconteça (Prevenção); muitas vezes esse trabalho sequer é mencionado pelos meios de comunicação. A chamada Gestão Integral de Riscos e Desastres (GIRD) traz uma mudança de paradigma em relação à atuação nesse contexto, pois considera que deve haver uma abordagem sistêmica do ciclo de gestão de riscos e gerenciamento de desastres. A GIRD tem embasado diversos documentos de alcance mundial que tratam das estratégias de redução de riscos de desastres.

As demandas requeridas nesse contexto necessitam de ações que garantam o atendimento aos direitos e aos cuidados em Saúde Mental de populações afetadas e dos profissionais envolvidos, oferecendo um ambiente propício para a reconstrução, mesmo diante de muitas perdas. Portanto, o trabalho na GIRD demanda uma diversidade de profissionais especializados, em que o psicólogo tem papel essencial.

As primeiras intervenções psicológicas, nesse contexto, ocorreram no pós-desastre, podendo-se atribuir a isso forte correspondência ao modelo clínico de psicoterapia, de atendimento em consultório e mediante queixas específicas, como Luto, Depressão ou Transtorno de Estresse Pós-Traumático (TEPT). Com o tempo, percebeu-se que as medidas preventivas e de preparação têm papel extremamente relevante e devem fazer parte das ações de enfrentamento.

A atuação da Psicologia em situações de E&D aborda a relação do ser humano com seu ambiente – quando este é modificado pelos efeitos de uma emergência ou desastre –, compreendendo pessoas e contextos com diferentes vulnerabilidades, estratégias e recursos de enfrentamento. Além dos espaços vulneráveis, como moradias pouco resistentes e próximas a encostas de rios, há também pessoas que são consideradas vulneráveis, como crianças, idosos, pessoas com deficiência e outras condições de vulnerabilidade (OLIVEIRA, 2013)

É importante ressaltar que a forma como as pessoas – crianças ou não – reagem a um desastre é absolutamente única. Na verdade, em geral, a forma como as pessoas reagem a situações extremas depende do impacto que a situação traz no momento em que é vivido somado à sua história passada, que compreende seus recursos/capacidades de enfrentamento.

Ademais, as capacidades estão em consonância com aquilo que foi construído ao longo da vida, que constituem um indivíduo *biopsicossocial*. *Bio*, pois, diz respeito às características de nossa espécie, bem como à sua herança hereditária e constituição genética. *Psico*, em referência às nossas experiências de vida, é tudo aquilo que aprendemos, ou não, em nossa relação com o mundo. E, por fim, *Social*, em um nível de alcance macro, de acordo com a sociedade em que o sujeito se encontra. Nesse sentido, a forma como uma criança reage a uma situação de desastre será única, na medida em que essa combinação de fatores é singular.

As discussões deste capítulo versam sobre a importância do cuidado com a saúde mental de crianças que vivem em situações de riscos e desastres, principalmente no âmbito preventivo, articulando com documentos de referência no contexto da GIRD e Desenvolvimento Sustentável.

Crianças em situações de riscos e desastres

Crianças e adolescentes, assim como idosos e pessoas com deficiência, são consideradas populações vulneráveis, em decorrência da maior quantidade de mortes no pós-desastre e pela dificuldade em acessar ajuda. Os dados de Kamath (2015) apontam que, na maioria dos desastres, entre um terço e metade das mortes são de crianças, além da incidência de problemas psicológicos, tais como Transtornos de Estresse Pós-Traumático e depressão, com impactos na saúde física e mental das crianças.

Os desastres ameaçam a vida, os direitos e as necessidades de milhões de crianças no mundo, podendo trazer prejuízos ao seu desenvolvimento futuro em diversos âmbitos. Mudavanhu (2014) aponta que a perda de meios de subsistência pode levar à pobreza extrema, à evasão escolar e à desnutrição, contribuindo para um lento desenvolvimento da comunidade, tornando-a vulnerável a outros desastres.

Deve ser assegurada prioridade absoluta às crianças e adolescentes, à convivência familiar e comunitária, e às ações que garantam a preservação dos núcleos familiares. Dada sua condição peculiar de pessoa em desenvolvimento (físico, mental, moral, espiritual e social, em condições de liberdade e com dignidade), entende-se que as crianças e os adolescentes gozam dos direitos fundamentais da pessoa humana, bem como dos direitos civis e sociais garantidos na Constituição e nas leis. É preciso considerar a corresponsabilidade da família, da sociedade e do poder público. Com as crianças, a garantia do direito à participação implica a consideração de suas opiniões, respeitando-se o grau desenvolvimento da criança e do adolescente, promovendo uma comunicação clara e objetiva, visando à informação sobre as ações e medidas tomadas para a sua proteção. (Secretaria de Direitos Humanos da Presidência da República – SDH/PR, 2013)

A literatura científica internacional apresenta discussões acerca dos efeitos dos desastres em crianças. São discutidas estratégias de redução de riscos, com propostas no contexto educacional que envolvem ações de prevenção e preparação previstas no currículo escolar, incluindo materiais de apoio para profissionais nas tarefas de prevenção. Outros estudos abordam questões de saúde mental de crianças afetadas por desastres, tratando dos fatores de risco para depressão, prevalência e o diagnóstico de TEPT, intervenções em Saúde Mental, como o uso do recurso de desenhos para levantar possíveis sinais e sintomas psicológicos que podem interferir no desenvolvimento sadio das crianças. (MARTIN, 2010; MUDAVANHU et al., 2015; LONDE et al., 2014;

RONAN; TOWERS, 2014; HURTADO, 2000; TANG et al., 2014; COVA et al., 2013; RINCÓN et al., 2014; SOMMER et al., 2013; HA et al., 2013; FELIX et al., 2011; PAVAN, 2009).

Além disso, é dado destaque ao protagonismo das crianças, mediante a importância de se dar voz a elas, fazendo com que sejam parte integrante, ativa, na redução de riscos e desastres, na resposta e na recuperação diante dos efeitos na comunidade. A revista da Estratégia Internacional para Redução de Desastres (EIRD/ONU, 2001) mostrou que as crianças que vivenciam um evento traumático antes dos 11 anos estão três vezes mais propensas a desenvolver sintomas psicológicos em comparação com aquelas que viveram os primeiros sintomas de trauma quando adolescentes ou adultos.

Destacam-se reações frequentes, consideradas normais e geralmente com duração curta: perturbação pela perda de um brinquedo favorito; alteração no comportamento como ficar quieto ou agressivo; ficar aborrecido e chorar com facilidade; medo excessivo da escuridão, de separação ou de estar sozinho; pesadelos durante a noite; medo de que o evento aconteça de novo; ficar assustado com o vento, a chuva ou ruídos intensos; perda de confiança nos adultos; regressões no desenvolvimento, como incontinência urinária, chupar o dedo, apego excessivo aos pais; medo de estranhos; culpa por acreditar que causaram o desastre – por algo que disseram ou fizeram; sintomas de doenças, tais como dores de cabeça, vômitos ou febre; preocupação com o lugar onde eles e sua família vão viver; e falta de vontade de ir à escola, mudanças na alimentação ou nos hábitos de sono.

É importante que os pais estejam atentos a essas manifestações quando elas acontecem após a vivência de uma situação de desastre. Toda e qualquer criança é capaz de desenvolver habilidades de enfrentamento que são suficientes para um cenário em que não haja adoecimento. As crianças podem vivenciar de forma adequada a situação, desde que haja suporte e apoio – o mais rapidamente possível – por parte dos pais, amigos, familiares e professores. Pois trata-se de reações normais, que quando acolhidas não são vividas com sofrimento, ou ao menos significam um sofrimento que é gerenciado sem causar danos de longo prazo. Afinal, o sofrimento é parte integrante do desenvolvimento infantil, na medida em que representa situações de superação, desenvolvimento de habilidades e crescimento emocional.

Por exemplo, uma criança que tenha a fantasia de que fez algo que causou o desastre: caso haja esclarecimento, com afetividade e empatia, essa crença se desfaz e não toma corpo nos pensamentos da criança. Uma criança que sente medo sempre que ouve um vento forte e inicia uma chuva: caso haja elementos no ambiente que alimentem esse medo (pais também aflitos, sem saber o que fazer, ou até pais apáticos, sem dar importância à preocupação do filho), pode haver o agravamento da ansiedade e medo da criança. Nesse caso, havendo o risco, é fundamental que exista um plano de ação para a situação de perigo, que deve ser compartilhada com a criança, considerando a necessidade de uma evacuação segura, por exemplo.

Algumas crianças podem não mostrar sinais de sofrimento, até mesmo após semanas ou meses do desastre, enquanto outras apresentarão alterações de comportamento, que podem ser de curto ou de longo prazo. De qualquer forma, o cuidado deve ser ofertado, pois a forma de vivenciar é sempre única e as necessidades e recursos das crianças também serão. Mas ter o suporte por perto é fundamental para que a criança se sinta segura para pedir ajuda.

Profissionais de Saúde e Assistência Social podem orientar os pais e/ou responsáveis sobre a condutas favoráveis ao enfrentamento das crianças, tais como: abraçar e estar perto das crianças; fornecer informações claras e concisas sobre o desastre; fazer com que eles falem sobre seus sentimentos, utilizando palavras que expressem emoções, como feliz, triste, irritado e assustado. É importante ser honesto para compartilhar os próprios sentimentos com as crianças; compartilhar mais tempo na hora de dormir; explicar que o desastre não aconteceu por causa deles.

Além disso, é fundamental reestabelecer um cronograma para refeições, jogos, descanso e trabalho; mantê-los ocupados com tarefas que os façam se sentir úteis para ajudar a família a se recuperar do desastre; certificar-se de que eles saibam o que fazer quando ouvirem um alarme de incêndio ou sirenes de alerta; reconhecer e recompensar o comportamento responsável; se for o caso, deixá-los dormir com a luz acesa por um tempo após o desastre. Por fim, é relevante não minimizar o evento que ocorreu e entender que as crianças sofrerão por coisas que eles sentem ser importantes, como brinquedos, roupas e outros itens favoritos.

Desenvolvimento sustentável

Em 2015, 193 Estados-membros da Organização das Nações Unidas (ONU) adotaram uma nova agenda de desenvolvimento e um acordo global sobre as mudanças climáticas. Foi instituído um plano de ações para as pessoas do mundo todo com uma agenda de objetivos e metas até 2030, atestando uma parceria colaborativa entre diversos países comprometidos com o desenvolvimento sustentável em suas três dimensões: econômica, social e ambiental. Trata-se de 17 Objetivos de Desenvolvimento Sustentável (ODS) e 169 metas, compondo uma agenda universal.

Alguns exemplos são: a erradicação da pobreza em todas as suas formas e dimensões; concretizar os direitos humanos de todos e todas; alcançar a igualdade de gênero e o empoderamento das mulheres e meninas; assegurar uma vida saudável e promover o bem-estar para todos, em todas as idades; promover a educação inclusiva, equitativa e de qualidade; e promover oportunidades de aprendizagem ao longo da vida para todos, tornando as cidades e os assentamentos humanos inclusivos, seguros, resilientes e sustentáveis, adotando medidas urgentes para combater a mudança do clima e seus impactos.

A gestão eficaz dos riscos de desastres contribui para o desenvolvimento sustentável e, de fato, os países têm reforçado suas capacidades de gestão do risco de desastres. Portanto, em consonância com essa Agenda, tem-se como documento relevante o Marco de Sendai, um compromisso firmado com a redução do risco de desastres nos níveis local, regional e global, buscando o aumento da resiliência a desastres no período de 2015 a 2030. Dentre as metas estabelecidas destacam-se: a redução substancial da mortalidade global em desastres; a diminuição do número de pessoas afetadas e das perdas em relação ao produto interno bruto global; e o aumento substancial do número de países com estratégias nacionais e locais de redução do risco de desastres (World Conference on Disaster Reduction – WCDRR, 2015)

Articulação dos ODS, Marco de Sendai e cuidados com crianças em situações de riscos e desastres

Mediante os ODS e o Marco de Sendai, alguns pontos são trazidos para discussão a partir da perspectiva do impacto no desenvolvimento infantil quando se vive em áreas de riscos e desastres. No Marco de Sendai é recomendado que crianças e jovens tenham papel ativo na redução de riscos de desastres, de acordo com a legislação, com a prática nacional e com os currículos educacionais.

O estudo de Martin (2010) relata o caso vivenciado em 2004 durante o tsunami causado pelo terremoto no Oceano Índico. Uma garota britânica de 10 anos deu o alerta de tsunami, conforme havia aprendido na aula de geografia uma semana antes, salvando a vida de centenas de turistas na Tailândia. Portanto, quando crianças têm a oportunidade de fazer parte da implementação de estratégias de redução de riscos e desastres – que são baseadas na educação e conhecimento dos riscos – tanto as crianças quanto sua comunidade têm mais ferramentas para enfrentar o desastre. Essa abordagem conduz não somente à sobrevivência, mas também à criação de um contexto propício ao seu pleno desenvolvimento físico, emocional e social.

O ODS 1 trata da erradicação da pobreza. Busca-se construir a resiliência dos pobres e daqueles em situação de vulnerabilidade e reduzir a exposição e vulnerabilidade destes a eventos extremos relacionados com o clima e outros choques e desastres econômicos, sociais e ambientais. Viver na pobreza, com exposição a conflitos, desastres naturais ou outras emergências humanitárias, pode aumentar significativamente o risco de sofrer problemas de saúde mental.

Para Valencio (2009a), a pobreza é a variável mais relevante para explicar a vulnerabilidade no contexto das chuvas nas cidades brasileiras. Embora se tenha a noção de que desastres são eventos inesperados, a soma de situações de vulnerabilidade de determinados locais e os aparatos tecnológicos responsáveis por sistemas de monitoramento e alertas fazem com que os desastres sejam, muitas vezes, previstos e, inclusive, anunciados.

É preciso desnaturalizar os desastres ditos naturais, na tentativa de propor reflexões sobre como a configuração vai além de estimativas climatológicas e compreende certamente outras dimensões explicativas, como as econômicas e sociais. A compreensão dos desastres dá ênfase "centralmente à estrutura e dinâmica social que, num âmbito multidimensional e multiescalar, dá ensejo a variadas interpretações acerca das relações sociais territorial, institucional e historicamente produzidas" (VALENCIO, 2009b, p. 4).

Nesse âmbito, encontra-se ligação direta do ODS 1 com as situações de desastres. Tais acontecimentos, embora muitas vezes denominados naturais, não se configuram somente assim e são reflexo muitas vezes da pobreza que acentua as vulnerabilidades e que cria um contexto cíclico que reforça cada vez mais a situação de vulnerável, refém dos eventos climáticos.

Uma demanda ligada ao acontecimento de desastres é a possibilidade de violações de direitos de crianças e adolescentes, como, por exemplo, violência sexual, negligência, trabalho infantil, práticas de ato infracional e uso de drogas. Documentos técnicos abordam essa temática e apontam a importância de se ter uma rede especializada que garanta o pleno atendimento das necessidades das populações vulneráveis no contexto dos desastres e que promova o protagonismo dos afetados como agentes de mudança e atores centrais no gerenciamento de riscos e no enfrentamento aos desastres. (SDH/PR, 2013).

Consta no Marco de Sendai que as ações precisam se concentrar no combate a fatores subjacentes de risco de desastres, como as consequências da pobreza e da desigualdade, mudanças e variabilidade climática, urbanização rápida e não planejada, má gestão do solo e fatores como a mudança demográfica, arranjos institucionais fracos, políticas não informadas sobre riscos, falta de regulamentação e incentivos para o investimento privado na redução do risco de desastres, cadeias de suprimentos complexas, limitada disponibilidade de tecnologia, usos insustentáveis de recursos naturais, ecossistemas em declínio, pandemias e epidemias.

Os efeitos de um desastre também podem agravar problemas sociais preexistentes (como extrema pobreza, pertencer a um grupo discriminado ou marginalizado, presença de transtornos mentais e abuso de álcool), bem como causar novos problemas sociais, como separação familiar e rompimento de redes sociais, o que representa risco em especial para o tráfico de crianças, principalmente no contexto de conflitos armados (IASC, 2007).

Em situações de E&D, podem surgir diversos problemas nos níveis individual, familiar, comunitário e social, que fragilizam as redes de proteção das pessoas, aumentam os riscos de diversos problemas e tendem a agravar os problemas preexistentes de injustiça social e desigualdade, o que remete ao ODS 10, que trata de redução das desigualdades sociais. Além disso, locais relativamente precários e desfavorecidos socialmente tendem a ser atingidos com mais impacto, em virtude da precariedade de recursos para o enfrentamento.

O ODS 3 trata da saúde e bem-estar, com o compromisso de reduzir em um terço a mortalidade prematura por doenças não transmissíveis, via prevenção e tratamento, e promover a saúde mental e o bem-estar, além de reforçar a prevenção e o tratamento do abuso de substâncias, incluindo o abuso de drogas entorpecentes e uso nocivo do álcool. O uso de substâncias pode aparecer de forma compensatória, decorrência da situação de sofrimento e desalento diante das perdas no desastre, ou em decorrência do agravamento do uso que já estava em curso.

A exposição a desastres exige especial atenção à imunização de doenças que podem ser adquiridas, como diarreia, influenza, meningite, rubéola e tétano; aos cuidados com os alimentos e água consumidos; e à necessária limpeza adequada de utensílios e de móveis nas residências acometidas pelos desastres.

Para a Organização Pan-Americana da Saúde/Organização Mundial da Saúde (OPAS/OMS, 2016), a saúde representa um completo bem-estar físico, psicológico e social; portanto, vai muito além da mera ausência de doenças e engloba um espectro amplo de condições que favorecem uma vida saudável. Nesse sentido, o local de moradia, o que se come, como se cuida da higiene, a presença de afeto e cuidado, tudo isso configura a saúde.

Na mesma linha, entende-se que a Saúde Mental, além de ser influenciada por múltiplos fatores sociais, psicológicos e biológicos, é mais do que a ausência de transtornos mentais. É parte integrante da saúde e reflete-se na forma pela qual o indivíduo realiza suas próprias habilidades, como lida com as tensões normais da vida, como lida com suas emoções e pensamentos, interage com outras pessoas, funciona de forma produtiva e contribui de algum modo para sua comunidade.

Portanto, os determinantes da saúde mental incluem mais do que características individuais, como a capacidade de gerenciar pensamentos, emoções, comportamentos e interações com os outros, mas também fatores sociais, culturais, econômicos, políticos e ambientais. Incluem as políticas nacionais, o padrão de vida, condições de trabalho ou apoio social da comunidade, além da exposição à adversidade em idade precoce. Com relação às crianças, é dada ênfase em aspectos do desenvolvimento, o senso de identidade, a capacidade de gerir pensamentos e emoções, bem como criar relações sociais, ou a aptidão para aprender e adquirir uma educação que acabará por capacitá-los a participar ativamente na sociedade (OMS, 2007)

Nieto (2006) aponta que a resposta em Saúde Mental e desastres não diz respeito somente às consequências emocionais diretas de evento (medo, ansiedade, tristeza, raiva, etc.), mas a outros efeitos indiretos nas dinâmicas interpessoais e sociais, bem como no meio ambiente das vítimas, pois geralmente acontece desestruturação da vida familiar.

A desestruturação, por si só, é esperada, mas a forma como a família vive esse conflito (se tem suporte/recursos financeiros, emocionais, espirituais) é crucial para o agravamento da situação ou para a superação, no sentido de crescimento e desenvolvimento de habilidades de enfrentamento. E essa dinâmica é contexto para o modo como as crianças irão reagir.

Nos últimos anos, felizmente tem crescido o interesse pelo impacto de desastres na Saúde Mental das populações afetadas; cada vez mais se discute a necessidade de uma abordagem integral que vá além da atenção à doença e à reparação dos danos materiais. Tal discussão reforça o quanto é desleal tratar um desastre apenas do ponto de vista biológico/climatológico, como uma consequência meramente natural e, portanto, difícil de ser controlada. E, ainda mais, o quanto as sequelas de um desastre podem ter seu efeito ampliado, considerando as consequências de longo prazo, no âmbito da saúde física e mental. Nota-se que os efeitos vão além das consequências diretas aos afetados; por exemplo, há profissionais que adoecem a partir do estresse vivenciado na assistência ao cenário do desastre (OLIVEIRA, 2018)

Vivenciar situações de emergências e desastres, tais como conflitos armados, inundações e seca, pode acarretar graves sofrimentos psicológicos e sociais. Os impactos podem ameaçar a paz, os Direitos Humanos e o desenvolvimento de crianças e adolescentes, tanto a curto quanto a longo prazo.

Muitos fatores podem colocar em risco a Saúde Mental, como mudanças sociais, condições de trabalho estressantes, discriminação de gênero, exclusão social, estilo de vida não saudável, violência e violação dos direitos humanos. Desse modo, a promoção, proteção e restauração da Saúde Mental englobam medidas que possibilitem um estilo de vida saudável, sendo essa uma preocupação vital dos indivíduos, comunidades e sociedades em todo o mundo. Constitui-se como tarefa fundamental proteger e oferecer suporte à Saúde Mental e ao bem-estar psicossocial dos afetados por emergências e desastres, desempenhando ações coordenadas entre todos os governos e atores humanitários não-governamentais. (IASC, 2007)

Destaque especial é dado a um nível de apoio focado não especializado – a prática dos Primeiros Cuidados Psicológicos (PCP) –, uma recomendação de muitas agências internacionais, inclusive da Organização Mundial da Saúde (OMS). Trata-se de uma recomendação direcionada a pessoas que auxiliam quem viveu situações consideradas traumáticas, sendo um instrumento de assistência humana e de ajuda prática.

É importante enfatizar que esses cuidados não são exclusivos para profissionais, pois qualquer pessoa treinada pode executá-los. Ainda assim, esse serviço deve ser ofertado, mas não imposto, pois, mesmo sendo uma prática recomendada, nem todas as pessoas que passam por situações de crise necessariamente precisam ou querem os PCP (OMS, 2015; ALVES; OLIVEIRA, 2017).

A reação das pessoas em situações de desastres é influenciada por vários fatores. A natureza e a severidade dos eventos podem ampliar o impacto. Por exemplo, um deslizamento brusco geralmente traz destruição de vidas, de moradia e objetos, com pouco tempo para evacuação. A vivência anterior de situações de crise pode trazer consigo o desenvolvimento de habilidades de enfrentamento ou até mesmo o agravamento do sofrimento pelo acúmulo de situações vividas. Se os afetados têm ou tiveram apoio em suas situações de crise, é provável que também tenham esse suporte ao lidar com desastres. Por exemplo, uma família que passou por um processo de demissão do provedor da família – e contou com apoio familiar nas decisões e repercussões negativas desse evento – terá maior chance se for assistida da mesma forma em situações de desastres. Uma família que nunca teve esse suporte pode, inclusive, não receber amistosamente o suporte, por achar que não necessita e, caso seus recursos não sejam suficientes, ela poderá ter problemas futuros.

O conhecimento do histórico de saúde dos afetados é muito importante, pois assim é possível saber se a situação atual é diferente de uma condição preexistente. Inclusive, por exemplo, históricos de transtornos mentais prévios são fatores de risco para seu agravamento quando a pessoa vivencia um desastre. Por fim, a cultura em que essa família está envolvida, suas crenças, suas tradições e a forma como as crianças fazem parte desse núcleo são fundamentais para verificarmos quais foram os impactos do desastre nessa dinâmica e quais são as necessidades primordiais para a preservação da saúde mental das crianças e demais componentes da família.

Nesse sentido, as ações incluídas nos PCP envolvem oferecer apoio e cuidado práticos não invasivos, avaliar necessidades e preocupações, auxiliar as pessoas a suprir suas necessidades básicas, escutar sem pressionar a falar, confortando e propiciando que as pessoas se sintam aptas a identificar suas necessidades e buscar as informações e serviços providenciais (OMS, 2015).

Estima-se que somente de 3 a 4% das pessoas que vivenciam desastres vai desenvolver transtornos mentais e necessitar de atendimento especializado (IASC, 2007). Contudo, os cuidados iniciais ofertados pelos PCP são de extrema relevância justamente para a prevenção do surgimento e agravamento de sintomas que podem vir a se configurar como transtornos mentais.

O ODS 4 aborda a educação de qualidade, na medida em que deve ser assegurada a educação inclusiva, equitativa e de qualidade, e a promoção de oportunidades de aprendizagem ao longo da vida para todas e todos; igualdade de acesso a crianças em situação de vulnerabilidade; garantia de que todos os alunos adquiram conhecimentos e as habilidades necessárias para promover estilos de vida sustentável; e a instauração de uma cultura de desenvolvimento sustentável, cidadania global e valorização da diversidade cultural.

Quando acontece um desastre, é comum as pessoas perderem sua habitação, definitiva ou temporariamente. Elas podem ser acolhidas em abrigos de emergência, até que consigam retornar às suas casas ou ir para outros locais seguros. Muitas vezes se utilizam escolas como abrigos, em virtude da falta de outros locais adequados. Sua utilização acaba interferindo na recuperação pós-desastre, pois busca-se o retorno ao funcionamento normal naquela comunidade, que fica prejudicado, pois a escola fica impedida de exercer sua função primordial, de educação das crianças. Valencio, Siena e Marchezini (2011, p. 32) defendem que a utilização de escolas como abrigos irá "comprometer a dinâmica social precedente, ao se criar outra territorialidade sob um território em que havia outra funcionalidade, como a de servir à educação formal".

De acordo com o Protocolo Nacional Conjunto para Proteção Integral a Crianças e Adolescentes, Pessoas Idosas e Pessoas com Deficiência em Situação de Riscos e Desastres (SDH/PR, 2013), é primordial estabelecer um plano de segurança escolar, incluindo fluxos de alerta e de evacuação, com procedimentos amigáveis aos diferentes grupos etários, desenvolvendo programas educativos, em parceria com a Proteção e Defesa Civil, para o desenvolvimento de habilidades para a vida e autoproteção para situações de riscos, acidentes e desastres.

No nível preventivo, constituem ações fundamentais para a garantia de direitos das crianças e adolescentes em situações de riscos e desastres: identificar crianças e adolescentes residentes em áreas de risco; mapear, identificar e caracterizar a rede de atenção à saúde. Além disso, é preciso que os profissionais estejam capacitados a realizar ações de educação em saúde; elaborar planos de ação para o atendimento socioassistencial e acompanhamento; identificar, selecionar, capacitar e acompanhar famílias acolhedoras para o acolhimento temporário de crianças e adolescentes em situação de riscos e desastres e desacompanhados de pais ou responsáveis, conforme os parâmetros técnicos vigentes no Sistema Único de Assistência Social (SUAS).

Nas fases de resposta e reconstrução é preciso providenciar o registro das situações de violações de direitos contra crianças e adolescentes; orientar famílias sobre os riscos de retorno às áreas isoladas pela Proteção e Defesa Civil; ter locais seguros definidos como pontos de encontro para crianças e adolescentes desaparecidos, com ampla divulgação. Além disso, é preciso ofertar espaços seguros de convivência, com atividades de lazer e direcionamento das ações para o gradativo, mas pleno, restabelecimento das atividades do dia a dia, em que se inclui a reconstrução de escolas e espaços públicos atingidos e o mais breve retorno da rotina escolar.

Considerações finais

É de extrema importância a oferta de cuidados com a saúde mental de crianças em situações de desastres, e ressalta-se que os PCP devem e podem ser feitos por qualquer profissional capacitado previamente. Portanto, constitui como tarefa de qualquer profissional de E&D: estar sensibilizado sobre as situações que configuram maior risco para os agravos; oportunizar a oferta de fatores de proteção; fomentar estratégias de redução de riscos de desastres que deem voz às crianças; e oportunizar comportamentos resilientes e de enfrentamento.

Cabe destacar que, no âmbito da Política de Proteção e Defesa Civil, é relevante citar a importância das ações comunitárias de enfrentamento e preparação aos desastres, e da inserção das crianças nesse contexto. Os NUDECS (Núcleos Comunitários de Defesa Civil) atuam em trabalho conjunto entre governo (Coordenadorias Municipais de Defesa Civil – COMDECs) e a comunidade (voluntários dos NUDECs), visando à implementação de estratégias de redução de riscos. Alguns espaços contemplam ações comunitárias que envolvem as crianças.

O Projeto NUDEC Jovem reuniu crianças de 3 a 12 anos no Distrito Federal em 2016, ocasião em que se discutiram temas relacionados a riscos e ameaças ao público infantil, especialmente os que moravam em áreas de risco. Por meio de uma atividade com teatro de fantoches, alunos de escolas públicas e particulares refletiram sobre situações cotidianas, como o desperdício de água e o uso consciente do recurso e temas que envolviam prevenção, preparação, mitigação, resposta e reconstrução diante de emergências e desastres (GOMES, 2017).

O estudo de Oliveira (2018) teceu considerações sobre ações de prevenção e preparação em local de recorrentes inundações, propondo estratégias de redução de riscos que podem ser implementadas em escolas e centros comunitários de áreas de risco, por meio de atividades educativas e lúdicas, tais como desenhos, palestras, treinamentos, aulas práticas, vivências, grupos focais, dramatizações, dinâmicas, recreações, dentre outras. Salienta-se a inerente tarefa e compromisso de validar e estimular o protagonismo social de indivíduos, especialmente as crianças, tratando-as como profícuas agentes de transformação social e pessoal de suas realidades.

Por fim, reforça-se que a oferta de cuidados pelos profissionais, a promoção do autocuidado e o espaço de discussão constituem um cenário providencial para o bem-estar infantil e pleno desenvolvimento físico, cognitivo, social, espiritual e emocional de crianças no contexto de riscos e desastres. A configuração desse desejável cenário se ampara nas determinações normativas dos documentos de referência que embasam o desenvolvimento sustentável e a implementação de estratégias de redução de riscos de desastres. Embora não sejam garantia de ações e políticas que realmente funcionem, são instrumentos norteadores para a busca de efetivação de atitudes que assegurem a garantia de direitos e proteção da saúde – física e mental – de crianças e adolescentes.

Referências bibliográficas

ALVES, E.G.R.; OLIVEIRA, D.R. **Psicologia da Gestão Integral de Riscos e Desastres**. Em GUNTHER, W. M. R.; CICCOTTI, L.; RODRIGUES, A. C.; Desastres: Múltiplas Abordagens e Desafios. (pp. 17-32). Rio de Janeiro: Elsevier, 2017.

COVA, F.; VALDIVIA, M.; RINCÓN, P.; HAQUIN, C.; SANHUEZA, F.; MELIPILLÁN, R.; MEDEL A, M.; MARTÍNEZ, J.; ALARCÓN, G. Estrés postraumático en población infantojuvenil post 27F. **Revista Chilena de Pediatría**, v. 84, n. 1, p. 32-41, 2013.

EIRD/ONU. Estratégia para a Redução de Riscos de Desastres/Organização das Nações Unidas. **Niños y Jóvenes**. EIRD/ONU, 2001. Disponível em: < http://www.eird.org/esp/revista/No2_2001/pagina9.htm> Acesso em: 5 mar. 2019.

FELIX, E.; HERNÁNDEZ, L.; BRAVO, M.; RAMIREZ, R.; CABIYA, J.; CANINO, G. Natural Disaster and Risk of Psychiatric Disorders in Puerto Rican Children. **The Journal of Abnormal Child Psychology**. 39, p. 589-600, 2011.

GOMES, J. (2017) **Projeto NUDEC Jovem 2017**. Subsecretaria de Proteção e Defesa Civil. Brasília. Disponível em: <http://www.defesacivil.df.gov.br/noticias/item/2211-projeto- nudec-jovem-2017.html> Acesso 05 jan. 2018.

HA, M., JEONG, W., LIM, M., KWON, H., CHOI, Y., YOO, S. CHEONG, H. Children's Mental Health in the Area Affected by the Hebei Spirit Oil Spill Accident. **Environmental Health and Toxicology**, 28, pp. 1-4, 2013.

HURTADO, M. **Prevención de la enfermedad de los niños em emergencias complejas o situaciones de desastre.** Bogotá, Colômbia: Organización Panamericana de la Salud OPS/OMS, Programa Salud, Familia y Población, 2000.

IASC. Inter-Agency Standing Committee (Comitê Permanente). **Diretrizes do IASC sobre saúde mental e apoio psicossocial em emergências humanitárias.** (M. GAGLIATO, Trad.) Genebra: IASC, 2007.

KAMATH, S. (2015). Child Protection During Disasters. **Indian Pediatrics**, p. 467-468, 2015.

LONDE, L., SORIANO, E., COUTINHO, M., & MARCHEZINI, V. Interpretação do risco de desastres por alunos de ensino fundamental e médio. **Revista do Departamento de Geografia – USP**, 27, pp. 315-341, 2014.

MARTIN, M.L. Child Participation in Disaster Risk Reduction: the case of flood-affected children in Bangladesh. **Third World Quarterly**, Vol. 31, No. 8, 1357–1375, 2010.

MUDAVANHU, C. The impact of flood disasters on child education in Muzarabani District, Zimbabwe. Jàmbá: **Journal of Disaster Risk Studies**, v. 6, n. 1, p. 1-8, 2014.

MUDAVANHU, C., MANYENA, S., BONGO, P., MAVHURA, E., & MANATSA, D. Taking Children's Voices in Disaster Risk Reduction a Step Forward. **International Journal of Disaster Risk Science**, 6, pp. 267–281, 2015.

NIETO, G. **Atención psicosocial a la infancia y la adolescência** . Em J. RODRÍGUEZ, Organización Panamericana de la salute. Guía práctica de salud mental en situaciones de desastres. (p. 189). Washington: D.C.: OPS, 2006.

OLIVEIRA, D.R. **Crianças em situações de riscos e desastres: Atenção Psicossocial, Saúde Mental e Direitos Humanos.** Tese (Doutorado em Ciências) – Psicologia Escolar e Desenvolvimento Humano, Universidade de São Paulo, São Paulo, 2018.

OLIVEIRA, D.R. **Treinamento para prevenção de abuso sexual em abrigos de emergência.** Dissertação (Mestrado em Ciências do Comportamento) – Departamento de Processos Psicológicos Básicos, Universidade de Brasília, Brasília, 2013.

OMS, War Trauma Foundation e Visão Global Internacional. **Psychological First Aid: Guide for field workers. Primeiros Cuidados Psicológicos: Guia para trabalhadores de campo.** Trad. Marcio Gagliato. OMS. Genebra, 2015.

OMS/WHO. World Health Organization. **Risk reduction and emergency preparedness: World Health Organization six-year strategy for the health sector and community capacity development**, 2007. Disponível em: http:/ /www.who.int/hac/techguidance/preparedness/emergency_preparedness_ eng.pdf Acesso em: 02 de junho de 2018.

OPAS/OMS. Organização Pan-Americana de Saúde/Organização Mundial da Saúde. **OPAS/OMS apoia governos no objetivo de fortalecer e promover a saúde mental da população.** OPAS/OMS, 2016. Disponível em: <https:/ /www.paho.org/bra/index.php?option=com_content&view= article&id=5263:opas-oms-apoia-governos-no-objetivo-de-fortalecer-e-promover-a-saude-mental-da-populacao&Itemid=839> Acesso em: 5 mar. 2019.

PAVAN, B. O olhar da criança sobre o desastre: uma análise baseada em desenhos. In: VALENCIO, M. SIENA, V. MARCHEZINI, & J. GONÇALVES. **Sociologia dos desastres: construção, interfaces e perspectivas no Brasil**. São Carlos: RiMa Editora, 2009.

RINCÓN, P., GYSLING, M., LLOYD, S, NAVARRO, M.F., RETAMAL, L., COVA, F. Propiedades Psicométricas de la Escala de Síntomas de TEPT para niños (CPSS) en población Chilena afectada por el Terremoto y Tsunami del 27-F de 2010. **Terapia Psicológica**, v. 32, nº 1, 57-64, 2014.

RONAN, K.R., TOWERS, B. Systems Education for a Sustainable Planet: Preparing Children for Natural Disasters. **Systems**, 2, 1-23, 2014.

SDH/PR – Secretaria de Direitos Humanos da Secretaria da República. **Protocolo Nacional Conjunto para Proteção Integral a Crianças e Adolescentes, Pessoas Idosas e Pessoas com Deficiência em Situação de Riscos e Desastres**. Brasília, 2013.

SOMMER, K.; ABUFHELE, M.; BRICENO, A.; DÁVILA, A.; BARREAU, M;, CASTRO, S.; CORREA, A. Intervención de salud mental en niños expuestos a desastre natural. **Revista Chilena de Pediatria**, 84 (1), p. 59-87, 2013.

TANG, B.; LIU, X.; LIU, Y.; XUE, C.; & ZHANG, L. A meta-analysis of risk factors for depression in adults and children after natural disasters. **BMC Public Health**, 14:623. 14, p. 623, 2014.

TOMINAGA, L.; SANTORO, J.; AMARAL, R. **Desastres naturais: conhecer para prevenir**. São Paulo: Instituto Geológico, 2009.

VALENCIO, N. **Da 'área de risco' ao abrigo temporário: uma análise dos conflitos subjacentes a uma territorialidade precária**. Em (Orgs) VALENCIO, N.; SIENA, M.; MARCHEZINI, V.; GONÇALVES, J. C. Sociologia dos desastres: construção, interfaces e perspectivas no Brasil. São Carlos: RiMa Editora, 2009a.

VALENCIO, N. **Da morte da Quimera à procura de Pégaso: a importância da interpretação sociológica na análise do fenômeno denominado desastre**. Em (Orgs) VALENCIO, N.; SIENA, M.; MARCHEZINI, V.; GONÇALVES, J. C. Sociologia dos desastres: construção, interfaces e perspectivas no Brasil. São Carlos: RiMa Editora, 2009b.

VALENCIO, N., SIENA, M., & MARCHEZINI, V. **Abandonados nos desastres: uma análise sociológica de dimensões objetivas e simbólicas de afetação de grupos sociais desabrigados e desalojados**. Brasília: Conselho Federal de Psicologia, 2011.

WCDRR. World Conference on Disaster Risk Reduction. **Sendai Framework for Disaster Risk Reduction 2015-2030:** ISDR International Strategy for Disaster Reduction. Building the Resilience of Nations and Communities to Disaster. 2015. Sendai, Japan. Disponível em: www.wcdrr.org. Acesso em: 5 mar. 2019.

Capítulo IV

Profissionais de emergências e desastres e o trabalho cotidiano com a morte

Elaine Gomes dos Reis Alves

Introdução

O crescimento da população, as mudanças climáticas e os avanços tecnológicos têm interferido vertiginosamente no aumento de situações de Emergências e de Desastres (E&D), com consequências cada vez mais devastadoras e preocupantes, que afetam sobremaneira populações de várias regiões do país.

Pesquisas previnem que, entre 2020 e 2050, as mudanças climáticas causarão aproximadamente 250 mil mortes adicionais anualmente, principalmente de crianças. Estatísticas mostram que 85% dos desastres ambientais brasileiros são causados por fenômenos climáticos (PESSINI et al., 2015).

Desastres demandam atenção e cuidados de todas as áreas de conhecimento que levem em conta suas características particulares e, em termos de prevenção e enfrentamento, a comunidade afetada. Tragédias podem provocar sensações, sentimentos e emoções como: impotência, horror, dor, medo, pânico, angústia, ansiedade, contato com a própria morte e de outros e questionamento de valores e crenças (ALVES; OLIVEIRA, 2017).

Entre 2005 e 2015 (ONU, 2015a) mais de 1,5 bilhão de pessoas foram afetadas por desastres, e a perda econômica ultrapassou US$ 1,3 trilhão. No Brasil, em 2013 ocorreram 493 desastres (BRASIL, 2014), afetando mais de quatro mil municípios, com 183 óbitos, 18.557.233 pessoas afetadas e mais de 160 mil enfermos ou feridos.

Considerando esse cenário, é preciso pensar no número de profissionais qualificados e devidamente preparados que serão necessários para salvar vidas e lidar com a morte e o sofrimento humanos.

Os desastres brasileiros, em geral, dizem respeito à falta ou excesso de água: estiagem e seca; inundação brusca, gradual e alagamento; incêndios florestais; vendavais e movimentos de massa (CEPED/UFSC, 2012).

Atualmente, o termo *vítima* ainda é utilizado para se referir aos mortos. Porém, em 2017, a ONU emitiu um relatório sobre a terminologia a ser adotada em Redução do Risco de Desastre (RRD), no qual indica o termo *Afetado* inclusive para pessoas mortas e desaparecidas, como segue:

> AFETADOS. Pessoas que são afetadas, direta ou indiretamente, por um evento perigoso. Diretamente afetados são aqueles que sofreram danos, doenças ou outros efeitos à saúde; que foram evacuados, deslocados, realocados ou sofreram danos diretos ao seu sustento, ativos econômicos, físicos, sociais, culturais e ambientais. Indiretamente afetados são as pessoas que sofreram consequências, além dos efeitos diretos, ao longo do tempo, devido a interrupções ou mudanças na economia, infraestrutura crítica, serviços básicos, comércio ou trabalho, ou consequências sociais, de saúde e psicológicas.
>
> Anotação: As pessoas podem ser afetadas direta ou indiretamente. As pessoas afetadas podem sofrer consequências de curto ou longo prazo para suas vidas, meios de subsistência ou saúde e para seus ativos econômicos, físicos, sociais, culturais e ambientais. Além disso, pessoas que estão desaparecidas ou mortas podem ser consideradas diretamente afetadas (UNISDR, 2019).

Integrantes de equipes de primeira resposta (ou profissionais de E&D) são indivíduos que sofrem impacto direto do desastre, portanto são afetados diretamente pelo evento perigoso.

Independente dos conceitos de desastre em outras instâncias, para a Psicologia o desastre depende da perspectiva daquele que o nomeia e do lugar que ele ocupa nessa interação com o evento. Trata-se de uma ruptura do funcionamento habitual de um sistema ou comunidade, em virtude de impacto ao bem-estar físico, social, psíquico, econômico e ambiental de determinada localidade (CFP, 2016). Assim, depende do ponto de vista daquele que o vive e faz toda a diferença no atendimento às pessoas afetadas e em situações críticas. Este capítulo diz respeito às questões da morte escancarada e ao luto não autorizado dos profissionais que atuam em emergências e desastres (E&D).

Morte e luto

A morte, que pode ser concreta ou simbólica, está presente em E&D: a) Concreta – perda da vida. b) Simbólica – desfigurações, mutilações, aquisição de doenças crônicas, perda de possibilidades físicas (visão, audição, movimentos), perda de capacidades cognitivas, perda de moradias e/ou bens, mudanças geográficas, separações afetivas, entre outras perdas.

Até o século XIX, a morte que acontecia junto à família e em casa, bem como os rituais de despedida, era denominada de *"domada e domesticada"* (ARIÈS, 1977).

A partir do século XX, o incremento da medicina e da tecnologia fez do hospital um lugar para se alcançar a cura de doenças, ou um tratamento que prolonga a vida com ou sem qualidade, mas também passou a ser o local onde as pessoas morrem. Desde então, falar sobre a morte, sentir e expressar os sentimentos de dor e pesar passou a ser "proibido". O conceito de morte se inverteu, tornou-se interdita e se transformou em tabu, o que Ariès (1977) denominou de *"morte invertida e interdita"*. A sociedade não sabe mais como agir com pessoas enlutadas, e estas passaram a reprimir e esconder sua dor. Os sentimentos de desolação e tristeza pela perda deixaram de ser autorizados.

Kovács (2003) traz o conceito de *morte escancarada,* que é inesperada, abrupta, violenta, repentina, invasiva e pública, característica em situações de E&D. Expõe o morto, os familiares e suas histórias. Dificulta a proteção e inibe a expressão de sentimentos. Perdas múltiplas podem minar as redes de apoio. Exposição à mídia, informações deturpadas e boatos, dificuldade para compreender os fatos, confusão de sentimentos e emoções também atrapalham. O choque desestabiliza e dificulta o processo de luto.

A morte escancarada excede a capacidade de resposta de indivíduos, famílias e comunidades e dificulta a proteção e o controle de suas consequências. Há exposição das pessoas, suas histórias tornam-se objetos de comentários, críticas e julgamentos, e os protagonistas ficam expostos e indefesos. Mortes violentas e abruptas, principalmente de crianças e jovens, eventos que aumentam a sensação de vulnerabilidade e perda de confiança no futuro, extrapolam a condição de compreensão e representam risco para a saúde mental, favorecendo o luto complicado, que necessita de cuidado e assistência profissional. Por outro lado, o luto coletivo, comum em desastres, favorece o compartilhamento e autorização da dor, o que possibilita a elaboração da perda e pode ser um fator de proteção para o luto complicado (ALVES, 2014).

O luto é o dolorido processo de elaboração dessa perda e, segundo Parkes (1998), é a pior experiência do ser humano durante toda a sua existência. Sempre que houver perda ou rompimentos significativos, haverá luto. Em desastres, as perdas são múltiplas e podem se somar a outras que já estavam sendo vivenciadas. Essa sobreposição de perdas e dor dificulta as elaborações e a reparação psíquica.

Apesar de o luto ser um processo normal perante uma perda significativa, algumas pessoas podem ter dificuldades e precisar de ajuda profissional para assimilar e elaborar a perda. Essas dificuldades podem levar ao *Luto Complicado*, que favorece o adoecimento psíquico e físico, impossibilitando a readaptação à vida, ou viver sem aquilo que foi perdido. Mortes traumáticas, ausência de corpo e de rituais de despedida podem contribuir para o Luto Complicado (não se usa a expressão *luto patológico*).

Fatores para o *luto complicado*

Eventos que aumentam a sensação de vulnerabilidade e a perda de confiança no futuro dificultam o processo de luto. Geram sentimento de impotência e de incompetência, aumentando a sensação de desamparo. O choque e a descrença dificultam o contato com a nova realidade e podem levar ao "entorpecimento". Podemos considerar como complicadores:

- Perdas múltiplas.
- Tipo de morte e exposição à mídia, principalmente em caso de morte estigmatizada, ou causa de vergonha.
- Segredos relativos à morte ou a sua causa (suicídio, questões políticas).
- Grande número de pessoas envolvidas.
- Número insuficiente de cuidadores.
- Falta de suporte.
- Profissionais de socorro e saúde envolvidos no acidente.
- Corpos mutilados e/ou desfigurados.
- Ausência de corpo.
- Dificuldade na condução dos rituais: velório, enterro, missas, outros.

Importância dos rituais

Todo ritual tem por objetivo marcar o fim de um ciclo e o início de outro. Os rituais são importantes para a instalação do processo de luto. Os rituais auxiliam na concretização da morte, confirmam a perda, autorizam a expressão dos afetos e memórias, propiciam a construção de significados e fornecem suporte social ao enlutado (OLIVEIRA et al., 2015).

Em tragédias, a exposição das vítimas e da comunidade afetada e a mídia costumam invadir a privacidade e inibem a expressão das emoções. A falta de corpo, o desaparecimento – comum em desastres –, dificulta a finalização do ciclo. Mesmo que o corpo não tenha sido encontrado e desde que a morte seja certa, é importante a realização de um ritual de despedida para o encontro entre familiares e amigos e para fortalecer a rede de apoio do enlutado.

Trauma

A palavra *trauma*, de origem grega, significa ferida. O trauma pode gerar consequências emocionais e físicas como: amnésia, distúrbios de ansiedade, de sono e/ou de coordenação motora, irritabilidade, alterações no sistema digestivo, baixa resistência à frustração ou apatia, fadiga, pensamento acelerado, dificuldade de atenção e concentração, depressão, síndrome do pânico, entre outros. O trauma é fator relevante para o *luto complicado* (ALVES, 2010).

A alta carga de estresse abrupto e repentino provocada pelo evento traumático pode levar ao trauma. As reações emocionais após um desastre dependem da magnitude, intensidade ou do tipo de evento adverso, grau de destruição e impacto, bem como do temperamento e personalidade do indivíduo, história de vida, recursos de enfrentamento e redes de apoio (SANT'ANNA, 2017).

Na experiência traumática, a pessoa se confronta com a devastação ambiental, morte, ameaça de morte, ferimentos sérios em si ou no outro, reações intensas de dor, desamparo e horror. A crise compromete a confiança pessoal, gera insegurança e dificulta a busca de soluções. As sequelas psicológicas podem persistir de três a cinco anos. As consequências psíquicas podem ser maiores em idosos, mulheres, jovens e vítimas com muitos ferimentos (LEVINE, 1999).

Algumas pessoas, se não forem devidamente cuidadas, poderão desenvolver problemas em âmbito físico e psíquico, dificultando o retorno à vida normal, o que pode levar à morte prematura, suicídio, distúrbios psiquiátricos, violência, apatia, uso de álcool e drogas. Franco (2015) ressalta que a experiência de trauma requer avaliação cuidadosa para a organização das intervenções necessárias. A experiência traumática surge no confronto com os ferimentos sérios, reações intensas de dor, desamparo, horror, ameaça de morte ou morte.

Transtorno do estresse pós-traumático (TEPT)

O trauma, se não elaborado, pode acarretar o Transtorno do Estresse Pós-Traumático (TEPT). Embora todas as pessoas que passam por tragédias carreguem um ou mais traumas consigo, nem todas desenvolvem o TEPT.

O TEPT foi catalogado no Manual Diagnóstico e Estatístico de Transtornos Mentais – DSM III, e desde então vem sofrendo alterações significativas. As lembranças do trauma são fragmentadas em imagens, sons, odores, sensações físicas (náusea e tonturas) ou emoções (aversão, pavor, raiva). O TEPT provoca a reexperimentação do trauma como recordações intrusivas, pensamentos, percepções, imagens e sensações somáticas (GREGIO et al., 2015). A interpretação do evento depende das características individuais, como experiências anteriores, personalidade e história de vida.

Principais sintomas (SILVA, et al., 2017):

- *Revivência*: Lembranças intrusivas (invadem a mente, mesmo em momentos de relaxamento); Pesadelos (sonhos recorrentes com o evento traumático); Flashbacks dissociativos (revive o momento traumático, com todos os sentimentos e sensações experimentados durante o evento); Reatividade fisiológica (reações no organismo diante da lembrança do trauma).
- *Entorpecimento*: Esforço para evitar pensamentos e sentimentos referentes ao trauma; Incapacidade de lembrar toda a cena do trauma; Alguns momentos são apagados da memória; Tentativa de manter distância de atividades, lugares ou pessoas associadas ao trauma; Redução de interesse em atividades cotidianas (sair com amigos, trabalho); Sensação de distanciamento das pessoas em geral; Restrição da capacidade de sentir afeto; Sentimento de futuro abreviado. A pessoa acredita que pode morrer a qualquer momento e não faz planos para o longo prazo, como ter filhos ou viagens.
- *Hipervigilância*: Dificuldade de concentração, compreensão e confusão; Desconfiança, agitação e insegurança (constante Estado de Alerta, mesmo em relaxamento); Insônia persistente; Irritabilidade, hostilidade e explosões de raiva; Sobressalto exagerado (reação exacerbada diante de estímulos – estouro de bexigas, fogos de artifício, gritos, batidas fortes etc.); Suor excessivo, palidez, taquicardia, dor de cabeça, febre, desmaios e enjoo.

O TEPT pode ser: Agudo (duração dos sintomas inferior a três meses), considerado sintoma de TEPT; Crônico (sintomas duram três meses ou mais); Início tardio (sintomas iniciam pelo menos seis meses após o evento traumático).

As consequências psicológicas de um desastre são inevitáveis, pois este se configura sempre como uma fonte acelerada de estresse e representa uma ameaça à vida. É fonte de destruição (CFP, 2006).

Psicologia da gestão integral do risco e desastre

A Psicologia em E&D, conforme Franco (2015), visa estudar e planejar intervenções que minimizem situações de risco, desde a prevenção até o auxílio direto às vítimas. Estuda, também, os efeitos nos profissionais de E&D e oferece acolhimento às vítimas diretas e indiretas. Analisa o impacto que eventos extremos causam à vida das pessoas e as formas de abordagem e cuidados.

As contribuições da psicologia têm importância na prevenção e redução de riscos e danos de desastres; no tratamento das consequências psicológicas oriundas de um evento adverso vivido por um indivíduo, por uma comunidade ou cidades inteiras; bem como durante toda a fase de recuperação. No Brasil, a Psicologia em E&D teve início nas duas últimas décadas do século XX (FRANCO, 2015).

Estudos sobre comportamentos e emoções humanas em E&D passaram a ser registrados no início do século XX. No Brasil, os primeiros relatos datam de 1992, quando a Universidade Federal do Rio de Janeiro (UFRJ), Universidade de Brasília (UnB), Universidade Católica de Goiânia (UCG) e equipe de psicólogos cubanos atenderam a pessoas atingidas pelo césio-137, considerado o maior acidente radioativo do Brasil. Em 1996, familiares de 99 mortos em desastre aéreo, funcionários da empresa e moradores do local receberam atendimento psicológico, coordenado pela Dra. Maria Helena P. Franco (Laboratório de Estudos sobre o Luto, PUC-SP).

É tarefa do psicólogo: contribuir no preparo da comunidade para a situação de desastre; auxiliar no fortalecimento das relações comunitárias, favorecendo a integração de capacidades e competências das comunidades para solucionar crises locais; desenvolver ações orientadas à promoção de uma cultura de redução de riscos de desastres, atuando na mobilização de potenciais e habilidades para enfrentar essas situações (OLIVEIRA, 2013; BRASIL, 2012).

Desastres afetam as pessoas de diferentes formas, com grande variedade de reações e sentimentos. Muitos podem se sentir sobrecarregados, confusos ou com excesso de orientações e informações; amedrontados, ansiosos, anestesiados ou insensíveis. Alguns terão reações leves e outros, severas. As reações dependem de vários fatores, como: natureza e severidade do evento; vivência anterior de situações de crise; apoio que recebem de outras pessoas durante a vida; estado de saúde física; histórico pessoal e familiar de problemas de saúde mental; cultura e tradições pessoais; e idade (OMS, 2015). Acrescento ainda: lugar que ocupa na família e na comunidade e capacidade de responder a frustrações.

Não é possível prever o tempo de que as pessoas necessitam para se recuperar de um desastre. Entre os fatores que podem contribuir ou prejudicar a recuperação está a existência de sistemas de apoio, como família, lazer e atenção e cuidados em Psicologia. Algumas pessoas são particularmente vulneráveis e podem precisar de mais ajuda ou apoio adicional, como: crianças e idosos, gestantes, pessoas com deficiências físicas e mentais, pessoas que pertencem a grupos que podem ser marginalizados ou são alvo de violência.

De acordo com Torga e Yoshimatsu (2017), nas primeiras horas após um desastre – ou evento traumático – as pessoas costumam apresentar: choro, desespero, apatia, incredulidade, sentimento de impotência, perda de sentidos, irritabilidade intensa, agitação psicomotora, incidência de distúrbios somáticos, cefaleia, alterações do sistema digestivo, transtorno de sono, pesadelos, inquietação, intolerância, baixa resistência à frustração, fadiga fácil, pensamento acelerado, lapsos de memória, dificuldade de concentração, atenção dispersiva e episódio depressivo.

Comportamentos em E&D

Durante a emergência ou desastre, independente do tipo e da extensão, as pessoas que estão diretamente envolvidas com o evento apresentam comportamentos que podem leva-las à sobrevivência ou à morte.

Alguns autores citam três fases nas quais são envolvidas as vítimas de tragédias (FRANCO, 2006; COHEN, 2002):

- *Fase Pré-impacto* – Intervalo de tempo entre o prenúncio do desastre – ou evento adverso definido – e o desastre. O tempo de duração dessa fase depende das características do evento e da eficiência dos sistemas de previsão de desastres. Por intermédio de satélites, radares e sinais de rádio – e outros meios que rastreiam vulcões, furacões, tormentas e terremotos, enchentes, alagamentos e deslizamentos – é possível prever desastres naturais e utilizar sistemas de comunicação específicos para informar a população. Em caso de desastres tecnológicos, como risco de vazamento, explosão ou outro, são utilizadas sirenes e luzes. Ao ver e ouvir os sinais de alerta, a população responde com uma série de sentimentos, emoções e comportamentos: negação do risco; medo; confusão mental; passividade; resistência à mudança; sensação de invulnerabilidade.

- *Fase do Impacto* – Esta fase também depende das características do desastre e do tempo de duração. Compreende todo o período em que o evento se manifesta em sua plenitude. Impera a desordem, o caos. O choque permanece por segundos ou minutos. Há uma sensação de 'vácuo no tempo' (silêncio seguido de ruídos e muita confusão), e as reações, que podem durar horas ou dias, são: Ansiedade; Medo; Preocupação; Vergonha; Culpa; Desorientação; Lentidão de raciocínio; Indecisão; Dificuldade para compreender o que é dito; Confusão com relação ao tempo; Dependência, gratidão, docilidade para com socorristas e autoridades; Rebeldia, culpando autoridades e exigindo atenção prioritária às suas necessidades; Sofre a influência do 'boato'.

- *Fase Pós-impacto* – Fase de atenuação, ou de limitação de danos, ou de rescaldo. Trata-se do momento imediatamente após o impacto, quando há atenuação dos efeitos físicos, químicos e biológicos dos fenômenos ou eventos adversos. Nesta fase predominam as atividades assistenciais e de reabilitação e, por esse motivo, o dispositivo de resposta ao desastre deve ser mantido em estado de prontidão, se necessário em condições de atuar com toda a sua capacidade. Aqui as reações observadas são: Desespero; Luto; Aflição; Vulnerabilidade; Vitimização; Menos valia; Isolamento; Depressão; Desordens de ajustamento; Aumento do uso de álcool e drogas; Reação aguda de estresse (os sintomas surgem logo após o evento e tende a desaparecer por volta de um mês); Ansiedade generalizada; Dificuldade na relação familiar.

Profissionais de emergências e desastres

Denominamos de Profissional de E&D qualquer pessoa que trabalhe desde os primeiros momentos após o acidente e durante todo o processo dos primeiros atendimentos às vítimas e sobreviventes feridos ou não (Fase de Resposta). Esse mesmo profissional pode ter várias outras denominações, tais como: resgatista, socorrista, emergencista, profissional de primeira resposta, profissionais de socorro e outros.

Todas essas denominações abordam: Bombeiros Voluntários; Polícia Militar (bombeiros, policiais, policiais rodoviários e aéreos); Guarda Civil, Polícia Civil; Defesa Civil; Médicos, Enfermeiros e outros profissionais de resgate e de urgência médica; Psicólogos; Assistentes Sociais; Profissionais da Mídia; Voluntários e todos os outros envolvidos em atendimentos em E&D.

O cuidado ao profissional de E&D visa contemplar o terceiro Objetivo de Desenvolvimento Sustentável (ODS) da ONU, ou seja, ODS 3: "Assegurar uma vida saudável e promover bem-estar para todos, em todas as idades" (ONU, 2015b).

Os Profissionais de E&D, geralmente considerados preparados, fortes, frios e heróis, também são afetados pelos cenários com *morte escancarada* (KOVÁCS, 2003) que fazem parte de seu trabalho. Cotidianamente, entram e saem de cenas de horror sem tempo para reflexões sobre como tais *settings* – com perdas materiais, mutilações, mortes e histórias de vida compartilhadas – influenciam sua vida pessoal e profissional. De acordo com Airila et al. (2013), a saúde de profissionais de E&D necessita atenção diferenciada, pois estão expostos diariamente a exigências extremas no campo físico, mental e social, portanto mais susceptíveis a riscos de agravos diferenciados à sua saúde.

A convivência com a expectativa da emergência pode gerar ansiedade, angústia, medo do desconhecido, emoções-limite, envolvimento emocional, contato com a população e a morte. Não estar preparado psicologicamente para enfrentar a morte escancarada em seu cotidiano profissional, geralmente em ambiente externo e desprotegido, contribui para o adoecimento mental e físico, que pode prejudicar suas atividades durante e após um evento, bem como seu bem-estar pessoal e suas relações familiares e de trabalho.

Pimentel (2006) declara que o objetivo maior da Defesa Civil é a capacitação de seus agentes. Considera a importância do preparo psíquico desses agentes, o que contribuiria para organizar todo o processo de prevenção e preparação para atuar em emergências e desastres (E&D).

A realidade do perfil emocional do profissional de E&D brasileiro recebe pouca atenção para enfrentamento de situações traumáticas, principalmente aquele que já desenvolveu algum problema psíquico decorrente de sua atuação diária. Há ainda que se ressaltar a cultura reticente ao tratamento de problemas emocionais, o preconceito com aqueles que buscam profissionais da Psicologia ou da Psiquiatria. Segundo Heldt (2014), ser retirado das ruas para avaliação e tratamento é considerado como castigo.

Gregio et al. (2015) destacam uma tendência a negligenciar o impacto de eventos críticos nos profissionais envolvidos na emergência. De modo geral, acredita-se que esse profissional esteja preparado física e emocionalmente para enfrentar suas tarefas e não se considera o quanto estão expostos ao caos dos cenários de desastres. Os profissionais costumam testemunhar perdas múltiplas (humanas, materiais e outras), fatalidades e/ou sequelas físicas graves, e algumas vezes a amplitude da tragédia pode exceder os cenários conhecidos até então. Esses trabalhadores podem se tornar cada vez mais irritáveis, depressivos, excessivamente envolvidos ou improdutivos, com dificuldade de concentração ou de tomada de decisões. Para Marconato e Monteiro (2015), a exposição ao estresse e a grande demanda física no trabalho podem causar danos psicológicos relativos à vida psíquica, social e profissional. Esses profissionais têm alta incidência de estresse, sonolência e fadiga.

Estudos indicam que Profissionais de E&D têm comprometidos sua segurança e proteção, ambiente físico, recursos financeiros, acesso a informação, acesso a lazer, ambiente do lar, a saúde e meio de transporte. Também estão mais propensos ao estresse, alcoolismo, depressão, distúrbios de sono e de ansiedade, comprometimento da capacidade de pensar e aprender, memória e concentração, realizar atividades cotidianas e ter pensamentos positivos. (MARCONATO; MONTEIRO, 2015; CAPUTO, 2014; VAZ JR., 2012; OLIVEIRA, 2013; SILVA et al., 2010; LOPES, 2010; RONZANI et al., 2007).

Oliveira (2010) ressalta que o trabalho de bombeiros envolve risco e compromete a qualidade de vida, o que mostra a importância de desenvolver habilidades sociais como proteção para depressão, ansiedade e uso de álcool.

Para Gonzáles et al. (2006), o Estado de Alerta (EA) caracteriza-se por níveis de atenção e concentração elevados que, mediante eventos críticos, provocam: agitação, sudorese e ansiedade (principalmente com a necessidade de tomada de decisões rápidas). O Estado de Alerta Permanente (EAP) é a manutenção deste estado, mesmo fora do ambiente de trabalho. Profissionais de E&D ficam submetidos a eventos situacionais inesperados, em permanente EA. Como consequências os autores citam: transtornos de sono, desgaste físico e mental, cansaço, medo de adoecer, irritabilidade, brigas com família por motivo fútil, dentre outros.

A dependência de álcool ou drogas entre esses profissionais é grave, diminui a produtividade, provoca absenteísmo e traz várias consequências para o indivíduo e aqueles que o rodeiam. Quanto maior o índice de depressão ou ansiedade, menor a expressão de bem-estar. Bombeiros avaliam seu trabalho como altamente estressante e as condições e relações de trabalho como desfavoráveis à saúde (OLIVEIRA, 2010).

Para Bruck (2009), socorristas e socorridos ficam sujeitos a experiências-limite com alto grau de exposição a fortes impactos emocionais. Em profissionais, independente da especialização técnica e experiência na área, sempre surgem reações ao estresse emocional com os seguintes sintomas: sentimento de desânimo e desapego; irritabilidade e estados de hipervigilância; reiteração do evento (sonho, pesadelos e flashbacks); desinteresse em atividades significativas; dificuldades de concentração; transtornos psicossomáticos; e alterações do estado de ânimo.

O trabalho do profissional de E&D envolve convivência intensa com o sofrimento das pessoas, mortes e ferimentos graves e é de extrema importância que esses profissionais cuidem da própria saúde física e psíquica. Porém, há de se considerar que as instituições empregadoras desses profissionais também têm o dever de cuidar dos mesmos.

> Resgatar o corpo do piloto está muito difícil. Ele só pode ser retirado pela pequena e apertada janela do para-brisa da cabine. Orenil olha para os colegas e pergunta: "Alguém vai entrar? Então eu vou". Rastejando entre as superfícies cortantes, ele se abraça ao corpo do piloto, puxa-o com suas próprias forças e retira-o da cabine. O contato com os despojos mortais deixa seu uniforme totalmente contaminado e com um odor insuportável. Corre pela trilha para o córrego próximo, uns 500 metros, e tenta lavar-se. [...] "Eu tinha que fazer". (KERSUL, 2016: 52).

Ramirez (2011) comenta a importância de que equipes de socorro possam reconhecer suas dificuldades e seus pontos fortes. Trabalhar com E&D é uma atividade que gera forte impacto emocional, pois muitos profissionais podem se sentir identificados com vítimas, principalmente ao lidar com a exposição de corpos de crianças.

Vaz Junior (2012) relata que o estresse desencadeado pela função de socorristas causa alterações de saúde, principalmente imunológicas, musculoarticulares, cardiovasculares e gastrintestinais. Bombeiros são os profissionais com níveis mais altos de estresse ocupacional. Para o autor, o estresse, a qualidade de vida individual e a excelência no serviço prestado estão diretamente ligados. Estudos de Mourão e Gonçalves (2008) mostram que bombeiros têm maior incidência de doenças cardíacas e de índice de morte prematura comparados a outros profissionais de socorro.

Minayo et al. (2011) chamam a atenção para policiais civis e militares que de forma muito acentuada apresentam: obesidade, problemas gastrintestinais, hipertensão arterial, doenças coronarianas e alguns tipos de câncer, em proporções muito mais elevadas do que a população em várias partes do mundo. Segundo Miranda (2016), o risco de morte por suicídio é mais grave entre grupos de profissionais vulneráveis a fatores estressantes e situações violentas e traumáticas. Os motivos mais citados para o ato suicida de policiais militares do Estado do Rio de Janeiro são conflitos familiares, as condições de trabalho, baixíssimo nível de capital social, distúrbios do sono e isolamento social.

A Síndrome de *Burnout*, ou Síndrome do Esgotamento Profissional, é um distúrbio psíquico de caráter depressivo cuja causa está diretamente ligada à vida profissional daqueles que são responsáveis por cuidar e acarreta o afastamento do trabalho. *Burnout* é um termo inglês que pode ser traduzido como ato de se queimar, combustão, que ocorre lenta e gradualmente. A síndrome se caracteriza por sintomas e sinais de exaustão física e emocional (SILVA et al., 2010; BRUCK, 2009). Codo e Vasques-Menezes (2009) afirmam que a Síndrome de *Burnout* tem três características: exaustão emocional, despersonalização e baixo comprometimento.

Toledo et al. (2015) lembram que a empatia é fundamental para a relação de ajuda, porém torna a pessoa mais vulnerável e sensível ao sofrimento alheio. O contágio emocional ou a angústia pessoal com o sofrimento de outros é resultado do compartilhamento de emoções sem a existência da consciência eu/outro. Profissionais que são repetidamente expostos a vítimas de trauma, ao cuidar de pessoas em sofrimento e ouvir histórias densas, podem transformar a percepção de si e de seu mundo presumido (trauma secundário) e chegar à *fadiga por compaixão*, com consequentes sintomas do Transtorno do Estresse Pós-Traumático (TEPT), como pesadelos e pensamentos intrusivos.

Os profissionais podem desenvolver sintomas físicos e psicológicos como depressão, pesar, ansiedade, raiva, vergonha, imagens intrusivas, pesadelos, baixa autoestima e culpa por estar vivo e divertir-se. Tais sintomas podem levar ao *burnout* e outras doenças graves e à morte.

Gonzáles (2006) afirma que profissionais de E&D precisam identificar *o que os incomoda, os faz sofrer, adoecer, morrer e acidentar-se* para interferir nessa realidade. Miranda (2016) lembra alguns fatores de proteção à saúde, como: maior proximidade com filhos, cônjuges e pais, bem como a satisfação profissional.

Apesar de estudos anteriores identificarem questões psíquicas e físicas, consideramos importante realizar uma pesquisa sobre o preparo dos profissionais de E&D para lidar com a morte no seu cotidiano de trabalho.

O estudo

Realizamos pesquisa cujo objetivo principal foi conhecer os aspectos psicossociais de profissionais que trabalham em E&D relacionados ao enfrentamento da morte no seu cotidiano. Foram entrevistados dezesseis profissionais e oito entrevistas foram utilizadas. Os profissionais trabalharam no acidente aéreo da TAM, em 2007; na enchente da Pedra do Baú (SC), em 2008; na tragédia de Petrópolis (RJ), em 2011; e no incêndio da Boate Kiss, em 2013.

Foram utilizadas duas perguntas disparadoras:

> *Qual a preparação e/ou cuidados que você recebeu ou recebe em sua instituição ou durante sua graduação para lidar com a morte no seu cotidiano de trabalho?*
>
> *Após um evento grave, com cenas chocantes, quais cuidados você costuma receber no seu trabalho?*

Resultados

Foram encontrados nove eixos de análise: 1. Pior evento que enfrentou; 2. Preparo para trabalhar com a morte; 3. O profissional de E&D perante a morte; 4. Envolvimento; 5. Julgamento; 6. Interferência com a família; 7. Cuidado para os profissionais; 8. O que mudou; 9. Sobre a pesquisa.

O sentimento de "ser mais um" é recorrente entre profissionais de E&D. Todos se sentem desvalorizados por seus superiores e pelas instituições para as quais trabalham: "é só mais uma morte". Estudos de Miranda (2016) sobre o suicídio entre policiais concluiu que a insatisfação com o reconhecimento profissional e a desvalorização frequentemente relatada estão entre os motivos associados às tentativas de suicídio. Para Faria e Prado (2017), a saúde mental desse profissional costuma ser esquecida por autoridades, pela instituição a que pertencem, pelo público e por profissionais de saúde.

O momento da entrevista foi considerado uma oportunidade para falar sobre a morte no cotidiano do trabalho e sobre os eventos mais marcantes. Foi também um espaço para expressarem os sentimentos e emoções que essas experiências despertam, sem serem julgados ou criticados. De modo geral, eles mesmos, seus colegas e superiores, o ambiente de trabalho e, até mesmo, amigos e familiares não autorizam o envolvimento do profissional com as cenas e histórias das quais participam.

Todos choraram durante os depoimentos, não conseguiam esquecer, tinham dificuldades para dormir, sonhavam com as cenas. Alguns, durante a entrevista, se reconheceram ainda impactados. O envolvimento do profissional com as histórias das quais participam faz com que também fiquem de luto; um luto que não é reconhecido nem validado socialmente. Com medo de represálias, o profissional segue no seu cotidiano e vai acumulando lutos decorrentes de seu trabalho, além dos lutos de sua própria vida.

A morte escancarada exige um tempo para assimilação, e o luto pede acolhimento, compartilhamento, reflexão e elaboração. Quando interdito, o luto não pode ser reconhecido nem validado – é silenciado, silencioso e solitário. O acúmulo desses lutos pode levar ao luto crônico; corre-se o risco de essa tristeza e infelicidade durarem tanto tempo a ponto de não se conseguir mais sair desse estado.

Casellato (2015) aponta que o luto não reconhecido é o fracasso da empatia, o fracasso da capacidade de compreender o significado e validar a experiência do outro. Muitas vezes, os aspectos da experiência pessoal são desprezados e ignorados pelo próprio profissional de E&D, que não reconhece seu luto e, se reconhece, não o autoriza.

Alguns conseguem se identificar em luto, porém, em virtude do preconceito (próprio, dos colegas de trabalho, da instituição onde trabalha e da sociedade), os profissionais não assumem seu sofrimento e o escondem de outros. Essa atitude exige muita energia, enquanto o luto mina energias.

As entrevistas com os colaboradores mostraram o intenso sentimento de angústia vivido por esses profissionais: "É angústia em cima de angústia". A angústia se torna companheira diária de profissionais que trabalham com urgências. Estão diariamente em estado de alerta, aguardando o chamado que sabem que virá, só não imaginam de onde, quando ou por quê.

> Angústia atinge, penetra e domina toda a existência. Está ligada a sensações corporais, sentimento de opressão e sufocação corporal e existencial. Essa inquietação profunda diz respeito àquilo que limita e restringe a vida. A angústia se relaciona às vivências atuais e passadas ligadas à expectativa, portanto é voltada para o futuro e acompanhada da sensação de perigo. Os sentimentos de angústia e ansiedade precisam ser ouvidos

> e valorizados, porque estarão presentes em todos os casos de perdas traumáticas (inesperadas) e esses sentimentos poderão ser utilizados a favor da pessoa. No luto, muito daquilo que foi construído ao longo da vida precisa ser revisto e modificado, consumindo tempo e esforço (ALVES, 2016: 243).

Os resultados mostraram que os profissionais não são e não estão preparados para trabalhar com a morte no seu cotidiano e não recebem cuidados, atenção ou acolhimento ao retornar de eventos trágicos.

Impossível imaginar que esses profissionais voltem para casa e para a corporação sem sequelas e prontos para a próxima ocorrência. Como agravante, ainda podem estar lidando com problemas domésticos próprios, como separações, filhos doentes ou envolvidos com criminalidade e drogas, em luto por filhos, cônjuges, pais e outros entes queridos. Muitos deles vivem em condição de pobreza. Outros estão completamente adoecidos.

Todos falaram de seus traumas acreditando que conseguiriam lidar com eles, principalmente pelo fato de que são, para eles, situações corriqueiras: "A gente se acostuma". Quando perguntados se era possível se acostumar, a resposta foi: "Tem que acostumar".

Negar o sofrimento com as dores que encontram nas ruas e não entrar em contato com os próprios sentimentos pode dessensibilizar, torná-los frios e insensíveis com os outros, com os entes queridos e consigo mesmo. Há o risco de abuso de álcool e comportamentos violentos, comprometendo a família, os amigos e seu trabalho, além do risco de suicídio. Casellato (2015) afirma que muitas vítimas de tragédias também são vítimas da negligência, ou do isolamento social, resultando em absenteísmo, afastamentos e demissões.

Entre os lutos experimentados por esse profissional estão o luto de si e o das pessoas que encontram pelo caminho, durante seu trabalho. Não o são por todas as cenas e histórias, mas por aquelas mais marcantes, que ainda assim são muitas. Estas cenas e histórias são como uma ferida mal cicatrizada, que sangra quando tocada.

Há também a possibilidade do luto antecipatório, quando a pessoa sabe que a perda é inevitável. Existe angústia pela perda da saúde mental e, consequentemente, da dignidade (tratamento psiquiátrico ou psicológico).

O trabalho com E&D pode levar o profissional à perda da sensação de segurança. Pode perder a esperança e a fé, pode perder sua humanidade, sua sensibilidade, sua capacidade de empatia, sua capacidade de amar. Acreditar que estão acostumados física e emocionalmente ao seu trabalho, sem levar em consideração toda a exposição ao horror, evita preocupação e o cuidado com sua saúde mental.

Considerações finais

O impacto de eventos traumáticos nos trabalhadores envolvidos na emergência é negligenciado. É urgente que esses profissionais se preocupem em garantir sua saúde física e psíquica e que as instituições empregadoras entendam que é seu dever cuidar dos mesmos.

Para programar, organizar e colocar em ação formas de prevenção e cuidado é necessário assumir que os riscos existem, que o adoecimento psíquico é um fato e que o preconceito representa um empecilho para o cuidado. Somente assim será possível estabelecer um Plano de Ação Preventivo e de Cuidados que ganhe adesão.

Os profissionais de E&D não são preparados para trabalhar constantemente na presença da morte, principalmente em circunstâncias de tanta violência como chacinas, homicídios, suicídios, todo tipo de acidente e de desastre envolvendo crianças, jovens e famílias inteiras. O preparo para tanto talvez não seja viável, mas é possível minimizar as consequências.

Também não são acolhidos e cuidados ao sair de um evento significativamente marcante, ou de um desastre. Não há escuta nem levantamento de suas necessidades após o término do evento traumático. As instituições têm conhecimento dessas necessidades e do adoecimento de seus profissionais, algumas até buscam uma forma de cuidado, mas ainda insatisfatória considerando a dificuldade de esses profissionais buscarem os cuidados necessários, resultado do preconceito vigente entre superiores e subordinados.

Com base nos resultados do estudo e nas cinco fases do desastre propostas pela Defesa Civil, indicamos um Plano de Ação para acolhimento e cuidado aos Profissionais de E&D:

- *Prevenção* – Fundamental um levantamento de necessidades e cuidados, que pode ser feito por meio de questionários ou por meio de uma caixa de sugestões e críticas, em que os profissionais podem se manifestar sem identificação.
- *Mitigação* – A partir das críticas e necessidades levantadas, elaborar propostas de Planos de Ação para cada uma das fases do desastre.
- *Preparação* – Implantar os planos de ação. Esclarecer as propostas organizadas a partir das solicitações recebidas. Propiciar a compreensão dos processos e reações perante as perdas, mortes

traumáticas e luto. Esse conhecimento facilita o contato *profissional* versus *afetado* e *profissional* versus *profissional*. Nesta fase, treinamentos e simulados são essenciais. Neles, também devem constar situações diversas entre profissionais, vítimas e afetados e, na sequência, escuta das sensações e sentimentos despertados. Essas atividades permitem a reflexão conjunta sobre possibilidades de cuidados e a compreensão dos comportamentos de pessoas afetadas pelo desastre, facilitando a empatia.

Aqui, lembro a ODS 3 – "Saúde e bem-estar – Assegurar uma vida saudável e promover o bem-estar para todos, em todas as idades". Neste caso, a vida saudável e o bem-estar aos profissionais de E&D podem garantir a saúde psíquica a profissionais em condições de realizar um bom desempenho quando necessário; ODS 4 – "Educação de qualidade – Assegurar a educação inclusiva, e equitativa e de qualidade, e promover oportunidades de aprendizagem ao longo da vida para todos". Esse profissional precisa ser educado para lidar com a morte no cotidiano do seu trabalho, comunicação de más notícias e a lidar com o luto (próprio e de outros). As instituições empregadoras têm o dever de proporcionar cursos de aprimoramento ao longo da vida profissional, o que contempla a ODS 4 e também a ODS 8 – "Promover o crescimento econômico sustentado, inclusivo e sustentável, emprego pleno e produtivo e trabalho decente para todos" (grifos meus).

- *Resposta* – Nesta fase são necessárias: observação da necessidade de receber os cuidados de que necessita no momento e é indicada a utilização dos Primeiros Cuidados Psicológicos (PCP).
- *Reabilitação e Reconstrução* – Durante estas fases é importante realizar encontros nos quais possam falar e refletir sobre os fatos que foram marcantes e delinear ações de cuidados e redução de estresse.

Hoje se fala – muito – em Cidades Resilientes e em Redução de Riscos de Desastre (RRD), mas é preciso lembrar a grande importância do profissional de E&D nesse contexto. Conforme a ODS 11 – "Cidades e comunidades sustentáveis – tornar as cidades e os assentamentos humanos inclusivos, seguros, resilientes e sustentáveis". Se o profissional não for resiliente, a cidade também não pode ser. Um profissional sem condições psíquicas para o trabalho é mais uma vítima do desastre, sem condições de participar da RRD.

Assim, este estudo mostra a importância de:

- Criação e implantação de Políticas Públicas de Cuidados para esses profissionais.
- Que as instituições busquem parcerias com universidades para capacitação e cuidados e autorizem mais pesquisas sobre saúde mental e trabalho com a morte escancarada.
- Que as instituições abram espaços para compartilhamento de experiências, discussão com os profissionais sobre a melhor forma de cuidado e preparo para a profissão.
- Criação e distribuição de Cartilhas com informações e esclarecimentos sobre a importância de participar dos encontros propostos pela instituição, com esclarecimentos e instruções sobre doenças ocupacionais e suicídio: sinais e formas de prevenção. *As cartilhas devem ser didáticas, atrativas, com textos rápidos e objetivos.*
- Que as instituições tenham um Plano de Ações Preventivas e de Cuidados para Profissionais para o enfrentamento da morte no cotidiano do trabalho, nos quais se incluam:
  - Estratégias de aplicação dos Primeiros Cuidados Psicológicos durante trabalhos intermitentes e nos retornos de operações em desastres.
  - Cursos, workshops e palestras sobre: *História da Morte; Conceitos de Luto*; *Suicídio: prevenção e intervenções; A Morte do Filho; Profissionais de E&D: sinais de adoecimento e ações de cuidado* e outros assuntos de interesse. Os cursos podem ser anuais. Workshops podem ser semestrais, estimulando-se a apresentação de temas pelos profissionais. Palestras devem ser constantes. As atividades devem ser esclarecedoras, propiciar reflexões e abranger todos os profissionais, independente do grau de estudo.
  - Todos os profissionais de E&D, após a finalização de um trabalho árduo, devem ser acolhidos em grupo: ter um lugar na instituição, o mais privado possível, para que esses profissionais possam falar sobre a experiência vivida e expressar emoções livremente. Esse grupo precisa receber apoio de psicólogo(s) com conhecimento da área de E&D, preferencialmente que não pertença(m) ao quadro de funcionários da instituição. Os grupos devem ter, no mínimo, duas horas de duração. Caso haja demanda, o mesmo encontro deve ser repetido com aqueles que quiserem e/ou precisarem. Nesses encontros, o profissional da psicologia poderá identificar as diferentes necessidades, desde um momento de lazer até intervenção psicológica e psiquiátrica.

- As instituições devem oferecer atividades de lazer e descontração, como: esportes (não academia), aulas de dança, canto, música, expressão corporal, pintura, teatro e outras propostas de lazer e relaxamento.

Destaca-se a importância da família como um dos mais fortes fatores de proteção. É importante que esse profissional faça contatos com a família para se sentir seguro e para se certificar de que sua família está em segurança.

Em casos de muitos dias de trabalho intermitente, os profissionais precisam ter momentos de encontro entre si. Além da sensação de segurança, necessária à preservação da saúde mental, podem usar esse tempo para compartilhar suas emoções.

Tenho ministrado cada vez mais cursos e palestras com os temas sugeridos para profissionais de E&D, porém, apenas para psicólogos e assistentes sociais. Estamos trabalhando arduamente para que seja estendido a outros profissionais, ainda sem sucesso. Também, estamos desenvolvendo um projeto para confecção e distribuição de cartilhas.

O objetivo deste capítulo, e meu pessoal, é estimular mais pesquisas e ações de cuidados psicológicos para os profissionais de E&D. Finalizo este texto – mas não o trabalho – com parte da Nota Técnica sobre atuação da Psicologia em Gestão Integral de Riscos e de Desastres, na qual os cuidados com os profissionais de E&D são abordados (CFP, 2016):

> A saúde do (a) trabalhador (a) deve ser objeto de atenção da Psicologia em situações de desastres. Os serviços de Psicologia que atuam cotidianamente com equipes de resposta a desastres, como, por exemplo, Corpo de Bombeiros, Defesa Civil, Segurança Pública, Equipes de Saúde, devem elaborar planos de gestão de recursos humanos com foco na atenção psicossocial e saúde mental destes (as) trabalhadores (as) de forma contínua. Ressalta-se também a importância do cuidado de psicólogas (os) consigo mesmas (os) e com a própria equipe perante os cenários de desastres. Nos casos de acidentes de trabalho durante ou após desastres, as equipes devem encaminhar tais casos para o Centro de Referência Regional da Saúde do Trabalhador (CEREST) do município, e também se faz necessária a emissão da Comunicação de Acidente de Trabalho (CAT). As (Os) psicólogas (os) deverão ajudar a monitorar os acidentes de trabalho ocorridos durante o desastre e apoi-

ar equipes para o registro de todos (as) os (as) trabalhadores (as) formais, informais, voluntários (as), envolvidos (as) nas operações de resgate, salvamento, recuperação do cenário e atendimento às vítimas, com exposição direta ou potencialmente expostos; devem também atender e acompanhar os (as) trabalhadores (as) acometidos (as) pelo acidente e desastre (Nota Técnica sobre atuação da Psicologia).

Referências bibliográficas

AIRILA, A. HAKANEN, J. J.; LUUKKONEN, R.; LUSA, S.; PUNAMKALLIO, A. Positive and negative mood trajectories and their relationship with work ability, self-rated health, and life satisfaction: a 13 years follow-up study. **J Occup Environ Med.**, n. 55, v. 7. p. 779-785, 2013.

ALVES, E. G. R. **Considerações psicossociais sobre deformidade facial: a pessoa, a família e os profissionais de saúde**. Jundiaí: Paco Editorial, 2016.

ALVES, E. G. R. Desastres: Intervenções em luto coletivo. In: Santos, F.S. (Editor). **Tratado Brasileiro sobre Perdas e Luto**. São Paulo: Atheneu, 2014, p. 415-423, 2014.

ALVES, E. G. R. Desastres Coletivos: perda, morte e luto. In: SANTOS, FS (Org.). **A Arte de Morrer – visões plurais**. Vol. 3, Bragança Paulista, SP: Comenius, p. 283-304, 2010.

ALVES, E. G. R.; Oliveira, D.R. Psicologia da Gestão Integral de Riscos e Desastres. In Günter, W.R., Ciccotti, L.; rodrigues, A.C. (Orgs.). **Desastres: Múltiplas Abordagens e desafios** (pp. 17-32. Rio de Janeiro: Elsevier, 2017.

ARIÉS, P. **História da morte no ocidente**. Rio de Janeiro: Francisco Alves, 1977.

BRASIL. (2012). Ministério da integração Nacional. **Instrução Normativa nº1**, de 24/08/2012. Disponível em: <http://www.mi.gov.br/c/document_library/get_file?uuid=822a4d42-970b-4e80-93f8-daee395a52d1&groupId=301094> , Acesso em: 10/04/2017.

BRASIL. **Anuário Brasileiro de Desastres Naturais**: 2013. Ministério da Integração Nacional. Secretaria Nacional de Proteção e Defesa Civil. Centro Nacional de Gerenciamento de Riscos e Desastres. – Brasília: CENAD, 2014.

BRUCK, N.R.V. (2009). Bem-vindo ao curso Psicologia das Emergências. SENASP/MJ. **Fábrica de Cursos, soluções em educação à distância.** Acesso em: 23/10/2014. Disponível em: http://www.defesacivil.es.gov.br/files/meta/9c79332b-f0d2-4891-8f9c-b26d981b2258/e5568b82-6090-439d-8314-75a4de4e569a/91.pdf

CAPUTO, R.F. **A Morte e os Vivos: um estudo comparativo dos Sistemas Tanatológicos Linense e Bororo e suas interveniências nas interações sociais nestes dois grupos sociais**. Dissertação de Mestrado. Instituto de Psicologia da Universidade de São Paulo, 2014.

CASELLATO. G. (Org.). **O resgate da empatia: suporte psicológico ao luto não reconhecido**. São Paulo: Summus, 2015.

CEPED/UFSC. **Atlas Brasileiro de Desastres Naturais**. CEPED/UFSC, 2012. Disponível em: <http://www.ceped.ufsc.br/wp-content/uploads/2012/01/AMAZONAS_mioloWEB.pdf >, Acesso em 03/04/2015.

CFP. (2016). **Nota Técnica – Atuação de Psicólogas (os) em situações de emergências e desastres, relacionadas com a Política de Defesa Civil**. Disponível em: <http://site.cfp.org.br/documentos/nota-tecnica-sobre-atuacao-de-psicologaos-em-situacoes-de-emergencias-e-desastres-relacionadas-com-a-politica-de-defesa-civil/>, Acesso em 03/04/2018.

CODO, W.; Vasquez-Menezes, I. Burnout: sofrimento psíquico dos trabalhadores em educação. In: Fórum do Conhecimento, 5. **Anais. Erechim**: Fapes, 2009,

COHEN, R.E. Mental Helth services for victims of disasters. **World Psychiatry**, v. 1, n. 3, 2002.

Comissão Nacional de PGIRD. (2016). Curso de Psicologia da Gestão Integral de Risco e Desastres. **Curso Psicologia da Gestão Integral de Riscos e Desastres**. Plataforma digital OrientaPsi. Conselho Federal de Psicologia. 10/11/2016. Disponível em: <http://orientapsi.cfp.org.br/courses>, Acesso em: 10/11/2016.

FARIA, D.G.R., PRADO, L.V. Profissionais de primeira resposta, de Defesa Civil, de resgate médico de urgência e demais profissionais da área da saúde que atuam em situações traumáticas. In: Sant´Anna, O., Lopes, D.C. (Orgs.). **O Psicólogo na Redução dos Riscos de Desastres: teoria e prática**. São Paulo: Hógrefe, 2017.

FRANCO, M.H.P. (Org.). **A Intervenção Psicológica em Emergências: Fundamentos para a prática**. São Paulo: Summus, p. 11-16, 2015.

FRANCO, M.H.P. (2006). Psicólogos de emergência ajudam suportar a morte das pessoas próximas. **Publicado em 03.11.2006. Disponível em: <http://port.pravda.ru/science/03-11-2006/13638-psicologia-0/>, Acesso em: 30/10/14.**

GONZALEZ, R.M.B.; DONADUZZI, J.C.; BECK, C.L.C.; STEKEL, L.M.C. O Estado de Alerta: um estudo exploratório com o corpo de bombeiros. **Esc Anna Nery R Enferm**, v. 10, n. 3, p. 370-377, 2006.

GREGIO, C. MARRAS, C.M.O.; MASO, J.S.; OLIVEIRA, S.R. Saúde Mental em Emergências e Transtorno do Estresse Pós-traumático. In: Franco, M.H.P. (Org.). **A Intervenção Psicológica em Emergências: fundamentos para a prática**. São Paulo: Summus, 2015.

HELDT, G. Mais Preparo. Especial/Perfil do emergencista. Emergência, n. 59, p. 22-31, fevereiro/2014.

KERSUL, M.T. **Ninguém ficou para trás: a operação de busca e resgate do voo 1907**. Rio de Janeiro: Action Editora, 2016.

KOVÁCS, M.J. **Educação para a Morte: temas e reflexões**. São Paulo: Casa do Psicólogo: FAPESP, 2003.

LEVINE, P.A., FREDERICK, A. **O despertar do tigre: curando o trauma**. São Paulo: Summus, 1999.

LOPES, V.R. **O papel do suporte social no trabalho e da resiliência no aparecimento de burnout: um estudo com bombeiros militares**. Dissertação de Mestrado. Instituto de Psicologia da Universidade de Uberlândia, 2010.

MARCONATO, R.S., MONTEIRO, M.I. Dor, percepção e sono: impacto de vida de bombeiros / profissionais de resgate. **Rev Latino-Am Enfermagem**, nov-dez, v. 23, n.6, p. 991-9, 2015.

MINAYO, M.C.S.; ASSIS, S.G.; OLIVEIRA, R.V.C. O Impacto das atividades profissionais na saúde física e mental dos policiais civis e militares do Rio de Janeiro (RJ, Brasil). **Ciência & Saúde Coletiva**, v. 16, n. 4, p. 2199-2209, 2011.

MIRANDA, D. (Org.). (2016). **Por que policiais se matam? Diagnóstico e prevenção do comportamento suicida na polícia militar do Estado do Rio de Janeiro**. Rio de Janeiro: Mórula Editorial.

MOURÃO, P.; GONÇALVES, F. A Avaliação da Resistência: efeitos da aplicação de um programa de treino na aptidão cardiorrespiratória numa corporação de Bombeiros profissionais. **Revista de Desporto e Saúde**, v.4, n.4, p. 05-11, 2008.

OLIVEIRA, A.Q., MASO, J.S, RAMOS, R.S.; OLIVEIRA, S.R. Rituais de luto e sua função reconstrutora em desastres. In: Franco, M.H.P. (Org.). **A intervenção psicológica em emergências: fundamentos para a prática**. São Paulo: Summus, 2015.

OLIVEIRA, D.R. **Treinamento para Prevenção de Abuso Sexual em Abrigos de emergência**. Dissertação (Programa de Pós-Graduação em Ciências do Comportamento, Depto. Processos Psicológicos Básicos. Área de concentração: Análise do comportamento do Instituto de Psicologia) Universidade de Brasília, 2013.

OLIVEIRA, P. A. (2010). **Habilidades Sociais, Depressão, Ansiedade e Alcoolismo em Bombeiros: um estudo correlacional**. Dissertação (Mestrado, Programa de Pós-Graduação em Psicologia). Universidade Federal de São Carlos-SP, 2010.

OMS, War Trauma Foundation e Visão Global Internacional. **Psychological First Aid: Guide for field workers**. Primeiros Cuidados Psicológicos: Guia para trabalhadores de campo. Trad. Marcio Gagliato. OMS. Genebra, 2015.

ONU. (2015a). **Sendai Framework for Disaster Risk Reduction 2015-2030**. Sendai/Japão. Disponível em: http://www.preventionweb.net/files/43291_sendaiframeworkfordrren.pdf Acesso em: 08/11/2015.

ONU. (2015b). **Objetivos de Desenvolvimento Sustentável**. Disponível em: https://nacoesunidas.org/pos2015/agenda2030/ Acesso em: 14/04/2019.

PARKES, C. M. **Luto: estudos sobre a perda na vida adulta**. Trad. Maria Helena Franco Bromberg. São Paulo: Summus, 1998.

PESSINI, L.; BERTACHINI, L.; BARCHIFONTAINE, C. P.; HOSSNE, W.S. **Bioética em tempos de globalização**: **a caminho da exclusão e da indiferença ou da solidariedade.** São Paulo: Loyola, 2015.

PIMENTEL, J.C. O Sistema Brasileiro de Defesa Civil. In: CFP. *1º*. **Seminário Nacional de Psicologia das Emergências e dos Desastres**: contribuições para a construção de comunidades mais seguras. Conselho Federal de Psicologia. Finatec/UnB. Brasília/DF, p. 24-27, 2006.

RAMÍREZ, D. S. Acompanhamento para Reconhecimento de vítimas. IN: CFP. **Psicologia das Emergências e Desastres na América Latina**: promoção de direitos e construção de estratégias de atuação. Brasília/DF, p. 65-72, 2011.

RONZANI, T. M., RODRIGUES, T. P., BATISTA, A. G., LOURENÇO, L. M.; FORMIGONI, M. L. O. S. Estratégias de Rastreamento e Intervenções Breves para Problemas Relacionados ao Abuso de Álcool entre Bombeiros. **Estudos de Psicologia**, v. 12, n. 3, 285-290, 2007.

SANT´ANNA, O., LOPES, D. C. (Orgs.). **O psicólogo na redução dos riscos de desastres: teoria e prática**. São Paulo: Hogrefe, 2017.

SILVA, L. C. F.; LIMA, F. B.; CAIXETA, R. P. Síndrome de *Burnout* em Profissionais do Corpo de Bombeiros. **Mudanças – Psicologia da Saúde**. 18(1-2), 91-100, Jan-Dez 2010.

SILVA, AC., SANTANA, L. G. SANT´ANNA, O. Psicodinâmica decorrente de situações traumáticas e o transtorno do estresse pós-traumático (TEPT). In: Sant´Anna, O., Lopes, D.C. (Orgs.). **O psicólogo na redução dos riscos de desastres: teoria e prática**. São Paulo: Hogrefe, p. 29-64, 2017.

TOLEDO, A. L., PRIZANTELI, C. C., POLIDO, K. K., FRANCO, M. H. P.; SANTOS, S. R. B. A Saúde emocional do psicólogo que atua em situações de emergência. In: Franco, M.H.P. (Org.). **A Intervenção Psicológica em Emergências: Fundamentos para a prática**. São Paulo: Summus, p. 147-188, 2015.

TORGA, E.M.F., YOSHIMATSU, M. H. Psicologia na gestão integral do risco de desastre: o caso do terremoto em Caraibas (MG). In: Sant´Anna, O., Lopes, D.C. (Orgs.). (2017). **O psicólogo na redução dos riscos de desastres: teoria e prática**. São Paulo: Hogrefe, 2017.

UNISDR. United Nations office for Disaster Risk Reduction. **Terminologia sobre Redução do Risco de Desastre.** Disponível em: <https://www.unisdr.org/we/inform/terminology>, Acesso em: 10/04/2019.

VAZ JUNIOR, W.L. **Estresse Ocupacional do Bombeiro Militar: uma realidade no atendimento pré-hospitalar**. Corpo de Bombeiros Militar do Estado de Goiás. Universidade Estadual de Goiás. Goiânia/GO, 2012.

Capítulo V

Perdas e danos decorrentes de inundações no Brasil: desafios e tendências da responsabilidade civil do Estado

Patrícia Faga Iglecias Lemos, Lia Helena Monteiro de Lima Demange, João Múcio Amado Mendes, Ana Carolina Corberi Famá Ayoub e Silva, André Ferreira de Castilho

Introdução

São recorrentes, no Brasil, os desastres ocasionados por inundações, sobretudo por conta dos altos índices pluviométricos do verão, que ocorrem em todas as regiões do país, em áreas urbanas e rurais, intensificadas pela ocupação irregular e deficiências na gestão de resíduos sólidos. Embora se possa reconhecer a força natural desses eventos, muitas vezes os danos ocasionados se devem à omissão de serviços da administração pública, o que leva muitas pessoas a buscarem uma solução junto ao Poder Judiciário.

O presente capítulo pretende analisar a jurisprudência dos tribunais federais e dos tribunais dos Estados que reportaram mais casos de inundação no *Atlas Brasileiro de Desastres Naturais: 1991 a 2012* (CEPED UFSC, 2013a), a fim de analisar os posicionamentos dos magistrados no que diz respeito à responsabilidade civil do Estado perante os danos ocasionados por inundações.

Com esse objetivo, inicia-se o trabalho com a conceituação dos termos "inundações", "enxurradas", "alagamentos" e "enchentes", conforme as normas nacionais e internacionais e a contextualização das perdas e danos causados por inundações no Brasil, com ênfase nos estados de Santa Catarina e Minas Gerais. A seguir, faz-se um breve panorama da responsabilidade civil extracontratual do Estado, passando, na sequência, a analisá-la especificamente nos casos de inundações/enchentes, enxurradas e alagamentos, para então apresentar os resultados da pesquisa jurisprudencial.

Perante um cenário de desastres anuais, em que cidadãos ficam desabrigados, perdem bens e têm sua dignidade ameaçada, estudar a responsabilidade civil do Estado significa entender até que ponto as obrigações estatais podem ser exigidas para prevenção e mitigação de situações de risco, e para reparação ou compensação de perdas e danos não evitados, em sintonia com os Objetivos de Desenvolvimento Sustentável da Agenda 2030 das Nações Unidas (2015), notadamente o ODS 11 e o ODS 16.

Com efeito, o Objetivo 11 visa "tornar as cidades e os assentamentos humanos inclusivos, seguros, resilientes e sustentáveis", ao passo que o Objetivo 16 consiste em "promover sociedades pacíficas e inclusivas para o desenvolvimento sustentável, proporcionar o acesso à justiça para todos e construir instituições eficazes, responsáveis e inclusivas em todos os níveis" (NAÇÕES UNIDAS, 2015: 30, 31 e 36).

Inundações, enxurradas, alagamentos e enchentes: delineamentos terminológicos e conceituais à luz das normalizações brasileira e internacional

Segundo a atual Classificação e Codificação Brasileira de Desastres (COBRADE), instituída por meio do Anexo V da IN nº 2, de 24 de agosto de 2016, do Ministério da Integração Nacional (revogando a anterior IN nº 1, de 24 de agosto de 2012), "inundações" ("1.2.1.0.0"), "enxurradas" ("1.2.2.0.0") e "alagamentos" ("1.2.3.0.0") constituem três subgrupos distintos de eventos adversos naturais hidrológicos, cujas terminologias, no entanto, são frequentemente utilizadas como sinônimos pela mídia (LICCO; MAC DOWELL, 2015: 163) e pelos tribunais brasileiros. Neste trabalho, serão adotadas as definições técnicas descritas no Quadro 1.

Embora a COBRADE tenha sido proposta pela Secretaria Nacional de Proteção e Defesa Civil justamente "para atender à classificação dos desastres do Banco de Dados Internacional de Desastres (EM-DAT)", nos termos do art. 8º da até então vigente IN nº 1/2012, de 24 de agosto de 2012 (BRASIL, 2012), ainda hoje existe um descompasso conceitual entre as tipologias de ambas sobre eventos adversos naturais hidrológicos, o que tem trazido dificuldades metodológicas para análise comparativa dos dados relativos a esses fenômenos hidrológicos extremos potencialmente deflagradores de desastres.

Quadro 1 Subgrupos de desastres naturais hidrológicos referidos na COBRADE.

Subgrupo	Definição	Cobrade	Simbologia
Inundações	Submersão de áreas fora dos limites normais de um curso de água em zonas que normalmente não se encontram submersas. O transbordamento ocorre de modo gradual, geralmente ocasionado por chuvas prolongadas em áreas de planície.	1.2.1.0.0	
Enxurradas	Escoamento superficial de alta velocidade e energia, provocado por chuvas intensas e concentradas, normalmente em pequenas bacias de relevo acidentado. Caracterizada pela elevação súbita das vazões de determinada drenagem e transbordamento brusco da calha fluvial. Apresenta grande poder destrutivo.	1.2.2.0.0	
Alagamentos	Extrapolação da capacidade de escoamento de sistemas de drenagem urbana e consequente acúmulo de água em ruas, calçadas ou outras infraestruturas urbanas, em decorrência de precipitações intensas.	1.2.3.0.0	

Fonte: Brasil, 2016: 2 (adaptado).

Com efeito, seguindo a classificação internacional da EM-DAT[1], os eventos adversos naturais do subgrupo "hidrológico" se subdividiriam em três tipos diversos, a saber: (i) "flood" (termo genérico para inundação ou transbordamento de água, cujos subtipos seriam "coastal flood" – inundação costeira, "riverine flood" – inundação fluvial, "flash flood" – inundação súbita/enxurrada, e "ice jam flood" – inundação por acúmulo de massa de gelo flutuante); (ii) "landslide" (deslizamento de terra do tipo avalanche, incluindo neve, sedimentos, fluxo de lama e desabamento de pedras); e (iii) "wave action" (ação de ondas, cujos subtipos seriam ondas de rogue e seichas).

Por outro lado, o Ministério das Cidades e o Instituto de Pesquisas Tecnológicas identificam quatro processos principais de natureza hidrológica (ou hidrometeorológica), definindo (i) "enchente" (ou "cheia") como "elevação temporária do nível d'água em um canal de drenagem em virtude do aumento da vazão ou descarga"; (ii) "inundação" como "processo de extravasamento das águas do canal de drenagem para as áreas marginais (planície de inundação, várzea ou leito maior do rio) quando a enchente atinge cota acima do nível máximo da calha principal do rio"; (iii) "alagamento" como "acúmulo momentâneo de águas em uma dada área decorrente de deficiência do sistema de drenagem"; e (iv) "enxurrada" como "escoamento superficial concentrado e com alta energia de transporte" (BRASIL, 2007: 90-91 e 94).

1. Disponível em: <https://www.emdat.be/classification>. Acesso em: 29 nov. 2018.

Perdas e danos decorrentes de inundações no Brasil

De acordo com o *Atlas Brasileiro de Desastres Naturais* (CEPED UFSC, 2013a: 53 e 138), foram registrados, pelo menos, 4.691 episódios de inundações severas no Brasil no período de 1991 a 2012, a maior parte nas regiões Sudeste (34%), Nordeste (25%) e Sul (22%), seguidas das regiões Norte (13%) e Centro-Oeste (6%), graficamente distribuídos no território nacional conforme o Mapa 1, afetando diretamente as populações ribeirinhas e as que ocupam as planícies de inundação em áreas urbanas e agrícolas, com extensivas perdas e danos humanos, materiais, econômicos, sociais e/ou ambientais.

Mapa 1 Registros de inundações no Brasil de 1991 a 2012. *Fonte:* CEPED UFSC, 2013a: 52.

Minas Gerais (1.050 ocorrências, com 521 municípios atingidos), Santa Catarina (450 ocorrências, com 198 municípios atingidos), Rio Grande do Sul (413 ocorrências, com 210 municípios atingidos), Ceará (273 ocorrências, com 144 municípios atingidos), Pará (255 ocorrências, com 74 municípios atingidos), São Paulo (237 ocorrências, com 142 municípios atingidos) e Amazonas (214 ocorrências, com 59 municípios atingidos) foram os estados brasileiros com a maior número de registros oficiais de inundações ao longo do período analisado (CEPED UFSC, 2013a: 53).

Enquanto os anos de 2004, 2009, 2011 e 2012 apresentaram os maiores totais anuais de registros de inundações no país – respectivamente, 629, 717, 499 e 361 –, os anos de 1991, 1994, 1998 e 1999 tiveram a menor quantidade total durante a série histórica – respectivamente, 16, 16, 39 e 30 –, sendo nítido o crescimento no número de "registros" de inundações entre as décadas de 1990 e 2000 (CEPED UFSC, 2013a: 34 e 54), o que pode ser, em parte, explicado pela atualização da metodologia dos registros do sistema de defesa civil.

Além de recorrentes, as inundações apresentaram sazonalidade, distribuindo-se ao longo do ano conforme as condições climáticas próprias de cada região. Assim, nas regiões Nordeste, Norte e Centro-Oeste, os registros de ocorrências de inundações se concentraram basicamente entre os meses de janeiro e agosto, ao passo que na região Sudeste houve maior quantidade de registros entre os meses da primavera e verão, sobretudo no intervalo de novembro a março. Já na região Sul, a frequência mensal de registros de inundação foi bem distribuída ao longo do ano, com máximos durante os meses de primavera e verão. Conforme concluído pelo estudo, tais circunstâncias permitiram "subsidiar com maior clareza os processos decisórios para direcionar recursos e reduzir danos e prejuízos, assim como perdas humanas" decorrentes de inundações (CEPED UFSC, 2013a: 54 e 125).

A propósito, as inundações corresponderam a 12,04% do total de afetados por todos os tipos de desastres entre 1991 e 2012 no Brasil, atrás apenas do percentual de afetados por estiagens e secas (51,31%) e enxurradas (20,66%), e bem à frente do percentual de afetados por alagamentos (1,32%), sendo que, no mesmo período, as enxurradas, os movimentos de massa e as inundações foram os eventos extremos com o maior número de registros de mortes no país – respectivamente, 58,15%, 15,60% e 13,40% do total (CEPED UFSC, 2013a: 35) –, o que evidencia a importância de se reforçarem as estratégias de redução de riscos de desastres relacionados a eventos hidrológicos em todo o território brasileiro.

Apenas na região Sudeste do país, mais de seis milhões de pessoas foram atingidas por danos diretos e indiretos em desastres de inundação registrados entre 1991 e 2012 (CEPED UFSC, 2013a: 55).

Na Tabela 1, foram compiladas e consolidadas, a partir do *Atlas Brasileiro de Desastres Naturais: 1991 a 2012*, as quantidades dos tipos de danos humanos causados por inundações ao longo de 22 anos nas cinco regiões brasileiras e somado seu total nacional.

Tabela 1 **Quantitativo** de danos humanos por inundações nas cinco regiões brasileiras e seu total nacional no período de 1991 a 2012.

	Norte	Nordeste	Centro-Oeste	Sudeste	Sul	Total Nacional
Afetados	2.037.979	4.451.892	330.466	6.050.277	1.752.585	14.623.199
Mortos	62	98	1	177	126	464
Enfermos	70.419	76.268	959	5.824	1.679	155.149
Feridos	9.555	2.199	158	7.656	1.424	20.992
Desaparecidos	8	144	1	34	11	198
Desabrigados	143.860	217.570	1.712	76.439	90.969	530.550
Desalojados	413.611	439.140	12.922	443.285	294.238	1.603.196
Outros	60.433	106.247	1.480	34.286	18.524	220.970

Fonte: CEPED UFSC, 2013a: 55-56 (adaptada).

Já no ano de 2013, foram oficialmente reportados, como danos humanos decorrentes de inundações em todo o país, 36 óbitos, 1.461 feridos, 13.283 enfermos, 59.023 desabrigados, 208.274 desalojados, 6 desaparecidos, 1.083.402 atingidos por outros tipos de danos e 1.389.454 afetados, conforme os dados atualizados do *Anuário Brasileiro de Desastres Naturais: 2013* (BRASIL, 2014: 45).

Estado de Minas Gerais

Entre 1991 e 2012, houve aproximadamente 1.050 registros oficiais de inundações excepcionais caracterizadas como desastre no Estado de Minas Gerais (CEPED UFSC, 2013a: 53; 2013b: 68), graficamente distribuídos em seu território conforme o Mapa 2.

Com extensa rede hidrográfica e elevados índices pluviométricos, as mesorregiões do Estado de Minas Gerais mais afetadas por inundações, entre 1991 e 2012, foram a Zona da Mata, com 206 registros (quase 20% de todas as ocorrências no estado), o Vale do Rio Doce, com 194 registros, o sul/sudoeste de Minas, com 163 registros, o norte de Minas, com 137 registros, e a Região Metropolitana de Belo Horizonte, com 122 registros. Os municípios mineiros mais atingidos por inundações recorrentes foram Governador Valadares e Itabirinha (com 9 ocorrências cada), seguidos por Ibirité e Mutum (com 7 ocorrências cada). Tais inundações se concentraram principalmente no período de chuvas (de novembro a março), e o ano de 2004 teve a maior frequência anual da série, com 149 registros, conforme representado no Gráfico 1.

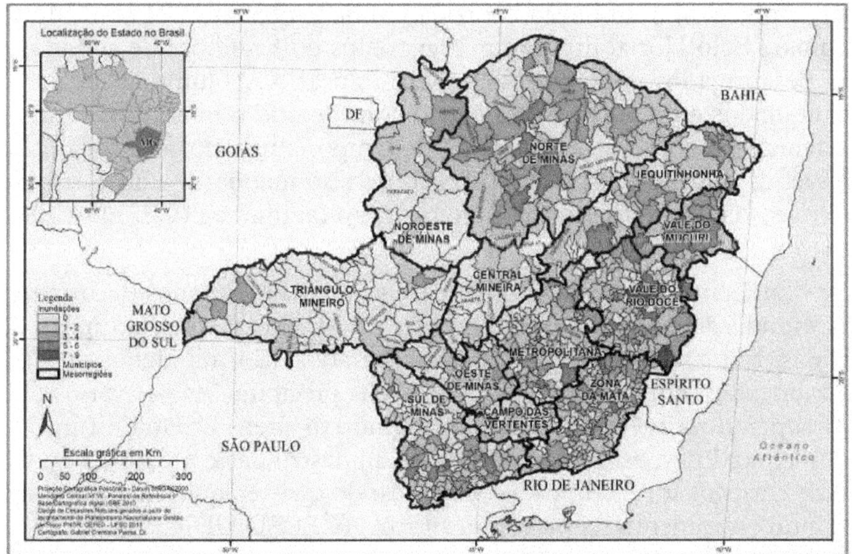

Mapa 2 Registros de inundações no Estado de Minas Gerais de 1991 a 2012. *Fonte:* CEPED UFSC, 2013b: 66.

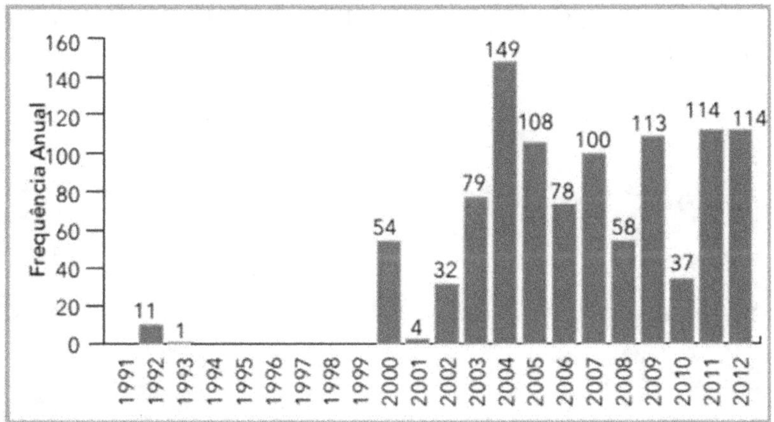

Gráfico 1 Frequência anual de desastres por inundações no Estado de Minas Gerais, no período de 1991-2012. *Fonte:* CEPED UFSC, 2013b: 69.

Entre 1991 e 2012, foram oficialmente reportados como danos humanos causados por desastres de inundação no Estado de Minas Gerais: 55 mortos, 1.734 feridos, 2.197 enfermos, 42.840 desabrigados, 231.965 desalojados, 3 desaparecidos, 15.543 atingidos por outros tipos de danos e 4.367.191 pessoas afetadas (CEPED UFSC, 2013b: 70).

Apenas na inundação ocorrida em dezembro de 2011 no Município de Belo Horizonte, foram registrados dois milhões de afetados e 67 desabrigados, a partir de chuvas intensas. O volume de 165 mm acumulados em apenas 24 horas foi considerado o maior nos últimos cem anos para um mesmo período de tempo, causando, além de outros desastres hidrológicos, a interrupção do sistema viário e a destruição de ruas, viadutos e muros de arrimo na capital mineira (CEPED UFSC, 2013b: 70).

Também vale destacar os expressivos danos humanos decorrentes da inundação ocorrida no Município de Montes Claros, no norte de Minas. Em janeiro de 2009 foram registrados 134 mil afetados e 135 desabrigados, em razão de o aumento das precipitações por vários dias ter superado a média histórica, atingindo as áreas urbana e rural do município. Ruas, estradas e pontes foram destruídas e até mesmo o leito de córregos foi modificado, prejudicando o sistema de transporte e o próprio escoamento da produção agrícola (CEPED UFSC, 2013b: 70).

No tocante aos danos materiais, houve 322.572 registros oficiais de construções e sistemas de infraestrutura atingidos por inundações no Estado de Minas Gerais no período de 1991 a 2012, com predomínio quantitativo dos danos relativos aos sistemas de infraestrutura sobre os demais setores (CEPED UFSC, 2013b: 71), conforme se depreende do Gráfico 2.

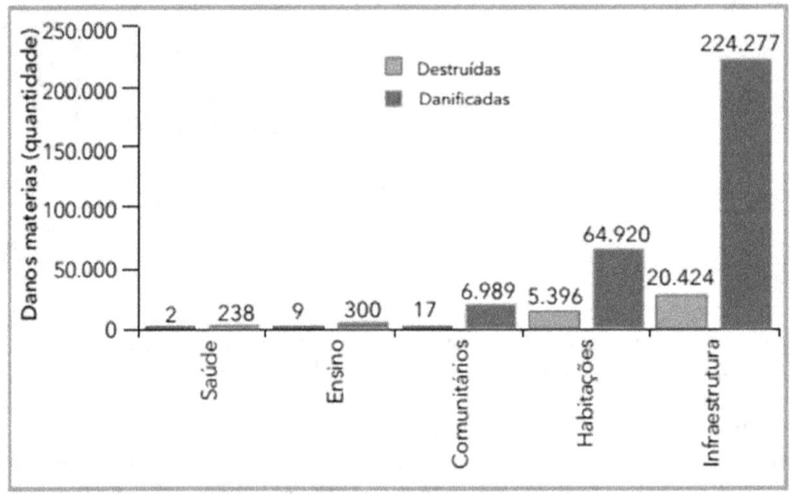

Gráfico 2 Danos materiais causados por desastres de inundações no Estado de Minas Gerais, no período de 1991-2012. *Fonte:* CEPED UFSC, 2013b: 71.

Estado de Santa Catarina

Entre 1991 e 2012, houve aproximadamente 450 registros oficiais de inundações excepcionais caracterizadas como desastre no Estado de Santa Catarina (CEPED UFSC, 2013a: 53; 2013c: 64), graficamente distribuídos em seu território conforme o Mapa 3.

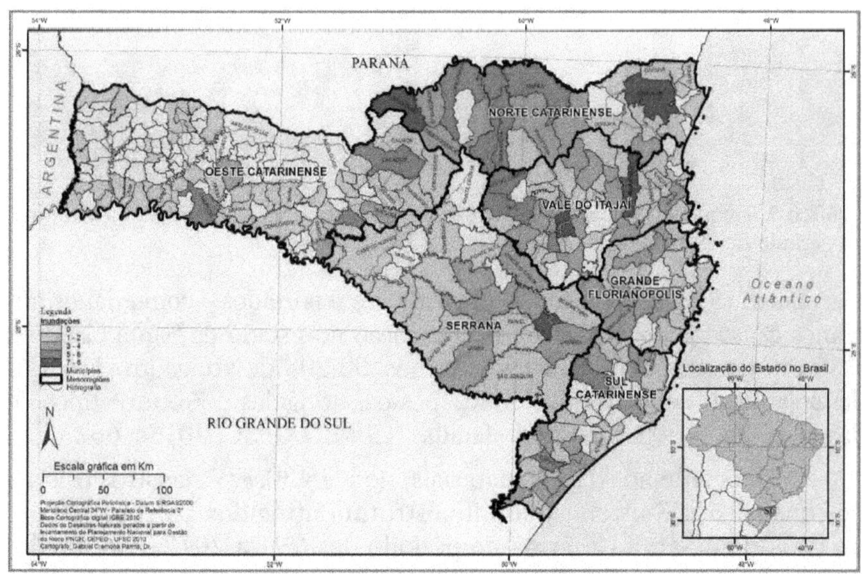

Mapa 3 – Registros de inundações no Estado de Santa Catarina de 1991 a 2012. *Fonte:* CEPED UFSC, 2013c: 62.

As mesorregiões do Estado de Santa Catarina mais afetadas por inundações entre 1991 e 2012 foram o Vale do Itajaí, com 104 registros (23% de todas as ocorrências no estado), o Oeste Catarinense, com 93 registros, e o Sul Catarinense, com 80 registros. Os municípios catarinenses mais atingidos foram Joinville e Rio Rufino (com oito ocorrências cada), seguidos por Blumenau, Porto União e Rio do Sul (com sete ocorrências cada). A maioria das inundações catarinenses ocorreu no fim de maio e começo de junho, e o ano de 1992 apresentou a maior frequência anual da série, com 86 registros (quando a região Sul esteve sob a influência de um "El Niño" forte), seguido pelos anos de 2011, com 79 registros, e 2001, com 75 registros, diante das chuvas abundantes e acima da média na região (UFSC CEPED, 2013c: 64/67), conforme representado no Gráfico 3.

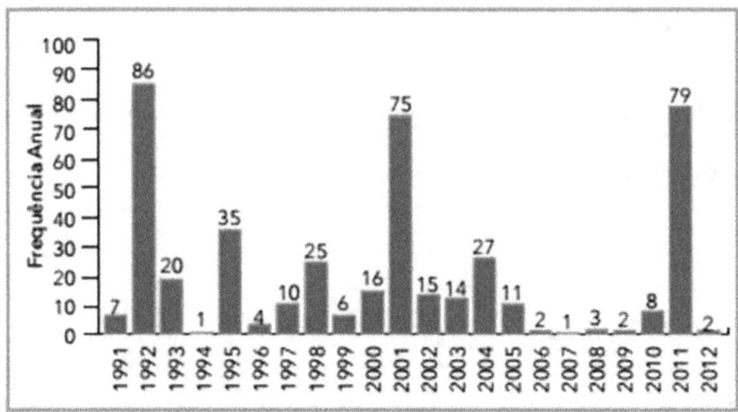

Gráfico 3 Frequência anual de desastres por inundação no Estado de Santa Catarina, no período de 1991 a 2012. *Fonte:* CEPED UFSC, 2013c: 66.

Entre 1991 e 2012, foram oficialmente reportados – como danos humanos causados por desastres de inundação no Estado de Santa Catarina – 38 mortos, 954 feridos, 219 enfermos, 33.203 desabrigados, 175.130 desalojados, 6 desaparecidos, 4.801 pessoas atingidas por outros tipos de danos e quase 600 mil pessoas afetadas (CEPED UFSC, 2013c: 66).

No tocante aos danos materiais, houve 420.777 registros oficiais de construções e sistemas de infraestrutura atingidos por inundações no Estado de Santa Catarina no período de 1991 a 2012, com predomínio quantitativo dos danos relativos aos sistemas de infraestrutura sobre os demais setores (CEPED UFSC, 2013c: 67), conforme se depreende do Gráfico 4.

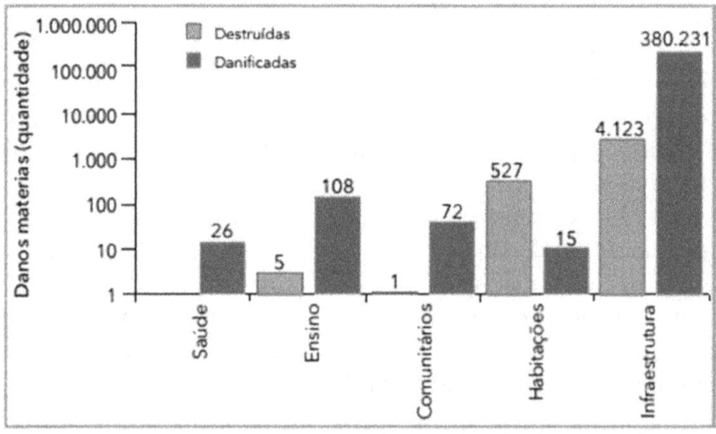

Gráfico 4 – Danos materiais causados por desastres de inundações no Estado de Santa Catarina, no período de 1991-2012. *Fonte:* CEPED UFSC, 2013c: 67.

Responsabilidade civil extracontratual do Estado

A responsabilidade civil é a imputação do resultado da conduta antijurídica (PEREIRA, 2005: 660). No formato tradicional, a responsabilidade civil busca reparar os danos causados pela conduta do responsável e puni-lo, reequilibrando uma situação injusta e evitando o surgimento de conflitos decorrentes de uma eventual vingança por parte do ofendido (LEMOS, 2010: 117).

A responsabilidade civil divide-se em contratual, quando decorre de retardo ou descumprimento, total ou parcial, de obrigação ou contrato, e extracontratual ou aquiliana, quando se trata de inadimplemento de norma jurídica (LEMOS, 2010: 123).

A responsabilidade civil ambiental abrange não só a reparação pelo dano ocorrido, mas também a "prevenção" de novos danos. "A função preventiva assume importância crucial quando se tem em consideração aquelas situações em que é totalmente impossível a reparação integral, a volta ao *status quo ante*. São os casos de danos ao meio ambiente, à saúde, à integridade física" (LEMOS, 2012b: 187), entre os quais também se poderia incluir a ocorrência de desastres.

Por se viver em uma sociedade na qual o risco disseminado coloca todos os indivíduos em situação de perigo, independentemente da adoção voluntária de atividade ou comportamento de alta suscetibilidade a riscos (BECK, 2011), a responsabilidade civil ambiental pode também adentrar o modo como a atividade geradora de dano ou de risco é desenvolvida, a fim de evitar a produção de resultados nocivos (STEIGLEDER, 2011: 156).

A profusão de riscos associados ao desenvolvimento técnico-científico priorizou a reparação dos danos sofridos pela vítima em detrimento da comprovação de culpa pela realização de atividade antijurídica (LEMOS, 2010: 119), tirando o foco da avaliação do ato ilícito para centrá-lo na análise do dano injusto (LEMOS, 2012b: 137). Nesse contexto, a teoria objetiva foi introduzida no Código Civil brasileiro em vigor, § único do art. 927: "Haverá obrigação de reparar o dano, independentemente de culpa, nos casos especificados em lei, ou quando a atividade normalmente desenvolvida pelo autor do dano implicar, por sua natureza, risco para os direitos de outrem" (BRASIL, 2002).

Em matéria ambiental, a responsabilidade civil objetiva foi legalmente instituída pelo art. 14, § 1º, da Lei 6.938/81 (Política Nacional Meio Ambiente) (BRASIL, 1981):

> § 1º Sem obstar a aplicação das penalidades previstas neste artigo, é o poluidor obrigado, independentemente da existência de culpa, a indenizar ou reparar os danos causados ao meio ambiente e a terceiros, afetados por sua atividade. O Ministério Público da União e dos Estados terá legitimidade para propor ação de responsabilidade civil e criminal, por danos causados ao meio ambiente [g.n.].

Desse modo, a responsabilização do agente independe de comprovação de culpa, persistindo, no entanto, a necessidade de comprovação de ação ou omissão, nexo de causalidade e dano ou risco de dano.

Também em relação à responsabilidade civil extracontratual do Estado, aplica-se a teoria objetiva, conforme o art. 37, § 6º, da Constituição Federal[2] (BRASIL, 1988), e o art. 43 do Código Civil[3] (BRASIL, 2012), de tal modo que sua responsabilidade perante a vítima será objetiva, cabendo direito de regresso do Estado contra o agente estatal que, no exercício de suas funções, agiu com culpa ou dolo.

A responsabilidade civil extracontratual do Estado é a obrigação que incumbe ao poder público de reparar danos a bens jurídicos de outrem causados por agentes públicos no desempenho de suas funções. Para fins de responsabilização do Estado, consideram-se agentes públicos todas as pessoas que tomam decisões e realizam atividades da alçada do Estado, mesmo quando não participam da estrutura orgânica estatal, como funcionários de pessoa jurídica de direito privado prestadora de serviço público (MELLO, 2007: 972).

Configuram condutas aptas a gerar responsabilidade civil para o Estado os comportamentos unilaterais, lícitos ou ilícitos, comissivos ou omissivos, materiais ou jurídicos (MELLO, 2007: 957).

A maioria da doutrina e da jurisprudência atribui tratamento diferenciado à responsabilidade civil extracontratual do Estado por conduta comissiva (diante de uma atuação estatal positiva causadora de

---

2. Art. 37, § 6º, da Constituição Federal: "As pessoas jurídicas de direito público e as de direito privado prestadoras de serviços públicos responderão pelos danos que seus agentes, nessa qualidade, causarem a terceiros, assegurado o direito de regresso contra o responsável nos casos de dolo ou culpa".

3. Art. 43 do Código Civil: "As pessoas jurídicas de direito público interno são civilmente responsáveis por atos dos seus agentes que nessa qualidade causem danos a terceiros, ressalvado direito regressivo contra os causadores do dano, se houver, por parte destes, culpa ou dolo".

danos a terceiros) ou omissiva (diante da inércia estatal quando deveria e poderia ter agido para evitar ou mitigar danos a terceiros), adotando a teoria da falha de serviço ou teoria da culpa administrativa para afirmar que a responsabilidade extracontratual por omissão estatal é subjetiva (NERY JÚNIOR, 2010: 29).

Segundo essa teoria, a omissão somente ensejará responsabilidade civil quando houver descumprimento do dever legal do Estado de impedir o dano e quando o Estado apresentar a possibilidade de agir. Deve, portanto, tratar-se de uma falta objetiva, concreta, que pode se manifestar por meio da inexistência, mau funcionamento ou retardamento da prestação do serviço estatal (DI PIETRO, 2016: 802). Do mesmo modo, o Estado somente será responsável se, por meio da prestação eficiente do serviço estatal, o Estado puder impedir o dano. Caso contrário, entende-se que a omissão estatal não seria causa apta a gerar o dano (MELLO, 2007: 978).

Para Mello (2007: 977), o padrão de normalidade de eficiência do serviço público deve ser apurado em função das possibilidades reais médias e do nível de expectativa comum da sociedade e do próprio Estado em relação ao serviço, o qual é definido conforme os parâmetros da lei, das normas internas reguladoras da prestação daquele serviço e de outras normas nas quais o poder público tenha se obrigado a um padrão mínimo de execução da atividade ou prestação do serviço.

Adotando-se a teoria da falha de serviço em relação ao dano ambiental, o Estado poderá ser responsabilizado quando se omitir no dever constitucional de proteger o meio ambiente (LEMOS, 2010: 145; MACHADO, 2016: 415; MILARÉ, 2009: 966).

A fim de não prejudicar a vítima, que precisaria comprovar o dano e a falta objetiva do serviço público (LUCARELLI, 1994; MEIRELLES, 2016: 781), diversos autores advogam a aplicação da teoria da falha de serviço com inversão do ônus da prova, em virtude do qual o poder público precisaria demonstrar a inexistência de falhas no serviço prestado (DI PIETRO, 2016: 802; LUCARELLI, 1994; MELLO, 2007: 979).

A aplicação da teoria subjetiva à responsabilidade civil estatal por omissão é criticada por Nery Júnior (2010: 31), para quem a teoria da culpa administrativa não se ajusta ao art. 37, § 6º, da Constituição Federal, que, a seu ver, adota a teoria objetiva para a responsabilidade civil do Estado, tanto em caso de ação quanto de omissão estatal. Steigleder

(2011: 196) também discorda da aplicação da teoria subjetiva para a conduta omissiva estatal por afirmar que o art. 225, § 3º, da Constituição Federal[4], e o art. 3º, IV, da Política Nacional do Meio Ambiente[5], não justificam o estabelecimento de um regime diferenciado para o dano ambiental causado por omissão do Estado ou de particular, cuja responsabilidade é sempre objetiva.

Para Di Pietro (2016: 803), a questão também é controvertida na jurisprudência, havendo julgados do Supremo Tribunal Federal que adotam tanto uma posição quanto outra.

Em posicionamento intermediário, Cavalieri Filho (2019: 349) atribui a responsabilidade objetiva à omissão específica do Estado e a responsabilidade subjetiva à omissão genérica. A primeira ocorre quando "o Estado estiver na condição de garante (ou de guardião) da pessoa ou coisa, e, por omissão sua, criar situação propícia para a ocorrência do evento em situação em que tinha o dever de agir para impedi-lo", ao passo que a omissão genérica acontece quando "a Administração tem apenas o dever legal de agir em razão, por exemplo, do seu poder de polícia (ou de fiscalização), e por sua omissão concorre para o resultado". A omissão genérica é aquela na qual o Estado concorreu para a produção do resultado por meio de sua omissão, mas ela não é a causa direta do dano.

O nexo de causalidade é a relação causal fática e jurídica que conecta a conduta do agente à ocorrência do dano ou do risco. O nexo de causalidade em responsabilidade civil ambiental não distingue causas de concausas, (LEMOS, 2012a: 147 e 149), considerando, em verdade, os efeitos sinérgicos de condutas danosas, seja por causas principais, seja por causas secundárias. Não é preciso, por exemplo, que um produto poluente lançado por um agente cause por si só a doença ou o resultado danoso, bastando que ele tenha contribuído para aquele resultado (MACHADO, 2016: 417).

Todos os agentes que concorreram para a ocorrência do dano são solidariamente responsáveis pela reparação do dano (LEMOS, 2012a:

---

4. "Art. 225 - Todos têm direito ao meio ambiente ecologicamente equilibrado, bem de uso comum do povo e essencial à sadia qualidade de vida, impondo-se ao Poder Público e à coletividade o dever de defendê-lo e preservá-lo para as presentes e futuras gerações. [...] § 3º As condutas e atividades consideradas lesivas ao meio ambiente sujeitarão os infratores, pessoas físicas ou jurídicas, a sanções penais e administrativas, independentemente da obrigação de reparar os danos causados."

5. "Art. 3º - Para os fins previstos nesta Lei, entende-se por: [...] IV - poluidor, a pessoa física ou jurídica, de direito público ou privado, responsável, direta ou indiretamente, por atividade causadora de degradação ambiental."

149), com base na disciplina do art. 942 do Código Civil[6] (BRASIL, 2012). Na solidariedade entre devedores de uma obrigação, todos possuem coincidência de interesses e a prestação satisfeita por um dos sujeitos extingue a obrigação para todos (GOMES, 2005: 75-76).

Dentre as teorias adotadas para estabelecimento do nexo de causalidade, destacam-se a "teoria da equivalência das condições" e a "teoria da causalidade adequada", ambas concentradas na identificação de nexo causal fático, e a "teoria do escopo da norma jurídica violada", que se foca no estabelecimento de um nexo de causalidade jurídico e avalia qual o interesse jurídico protegido pela norma violada pela conduta danosa (LEMOS, 2012a: 145-152).

Para Carvalho e Damacena (2013: 129-130), teorias de nexo de causalidade fundamentadas na avaliação de elementos eminentemente fáticos mostram-se problemáticas para contemplar a complexidade causal de danos ambientais em geral e mais inadequadas ainda para fundamentar a responsabilização em caso de desastre. Para eles, tais teorias dificultam a prova do nexo causal a ponto de torná-la quase impossível em casos de desastres em parte causados por mudanças climáticas, o que comumente acarreta a aplicação de excludente de responsabilidade de força maior. Para combater essa dificuldade, tais autores defendem o afrouxamento da carga probatória do nexo causal, especialmente em casos de atos omissivos da Administração, fugindo do ideal de quase certeza que remanesce da noção individualista de responsabilidade civil.

O dano ambiental é o prejuízo certo ou determinável causado pelo agente à esfera jurídica do lesado, que pode ser um indivíduo ou a coletividade (LEMOS, 2010: 124). Esse dano pode ser presente ou futuro. O dano presente, ou atual, é aquele que já se consumou no momento do juízo da reparação, ao passo que o dano futuro é a consequência provável do fato antecedente, que só acontecerá ou se concluirá em momento posterior à prolação da decisão judicial (LEMOS, 2012b: 196).

Para Lopez (2010: 137-139), quando houver riscos inaceitáveis, aqueles referentes à alta probabilidade de ocorrência de dano grave e irreversível, a observância dos princípios da prevenção e da precaução justifica a propositura de uma ação de responsabilidade civil mediante

6. "Art. 942 - Os bens do responsável pela ofensa ou violação do direito de outrem ficam sujeitos à reparação do dano causado; e, se a ofensa tiver mais de um autor, todos responderão solidariamente pela reparação. Parágrafo único. São solidariamente responsáveis com os autores os coautores e as pessoas designadas no art. 932."

a mera ameaça de dano, a fim de evitar a sua concretização. Nesse caso, haveria a possibilidade de incidência de responsabilidade civil sem dano.

Como pontua Lemos (2012b: 209), o movimento de flexibilização do nexo de causalidade até o reconhecimento de responsabilidade sem dano constitui a consagração de uma nova abordagem funcionalista da responsabilidade civil, em detrimento da abordagem formalista adotada tradicionalmente.

Para Cahali (2007: 67), a responsabilidade civil do Estado não pode prescindir do evento danoso, pois o ato estatal ilegal ou irregular que não gere dano poderá, quando muito, ser invalidado, não podendo acarretar responsabilidade para o Estado.

A teoria da falha de serviço, ou teoria da culpa administrativa, majoritariamente adotada na doutrina e jurisprudência, admite a incidência de excludentes de responsabilidade por força maior e culpa da vítima, desde que o Estado não tenha contribuído com sua omissão para o resultado danoso (LUCARELLI, 1994). A culpa da vítima, fato de terceiro ou força maior somente excluirão a responsabilidade civil do Estado quando romperem o nexo causal entre o comportamento estatal e a ocorrência do dano, ou seja, quando forem a única causa do dano (CAHALI, 2007: 50). Se, mesmo havendo uma ou alguma dessas situações, o Estado tiver contribuído para o dano, ele é responsável (MELLO, 2007: 989). Se a omissão estatal recair sobre conduta não exigível, estará configurada a excludente de responsabilidade (CAHALI, 2007: 220).

Quando a conduta do Estado concorrer com culpa da vítima, fato de terceiro ou força maior para produção do resultado, no lugar de excludente de responsabilidade, será admitida a atenuação do valor indenizatório (CAHALI, 2007: 374; DI PIETRO, 2016: 798; MELLO, 2007: 988). Em qualquer hipótese, o caso fortuito não constitui excludente de responsabilidade do Estado (CAHALI, 2007: 50; DI PIETRO, 2016: 799; MELLO, 2007: 989).

Em caso de culpa exclusiva da vítima, rompe-se o nexo causal entre a ação estatal e a ocorrência de dano, de modo que o próprio autor é considerado responsável pelo dano ambiental público e individual (LEMOS, 2010: 144).

Poderá haver responsabilidade solidária do Estado com o gerador do dano quando aquele descumpre o dever de fiscalização ou de outra forma se omite do dever de defender o meio ambiente e preservá-lo para as presentes e futuras gerações (MILARÉ, 2009: 966), quando permitir o exercício de atividade poluidora em desacordo com a legislação em vigor ou negligenciar a fiscalização da atividade poluente (MACHADO, 2016: 415; CAHALI, 2007: 311; FENSTERSEIFER, 2010: 408).

Essa solidariedade visa garantir a efetividade da reparação do dano (LUCARELLI, 1994) e compelir o poder público a ser prudente e cuidadoso (MACHADO, 2016: 415). Tal solidariedade, no entanto, não deve ser adotada irrestritamente, a fim de não transferir para a sociedade o ônus da atividade econômica desenvolvida pelo particular, na contramão da definição do princípio do poluidor-pagador (LEITE; AYALA, 2010: 196; MIGUEL; REZENDE, 2013; MILARÉ, 2009: 966).

Por essa razão, em vez de "solidariamente" responsável pelo dano juntamente com o agente privado, o Estado deve sê-lo "subsidiariamente", de modo que, para impedir que o dano ambiental reste sem a devida reparação, o Estado deve ser acionado somente depois de esgotada a capacidade financeira do causador direto do dano ou quando não for possível acioná-lo diretamente (DEMANGE, 2018: 144; FENSTERSEIFER, 2010: 409).

Responsabilidade civil do Estado em inundações, enchentes e transbordamentos

A partir de levantamento de julgados nacionais de 1958 a 1996 sobre responsabilidade civil extracontratual do Estado por inundações, enchentes e transbordamentos de rios, córregos, lagos e represas, Cahali (2007) identificou a tendência de o poder público ser condenado a indenizar as vítimas de inundação, enchente ou transbordamento quando constatada uma falha de serviço público municipal ou estadual. As falhas mais comuns eram: ausência de desassoreamento do curso d'água pelo governo estadual; falta ou defeito do sistema municipal de coleta de águas pluviais; e rompimento ou mau funcionamento de barragens geridas pelo concessionário de serviço público.[7]

Em casos muito semelhantes, o referido autor identificou que a jurisprudência, "em aparente contradição, tem excluído a responsabilidade do órgão público" (CAHALI, 2007: 369). Nesse segundo grupo, os julgados comumente fazem referência a "precipitações pluviométricas excepcionais" ou à decisão do proprietário de assumir o risco de instalar-se em área propensa a enchentes. Alguns deles baseiam-se em provas de que o poder público vinha cumprindo suas obrigações quanto

7. Esses mesmos resultados foram encontrados na jurisprudência paulista de 2018 analisada por Demange (2018: 147).

à prevenção de enchentes para concluir pela inocorrência de falha de serviço; outros julgados fazem apenas referência à ausência de provas de falha de serviço (nessa situação, o julgador atribuiu à vítima o ônus probatório da falha do serviço, não tendo sido aplicada a presunção de culpa da Administração ao caso concreto).

Como apontado por Demange (2018: 351), a aplicação de excludente de responsabilidade de força maior pelo magistrado em desastres mistos contraria a literatura interdisciplinar de desastres, que reconhece não haver desastres puramente naturais, uma vez que eles invariavelmente recebem contribuição de ações ou omissões antrópicas. A dificuldade de dimensionamento dos riscos existentes, a imediaticidade dos custos de prevenção e a incerteza a respeito de seus benefícios desestimulam o investimento em ações preventivas, de modo que a decisão de investir em prevenção dificilmente será voluntariamente tomada pelo gestor.

A imputação, pelos Tribunais, de responsabilidade civil por danos causados por desastres mistos poderia acarretar a determinação de adoção de medidas preventivas e influenciar a tomada de decisão futura. Nesse sentido, a mesma autora conclui que a aplicação da excludente de responsabilidade por força maior em casos de desastres mistos constitui opção judicial em prol da inação, postergando a adoção de medidas preventivas e reativas e agravando o risco e o perigo de danos futuros (DEMANGE, 2018: 343).

Mello (2007: 981) e Di Pietro (2016: 799) citam alagamentos causados pelo entupimento das galerias de águas pluviais e bueiros por falta de limpeza e manutenção do sistema de drenagem como exemplo de responsabilidade do Estado por falha de serviço concorrente com situação de força maior a partir de fortes chuvas. Meirelles (2016: 787) confirmou que a jurisprudência tem exigido prova de culpa da Administração nesses casos, posição com a qual concordou.

Cahali (2007: 374) identificou uma divergência jurisprudencial na valoração da responsabilidade estatal quando a falha de serviço se acumula por motivo de força maior. A maioria dos julgados citados pelo autor atenuou o valor indenizatório devido ao fato da natureza. Por fim, concluiu que a configuração da falta de serviço apta a ensejar responsabilidade do Estado por omissão depende do posicionamento do julgador sobre quais medidas são exigíveis do poder público em relação à prevenção de enchentes, inundações e transbordamentos (CAHALI, 2007: 377).

Para Fensterseifer (2010: 405 e 407), mesmo o "índice pluviométrico excepcional" poderia estar atrelado a ações antrópicas que podem resultar de uma ação ou omissão estatal relacionada à falta de adoção das medidas necessárias para prevenir esses efeitos. Nesses termos, o "índice pluviométrico excepcional" deixaria de se enquadrar como motivo de força maior. Se reconhecida a possibilidade de o Estado ser responsabilizado pela ocorrência de eventos climáticos extremos, tal responsabilidade poderia ser afastada comprovando-se que o poder público tem adotado as medidas ao seu alcance para prevenir o agravamento das mudanças climáticas.

Pesquisa jurisprudencial

Critérios metodológicos para coleta, tabelamento e análise dos acórdãos relevantes

A fim de verificar como a responsabilidade civil do Estado tem sido aplicada em casos de inundações pelo Judiciário brasileiro, realizou-se busca eletrônica de acórdãos prolatados pelos Tribunais de Justiça dos Estados de Minas Gerais e de Santa Catarina (TJMG e TJSC), por terem sido as duas unidades federativas com o maior número de registros oficiais de inundações severas no período de 1991-2012 (Minas Gerais com 1.050 ocorrências e Santa Catarina com 450), conforme reportado pelo *Atlas Brasileiro de Desastres Naturais* (CEPED UFSC, 2013a: 53). A busca eletrônica também abrangeu acórdãos prolatados pelos Tribunais Superiores (STJ e STF) e pelos Tribunais Regionais Federais da 1ª e 4ª Região (TRF1 e TRF4, a cujas jurisdições se encontram vinculadas as Justiças Federais de Minas Gerais e de Santa Catarina, respectivamente), cuja amostra de análise se restringiu apenas às demandas judiciais originadas nesses dois estados brasileiros.

Para se aproximar do período reportado pelo *Atlas Brasileiro de Desastres Naturais: 1991 a 2012* (CEPED UFSC, 2013a), o recorte temporal da pesquisa abrangeu acórdãos julgados a partir de 1991 até novembro de 2018, pois considerou que o julgamento pelos tribunais está sujeito ao lapso temporal de alguns anos, podendo haver casos de inundações ocorridas até 2012 que ainda estejam pendentes de julgamento no presente.

A pesquisa de "Jurisprudência" foi realizada a partir dos sítios eletrônicos dos próprios Tribunais analisados: (i) TJMG (http://www.tjmg.jus.br); (ii) TJSC (https://www.tjsc.jus.br); (iii) TRF1 (http://portal.trf1.jus.br); (iv) TRF4 (https://www.trf4.jus.br); (v) STJ (http://www.stj.jus.br); (vi) STF (http://www.stf.jus.br).

Para a realização das buscas eletrônicas dos "acórdãos", foram inseridas as seguintes palavras-chave e conectores boleanos no campo específico "Ementa/Indexação": (i) "responsabilidade civil" e inundação; (ii) "responsabilidade civil" e enchente; (iii) "responsabilidade civil" e alagamento; (iv) "responsabilidade civil" e enxurrada.

Para padronização da análise, todos os acórdãos considerados relevantes foram tabelados[8]. Foram excluídos da análise: (i) casos que se referissem ao evento de inundação/enchente, alagamento ou enxurrada meramente no âmbito da responsabilidade civil contratual; (ii) alagamentos causados pelo rompimento de barragens de rejeitos de mineração; (iii) eventos danosos não relacionados ao índice pluviométrico; (iv) inundação ou alagamento para instalação de barragens de hidrelétricas; (v) casos em que era discutida a responsabilidade civil pela falta de serviços, como energia e telefonia, decorrentes de chuvas.

Foram contemplados casos nos quais se discutiu, para fins de determinação de danos indenizáveis, se a conduta estatal – omissiva ou comissiva – havia contribuído ou não para a ocorrência do evento. Casos envolvendo a responsabilidade de seguradoras no ressarcimento de danos causados por inundação também foram incluídos, uma vez que o seguro é um caminho para a redução da dependência na responsabilidade civil do Estado para compensação de perdas decorrentes de inundações no futuro.

Discussão da pesquisa jurisprudencial

Tribunal de Justiça de Minas Gerais (TJMG)

Com a adoção dos critérios citados acima, excluindo-se os acórdãos repetidos, a pesquisa jurisprudencial realizada no sítio eletrônico do Tribunal de Justiça do Estado de Minas Gerais resultou em 331 acórdãos. Muitos, porém, não tinham relevância para o escopo da presente pesquisa, motivo pelo qual apenas 69 desses foram tabelados.

Quase a totalidade dos 69 acórdãos analisados trataram da responsabilidade civil do Estado por dano[9], por meio de um nexo causal fático.

---

8. A tabulação abrangeu as seguintes informações: (i) características do acórdão (número do processo, classe processual, polo ativo, polo passivo, relator, turma, resultado, votação, data de julgamento, ementa); (ii) evento hidrológico (referido na ementa e vislumbrado); (iii) responsabilidade (Estado ou particular, ação ou omissão, por dano ou risco, nexo causal fático ou jurídico, descrição da conduta, objetiva ou subjetiva, existência de força maior, culpa da vítima ou fato de terceiro, incidência de excludente de responsabilidade e redução do *quantum* indenizatório).

9. Apenas um acórdão tratou de responsabilidade civil por risco, que tratava de Ação Civil Pública ajuizada face ao Município de Contagem (MG), com o objetivo de obrigá-lo à adequação do sistema de esgotamento de águas pluviais (Apelação Cível nº 1.0079.13.072859-9/001, TJ-MG, 3ª Câmara Cível, Rel. Des. Judimar Biber, j. 26/11/2015).

Dentre eles, apenas dois faziam referência, e não exclusiva, a caso de ação estatal[10]. Ou seja, 100% dos acórdãos referiam-se à omissão estatal. Desses, 18 acórdãos (27%) trataram a responsabilidade civil do Estado como objetiva, sendo que em um desses, o voto divergente, entendeu pela aplicação da responsabilidade subjetiva[11]; 42 (60%) atribuíram aos casos a doutrina da responsabilidade subjetiva por "faute du service"[12], entendendo que, em casos de omissão estatal, o nexo causal deveria estar ligado à imprudência, imperícia ou negligência da Administração; 9 (13%) dos acórdãos não deixaram explícito se o julgador empregou a teoria objetiva ou subjetiva.

No que diz respeito aos resultados dos julgados, foram notadas significativas diferenças entre aqueles que adotaram a responsabilidade subjetiva e aqueles que adotaram a responsabilidade objetiva do Estado. No primeiro caso, 34 (80%) acórdãos entenderam pela responsabilização civil do Estado por danos, em virtude de sua conduta omissiva, enquanto apenas 8 (20%) excluíram a responsabilidade da Administração. Já quando adotada a responsabilidade objetiva, 7 (45%) excluíram a responsabilidade da Administração e apenas 10 (55%) deram procedência à reparação civil aos particulares.

---

10. Apelação Cível nº 1.0027.08.176485-7/001, TJMG, 3ª Câmara Cível, Rel. Des. Kildare Carvalho, j. 21/02/2013. Apelação Cível nº 1.0543.08.006051-9/001, TJMG, 8ª Câmara Cível, Rel. Des. Elpídio Donizetti, j. 04/04/2013.

11. Apelação Cível nº 1.0027.08.176485-7/001, TJMG, 3ª Câmara Cível, Rel. Des. Kildare Carvalho, j. 21/02/2013.

12. Importante destacar que 1 acórdão adotou a teoria do "faute du service", mas a definiu como modalidade de responsabilidade objetiva do Estado: APELAÇÃO CÍVEL - CONSTITUCIONAL - RESPONSABILIDADE DA ADMINISTRAÇÃO PÚBLICA POR OMISSÃO - INUNDAÇÃO - EVENTO DA NATUREZA - AUSÊNCIA DE COMPROVAÇÃO DA ALEGADA FALHA NA PRESTAÇÃO DO SERVIÇO - INEXISTÊNCIA DE NEXO CAUSAL INDENIZAÇÃO - IMPROCEDÊNCIA DO PEDIDO - CONFIRMAÇÃO DA SENTENÇA.- A responsabilidade extracontratual do Estado, nos casos de danos ocasionados por omissão do Poder Público, encontra solução na denominada Teoria da Culpa Administrativa - "Faute Du Service" -, modalidade de responsabilidade civil objetiva, cumprindo àquele que sofreu o alegado dano comprovar o nexo causal entre o revés sofrido e a falha na prestação do serviço a cargo do Estado. - Não se exonerando o autor de se ônus, quanto à demonstração de que a inundação em imóvel de sua propriedade - evento da natureza - teria sido evitada acaso realizadas obras razoavelmente exigíveis da Administração Pública, é caso de improcedência do pleito indenizatório.- A inversão do ônus da prova consubstancia regra de julgamento, de modo que, ausente o fundamento jurídico para aplicação do instituto, as provas devem ser analisadas segundo o ônus estabelecido no art. 333, do CPC. Inaplicabilidade ao caso concreto da Teoria da Distribuição Dinâmica do Ônus da Prova.- Recurso não provido. (Apelação Cível nº 1.0145.07.396052-1/001, TJMG, 6ª Câmara Cível, Rel. Des. Corrêa Junior, j. 25/06/2013).

Ou seja, a escolha da teoria da responsabilidade civil impactou diretamente a procedência ou não do pedido. Quando se cuida da responsabilidade objetiva, quase metade dos julgados entendeu que o nexo causal não foi comprovado entre a conduta omissiva do Estado e os danos aos particulares[13]. Por outro lado, 80% dos casos em que foi escolhida a responsabilidade subjetiva, pela "faute du service", a conduta omissiva do Estado foi entendida como negligência da Administração, caracterizando sua culpa, ligando-a diretamente aos danos provocados e caracterizando, assim, o nexo causal.

Outro ponto interessante na análise dos julgados foi em relação ao reconhecimento de força maior por desastres naturais, em virtude de altos índices pluviométricos. Apenas 15 (22%) reconheceram a incidência de força maior, contra 54 (78%) que entenderam que, mesmo com chuvas fortes, seus estragos e consequências poderiam ter sido previstos. Ainda, desses 15 acórdãos, apenas 11 entenderam a força maior como excludente de responsabilidade. Os outros 4 entenderam que a Administração pública deve responder pelos danos causados por força maior, quando sua omissão teria sido capaz de inibir os efeitos dos eventos da natureza, não sendo, portanto, excludente de responsabilidade:

> A Administração Pública responde pelos danos causados por eventos da natureza – os de força maior – quando as obras inibitórias omitidas (limpeza dos bueiros, levantamento do meio-fio, etc.) seriam capazes de suplantar a intensidade da ação natural.
>
> Para a falta do serviço, é imprescindível o nexo de causalidade entre a ação omissiva atribuída ao Poder Público e o dano causado a terceiro, com a devida vênia, situação demonstrada nestes autos. (Apelação Cível nº 1.0694.04.019033-2/001, TJMG, 6ª Câmara Cível, Rel. Des. Edilson Olímpio Fernandes, j. 18/04/2006).

Foi possível notar uma baixa precisão nos termos utilizados para os eventos hidrológicos nas ementas dos acórdãos analisados e aqueles que realmente correspondem ao fato concreto, conforme a Classi-

13. Como exemplo, temos o seguinte julgado: APELAÇÃO CÍVEL - INDENIZAÇÃO - MUNICÍPIO DE PATOS DE MINAS - RESPONSABILIDADE OBJETIVA - INUNDAÇÃO DE RESIDÊNCIA - ALEGADA IRREGULARIDADE NA MANUTENAÇÃO DO SERVIÇO DE REDE PLUVIAL - NEXO DE CAUSALIDADE NÃO COMPROVADO RESPONSABILIDADE DO MUNICÍPIO NÃO CONFIGURADA - RECURSO PROVIDO. (Apelação Cível nº 1.0480.009836-1/001, TJMG, 6ª Câmara Cível, Rel. Des. Edilson Olímpio Fernandes, j. 26/06/2018).

ficação e Codificação Brasileira de Desastres (Cobrade). Foram identificados 47 acórdãos que tratavam de inundações na ementa. Desses, apenas 4 realmente correspondiam a inundações, sendo que, em 36 deles, seria compreensível a utilização do termo "alagamento" e, em 11 deles, "enxurrada".

Por fim, as falhas de serviço mais abundantes nos julgados foram relacionadas à deficiência das redes de drenagem, que constaram em 66 (95%) acórdãos, seja por número insuficiente de bocas de lobo e bueiros ou por sua falta de manutenção e limpeza. Em segundo lugar, vieram questões ligadas aos cursos d'água, identificadas em 11 (15%) acórdãos, como desassoreamento de córregos, ou inexistência ou falta de manutenção de obras de canalização, e, finalmente, as falhas de fiscalização, que foram mencionadas em 7 (10%) acórdãos.

Tribunal de Justiça de Santa Catarina (TJSC)

Partindo dos mesmos critérios, excluindo-se os acórdãos repetidos, a pesquisa jurisprudencial realizada no sítio eletrônico do Tribunal do Estado de Santa Catarina resultou em 110 acórdãos, dentre os quais 54 foram tabelados.

Somente 1 acórdão discutiu sobre a responsabilidade da seguradora pela indenização dos danos causados (TJSC, Recurso Inominado n. 1020851-77.2013.8.24.0023, da Capital - Eduardo Luz, rel. Des. Cláudio Eduardo Regis de Figueiredo e Silva, 1ª Turma de Recursos, j. 25/05/2017). Nesse caso, considerou-se que o risco de inundação não se incluía na cobertura contratada, que abrangia apenas "danos materiais diretamente resultantes dos riscos de incêndio, inclusive decorrente de tumultos, raio e explosões de qualquer natureza e danos elétricos". Apesar de empregar o termo *inundação* na ementa, o referido acórdão não explicitou se se tratava de evento pluviométrico. Esse foi o único acórdão dos 54 selecionados do TJSC que atribuiu a incidência de responsabilidade civil com base em um nexo causal de natureza jurídica – todos os demais basearam-se em nexos de causalidade de natureza fática, atribuindo ao réu uma conduta fática de colaboração com a produção do dano.

Dentre os 53 acórdãos do TJSC relacionados à responsabilidade civil do Estado, apenas 6 referiam-se exclusivamente a casos de ação estatal. Os 47 acórdãos restantes referiam-se a situações de omissão estatal. Dentre os casos relacionados à omissão estatal, apenas 12 acórdãos declararam tratar-se de responsabilidade civil objetiva. Dos 36 acórdãos restantes, 3 não deixaram explícito se o julgador empregou a teoria objetiva ou subjetiva e 33 adotaram a teoria subjetiva.

Apesar de a maioria dos casos de omissão estatal ter sido resolvida com a aplicação da teoria da responsabilidade subjetiva (33 acórdãos, equivalentes a 70% dos casos de omissões estatais), por influência da ampla aplicação da teoria da falha de serviço, é perceptível uma quantidade expressiva de casos cuja omissão estatal deu origem à responsabilidade objetiva (12 acórdãos, equivalentes a 25% dos casos de omissões estatais). Convém notar que, apesar de fazer referência à aplicação da teoria objetiva, alguns julgadores fazem referência ao descumprimento de deveres do poder público, como o de "inspecionar e revisar a tubulação, bem como coibir as infrações efetuadas por maus usuários do sistema", o que poderia ser considerada uma falha de serviço público, apta à aplicação da teoria subjetiva (TJSC, Apelação Cível n. 0001731-67.2010.8.24.0218, de Catanduvas, rel. Des. Denise Volpato, 6ª Câmara de Direito Civil, j. 25/04/2017).

Dentre os acórdãos que aplicaram a responsabilidade objetiva a casos de omissão estatal, 5 atingiram essa conclusão após classificar a omissão como específica[14]. De todos os 110 acórdãos pesquisados no TJSC, 7[15] diferenciaram a omissão específica da omissão genérica, para aplicar a teoria da responsabilidade objetiva à primeira e a teoria da responsabilidade subjetiva à segunda. Desses 7 acórdãos, 3 são de 2018 e os demais dos anos de 2013, 2014, 2015 e 2017, o que parece apontar para uma adoção cada vez maior dessa abordagem, apesar de ser ainda minoritária.

---

14. TJSC, Apelação Cível n. 0031621-43.2009.8.24.0038, de Joinville, rel. Des. Odson Cardoso Filho, Quarta Câmara de Direito Público, j. 22-03-2018; TJSC, Apelação Cível n. 0013089-47.2011.8.24.0039, de Lages, rel. Des. Vera Lúcia Ferreira Copetti, Quarta Câmara de Direito Público, j. 22-03-2018; TJSC, Apelação Cível n. 0000991-30.2013.8.24.0081, de Xaxim, rel. Des. Carlos Adilson Silva, Primeira Câmara de Direito Público, j. 05-09-2017; TJSC, Apelação Cível n. 2011.048611-8, de Blumenau, rel. Des. Carlos Adilson Silva, Primeira Câmara de Direito Público, j. 29-07-2014; TJSC, Apelação Cível n. 2012.011396-4, de Orleans, rel. Des. Gaspar Rubick, Primeira Câmara de Direito Público, j. 13-08-2013.

15. TJSC, Apelação Cível n. 2011.048611-8, de Blumenau, rel. Des. Carlos Adilson Silva, Primeira Câmara de Direito Público, j. 29-07-2014; TJSC, Apelação Cível n. 2012.011396-4, de Orleans, rel. Des. Gaspar Rubick, Primeira Câmara de Direito Público, j. 13-08-2013; TJSC, Apelação Cível n. 2011.043225-6, de Urussanga, rel. Des. Júlio César Knoll, Terceira Câmara de Direito Público, j. 21-07-2015; TJSC, Apelação Cível n. 0006624-19.2010.8.24.0019, de Concórdia, rel. Des. Ricardo Roesler, Terceira Câmara de Direito Público, j. 24-04-2018; TJSC, Apelação Cível n. 0013089-47.2011.8.24.0039, de Lages, rel. Des. Vera Lúcia Ferreira Copetti, Quarta Câmara de Direito Público, j. 22-03-2018; TJSC, Apelação Cível n. 0000991-30.2013.8.24.0081, de Xaxim, rel. Des. Carlos Adilson Silva, Primeira Câmara de Direito Público, j. 05-09-2017; TJSC, Apelação Cível n. 0031621-43.2009.8.24.0038, de Joinville, rel. Des. Odson Cardoso Filho, Quarta Câmara de Direito Público, j. 22-03-2018.

Além disso, também foi possível identificar uma tendência muito maior à aplicação de excludentes de responsabilidade em casos de omissão estatal e de aplicação da teoria de responsabilidade subjetiva. É perceptível, também, certa resistência da jurisprudência catarinense a determinar o abatimento do valor indenizatório por reconhecimento de concorrência entre a conduta estatal e força maior, culpa da vítima ou fato de terceiro para a ocorrência do dano, uma vez que tais casos são muito menos numerosos que os de aplicação da excludente de responsabilidade ou de sua total rejeição. Na Apelação Cível n. 2005.013410-0, por exemplo, o acórdão reconheceu a existência de "excesso de precipitação pluviométrica", mas impôs ao município a indenização integral pelos danos sofridos, em vista da falta de limpeza da galeria pluvial e o desassoreamento do rio (TJSC, Apelação Cível n. 2005.013410-0, de Concórdia, rel. Des. Jaime Ramos, Segunda Câmara de Direito Público, j. 16-08-2005).

Em relação à aplicação da teoria da falha de serviço, dentre os acórdãos selecionados do TJSC, poucas referências foram feitas à inversão do ônus da prova da falha na prestação do serviço público em favor da vítima[16], ao contrário do que tem defendido a doutrina pátria. Em diversos casos, foi possível identificar trechos nos quais os julgadores atribuíam ao administrado o ônus da prova da omissão estatal:

> "O Estado tanto pode responder pelo dano causado em razão da responsabilidade objetiva consagrada no art. 37, § 6º, da Constituição da República (se a atividade da qual decorreu o gravame foi lícita) como pela teoria subjetiva da culpa (se a atividade for ilícita ou em virtude de "faute du service"). [...] Inexistiu nos autos qualquer evidência de que houvesse acú-

16. "Este Colegiado, seguindo a orientação jurisprudencial, entendeu que a responsabilidade objetiva prevista no dispositivo legal supramencionado abrange, além dos atos comissivos, também aqueles omissivos do Poder Público. Confira-se decisão proferida no julgamento da Apelação Cível n. 2011.055681-7, de Videira, com relatoria do Des. Newton Trisotto, em 13.3.2012. Assim, 'em se tratando de arguição de responsabilidade do Município com substrato no risco administrativo, não se faz necessária, por parte do lesado, a investigação da culpa do agente público. Basta-lhe somente a prova do evento danoso e da relação de causalidade com a atividade administrativa. O Poder Público, conforme aventado, apenas se exime do dever de ressarcir se restar comprovado uma causa excludente, isto é, que o evento lesivo ocorreu por culpa do lesado ou de terceiro, caso fortuito ou força maior'. (Apelação Cível n. 2013.028925-9, de Campos Novos, Relator: Des. Luiz Cézar Medeiros, j. em 23.7.2013)" (TJSC, Apelação Cível n. 2012.011396-4, de Orleans, rel. Des. Gaspar Rubick, Primeira Câmara de Direito Público, j. 13-08-2013).

mulo de lixo e detritos nas galerias e bocas de logo de forma a contribuir para a causa da enchente. Não há que se falar, portanto, em mau funcionamento do serviço de limpeza do Município" (TJSC, Apelação Cível n. 2015.025986-7, de Concórdia, rel. Des. Pedro Manoel Abreu, Terceira Câmara de Direito Público, j. 01-03-2016).

"Aos autores cabia a comprovação do nexo causal entre a pretensa conduta omissiva do Município de Camboriú e os danos experimentados, para possibilitar o acolhimento da pretensão deduzida, ônus do qual não se desincumbiram" (TJSC, Apelação Cível n. 0081957-20.2009.8.24.0113, de Camboriú, rel. Des. Luiz Fernando Boller, Primeira Câmara de Direito Público, j. 01-08-2017).

"(...) deveria o requerente ter realizado provas concretas de que a inundação em sua residência ocorreu tão-somente em razão de defeito na rede pública de esgoto" (TJSC, Apelação Cível n. 2008.074708-5, de Campos Novos, rel. Des. Sérgio Roberto Baasch Luz, Primeira Câmara de Direito Público, j. 27-02-2009).

"(...) ainda que tenha havido força maior determinada pela ação da natureza (chuva intensa) o Município responde subjetivamente, em face da culpa stricto sensu de seus agentes, pela indenização dos danos decorrentes de sua omissão (comportamento negativo), cabendo a quem reclama a reparação dos prejuízos provar: a) a ocorrência da omissão; b) a culpa da Administração Municipal; e c) o nexo causal entre a omissão (falta do serviço) e os danos experimentados". (TJSC, Apelação Cível n. 2005.013410-0, de Concórdia, rel. Des. Jaime Ramos, Segunda Câmara de Direito Público, j. 16-08-2005).

"(...) a Administração responde pelos danos que seus agentes, nesta qualidade, causarem a terceiros, independentemente de culpa (objetiva); todavia, este critério de apuração da culpa não tem aplicação no ato omissivo do Poder Público, devendo a vítima comprovar objetivamente o defeito no serviço ou a sua inexistência" (TJSC, Apelação Cível n. 2002.012378-7, de Porto União, rel. Des. Rui Fortes, Terceira Câmara de Direito Público, j. 07-11-2003).

Por fim, cumpre destacar que as falhas de serviço mais abundantes nos julgados foram relacionadas às deficiências nas redes de drenagem (42 acórdãos do TJSC), na fiscalização (6 acórdãos do TJSC) e na realização de desassoreamento de rios (4 acórdãos do TJSC). Relacionados aos casos de deficiências nas redes de drenagem, foram encontrados muitos julgados que atrelavam os problemas da rede de drenagem a problemas em redes de esgoto (9 acórdãos do TJSC)[17], situações em que eventos pluviométricos intensos ocasionaram invasão de esgoto público em propriedades particulares. A relação entre esses dois temas foi explicada nos seguintes termos em um dos acórdãos pesquisados:

> "Em cidades onde a infraestrutura contempla as redes de água pluvial e esgotamento sanitário, os problemas de enchentes não afetam a rede de esgoto, pois estas são independentes, evitando, assim, o mau cheiro e/ou o retorno de esgoto nas tubulações nos dias de chuva. [...] O Município de Zortéa, como na maioria dos municípios brasileiros, não tem sistema de esgotamento sanitário, sendo que o esgoto doméstico atualmente é lançado em fossas, sumidouros, redes de águas pluviais ou a céu aberto em sangas e córregos. Os problemas de enchentes, nestes casos, agravam-se, pois é misturado o lançamento das águas pluviais com o esgotamento sanitário" (TJSC, Apelação Cível n. 2010.045142-8, de Campos Novos, rel. Des. Carlos Adilson Silva, Terceira Câmara de Direito Público, j. 06-09-2011).

Tribunal Regional Federal da 1ª Região (TRF1)

A partir dos critérios metodológicos já estabelecidos, excluindo-se os acórdãos repetidos, a pesquisa jurisprudencial realizada no sítio eletrônico do TRF1 resultou em 7 acórdãos, dos quais 4 tinham por origem a Justiça Federal de Minas Gerais. Desses, 1 acórdão[18] foi ex-

---

17. Nesse sentido: TJSC, Apelação Cível n. 0001731-67.2010.8.24.0218, de Catanduvas, rel. Des. Denise Volpato, Sexta Câmara de Direito Civil, j. 25-04-2017; TJSC, Apelação Cível n. 2011.092535-9, da Capital, rel. Des. Vanderlei Romer, Primeira Câmara de Direito Público, j. 13-12-2011; TJSC, Apelação Cível n. 2008.003773-3, de Brusque, rel. Des. Rodrigo Collaço, Quarta Câmara de Direito Público, j. 03-11-2011; TJSC, Apelação Cível n. 2009.035369-2, de São Miguel do Oeste, rel. Des. Ricardo Roesler, Segunda Câmara de Direito Público, j. 05-10-2010; TJSC, Apelação Cível n. 2008.074708-5, de Campos Novos, rel. Des. Sérgio Roberto Baasch Luz, Primeira Câmara de Direito Público, j. 27-02-2009; TJSC, Apelação Cível n. 2006.006696-5, de Lages, rel. Des. José Volpato de Souza, Quarta Câmara de Direito Público, j. 19-06-2008; TJSC, Apelação Cível n. 2002.027577-3, de São Francisco do Sul, rel. Des. Rui Fortes, Terceira Câmara de Direito Público, j. 15-12-2003; TJSC, Apelação Cível n. 2013.055193-0, de Lages, rel. Des. João Henrique Blasi, Segunda Câmara de Direito Público, j. 16-09-2014; TJSC, Apelação Cível n. 2011.046663-5, de Indaial, rel. Des. Vanderlei Romer, Primeira Câmara de Direito Público, j. 11-10-2011.

18. TRF1, AC 0005654-46.2000.4.01.3801, Rel. Juiz Federal Convocado Rodrigo Navarro de Oliveira, 5ª Turma Suplementar, j. 09/08/2011.

cluído por cuidar de responsabilidade civil contratual, remanescendo apenas 3 acórdãos[19], considerados relevantes para a análise.

Todos os acórdãos analisados do TRF1 reconheceram a responsabilidade civil extracontratual do Estado por danos causados por omissão estatal, 2 deles[20] valendo-se da teoria subjetiva e 1 acórdão[21] da teoria objetiva. Além disso, todos eles se basearam em nexos de causalidade de natureza fática, atribuindo ao agente estatal uma conduta fática de colaboração com a produção do dano.

No tocante às condutas omissivas estatais, foram vislumbradas nos acórdãos analisados as seguintes falhas de serviço ("faute du service"), que resultaram em danos decorrentes ou associados a inundações, enchentes ou alagamentos: (i) depósito de terra realizado pelo Departamento Nacional de Infraestrutura de Transportes (DNIT), sem planejamento, às margens da rodovia, quando da construção de um viaduto no local, nas proximidades da residência do autor, bem como falha na prestação do serviço de escoamento e drenagem de águas pluviais pelo Município de Uberaba, ante a previsibilidade de inundação de imóvel em perímetro urbano no período anual de chuvas excessivas (responsabilidade subjetiva); (ii) deixar o INSS de promover a restauração dos autos de processo administrativo previdenciário, que foram destruídos por conta de uma enchente que atingiu o prédio da agência de Itajubá/MG no ano 2000 (responsabilidade subjetiva, ainda que vislumbrada "omissão específica"[22], contrariamente ao defendido por parte da doutrina); (iii) deixar o extinto Departamento Nacional de Saneamento (DNOS) de concluir as obras iniciadas em propriedade rural particular nos moldes do Projeto de Recuperação de Terras na Área Bacia do Rio Sapucaí (responsabilidade objetiva).

---

19. TRF1, AC 0001997-15.2008.4.01.3802/MG, Rel. Des. Fed. Jirair Aram Meguerian, 6ª Turma, j. 06/08/2018; TRF1, AC 0010944-28.2002.4.01.0000/MG, Rel. Des. Fed. João Batista Moreira, 5º Turma, j. 14/07/2010; TRF1, AC 0005569-86.2007.4.01.3810/MG, Rel. Juiz Federal Convocado Henrique Gouveia da Cunha, 2ª Câmara Regional Previdenciária de Minas Gerais, j. 27/11/2017.

20. TRF1, AC 0001997-15.2008.4.01.3802/MG, Rel. Des. Fed. Jirair Aram Meguerian, 6ª Turma, j. 06/08/2018; TRF1, AC 0005569-86.2007.4.01.3810/MG, Rel. Juiz Federal Convocado Henrique Gouveia da Cunha, 2ª Câmara Regional Previdenciária de Minas Gerais, j. 27/11/2017.

21. TRF1, AC 0010944-28.2002.4.01.0000/MG, Rel. Des. Fed. João Batista Moreira, 5º Turma, j. 14/07/2010.

22. TRF1, AC 0005569-86.2007.4.01.3810/MG, Rel. Juiz Federal Convocado Henrique Gouveia da Cunha, 2ª Câmara Regional Previdenciária de Minas Gerais, j. 27/11/2017.

Na Apelação Cível n. 0001997-15.2008.4.01.3802/MG, por exemplo, considerou-se que, em sendo fato previsível à administração municipal a situação de inundação de imóvel em perímetro urbano no período anual de chuvas excessivas, caberia a ela implementar políticas públicas visando evitar consequências danosas ao administrado.

Tribunal Regional Federal da 4ª Região (TRF4)

Aplicados os critérios metodológicos já estabelecidos, excluindo-se os acórdãos repetidos, a pesquisa jurisprudencial realizada no sítio eletrônico do TRF1 resultou em 24 acórdãos, dos quais 8 tinham como origem a Justiça Federal de Santa Catarina[23]. Desses, foram excluídos 2 acórdãos, 1 deles por tratar de responsabilidade civil por danos ambientais não relacionados a eventos hidrológicos extremos (TRF4, AC 5012818-55.2012.4.04.7201/SC, 3ª Turma, Rel. Carlos Eduardo Thompson Flores Lenz, j. 08/10/2014) e 1 outro por cuidar de responsabilidade civil contratual (TRF4, AI 2009.04.00.015615-5/SC, 2ª Turma, Rel. Otávio Roberto Pamplona, j. 14/07/2009), remanescendo, ao todo, 6 acórdãos, considerados relevantes para a análise.

Dos 6 acórdãos analisados do TRF4, todos cuidaram de responsabilidade civil extracontratual do Estado por danos causados por omissão estatal, embora em 1 deles tenha sido "verificado o nexo causal entre os danos e a atuação/omissão do DNIT" (ApelReex 5018211-95.2011.4.04.7200/SC, 4ª Turma, Rel. Cândido Alfredo Silva Leal Junior, 17/11/2015), seja pela mudança da drenagem em função das obras de duplicação da BR-101, seja pela ausência de estratégia para contenção e escoamento de água. Além disso, todos eles se basearam em nexos de causalidade de natureza fática, atribuindo ao agente estatal uma conduta fática de colaboração com a produção do dano. Contudo, 1 deles aplicou simultaneamente ao caso as excludentes de responsabilidade da força maior e da culpa exclusiva da vítima relativa-

23. TRF4, AC 5012818-55.2012.4.04.7201/SC, 3ª Turma, Rel. Carlos Eduardo Thompson Flores Lenz, j. 08/10/2014; TRF4, AI 2009.04.00.015615-5/SC, 2ª Turma, Rel. Otávio Roberto Pamplona, j. 14/07/2009; TRF4, AC 5013996-27.2012.4.04.7205/SC, 4ª Turma, Rel. Vivian Josete Pantaleão Caminha, j. 03/12/2013; TRF4, AC 5009834-72.2010.4.04.7200/SC, 3ª Turma, Rel. Maria Lúcia Luz Leiria, j. 25/01/2012; TRF4, AC 2004.04.01.019320-5/SC, 3ª Turma, Rel. Vânia Hack de Almeida, j. 20/03/2006; TRF4, ApelReex 5018211-95.2011.4.04.7200/SC, 4ª Turma, Rel. Cândido Alfredo Silva Leal Junior, 17/11/2015; TRF4, ApelReex 5003474-79.2014.4.04.7201/SC, 3ª Turma, Rel. Salise Monteiro Sanchotene, j. 08/04/2015; TRF4, ApelReex 5012814-55.2011.4.04.7200/SC, 4ª Turma, Rel. Cândido Alfredo Silva Leal Junior, j. 16/10/2012.

mente à não reconstituição de procedimento administrativo do INSS extraviado pela enchente ocorrida em 2008 no Vale do Itajaí, tida como evento imprevisível, "já que pouco ou nada é possível se fazer para evitar ou impedir os danos dela decorrentes" (TRF4, AC 5013996-27.2012.4.04.7205/SC, 4ª Turma, Rel. Vivian Josete Pantaleão Caminha, j. 03/12/2013).

Chama a atenção que, dos 6 acórdãos analisados, apenas 1 deles[24] (17%) tenha adotado a teoria subjetiva (dependente da comprovação do dolo ou culpa em sentido estrito do agente estatal, esta última sob a forma de negligência, imperícia ou imprudência), ao passo que 5 deles (83%) adotaram a teoria objetiva (responde-se independentemente da existência de culpa, o que não quer dizer que não possa haver culpa do agente estatal no caso concreto), conforme se depreende dos seguintes julgados:

> RESPONSABILIDADE CIVIL OBJETIVA. DNIT. ACIDENTE DE TRÂNSITO. OMISSÃO. 1. A responsabilidade civil do Estado será sempre objetiva, independentemente se o fato ilícito é omissivo ou comissivo. 2. O Estado não verificou que o

24. "AÇÃO INDENIZATÓRIA. DANOS MATERIAIS E MORAIS. ALAGAMENTO NA PROPRIEDADE DO AUTOR, CAUSADO POR ENCHENTE. CANALIZAÇÃO QUE CEDEU EM FACE DO TRÁFEGO NA RODOVIA. RESPONSABILIDADE SUBJETIVA DA CONDUTA OMISSIVA. - Quanto ao dano material, resta devidamente comprovada a sua existência, quer seja pelas fotos carreadas aos autos, quer pela documentação juntada, bem como pela fita de vídeo gravada pelo próprio autor. - Nas proximidades da casa do autor, havia um bueiro, construído de zinco, o qual vinha 'cedendo', com o que o asfalto abaixava, sendo que o DNER apenas cobria com camada de asfalto. Com a enchente, a casa do autor ficou inundada, sendo que a água danificou todos os móveis e instrumentos musicais do autor. - Analisadas as provas produzidas (inclusive perícia), restou comprovado que o suposto estreitamento do bueiro teria sido o responsável pelo alagamento. Foi verificada a conduta omissiva do órgão estatal responsável, qual seja o DNER, hoje sucedido pela União. - Tratando-se de ato omissivo do poder público, a responsabilidade civil por esse ato é subjetiva, pelo que exige dolo ou culpa, em sentido estrito, esta numa de suas três vertentes - a negligência, a imperícia ou a imprudência - não sendo, entretanto, necessário individualizá-la, dado que pode ser atribuída ao serviço público, de forma genérica, a falta do serviço. - Quanto aos danos morais, a prova demonstrou que a residência do requerente foi invadida pelas águas no ribeirão que transbordou, ato previsível diante da ausência dos reparos necessários no canal e por tanto tempo suplicados pelo demandante e seus vizinhos. Viu ele e sua família o lar invadido por águas infectas, boiando todo o seu patrimônio, inundando de lama sua casa, obrigando-os a deixar sua residência, abandonando todo o patrimônio. A dor e o sofrimento desse episódio são intensos. A reparação deve ser proporcional (TRF4, AC 2004.04.01.019320-5/SC, 3ª Turma, Rel. Vânia Hack de Almeida, j. 20/03/2006).

> dreno cego da pista não funcionava adequadamente, o que ocasionou alagamento desta e posterior acidente de veículo, que culminou com a morte do ex-companheiro da autora, pai e padrasto dos outros autores. Assim, houve negligência estatal na manutenção da pista, que somente foi "consertada" após o acidente ora tratado (TRF4, ApelReex 5003474-79.2014.4.04.7201/SC, 3ª Turma, Rel. Salise Monteiro Sanchotene, j. 08/04/2015, g.n.).

> RESPONSABILIDADE CIVIL OBJETIVA. ECT. DANIFICAÇÃO DE CORRESPONDÊNCIA. FALHA NA PRESTAÇÃO DO SERVIÇO. DANO MATERIAL COMPROVADO. 1.- A ECT responde objetivamente pelos danos causados a terceiros, por força do disposto no art. 37, § 6º, da Constituição Federal e nos arts. 14 e 22 do CDC. 2.- As chuvas fortes (e não 'enchente'), que foram as causadoras da danificação do material, não podem ser caracterizadas como caso fortuito ou de força maior, dada a sua previsibilidade e certa frequência (TRF4, AC 5009834-72.2010.4.04.7200/SC, TERCEIRA TURMA, Relatora MARIA LÚCIA LUZ LEIRIA, juntado aos autos em 27/01/2012)

No tocante às condutas omissivas estatais, foram vislumbradas, nos acórdãos analisados, as seguintes falhas de serviço ("faute du service"), que, em tese, teriam resultado em danos decorrentes ou associados a inundações, enchentes ou alagamentos: (i) falha do INSS em seu dever de zelar pela guarda de processo administrativo extraviado em decorrência das enchentes ocorridas em 2008 no Vale do Itajaí; (ii) falha na prestação de serviço da ECT em virtude da danificação de correspondência de terceiro pelas fortes chuvas ocorridas na madrugada de 18/05/2010 para 19/05/2010; (iii) falta de manutenção adequada no canal e pista asfáltica responsável pelo transbordamento das águas infectas do Ribeirão Carvalho, inundando a residência do autor situada perto de um bueiro de zinco; (iv) ausência de estratégia pelo DNIT para contenção e escoamento da água, e ineficiência da drenagem estabelecida com as obras de duplicação da BR-101; (v) falha de fiscalização pelo DNIT, que não verificou que o dreno cego da pista não funcionava adequadamente, ocasionando alagamento e posterior acidente de veículo que culminou em três mortos.

Superior Tribunal de Justiça (STJ)

A partir dos critérios metodológicos já estabelecidos, excluindo-se os acórdãos repetidos, a pesquisa jurisprudencial realizada no sítio eletrônico do STJ resultou em 54 acórdãos, dos quais somente 2 eram provenientes do Estado de Minas Gerais e 1 do Estado de Santa Catarina. Desses 3 acórdãos, 2 deles[25] foram excluídos por cuidar de responsabilidade civil extracontratual de agentes privados, remanescendo 1 acórdão[26], considerado relevante, cuja matéria de fundo discutia possível afastamento da responsabilidade civil extracontratual do Estado por omissão diante dos danos decorrentes de reiteradas inundações ocasionadas por chuvas que atingiram estabelecimento comercial de particulares, à luz do conceito de caso fortuito ou força maior, e de eventual ausência de falha de serviço administrativo no tocante ao sistema municipal de captação e escoamento de águas pluviais.

Contudo, sem adentrar a pretendida discussão de mérito, o referido acórdão analisado do STJ sequer conheceu do REsp 147.962/MG interposto pelo Município de Belo Horizonte, porquanto não configurada divergência jurisprudencial entre o acórdão recorrido e os paradigmas trazidos a confronto (ante a falta de similitude fática entre eles), requisito essencial em se tratando de recurso especial fundado no art. 105, III, "c", da Constituição Federal[27] (BRASIL, 1988), além de incabível a reavaliação da matéria fática do conjunto probatório em sede de recurso especial, nos moldes da Súmula n. 7 do STJ (BRASIL, 1990).

Supremo Tribunal Federal (STF)

A partir dos critérios metodológicos já descritos, excluindo-se os acórdãos repetidos, a pesquisa jurisprudencial realizada no sítio eletrônico do STF resultou em 5 acórdãos[28], nenhum deles originados nos estados de Minas Gerais e Santa Catarina, portanto fora da amostra selecionada.

---

25. STJ, REsp 1374342/MG, Rel. Min. Luis Felipe Salomão, 4ª Turma, j. 10/09/2013; STJ, AgInt no AREsp 461.469/SC, Rel. Min. Raul Araújo, 4ª Turma, j. 17/08/2017.

26. STJ, REsp 147.962/MG, Rel. Min. Paulo Gallotti, 2ª Turma, j. 11/04/2000.

27. "Art. 105. Compete ao Superior Tribunal de Justiça: I - julgar, em recurso especial, as causas decididas, em única ou última instância, pelos Tribunais Regionais Federais ou pelos tribunais dos Estados, do Distrito Federal e Territórios, quando a decisão recorrida: [...] c) der a lei federal interpretação divergente da que lhe haja atribuído outro tribunal."

28. STF, ARE 897412 AgR/RS, Rel. Min. Rosa Weber, 1ª Turma, j. 9/09/2015; STF, RE 695887 AgR/PB, Rel. Min. Luiz Fux, 1ª Turma, j. 11/09/2012; STF, AI 460203 AgR/SP, Rel. Min. Joaquim Barbosa, 2ª Turma, j. 25/09/2007; STF, ARE 703148 AgR, Rel. Min. Ricardo Lewandowski, 2ª Turma, j. 16/10/2012. STF, RE 556231 AgR/AL, Rel. Min. Marco Aurélio, 1ª Turma, j. 29/10/2013.

Considerações finais

No contexto da sociedade de risco atual, a responsabilidade civil ambiental adquire um caráter também preventivo, incluindo a ocorrência de desastres. À Administração Pública, institui-se a responsabilidade civil objetiva, por meio do art. 37, § 6º da Constituição Federal (BRASIL, 1988), e do art. 43 do Código Civil (BRASIL, 2012), independendo, portanto, da comprovação da culpa do Estado.

Em casos de conduta omissiva, porém, a maioria da doutrina e da jurisprudência adota a teoria da falha de serviço, ou teoria da culpa administrativa, afirmando que a responsabilidade extracontratual do Estado é subjetiva, conforme se verificou a partir da pesquisa jurisprudencial empreendida. A omissão, portanto, só obrigará a Administração a reparar os particulares quando houver descumprimento de seu dever legal de impedir o dano e quando apresentar a possibilidade de agir. Para isso, deve-se levar em consideração toda a conjuntura do evento, ao lado da realidade tecnológica, cultural, social e econômica, chegando a um nível de expectativa por aquele serviço público, tanto por parte do Estado quanto dos administrados.

Quando se fala de desastres decorrentes de inundações, enchentes, alagamentos ou enxurradas, a omissão estatal ocorre, principalmente, na ausência de desassoreamento de cursos d'água, falta ou defeito de sistemas de coleta de águas pluviais e rompimento ou mau funcionamento de barragens. Nesses casos, a escolha do magistrado pela doutrina da responsabilidade civil objetiva ou subjetiva mostra-se, em sua maioria, determinante para a responsabilização ou não da administração pública. Ainda, é recorrente a discussão sobre excludentes de responsabilidade por força maior, em virtude de precipitações pluviométricas excepcionais. De forma divergente, alguns magistrados entendem pela não configuração da excludente, nos casos em que as obras inibitórias omitidas seriam capazes de suplantar a intensidade da ação natural.

Dessa forma, a análise dos julgados sobre a responsabilização civil do Estado, especialmente em casos de desastres causados por eventos extremos hidrológicos, torna-se fundamental para compreender até que ponto as obrigações estatais podem ser exigidas para prevenção e mitigação de situações de risco, assim como para reparação ou compensação de perdas e danos não evitados, em prol do desenvolvimento sustentável e da construção de instituições eficazes, responsáveis e inclusivas em todos os níveis, assegurado o acesso à justiça para todos, em sintonia com o ODS 16. Decisões judiciais que não olvidam a contribuição do Estado para a ocorrência de desastres e atribuem adequadamente a responsabilidade civil por desastres mistos colaboram para a prevenção de desastres futuros por meio de estímulo à adoção de medidas preventivas pelo gestor público e à construção de cidades mais resilientes, em consonância com o ODS 11.

Referências bibliográficas

BECK, Ulrich. **Sociedade de Risco**: rumo a uma outra modernidade. 2a. ed. São Paulo: Editora 34, 2011.

BRASIL. **Constituição da República Federativa do Brasil de 1988**, de 5 de outubro de 1988. Disponível em: <http://www.planalto.gov.br/ccivil_03/constituicao/constituicaocompilado.htm>. Acesso em: 28 nov. 2018.

_____. **Lei Federal n. 6.938**, de 31 de agosto de 1981. Disponível em: <www.planalto.gov.br/ccivil_03/leis/l6938.htm>. Acesso em: 28 nov. 2018.

_____. **Lei Federal n. 10.406**, de 10 de janeiro de 2002 [Código Civil]. Disponível em: <www.planalto.gov.br/ccivil_03/leis/2002/L10406compilada.htm>. 28 nov. 2018.

BRASIL. Ministério das Cidades; Instituto de Pesquisas Tecnológicas. **Mapeamento de Riscos em Encostas e Margem de Rios.** Celso Santos Carvalho, Eduardo Soares de Macedo e Agostinho Tadashi Ogura, organizadores. Brasília: MCidades, IPT, 2007.

_____. Ministério da Integração Nacional. **Instrução Normativa n. 1**, de 24 de agosto de 2012, e Anexo I. Disponível em: <http://www.mi.gov.br/c/document_library/get_file?uuid=822a4d42-970b-4e80-93f8-daee395a52d1&groupId=301094> e <http://www.editoramagister.com/doc_23667061_INSTRUCAO_NORMATIVA_N_1_DE_24_DE_AGOSTO_DE_2012.aspx>. Acesso em: 29 nov. 2018.

_____. Ministério da Integração Nacional. **Instrução Normativa n. 2**, de 20 de dezembro de 2016, e Anexo V. Disponível em: <www.mi.gov.br/documents/3958478/0/Portaria+MI+2+-+2017+-.pdf/cecc0e2e-48ab-4913-abdb-0dc2bf2547a1> e <http://www.integracao.gov.br/documents/3958478/0/Anexo+V+-+Cobrade_com+simbologia.pdf/d7d8bb0b-07f3-4572-a6ca-738daa95feb0>. Acesso em: 29 nov. 2018.

_____. Ministério da Integração Nacional; Secretaria Nacional de Proteção e Defesa Civil; Centro Nacional de Gerenciamento de Riscos e Desastres. **Anuário brasileiro de desastres naturais**: 2013. Brasília: CENAD, 2014. Disponível em: <www.mi.gov.br/c/document_library/get_file?uuid=fee4007a-ab0b-403e-bb1a-8aa00385630b&groupId=10157>. Acesso em: 29 nov. 2018.

_____. Superior Tribunal de Justiça. **Súmula n. 7**, DJ 3 jul. 1990. Disponível em: <http://www.stj.jus.br/docs_internet/SumulasSTJ.pdf >. Acesso em: 20 fev. 2019.

CAHALI, Yussef Said. **Responsabilidade civil do Estado**. 3. ed. São Paulo: Revista dos Tribunais, 2007.

CARVALHO, Délton Winter de; DAMACENA, Fernanda Dalla Libera. **Direito dos desastres**. Porto Alegre: Livraria do Advogado, 2013

CAVALIERI FILHO, Sergio. **Programa de responsabilidade Civil**. 13 ed. São Paulo: Atlas, 2019.

CEPED UFSC. **Atlas Brasileiro de Desastres Naturais**: 1991 a 2012. 2. ed. Florianópolis: CEPED UFSC, 2013a. Volume Brasil. Disponível em: <https://s2id.mi.gov.br/paginas/atlas/>. Acesso em: 28 nov. 2018.

_____. **Atlas Brasileiro de Desastres Naturais**: 1991 a 2012. 2. ed. Florianópolis: CEPED UFSC, 2013b. Volume Minas Gerais. Acesso em: 28 nov. 2018. Disponível em: <https://s2id.mi.gov.br/paginas/atlas/>. Acesso em: 28 nov. 2018.

_____. **Atlas Brasileiro de Desastres Naturais**: 1991 a 2012. 2. ed. Florianópolis: CEPED UFSC, 2013c. Volume Santa Catarina. Disponível em: <https://s2id.mi.gov.br/paginas/atlas/>. Acesso em: 28 nov. 2018.

DEMANGE, Lia Helena Monteiro de Lima. **Normas ambientais, políticas públicas e prevenção de desastres**: o papel das áreas de preservação permanente. Tese (Doutorado) - Programa de Pós-Graduação em Ciência Ambiental, Instituto de Energia e Ambiente, Universidade de São Paulo, São Paulo, 2018.

DI PIETRO, Maria Sylvia Zanella. **Direito administrativo**. 29. ed. Rio de Janeiro: Forense, 2016.

FENSTERSEIFER, Tiago. Responsabilidade do Estado pelos danos causados às pessoas atingidas pelos desastres ambientais associados às mudanças climáticas: uma análise à luz dos deveres de proteção ambiental do Estado e da proibição de insuficiência na tutela do direito fundamental. In: CONGRESSO INTERNACIONAL DE DIREITO AMBIENTAL, n. 14, 2010, São Paulo. **Anais**... São Paulo: IDPV, 2010, p. 389-420, v. 1.

GOMES, Orlando. **Obrigações**. 16. ed. Rio de Janeiro: Forense, 2005.

LEITE, José Rubens Morato; AYALA, Patryck de Araújo. **Dano Ambiental**: do individual ao coletivo extra- patrimonial: teoria e prática. 3. ed. São Paulo: Revista dos Tribunais, 2010.

LEMOS, Patrícia Faga Iglecias. **Direito ambiental**: responsabilidade civil e proteção ao meio ambiente. 3. ed. São Paulo: Revista dos Tribunais, 2010.

______. **Meio ambiente e responsabilidade civil do proprietário**. 2. ed. São Paulo: Revista dos Tribunais, 2012a.

_____. **Resíduos sólidos e responsabilidade civil pós-consumo**. 2. ed. São Paulo: Revista dos Tribunais, 2012b.

LICCO, Eduardo Antonio; MAC DOWELL, Silvia Ferreira. Alagamentos, Enchentes Enxurradas e Inundações: digressões sobre seus impactos sócio econômicos e governança. **Revista de Iniciação Científica, Tecnológica e Artística**, São Paulo, SENAC, v. 5, n. 3, p. 159-174, dez. 2015. Disponível em:

<www.sp.senac.br/blogs/revistainiciacao/wp-content/uploads/2015/12/110_IC_artigo-.pdf>. Acesso em: 29 nov. 2018.

LOPEZ, Teresa Ancona. **Princípio da precaução e evolução da responsabilidade civil**. São Paulo: Quartier Latin, 2010.

LUCARELLI, Fábio Dutra. Responsabilidade civil por dano ecológico. **Revista dos Tribunais**, v. 700, p. 7–26, 1994.

MACHADO, Paulo Affonso Leme. **Direito ambiental brasileiro**. 24. ed. São Paulo: Malheiros, 2016.

MEIRELLES, Hely Lopes. **Direito administrativo brasileiro**. 42. ed. São Paulo: Malheiros, 2016.

MELLO, Celso Antônio Bandeira de. **Curso de direito administrativo**. 22. ed. São Paulo: Malheiros, 2007.

MIGUEL, Luciano Costa; REZENDE, Élcio Nacur. A solidariedade entre os entes públicos na responsabilização civil por danos ao meio ambiente: a juridicidade da isonomia com os particulares diante das nuanças da atividade administrativa. **Cadernos de Direito**, v. 13, n. 24, p. 35-61, 2013.

MILARÉ, Édis. **Direito do ambiente**: a gestão ambiental em foco. 5 ed. ed. São Paulo: Revista dos Tribunais, 2009.

NAÇÕES UNIDAS. **Transformando Nosso Mundo**: A Agenda 2030 para o Desenvolvimento Sustentável. Tradução: Centro de Informação das Nações Unidas para o Brasil. Rio de Janeiro: UNIC Rio, 2015. Disponível em: <https://nacoesunidas.org/wp-content/uploads/2015/10/agenda2030-pt-br.pdf>. Acesso em: 20 fev. 2019.

NERY JÚNIOR, Nelson. Responsabilidade civil da administração pública: aspectos do direito brasileiro positivo vigente: art. 37, § 6º, da CF/1988 e art. 15 do CC/1916. In: NERY JÚNIOR, Nelson; NERY, Rosa Maria de Andrade (ed.). **Responsabilidade civil**. São Paulo: Revista dos Tribunais, 2010, v. 6 [Responsabilidade civil do Estado], p. 25-41.

PEREIRA, Caio Mário da Silva. **Instituições de direito civil**. 21. ed. Rio de Janeiro: Forense, 2005. v. 5.

STEIGLEDER, Annelise Monteiro. **Responsabilidade civil ambiental**: as dimensões do dano ambiental no direito brasileiro. 2. ed. Porto Alegre: Livraria do Advogado, 2011.

Capítulo VI

Informações voluntárias na produção de conhecimento científico e gestão de desastres

Felipe Augusto Arguello de Souza, Eduardo Mario Mendiondo, Namrata Bhattacharya-Mis, Maria Clara Fava, Ana Carolina Sarmento Buarque, Camilo Restrepo-Estrada, Fernando Girardi de Abreu, Denise Taffarello, Narumi Abe, Marcus Nóbrega, Marina Batalini de Macedo, João Pedro Coelho Belini, Sidgley Camargo de Andrade, Alexandre Cláudio Botazzo Delbem

Introdução

Dentro da atual plataforma de redução de riscos de desastres (UNISDR, 2015) e os Objetivos de Desenvolvimento Sustentável – ODS, diversos sistemas de gestão de dados hidrológicos incorporam novas tecnologias (MCCABE et al., 2017). Apesar desses avanços tecnológicos, realizar previsões em bacias com pouca ou nenhuma medição, mensurar o consumo hídrico e os prejuízos causados por desastres, ainda são desafios encontrados em diversas localidades do planeta (HRACHOWITZ et al., 2013; SIVAPALAN et al., 2003), o que se deve, principalmente, à falta de sensores para realizar medições. Podemos relacionar diversas causas para esse quadro, como o custo de implementação, complexidade de manutenção dos aparelhos, risco de roubo de equipamentos e até mesmo falta de experiência dos gestores públicos. Assim, essa escassez de informações, necessárias tanto para o entendimento do ciclo hidrológico quanto para a elaboração de políticas, levou à busca de soluções para suprir o déficit de dados (HUGHES et al., 2011). Contudo, parte desses déficits podem ser supridos pela população, com base em observações individuais, de maneira a permitir o desenvolvimento científico (SOUZA et al., 2019).

Dessa forma, sabe-se que desde o início do século passado há registros de trabalhos engajando a população em atividades com a finalidade de mapear áreas de risco, monitorar a fauna e auxiliar na elaboração de políticas. Este é o caso do Audubon Society's Christmas Birdcount, projeto que surgiu no início do século XX com a ambição de monitorar aves (GRAINGER, 2017). Este tipo de projeto é definido como Citizen Science (ou Ciência Cidadã), a qual utiliza informações produzidas a partir da observação de cidadãos voluntários para fins científicos (BUYTAERT et al., 2014). Os benefícios de tais iniciativas são inúmeros, e seus resultados ganham destaque nas regiões com poucas medições, pois o engajamento dos cidadãos têm contribuído para o gerenciamento do meio ambiente e dos recursos naturais, desempenhando importante papel na tomada de decisão dentro da esfera pública (MCKINLEY et al., 2017).

Por outro lado, a evolução dos aparelhos celulares e seus aplicativos levaram à transformação das tecnologias de informação e comunicação, trazendo não apenas melhorias para o cotidiano da população, mas também facilitando o modo de coletar informações. Se antes os projetos de ciência cidadã já ganhavam boa aceitação por parte da população, essas tecnologias permitiram a mobilização ainda maior de voluntários (PALACIN-SILVA et al., 2016). Dentre essas tecnologias, destaca-se a associação dos aparelhos celulares ao GPS (*global positioning system*), que permite a produção de informações em tempo real com a incorporação de geolocalização, ou informação geográfica voluntária (GOODCHILD, 2007). Para ilustrar como as informações espaciais podem ser concebidas por meio dessas tecnologias, podemos citar o projeto Citi-Sense-Mob (CASTELL et al., 2014), que desenvolveu uma plataforma própria para coletar dados fornecidos por cidadãos, por meio de aplicativos para celular que monitoram a variação temporal e espacial da qualidade do ar. Paralelamente, há plataformas disponíveis para usuários que queiram iniciar projetos utilizando a ciência cidadã, mas que possam apresentar objetivos distintos, como é o caso do USHAHIDI. Originalmente criada para reportar zonas de violência, a plataforma já foi empregada para finalidades diversas, como monitoramento do meio ambiente, coleta de informações de tráfego de trânsito e mapeamento de prejuízos causados por desastres naturais (MORA, 2011).

Por fim, o objetivo deste capítulo é ilustrar os resultados de trabalhos concluídos e em desenvolvimento por pesquisadores do *Water-Adaptive Design & Innovation lab* (Escola de Engenharia de São Carlos, Universidade de São Paulo), que atuam nas grandes áreas do conhecimento relacionadas às diferentes etapas da gestão dos desastres naturais ligados aos extremos hidrológicos. Ainda, tais trabalhos têm se mostrado uma ferramenta que, direta ou indiretamente, atende ao plano de ações para os Objetivos do Desenvolvimento Sustentável (ODS), como esquematizado na Figura 1. Ao longo das próximas seções, os autores apresentam seus resultados e projetos em andamento, com diversas particularidades em termos de escalas espaciais e temporais, que são contribuições ao Objetivo 6 (Água potável e saneamento), Objetivo 9 (Indústria, inovação e infraestrutura), Objetivo 11 (Cidades e comunidades sustentáveis), Objetivo 13 (Ação contra mudança global do clima) e Objetivo 15 (Vida terrestre) dos ODS.

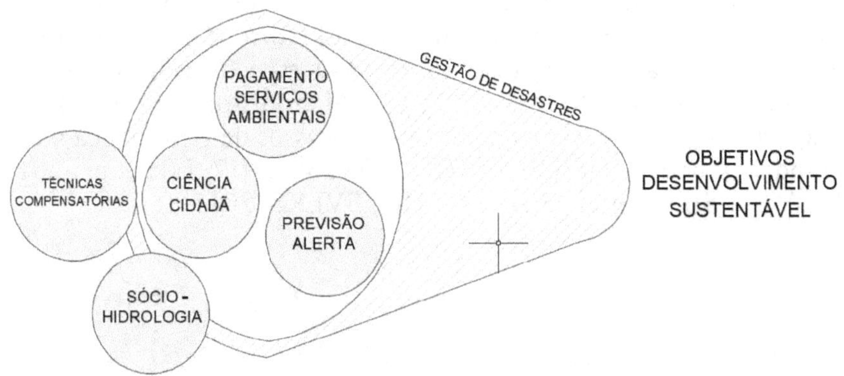

Figura 1 Integração interdisciplinar no contexto da gestão dos desastres para atender aos Objetivos de Desenvolvimento Sustentável (ODS).

Observatório sócio-hidrológico para segurança hídrica

A sócio-hidrologia representa uma recém-lançada área do conhecimento, que tem por objetivo entender as dinâmicas entre os sistemas hidrológicos e sociais (SIVAPALAN et al., 2012). Para isto, propõe-se que os novos modelos matemáticos fujam das tradicionais abordagens em que os sistemas naturais eram estudados isoladamente, passando a uma abordagem que integra o ser humano como agente dentro desses sistemas, podendo impactar e ser impacto pelos resultados das alterações do ciclo hidrológico (BLAIR; BUYTAERT, 2016; ELSHAFEI et al., 2014). Neste contexto, uma série de trabalhos seguiram essas premissas e permitiram a compreensão dos mais variados processos hidrológicos, como a evolução de demandas domésticas de água (GARCIA et al., 2016; GONZALES; AJAMI, 2017), enchentes e alagamentos (DI BALDASSARRE et al., 2015), desenvolvimento em bacias rurais (SANDERSON et al., 2017; VAN EMMERIK et al., 2014) e colapso de civilizações antigas (KUIL et al., 2016).

Tradicionalmente, os modelos sócio-hidrológicos são desenvolvidos a partir de séries históricas. O Observatório Sócio-Hidrológico para Segurança Hídrica (SHOWS) difere das metodologias utilizadas até então por empregar dados fornecidos por voluntários (SOUZA et al., 2019), a fim de construir cenários usando variáveis de segurança hídrica propostas por Srinivasan et al. (2017). Essas variáveis foram coletadas com voluntários em um estudo de caso no município de São Carlos (São Paulo) utilizando um Observatório Cidadão (OC). Esse tipo de processo de coleta de dados, que tem sido empregado em diversos projetos na Europa e na América do Norte, consiste no uso de plataformas para a obtenção de informações específicas fornecidas por voluntários (MIORANDI et al., 2013). Além disto, os OCs possuem a capacidade de envolver cidadãos nos processos de governança na comunidade onde vivem (GHARESIFARD et al., 2017; LIU et al., 2014; PALACIN-SILVA et al., 2016; WEHN; EVERS, 2015).

Figura 2 *Framework* do emprego do SHOWS na gestão dos recursos hídricos.

O emprego dos observatórios no contexto da gestão de recursos hídricos é ilustrado na Figura 2. Inicialmente, os tomadores de decisão deparam-se com a questão de haver ou não a necessidade de implementar alguma melhoria local, como, por exemplo, a instalação de dispositivos de drenagem em áreas alagáveis. O observatório, então, propõe uma atividade a ser desempenhada pelos cidadãos em que é possível monitorar variáveis que permitam fazer essa avaliação. Após fornecerem o *feedback* dessas atividades, os observatórios possibilitam aos tomadores de decisão confirmar, ou não, a necessidade de implementação de políticas. Portanto, os observatórios podem encaixar-se na etapa de mitigação de impactos futuros, por se tratar de uma medida antecedente a um possível desastre, mas também podem ser empregados na etapa de resposta a um desastre, por monitorar os prejuízos causados.

Similarmente, no estudo de caso em São Carlos em 2017, o SHOWS propôs aos voluntários um questionário com perguntas adaptadas do arcabouço conceitual proposto por Srinivasan et al. (2017). Neste experimento, as perguntas eram relacionadas a três variáveis: o consumo de água pela sociedade local, os investimentos realizados em infraestrutura para garantir acesso à água e a variabilidade espacial de pegada hídrica da população: se os produtos consumidos foram fabricados utilizando água de dentro ou de fora da região estudada. Essas perguntas traduziram padrões, crenças e conhecimentos individuais de cada voluntário, referentes àquelas variáveis, para o presente e para cenários futuros de 15, 25 e 50 anos. Os resultados demonstraram que os investimentos em infraestrutura tendem a crescer ao longo dos anos, ilustrando uma possível preocupação da gestão local com a disponibilidade dos recursos hídricos. Por outro lado, o consumo de água pela sociedade também deverá crescer, segundo as respostas dos voluntários, bem como o aumento do consumo por alimentos e bens produzidos dentro da bacia. O resultado para a primeira variável permite concluir que a população espera por cenários positivos ao se tratar da atenção dada pelos gestores locais. No entanto, cenários de insegurança hídrica podem ser inferidos a partir das duas últimas variáveis, por se tratar do aumento da demanda de água disponível.

Estudos de caso na Bacia do Córrego Gregório no município de São Carlos (SP)

Nesta seção, os autores apresentam dois trabalhos que utilizaram a mesma área de estudo, a região comercial de São Carlos (SP). O local é de interesse não apenas para os pesquisadores, mas também para a sociedade civil, pois é uma área densamente povoada e que representa a tradição comercial do município.

Análise da resposta e mitigação da população a eventos de inundação utilizando sua memória como instrumento de diagnóstico

Dentre as medidas necessárias para a redução de desastres, diagnosticar as áreas de risco buscando conhecer os impactos provocados pelas inundações é uma ação inerente às atividades de resposta e mitigação de seus efeitos a fim de, dentre outros, colaborar com os tomadores de decisão em análises custo-benefício de medidas mitigadoras. Além disso, a verificação de alturas de inundação com a ajuda da população afetada pode ser útil na calibração de modelos hidráulico-hidrológicos, que são importantes instrumentos na resposta de eventos de cheia e de sistemas de previsão de alerta, elemento de extrema importância na mitigação dos prejuízos.

Para avaliar as consequências de eventos de inundações que ocorreram em 2015 e 2018, entrevistaram-se pessoalmente os comerciários do entorno do mercado municipal de São Carlos, por meio de entrevistas estruturadas. Foi possível, assim, compreender como os afetados percebiam os efeitos dos eventos de inundação.

Aqueles que estavam instalados havia mais tempo na região (em torno de 30 anos) consideraram tais eventos como os mais críticos já presenciados por eles até então, fato corroborado por dados pluviográficos, que demonstraram que as chuvas correspondiam a um período de retorno equivalente a 30 anos. O proprietário de um dos estabelecimentos declarou que essa foi a primeira vez, em 38 anos, que uma inundação atingiu seu imóvel de forma a obter prejuízo pelo contato da água com a mercadoria, deflagrando a magnitude dessa inundação.

Em contrapartida, outro comerciante, que se encontra há mais de 30 anos na região, alegou que inundações afetam anualmente seu estabelecimento, confirmando as diferenças verificadas em relação ao nível de água em locais muito próximos. Além disso, os comerciantes declararam que o fator preponderante no nível de prejuízo do evento de 2018 foi a velocidade da água, bem como o tempo entre o início da chuva e a ocorrência da inundação, que relataram ser de 10 a 15 minutos para esses eventos.

Foi solicitado que os entrevistados apontassem o nível d´água atingido pelas inundações em 2015 e 2018 e se houve alterações nas estruturas das comportas em decorrência da inundações de 2015. A Figura 3 apresenta as marcas deixadas pela água por conta da inundação ou a memória das pessoas com relação ao seu nível máximo atingido.

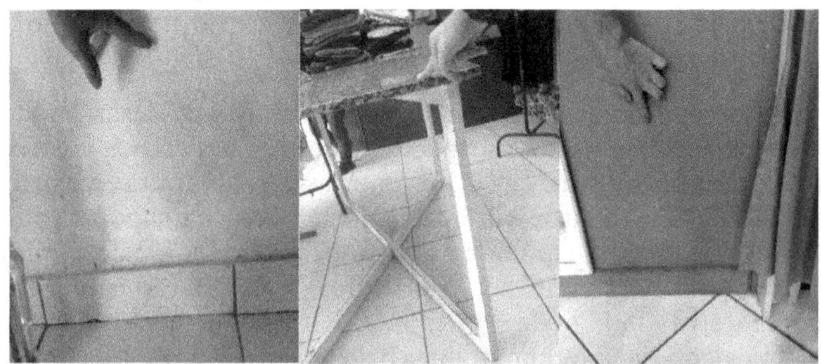

Figura 3 Marcas atingidas na inundação de 2018 de acordo com os afetados.

Como medida de mitigação, muitos elevaram o nível de suas comportas, porém, em muitos casos, isso não foi suficiente para evitar que a enxurrada entrasse no imóvel. Apesar disso, essa medida evitou maiores prejuízos, tendo em vista a capacidade dos mesmos de deslocar seus produtos para um local mais elevado. A Figura 4 apresenta dois exemplos de comportas instaladas na região. Nos dois casos, os comerciantes locais elevaram suas comportas em virtude das experiências passadas. Com essa medida, observaram menores prejuízos em seus comércios, apesar de, em ambos os casos, a elevação da altura da comporta não ter sido suficiente para conter o avanço da cheia em suas dependências.

Figura 4 Exemplos de comportas instaladas nos imóveis afetados pelas inundações.

Dessa forma, a memória passada colaborou para a mitigação dos prejuízos, seja pela melhor preparação dos afetados, seja pela incorporação de estruturas que atenuassem os efeitos das inundações.

Por meio das entrevistas, percebeu-se que o fator preponderante em relação à magnitude dos prejuízos é o tempo com que os comerciantes contam para deslocar seus produtos até um lugar seguro. Assim, as comportas, mesmo que não tenham altura suficiente para evitar a entrada de água no estabelecimento, mostraram-se importantes para reduzi-la, bem como para aumentar o tempo para deslocamento dos produtos.

Observatório sócio-hidrológico para segurança hídrica sob cenários de mudanças climáticas: utilizando soluções locais de memórias sociais para desafios globais

Conforme descrito neste capítulo, a sócio-hidrologia é a ciência das pessoas e das águas; interdisciplinar, porém quantitativa, e tem por objetivo esclarecer as interações em diferentes escalas e as dinâmicas entre os sistemas humanos e naturais. Sob a ótica das inundações, um dos principais objetivos é entender a dinâmica do risco de inundações resultante da interação entre hidrologia e sociedade, por exemplo "efeito dique" (DI BALDASSARRE, 2017).

Tradicionalmente, as análises desse aspecto são realizadas utilizando-se longas séries históricas. Entretanto, não existem séries de dados oficiais que informem a magnitude dos eventos em regiões urbanas (ruas, bairros e áreas comerciais) e o resultado da interação entre os alagamentos e cidadãos (população afetada, prejuízos materiais e área alagada) para a área de estudo. Por isso, o uso de dados voluntários contribui para suprir a lacuna de informações sobre eventos anteriores no processo de entendimento do sistema.

Uma hipótese deste estudo é que a sociedade tem maior motivação para contribuir voluntariamente quando conta com mais conhecimento sobre os riscos a que está exposta e como pode contribuir para minimizá-los. Outra hipótese é que a participação da sociedade no fornecimento de informações, por meio da expressão das lembranças dos eventos ocorridos, observações cotidianas e percepções futuras, pode contribuir para diminuir a lacuna deixada pela ausência de redes de monitoramento em bacias urbanas menores.

Nesse contexto, o trabalho em andamento utiliza o modelo sócio-hidrológico proposto por Di Baldassarre et al. (2015) para avaliar o risco de inundações urbanas na área de estudo, levando-se em conta cenários de mudanças climáticas e para desenvolver uma metodologia de comunicação dos resultados para a sociedade, por meio de um observatório sócio-hidrológico. Com isso, será possível gerar informações sobre cenários futuros, a fim de aumentar a resiliência das comunidades, tendo em vista o aumento do conhecimento sobre os riscos a que estão expostas e as consequentes medidas mitigadoras ou de adaptação.

No estudo de caso na bacia urbana do córrego Gregório, em São Carlos (SP), o modelo foi calibrado utilizando dados de nível de água nas ruas em eventos de inundação, disponíveis em jornais locais, coletados por Mendes e Mendiondo (2007) para o período que abrange os anos de 1932 a 2004. Com isso foi possível realizar uma análise histórica do risco, utilizando a memória da população local, densidade populacional e intensidade dos eventos.

Os resultados preliminares indicaram que pequenas mudanças estruturais na área mais próxima ao córrego podem reduzir a vulnerabilidade da comunidade, porém, apesar de simples em caráter técnico, mudanças nessa área envolvem aspectos culturais e sociais, visto que o córrego está localizado na aglomeração urbana mais antiga da cidade, no centro comercial. Assim, uma alternativa observada para redução do risco foi o investimento em políticas para manutenção da memória de eventos anteriores. Tal medida surtiria baixa variação no risco, em contrapartida, representaria menores custos de implementação.

Criação de base de conhecimento por meio da análise de profissionais em gerenciamento de risco de inundação para empresas em diferentes países

As estratégias ótimas de conscientização sobre sensibilidade e redução de riscos contra inundações no setor empresarial continuam sendo uma questão-chave para os pesquisadores: o melhor entendimento de como as estratégias selecionadas de redução de risco podem beneficiar as empresas por meio da redução de prejuízos salariais, menor tempo de inatividade, recuperação mais rápida e continuidade de negócios, de maneira a proporcionar um futuro mais resiliente e sustentável para a economia. Uma pesquisa realizada por Ingirige et al. (2012) destacou que os profissionais da área de gestão de risco de inundação, que estão direta ou indiretamente envolvidos com o setor empresarial – fornecendo consultoria nas etapas de mitigação, reconstrução ou recuperação da gestão de desastres –, podem ter papel crucial no processo de tomada de decisão para os proprietários e locatários quanto à redução de riscos.

O estudo de Bhattacharya-Mis et al. (2017) analisou o papel potencial que esses profissionais de gerenciamento de riscos podem desempenhar e quais são as oportunidades e barreiras existentes para fazê-lo em um contexto internacional em cinco países diferentes. A escassez de estudos na área de gestão de risco de inundação em propriedades empresariais e a escassa referência à diversidade de funções de divulgação de riscos e regime de seguros em diferentes países foram as motivações para entender criticamente o conhecimento existente neste domínio específico da pesquisa.

Evidências de alguns estudos dispersos no Reino Unido (POTTINGER; TANTON, 2012; INGIRIGE et al., 2012) mostram que há vasto potencial para obter lições sobre mitigação durante o processo de reconstrução e recuperação por parte dos profissionais de gerenciamento de risco. Contudo, a utilização de tais oportunidades no setor de negócios ainda está engatinhando. Estudos similares também exploraram os potenciais em torno da "devida diligência" de propriedades, em que os profissionais da propriedade são responsáveis por fornecer informações referentes a aspectos físicos, ambientais e estruturais das propriedades, antes que qualquer transação ocorra para evitar acusações de negligência (POTTINGER; TANTON, 2011). Alguns salientaram a importância de estratégias de mitigação eficazes em termos de custos, por meio do aumento da adaptação durante a fase de recuperação ou com o emprego de planos de emergência eficazes (WALLIMAN et al., 2013; GISSING; BLONG, 2004). No entanto, a percepção da gestão de riscos difere internacionalmente, tornando essencial para a pesquisa não só ganhar uma perspectiva internacional, mas também entender o ponto de vista dos profissionais, envolvendo-os em bases locais.

Com o objetivo de reunir estratégias de redução de risco para o benefício de empresas, esta pesquisa (BHATTACHARYA-MIS et al., 2017) selecionou o Reino Unido, Austrália, China, EUA e Alemanha como áreas de estudo. Os recentes eventos de inundação em todos os cinco países, juntamente com a resposta em evolução dos governos, seguradoras e mercados imobiliários, também tornaram a seleção dessas áreas de estudo altamente relevante. Dada a natureza da investigação, foi necessário profundo conhecimento da perícia profissional a fim de compreender o papel principal que os profissionais podem desempenhar no processo de redução de riscos. Assim, uma abordagem qualitativa, recorrendo a entrevistas, pessoal ou por telefone, foi empregada. Setenta e duas pessoas foram entrevistadas em cinco países usando o banco de dados profissional disponível da Royal Institution of Chartered Surveyors e "técnicas de bola de neve". Os entrevistados apresentavam perfil similar, sendo profissionais na área de avaliação e investimento, mitigação de riscos, reintegração, adaptação de propriedades e demais *backgrounds* mistos, todos ligados às propriedades comerciais em um contexto pós-inundação.

As entrevistas contribuíram para a geração de conhecimento sobre as oportunidades e restrições enfrentadas pelos profissionais na área de gestão de risco de inundação em fase de recuperação. Observou-se que todos os cinco países fornecem algum tipo de apoio às empresas após os desastres para mitigação. O consenso entre os profissionais de todos os cinco países foi que sua capacidade de fornecer assessoria para a população afetada é reduzida, principalmente em virtude da falta de profissionais adequados neste campo, com conhecimento e compreensão adequados do assunto. Isso também foi notado durante a fase de coleta de dados da pesquisa, em que não foi tão fácil encontrar entrevistados com a experiência necessária no assunto de gerenciamento de risco de inundação no setor empresarial.

A interpretação dos dados foi categorizada em três aspectos principais:

- Seguro e mitigação.
- Valor da propriedade e impacto da inundação.
- Papel atual dos profissionais na área de gestão de risco de inundação.

A análise comparativa mostrou que há oportunidades em larga escala disponíveis para profissionais qualificados e bem treinados para fornecer aconselhamento informado sobre processos de redução e mitigação de riscos para os negócios afetados, realizando a devida diligência. As entrevistas mostraram que, para o seguro e a mitigação, a baixa aceitação e a falta de motivação para adotar medidas proativas de redução de riscos são algumas das características em comum. As razões destacadas para tais ações foram principalmente a falta de incentivos em prêmio que muitas vezes levam à mitigação dos desastres. Quando os perfis específicos dos países foram investigados, profissionais da Austrália e da China confirmaram que as empresas tendem a perceber quando o risco de inundação está adequadamente coberto. Já na Alemanha, Reino Unido e EUA, embora a cobertura de risco por meio de seguro seja maior, as empresas não estão motivadas a adotar medidas específicas para redução de risco a suas propriedades em virtude da natureza agrupada dos seguros e pela determinação do prêmio específico da zona de risco.

A noção geral entre os profissionais foi de que o aconselhamento sobre o valor da propriedade é limitado pela falta de normas ou diretrizes apropriadas para as empresas. Foi também observado que outras prioridades, como ter uma localização privilegiada, são mais recorrentes do que o risco de inundações – isto é especialmente verdadeiro na China, onde os inquilinos estão dispostos a pagar pelo custo do risco. Curiosamente, os profissionais alemães identificaram que as empresas não ficam cientes do risco até que as transações no mercado imobiliário se tornem uma preocupação para os profissionais de perícia imobiliária. Portanto, do ponto de vista profissional, assessorar a avaliação da propriedade não é visto como uma oportunidade para as empresas afetadas pelas inundações nas áreas de estudo. Outros desafios que receberam atenção especial foram o alto custo de contratação de profissionais para prestar assessoria, o risco ser considerado como uma ameaça e a falta de motivação e conscientização de profissionais e proprietários. Há também o problema da falta de cooperação entre profissionais de diferentes áreas para prestar assessoria de maneira sinérgica.

As oportunidades potenciais que surgem de tal pesquisa (BHATTACHARYA-MIS et al., 2017), tendo um contexto diversificado e envolvendo os que contribuem diretamente no processo de capacitação, são múltiplas. Os profissionais podem fornecer assessoria sobre mitigação, seguros e investimentos em estratégias apropriadas de gerenciamento de risco. Os governos podem fornecer treinamento apropriado para melhorar a especialização profissional existente, para que eles desempenhem um papel central e consistente na gestão de risco. Há também a vantagem adicional de uma possível transferência de conhecimento de estudos de casos de melhores práticas em diferentes países. Isso pode ajudar a melhorar o entendimento não apenas das fases de resposta e recuperação do ciclo de desastres, mas também a compreensão do processo de construção de resiliência de maneira continuada, possibilitando ampliar o conhecimento e a conscientização por meio de melhor comunicação e envolvimento do conhecimento local.

Citizen Science como ferramenta para manutenção da segurança hídrica: seu uso e desafios na previsão e alerta de desastres

A busca por segurança hídrica e as ações de proteção de uma comunidade, além de envolver a participação de muitos atores, devem contar com os esforços de diversas políticas públicas. Nesse sentido, a coerência de ações entre órgãos públicos se torna importante para a prevenção de desastres relacionados a eventos naturais extremos. As políticas que agem na redução dos efeitos dos desastres atuam de forma desarticulada, o que despende recursos públicos em soluções paliativas (VENDRUSCOLO, 2007).

Para prevenir e mitigar esses impactos é fundamental a proposição de estudos interdisciplinares, com o objetivo de identificar, simular e reproduzir as condições ambientais e a condição dos recursos hídricos derivados de cenários de urbanização e alterações dos ecossistemas naturais, inclusive por meio de métodos preventivos. É importante preparar a população para reagir em situações de desastres a fim de minimizar os danos (INNOCENTI, 2014; RAMASWAMY, 2016; VOINOV et al., 2010). Para atender às necessidades de preparo das cidades em cenários de risco, o gerenciamento pode ser feito utilizando não apenas sistemas de alerta e logística humanitária, mas também associando esses métodos à compreensão humana e à aquisição de dados e informações pelos cidadãos. O conceito de *citizen science* surge como ferramenta importante para buscar articular essas diferentes abordagens.

Modelos de previsão de curto prazo exigem a aquisição de dados geoespaciais em tempo real para a tomada de decisão na mitigação de desastres (HAPUARACHCHI et al., 2011). Um problema crucial é a disponibilidade dos medidores em todos os pontos de interesse. A evolução da comunicação possibilitou a interação e aquisição de informações por um grupo de pessoas em áreas de risco. *Citizen science* tem sido amplamente aplicada na coleta de observações e predições de fenômenos em lugares onde as pessoas vivem para testar novos modelos quantitativos e hipóteses científicas que integram dados e informações tradicionais fornecidos pela população. Uma revisão de iniciativas recentes da Comunidade Europeia sobre métodos e técnicas para prevenção e manejo de inundações, realizadas por Cortes et al. (2013), aponta dados fornecidos por cidadãos como fonte complementar de informação em sistemas de alerta e sistemas de apoio à decisão e também abordam o desafio da integração desses dados à infraestrutura de dados espaciais.

No contexto de previsão de inundações em áreas urbanas, pesquisas recentes têm por foco assimilar informação coletada por cidadãos e dados tradicionais medidos por sensores em modelos hidrológicos para reduzir a incerteza da previsão de enchentes. Essa estratégia visa melhorar os modelos hidrológicos e o conhecimento e engajamento de quem fornecerá esses dados, tornando a população mais preparada para a ocorrência de desastres. Mazzoleni et al. (2017) e Fava et al. (2018) desenvolveram metodologias para incorporar dados voluntários na previsão de inundações e demonstraram que a assimilação de informações fornecidas pelos cidadãos em modelos de previsão de enchentes é um passo muito importante para melhorar sua precisão.

A Figura 5 apresenta a metodologia proposta por Fava et al. (2018) para a incorporação de dados de cidadãos na previsão de enchentes. O diagrama descreve um método de previsão tradicional, em que as entradas para o modelo são dados de precipitação e de nível medidos por sensores com a inovação de também incorporar dados de nível dos rios informados por voluntários. O modelo foi nomeado Modelo de Alerta Hidrológico com Base Participativa (HAMPB). Quando são recebidas informações de nível de água medido em campo, os níveis de água simulados pelo modelo hidrodinâmico são corrigidos/atualizados por um estimador em tempo real para o local onde as informações foram coletadas. Foi proposto também um processo de regionalização para atualizar os níveis de água em outros pontos da bacia sob risco de inundação e não apenas onde a informação foi medida. Por fim, o método analisa os limites de extravasamento para cada sub-bacia e emite alertas sobre o estado atual da bacia quando existe risco iminente de ocorrência de enchente.

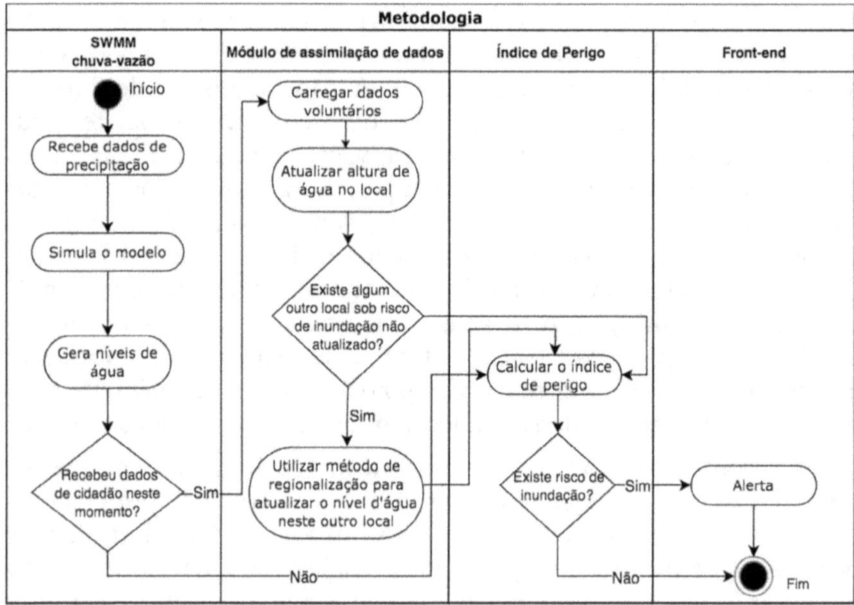

Figura 5 Diagrama da atividade metodológica do modelo HAMPB. Adaptado de Fava et al. (2018).

A metodologia foi testada na bacia do Monjolinho, localizada em São Carlos – SP (Figura 6). A área total da bacia é de 76,8 km² e apresenta múltiplos locais com histórico de enchentes recorrentes. A área de captação é quase inteiramente urbanizada, sendo este um dos principais fatores para que a resposta dos níveis durante eventos de chuva aconteça muito rapidamente. Este cenário requer respostas rápidas de um modelo de previsão de enchentes. No entanto, por se tratar de área urbana, apresenta a vantagem de facilitar a coleta de dados fornecidos por voluntários. O estudo mostra que, embora simples, o modelo de alerta hidrológico com base participativa (HAMPB) tem a capacidade de melhorar a previsão de enchentes em bacias hidrográficas com múltiplos locais sob risco de inundação.

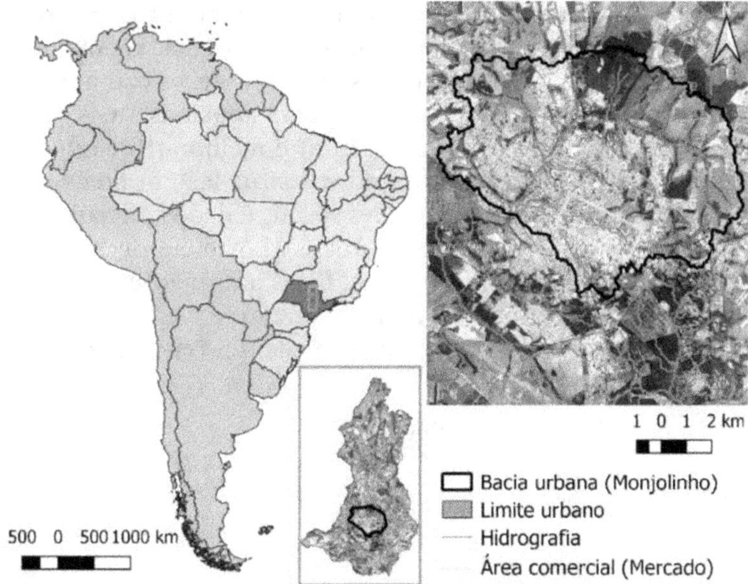

Figura 6 Bacia urbana do Monjolinho localizada na cidade de São Carlos (SP).

Crowdsourcing de social media na gestão de risco de inundação

Crowdsourcing emergiu nos últimos anos como uma fonte de dados espacial na Web 2.0 e tem sido cada vez mais reconhecida pelos pesquisadores como um importante recurso para apoiar a gestão de desastres (POSER; DRANSCH, 2010). Essa informação é produzida e disponibilizada por cidadãos comuns por meio de diferentes atividades de colaboração, tais como troca de informação por meio de redes sociais (e.g. Twitter, Instagram e Facebook), mapeamento colaborativo (e.g. OpenStreetMap) e sensoriamento participativo por meio de plataformas dedicadas (e.g. Ushahidi).

Comumente, a atividade de monitoramento de áreas de risco de inundação é realizada por meio da coleta de informações provenientes de fontes de dados heterogêneas, como as estações hidrológicas, pluviômetros, radares meteorológicos e os satélites, e da análise paralela dessas informações. Um dos principais problemas do uso dessas fontes de dados é o alto custo de implantação e manutenção dos equipamentos e, por isso, algumas áreas não possuem ou carecem de monitoramento adequado, principalmente sub-bacias hidrográficas que permeiam áreas urbanas.

Em contraste com a falta de cobertura de monitoramento e possíveis ruídos e falhas dos equipamentos pela ausência de manutenção, uma abordagem que faz uso de dados de redes sociais como fonte complementar ou alternativa é interessante para apoiar as áreas cuja informação oficial é insuficiente (ou ausente) e melhorar o conhecimento situacional das sub-bacias hidrográficas situadas em áreas urbanas. Desta forma, a integração entre redes sociais e dados oficiais pode melhorar o monitoramento de áreas urbanas por meio de um conjunto atualizado e completo de informações. Essas informações são de grande valor tanto para os centros de monitoramento e alerta como também para a população, que fica à mercê de enchentes repentinas.

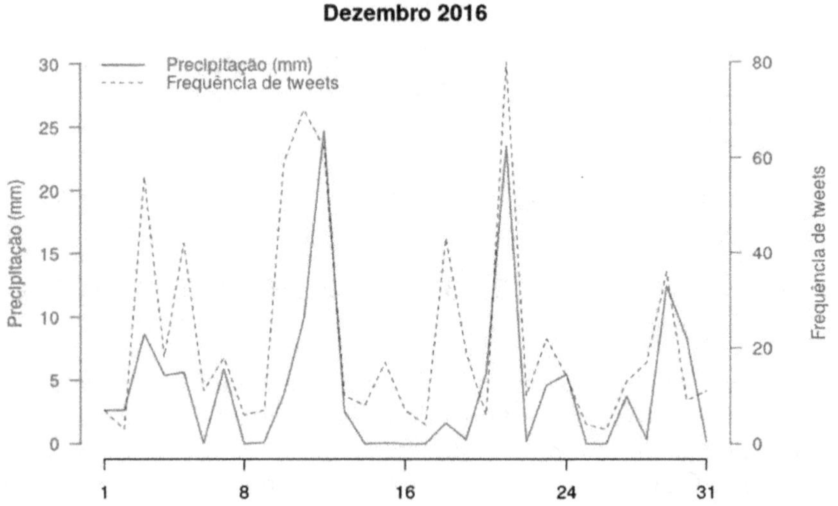

Figura 7 Aumento da frequência de tweets relacionados à chuva em dezembro de 2016. Adaptado de Restrepo-Estrada et al. (2018) e de Andrade et al. (2017).

Portanto, a rede social tem sido considerada uma fonte de dados complementar ou alternativa em diferentes cenários de gestão de risco de inundação. Albuquerque et al. (2015) identificaram padrões espaciais na ocorrência de tweets relacionados à inundação e que estavam associados com a proximidade e severidade de eventos de inundação do rio Elbe em 2013, na Alemanha. Assis et al. (2016) desenvolveram uma abordagem on-line que filtra e prioriza tweets a partir de informações oficiais sobre o nível de água de sub-bacias hidrográficas do Estado de São Paulo. De Andrade et al. (2017) encontraram relações espaço-temporais de chuvas obtidas da rede pluviométrica e tweets relacionados a chuvas na cidade de São Paulo (Figura 7). Outros estudos consideraram dados da redes sociais para construção e atualização periódica de mapas de risco de inundação (LI et al., 2018; ROSSER et al., 2017).

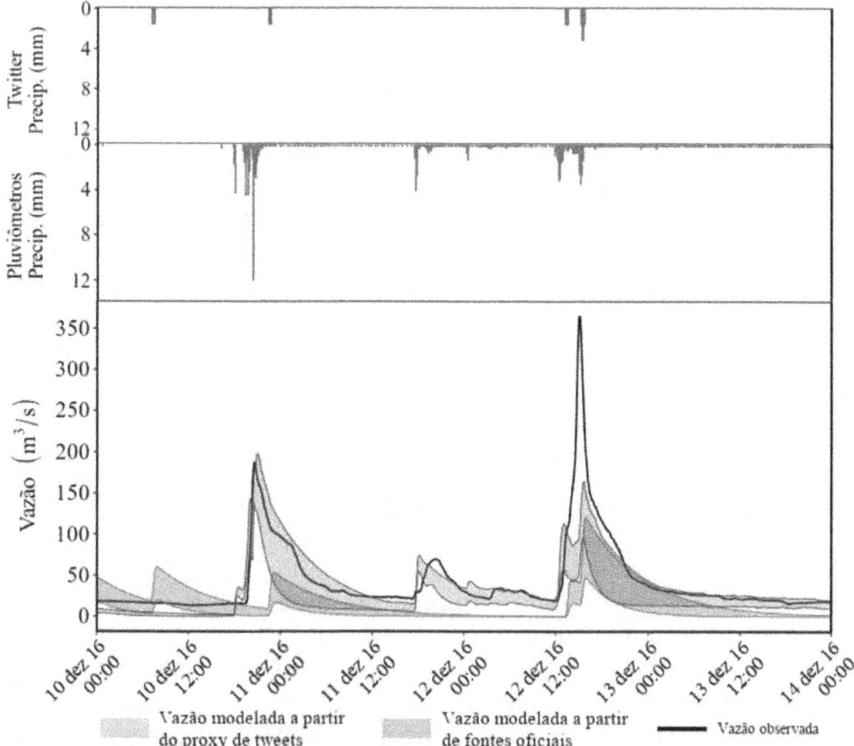

Figura 8 Exemplo de vazão da bacia de Aricanduva, São Paulo, para o mês de dezembro de 2016 (inferior); precipitação do proxy da rede social (superior); e precipitação de pluviômetros (centro). Adaptado de Restrepo-Estrada et al. (2018).

Entretanto, a rede social pode variar tanto na estrutura quanto no conteúdo, bem como na confiabilidade e objetividade dos dados ou métodos de extração (DE ANDRADE et al., 2018). Isso pode dificultar seu uso como fonte de informação para a gestão de risco de inundação, portanto, o principal desafio relacionado a esse tipo de fonte de dados é como integrá-la com outros conjuntos de dados para uma abordagem mais efetiva, em vez de considerá-la uma fonte paralela de informação. Nesse sentido, Restrepo-Estrada et al. (2018) propuseram uma variável proxy a fim de aproximar o volume de precipitação de bacias hidrográficas da cidade de São Paulo a partir da frequência local de mensagens da rede social relacionadas à chuva. Em seguida, a variável proxy foi aplicada em conjunto com dados oficiais a fim de estimar a vazão de uma bacia hidrológica (Figura 8).

Em geral, as pesquisas fazem uso de dados de redes sociais para buscar uma relação mais estreita entre a ocorrência do fenômeno e sua previsibilidade. Embora existam estudos substanciais sobre o uso de diferentes tipos de informação no contexto da gestão de risco de inundação, cada cenário de estudo traz várias incertezas e limitações, dentre elas: (i) a avaliação e integração de dados da rede social com fontes dados oficiais, (ii) a avaliação da qualidade dos dados da rede social; e (iii) a construção de sinais espaço-temporais de dados da rede social. Para superar esses desafios é necessário distinguir entre as entradas, os métodos utilizados e as saídas do processo de integração. Nessa direção, ampla variedade de abordagens que combinam conceitos e técnicas de disciplinas como Estatística Espacial, Fusão de Dados, Mineração de Dados (Texto), Detecção e Rastreamento de Tópicos (TDT) e Hidrologia têm sido exploradas/utilizadas.

Pagamento por serviços ambientais e técnicas compensatórias no contexto dos desastres naturais

Diante dos impactos das mudanças climáticas, a Convenção da Diversidade Biológica lançou o conceito de Adaptação baseada em Ecossistemas (EbA): o uso dos serviços ecossistêmicos e da biodiversidade para auxiliar comunidades a se adaptarem às mudanças globais (CDB, 2010). Neste contexto, para soluções efetivas na garantia de segurança hídrica da população, surge a necessidade de gerenciamento integrado de recursos hídricos que reconheça a importância da conservação dos ecossistemas de modo a garantir a provisão dos fluxos hídricos em quantidade e qualidade, isto é, dos serviços hidrológicos (SH), definição aqui atribuída aos serviços ecossistêmicos de proteção às bacias hidrográficas.

Visando alcançar o desenvolvimento sustentável, a valorização dos serviços ecossistêmicos propiciou o surgimento de diferentes esquemas de pagamentos por serviços ambientais (PSA). Estes foram reconhecidos como um método de EbA (BFN/GIS, 2013). De acordo com Wunder (2005), pode-se definir PSA como uma transação voluntária, envolvendo compradores e provedores, ligada a um serviço ambiental bem definido ou ao uso do solo que promove este serviço. No Brasil, a ideia de valoração dos serviços ambientais hidrológicos é amparada no preceito de que é preciso atribuir valor econômico aos recursos hídricos (Lei 9.433: BRASIL, 1997). Seguindo a metodologia de EbA (CBD, 2010) em paralelo com o método de análise de riscos (IPCC, 2014), as iniciativas de PSA, bem como outras de revitalização de bacias hidrográficas, podem contribuir para maior resiliência dos ecossistemas, como ilustra o fluxograma apresentado na Figura 9.

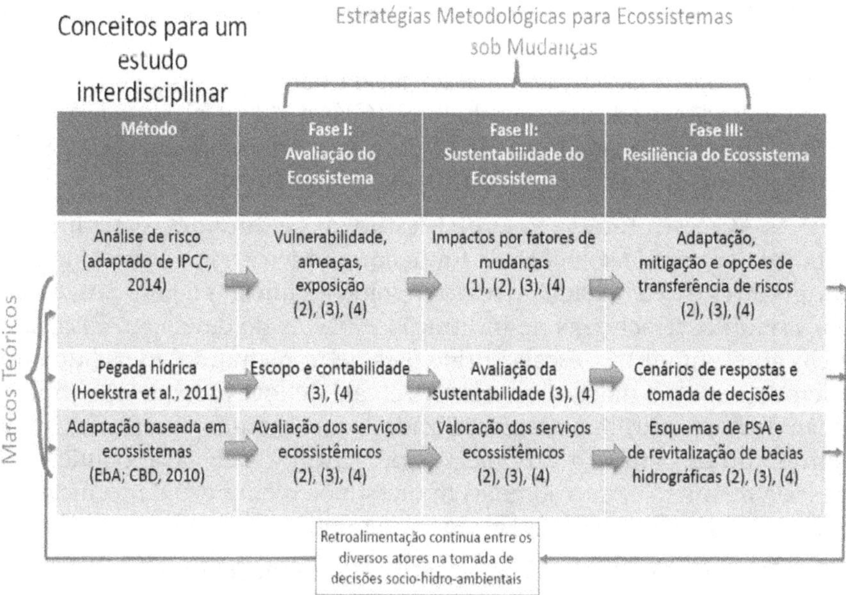

Figura 9 Métodos para aumentar a compreensão sobre complexos ecossistemas sob mudanças globais. Interligações: (1) vetores de mudanças; (2) monitoramento ecohidrológico; (3) trabalho experimental; e (4) modelagem eco-hidrológica. Adaptado de Taffarello et al. (2017).

Iniciativas de PSA podem existir não só em áreas rurais, mas também em ambientes urbanos. O rápido aumento da urbanização gera maior impermeabilização do solo, maior escoamento superficial e a sua transferência, cada vez mais rápida, aos rios urbanos. Ademais, o carreamento da poluição difusa pode levar à perda da qualidade da água em rios urbanos.

Neste contexto, a drenagem urbana começa a ser adaptada para lidar com os problemas de segurança hídrica tanto para cheias, a partir da prevenção e mitigação de cheias, como para a disponibilidade hídrica, a partir do reestabelecimento do ciclo hidrológico natural e melhora da qualidade da água. Essa nova forma de pensar a drenagem ficou conhecida de diferentes maneiras ao redor do mundo (LID, WSUD, SUDS). No Brasil, o termo "Técnicas Compensatórias" (TC) é adotado para tratar dos sistemas alternativos e sustentáveis de drenagem urbana usando abordagem de EbA (FLETCHER et al., 2015; URRUTIAGUER et al., 2010).

Dentre as variadas soluções possíveis de TCs é importante reconhecer as diferenças entre as ditas estruturais e as não estruturais (BAPTISTA et al., 2005; ELLIS, 1985; FINNEMORE; LYNARD, 1982). As medidas não estruturais, como o próprio nome já diz, têm caráter mais voltado à mudança de paradigma, como, por exemplo, formulação de legislações, racionalização da ocupação do solo urbano e ações voltadas à educação ambiental (CHOCAT et al., 2001; ELLIS, 1985). Em contrapartida, as ditas estruturais pressupõem a existência de estruturas físicas para o controle de escoamento.

As TCs estruturais são as mais estudadas e difundidas atualmente. Estas variam desde soluções na fonte como microrreservatórios de lote, jardins de chuva e telhados verdes até soluções lineares e pontuais, como, por exemplo, trincheiras de infiltração e bacias de detenção. Essas técnicas apresentam três escalas principais de implantação: escala de lote, microdrenagem e macrodrenagem. A escala de lote pressupõe a implantação de forma difusa e descentralizada, contribuindo para a redução da geração do escoamento superficial e prevenção de cheias e poluição. Já a escala de micro e macrodrenagem pressupõe o emprego de técnicas em entradas e saídas do sistema clássico de drenagem urbana.

Desse modo, medidas mitigadoras de drenagem podem ser realizadas com um conjunto relativamente vasto de possíveis alternativas, e a escolha de qual técnica utilizar para a mitigação deve se basear nos objetivos, que muitas vezes podem ser múltiplos e conflitantes. A Figura 10 representa a evolução de objetivos atrelados ao uso de técnicas compensatórias e a abordagem integrada da escolha das melhores soluções para a mitigação de um problema buscando a maximização da resiliência e diminuição da vulnerabilidade.

Verifica-se que esses objetivos estão relacionados não apenas à prevenção e mitigação de cheias e poluição difusa, mas também à manutenção de serviços ecossistêmicos, aumento da resiliência das cidades e bem-estar da população. Para além disso, cada uma das alternativas de TCs que podem ser aplicadas apresenta suas restrições com relação à implantação, como tamanho da área de captação, declividade do terreno, necessidade de desapropriação, etc.

Assim, propomos a utilização de uma análise multicriterial, baseada no método AHP, para a escolha da melhor solução a ser aplicada em cada área. Nessa análise, verifica-se, para cada alternativa (técnicas compensatórias na fonte), como ocorrem seus critérios (objetivos e restrições), dando-se pesos balizados para cada um. Ao final da análise obtém-se um número que, se comparado com a análise dos mesmos critérios na área de implantação da técnica, visa representar a aptidão de uma solução para determinada área de implantação. Um esquema dessa análise é apresentado na Figura 11.

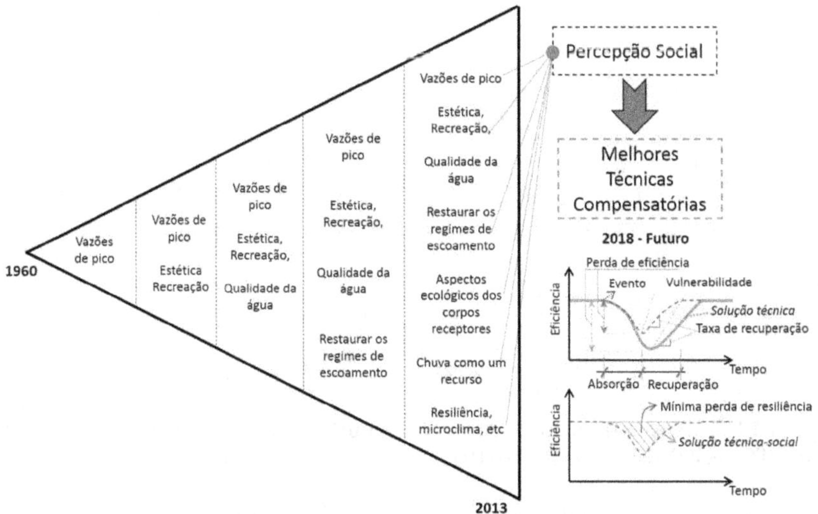

Figura 10 Evolução dos critérios de projeto de técnicas compensatórias e a visão social de suas escolhas como alternativas de drenagem urbana. Adaptado de Fletcher et al. (2015)

No entanto, uma das grandes dificuldades desse método é a definição de pesos para cada uma das alternativas. Para isso é necessário responder a questões como: Onde implantar essas técnicas? Qual técnica adotar? Qual o principal objetivo a ser cumprido? Quais restrições os locais de implantação apresentam?

É dentro dessa lacuna ainda existente que inserimos a funcionaridade dos Observatórios Cidadão (OC) hidrológicos. A participação da população serve tanto ao propósito de suprir informações que são de difícil coleta e mapeamento extensivo nas cidades como também contribuem com as suas percepções de risco e conforto ambiental/social/econômico, para melhor gerenciamento integrado dos recursos hídricos. A partir de entrevistas ou aplicativos de celular que permitem a inserção de informações georreferencias, cidadãos voluntários podem cadastrar dados relacionados aos problemas de drenagem urbana e características geomorfológicas de diferentes áreas na cidade. Além disso, informações relacionadas a perdas econômicas, perdas ambientais e conforto social devem ser coletadas para se integrar a resiliência da cidade também do ponto de vista social.

Figura 11 Esquema do método de análise multicritério AHP para escolha das melhores TCs (GOMES JUNIOR, 2019).

Para este propósito, o observatório deve conter perguntas como: as principais inundações estão relacionadas a cheias dos rios ou extravasamento da rede de microdrenagem? Qual a área disponível ao redor? Como o local se apresenta (declividade, ocupação, tipo de estabelecimentos)? Qual tipo de técnica é mais aceito pela população? A partir da análise da resposta da população, ao lado de uma avaliação técnico-científica das informações disponíveis, são definidos pesos na análise multicritério AHP.

Dentro do contexto de adaptação baseada em ecossistemas, os OCs também devem abordar a percepção sobre os principais serviços hidrológicos providos pelo meio, segundo o entendimento da população, qual atribuição de valor (social e econômico) é dada para os serviços listados e qual a disposição a pagar em possíveis projetos de PSA para proteção destes serviços hidrológicos. A partir desses dados, podem ser definidos projetos de PSA nas áreas urbanas com maior sucesso. Além disso, as próprias TCs podem ser integradas a projetos de PSA, de forma que o investimento para implantação e manutenção dessas técnicas se dê a partir do PSA.

Um exemplo é o estudo feito na USP-São Carlos (SP) (BELINI et al., 2017), que aplicou questionários a pessoas no campus 2 da universidade (alunos e funcionários) para avaliar a disposição a pagar em um possível projeto de PSA de proteção às nascentes localizadas na USP-2 a partir do uso de TCs, uma vez que a poluição difusa e a disposição ilegal de esgoto nas redes de drenagem urbana são uma das principais causas de degradação desses corpos hídricos. Assim, esse estudo integra duas ferramentas científicas e práticas – PSA e TCs – a partir de uma visão sistêmica dos recursos hídricos.

Tal visão baseia-se na premissa de que o sistema ambiental urbano é apto à instalação de projetos de PSA que busquem a provisão de água em qualidade e quantidade para a bacia servida. Ainda, a ideia de se aliarem as TCs a essas iniciativas permite o fechamento do ciclo hidrológico urbano, já que a manutenção da qualidade dos sistemas hídricos para a provisão de água também se relaciona ao objetivo dessas técnicas, que tratam o escoamento superficial – esgoto pluvial – que chega até os mesmos. Dessa forma, a implementação de projetos de PSA com a utilização de TCs, considerando, ainda, questões de mudanças climáticas (PSA-Hídrico-MC), é estudada como uma opção de ferramenta de planejamento ambiental em escala urbana, de modo a garantir a manutenção dos serviços ecossistêmicos providos pela bacia hidrográfica.

Em última análise, o PSA-Hídrico-MC proposto está dentro do escopo do conceito de EbA, pois busca aliar ações de gestão do espaço urbano para manutenção dos corpos hídricos, em escala física, e adoção de sistemas de drenagem urbana sustentável para o tratamento do escoamento, além de controle de enchentes, que carreiam poluição difusa até os rios e córregos urbanos. Dessa forma, tais medidas mitigadoras baseiam-se na busca pela manutenção da qualidade ambiental do ecossistema urbano, pensando nas relações e serviços ecossistêmicos que são úteis para a sociedade e para a sustentabilidade da bacia.

Sumário: conclusões e recomendações

O presente capítulo apresentou, brevemente, projetos em andamento e concluídos, por pesquisadores do WADI lab, que são alternativas às soluções tradicionais na gestão dos desastres. Como aspecto comum, todos os trabalhos apresentaram o emprego de informações obtidas não apenas por equipamentos de medições convencionais, mas também pelo uso de informações voluntárias. A partir de análises em diferentes escalas temporais e espaciais, os projetos vão ao encontro dos Objetivos do Desenvolvimento Sustentável. Isto pelo fato de entenderem as dinâmicas entre as sociedades e o sistema hidrológico, aumentarem a resiliência das regiões afetadas por enchentes, preverem possíveis padrões comportamentais de demandas hídricas e promoverem o desenvolvimento urbano de maneira a reduzir os impactos ambientais. Como os trabalhos tiveram seus resultados baseados em áreas de estudo piloto e em literatura internacional, recomenda-se a implementação de medidas similares nas cidades brasileiras a fim de atingir os ODS em escala nacional.

Referências bibliográficas

ASSIS, L. F. F. G.; HERFORT, B.; STEIGER, E.; HORITA, F. E. A.; DE ALBUQUERQUE, J. P. Geographical prioritization of social network messages in near real-time using sensor data streams: an application to floods. **XVI Brazilian Symposium on Geoinformatics (GEOINFO)**, pp. 26-37. Campos do Jordão, SP, Brazil, 2016.

BAPTISTA, M. B.; DE OLIVEIRA NASCIMENTO, N.; BARRAUD, S. **Técnicas compensatórias em drenagem urbana**. Porto Alegre, ABRH. 266p, 2005.

BELINI, J. P. C. et al. Planejando Serviços Hidrológicos e Técnicas Compensatórias de Drenagem Urbana em São Carlos – SP. Resumo Expandido apresentado no **VI Workshop Internacional sobre Planejamento e Desenvolvimento Sustentável de Bacias Hidrográficas**, Universidade Federal de Uberlândia, Uberlândia, MG, 2017.

BFN/GIS Federal Agency for Nature Conservation / Deutsche Gesellschaft Für Internationale Zusammenarbeit (GIZ) GMBH. Natural solutions to climate change: The ABC of Ecosystem-based Adaptation. **Summary and Conclusions from an International Expert Workshop**, 4-9 August 2013, Isle of Vilm, Germany, 2013

BHATTACHARYA-MIS, N.; LAMOND, J.; MONTZ; B., KREIBICH; H.; WILKINSON; S.; CHAN; F.; PROVERBS, D. Flood risk mitigation and commercial property advice: An international comparison. **Royal Institution of Chartered surveyors (RICS)**. London, 2017.

BLAIR, P.; BUYTAERT, W. Socio-hydrological modelling: A review asking "why, what and how?". **Hydrology and Earth System Sciences**, v. 20, p. 443–478, 2016.

BRASIL. (1997). **Lei nº 9.433, de 8 de janeiro de 1997.** Institui a Política Nacional de Recursos Hídricos, cria o Sistema Nacional de Gerenciamento de Recursos Hídricos, e dá outras providências. Disponível em: http://www.planalto.gov.br/ccivil_03/LEIS/L9433.htm, acesso em: 12 novembro 2018.

BUYTAERT, W.; ZULKAFLI, Z.; GRAINGER, S.; ACOSTA, L.; ALEMIE, T. C.; BASTIAENSEN, J.; DE BIÈVRE, B.; BHUSAL, J.; CLARK, J.; DEWULF, A.; FOGGIN, M.; HANNAH, D. M.; HERGARTEN, C.; ISAEVA, A.; KARPOUZOGLOU, T.; PANDEYA, B.; PAUDEL, D.; SHARMA, K.;

STEENHUIS, T.; TILAHUN, S.; VAN H., G.; ZHUMANOVA, M. Citizen science in hydrology and water resources: opportunities for knowledge generation, ecosystem service management, and sustainable development. **Frontiers in Earth Science**, v. 2, p. 1–21, 2014.

CASTELL, N.; KOBERNUS, M.; LIU, H. Y.; SCHNEIDER, P.; LAHOZ, W.; BERRE, A. J.; NOLL, J. Mobile technologies and services for environmental monitoring: The Citi-Sense-MOB approach. **Urban Climate**, 14, p. 370–382, 2014.

CBD. Convention on Biological Diversity: X/33 Biodiversity and climate change, Decision Adopted by the Conference of the Parties to the Convention on Biological Diversity at its Tenth Meeting; UNEP/CBD/COP/DEC/x/33; 29 October 2010. Nagoya, Japan: Secretariat of Convention on Biological Diversity, 2010.

CHOCAT, B.; KREBS, P.; MARSALEK, J.; RAUCH, W.; SCHILLING, W. Urban drainage redefined; from stormwater removal to integrated management. **Water Science and Technology**, v. 43, n. 5, p. 61–68, 2001.

CORTES, V. J. et al. Review of the current risk management strategies in Europe for hydro-meteorological hazards at protection and emergency level. **Comprehensive flood risk management**, pp. 971-980, 2013.

DE ANDRADE, S. C.; DEGROSSI, L. C.; RESTREPO-ESTRADA, C.; DELBEM, A. C.; DE ALBUQUERQUE, J. P. Does keyword noise change over space and time? A case study of social media messages. **XIX Brazilian Symposium on Geoinformatics (GEOINFO)**. Campina Grande, PB, Brazil, 2018

De ALBUQUERQUE, J. P.; HERFORT, B.; Brenning, A.; Zipf, A. A. Geographic Approach for Combining Social Media and Authoritative Data towards Identifying Useful Information for Disaster Management. **International Journal of Geographical Information Science**, v. 29, n. 4, p. 667-689, 2015.

DE ANDRADE, S. C.; RESTREPO-ESTRADA, C.; DELBEM, A. C.; MENDIONDO, E. M.; DE ALBUQUERQUE, J. P. Mining rainfall spatio-temporal patterns in Twitter: a temporal approach. In **The Annual International Conference on Geographic Information Science**. Springer, Cham. p. 19–37, 2017.

DI BALDASSARRE, G.; VIGLIONE, A.; CARR, G.; KUIL, L.; YAN, K.; BRANDIMARTE, L.; BLOSCHL, G. Debates—Perspectives on socio-hydrology: Capturing feedbacks between physical and social processes. **Water Resources Research**. v. 51, p. 4770–4781, 2015.

DI BALDASSARRE, G. Socio-Hydrology of Floods. Oxford Research **Encyclopedia of Natural Hazard Science**, 2017.

ELLIS, J. Water quality problems of urban areas. **GeoJournal**, v. 11, n. 3, p. 265–275, 1985.

ELSHAFEI, Y.; SIVAPALAN, M.; TONTS, M.; HIPSEY, M. R. A prototype framework for models of socio-hydrology: Identification of key feedback loops and parameterisation approach. **Hydrology and Earth System Sciences**, v. 18, n. 6, p. 2141–2166, 2014.

FAVA M. C.; ABE, N.; RESTREPO-ESTRADA, C.; KIMURA, B. Y. L.; MENDIONDO, E. M. Flood modelling using synthesised citizen science urban streamflow observations. **J Flood Risk Management**, p.1–13, 2018.

FLETCHER, T. D.; SHUSTER, W.; HUNT, W. F.; ASHLEY, R.; BUTLER, D.; ARTHUR, S.; MIKKELSEN, P. S. SUDS, LID, BMPs, WSUD and more–The evolution and application of terminology surrounding urban drainage. **Urban Water Journal**, v. 12, n. 7, 525-542, 2015.

FINNEMORE, E.J.; LYNARD, W.G. Management and control technology for urban stormwater pollution. **Journal of the Water Pollution Control Federation**, p. 1099–1111, 1982.

GARCIA, M.; PORTNEY, K.; ISLAM, S. A question driven socio-hydrological modeling process. **Hydrology and Earth System Sciences**, v. 20, n. 1, p. 73–92, 2016.

GHARESIFARD, M.; WEHN, U.; VAN DER ZAAG, P. Towards benchmarking citizen observatories: Features and functioning of online amateur weather networks. **Journal of Environmental Management**, v. 193, p. 381–393, 2017.

GISSING, A.; BLONG, R. Accounting for variability in commercial flood damage estimation. Australian Geographer, v. 35, p. 209-222, 2004.

GOMES JUNIOR, M. N. Modelos hidrológicos-hidráulicos, análise multicriterial para tomada de decisão e ferramentas para o projeto de biorretenções e micro reservatórios de lote. **Qualificação (Mestrado)**, USP, EESC, São Carlos – SP, 2019.

GONZALES, P.; AJAMI, N. Social and Structural Patterns of Drought-Related Water Conservation and Rebound. **Water Resources Research**, v. 53, n .12, p. 10619–10634, 2017.

GOODCHILD, M. F. Citizens as sensors: The world of volunteered geography. **GeoJournal**, v. 69, n. 4, p. 211–221, 2007.

GRAINGER, A. Citizen observatories and the new Earth observation science. **Remote Sensing**, v. 9, n. 2, p. 1–30, 2017.

HAPUARACHCHI, H. A. P.; WANG, Q. J.; PAGANO, T. C. A review of advances in flash flood forecasting. **Hydrological processes**, v. 25, n. 18, p. 2771-2784, 2011.

HUGHES, D; UEYAMA, J; MENDIONDO, E. M.; MATTHYS, N.; HORRÉ, W.; MICHIELS, S.; HUYGENS, C.; JOOSEN, W.; MAN, K. L.; GUAN, S-U. A middleware platform to support river monitoring using wireless sensor networks. **Journal of the Brazilian Computer Society**, 17, pp. 85–102, 2011.

HRACHOWITZ, M.; SAVENIJE, H. H. G.; BLÖSCHL, G.; MCDONNELL, J.J.; SIVAPALAN, M.; POMEROY, J. W.; ARHEIMER, B.; BLUME, T.; CLARK, M. P.; EHRET, U.; FENICIA, F.; FREER, J. E.; GELFAN, A.; GUPTA, H. V.; HUGHES, D. A.; HUT, R. W.; MONTANARI, A.; PANDE,

S.; TETZLAFF, D.; TROCH, P. A.; UHLENBROOK, S.; WAGENER, T.; WINSEMIUS, H. C.; WOODS, R. A.; ZEHE, E.; CUDENNEC, C. A decade of Predictions in Ungauged Basins (PUB)-a review. **Hydrological Sciences Journal**, v. 58, n. 6, p. 1198–1255, 2013.

INGIRIGE, B.; PROVERBS, D.; WEDAWATTA, G. Impact of flooding on SME's and their relevance to Chartered Surveyors. London RICS, 2012.

INNOCENTI, D. When science meets policy: Enhancing governance and management of disaster risks. **Hydrometeorological Hazards**, p. 91-107, 2014.

IPCC (2014). CLIMATE CHANGE 2014: Impacts, Adaptation, and Vulnerability. Part B: Regional Aspects. Contribution of Working Group II to the Fifth Assessment Report of the Intergovernmental Panel on Climate Change [Barros, V.R., C.B. Field, D.J. Dokken, M.D. Mastrandrea, K.J. Mach, T.E. Bilir, M. Chatterjee, K.L. Ebi, Y.O. Estrada, R.C. Genova, B. Girma, E.S. Kissel, A.N. Levy, S. MacCracken, P.R. Mastrandrea, and L.L. White (eds.)]. Cambridge University Press, Cambridge, United Kingdom and New York, NY, USA, 688 pp.

KUIL, L.; CARR, G.; VIGLIONE, A.; PRSKAWETZ, A.; BLÖSCHL, G. Conceptualizing socio-hydrological drought processes: The case of the Maya collapse. **Water Resources Research**, v. 52, p. 6222–6242, 2016.

LI, Z.; WANG, C.; EMRICH, C. T.; GUO, D. A novel approach to leveraging social media for rapid flood mapping: a case study of the 2015 South Carolina floods. **Cartography and Geographic Information Science**. Taylor & Francis, 45(2), p. 97–110, 2018.

LIU, H. Y.; KOBERNUS, M.; BRODAY, D.; BARTONOVA, A. A conceptual approach to a citizens' observatory—supporting community-based environmental governance. **Environmental health: a global access science source**, v. 13, n.1, p. 107, 2014.

MAZZOLENI, M.; VERLAAN, M.; ALFONSO, L.; MONEGO, M.; NORBIATO, D.; FERRI, M.; SOLOMATINE, D. P. Can assimilation of crowdsourced data in hydrological modelling improve flood prediction?. **Hydrology and Earth System Sciences**, v. 21, n. 2, 839, 2017.

MCCABE, M. R.; ALSDORF, D. E.; MIRALLES, D. G.; UIJLENHOET, R.; WAGNER, W.; LUCIEER, A.; HOUBORG, R.; NIKO E. C. V.; TRENTON E. F.; JIANCHENG S.; GAO, H.; WOOD, E. F. The Future of Earth Observation in Hydrology. Hydrology and Earth System Sciences (under review). **Hydrology and Earth System Sciences (under review)**, p. 3879–3914, 2017.

MCKINLEY, D. C.; MILLER-RUSHING, A. J.; BALLARD, H. L.; BONNEY, R.; BROWN, H.; COOK- PATTON, S. C.; EVANS, D. M.; FRENCH, R. A.; PARRISH, J. K.; PHILLIPS, T. B.; RYAN, S. F.; SHANLEY, L. A.; SHIRK, J. L.; STEPENUCK, K. F.; WELTZIN, J. F.; WIGGINS, A.; BOYLE, O. D.; BRIGGS, R. D.; CHAPIN, S. F.; HEWITT, D. A.; PREUSS, P. W.; SOUKUP, M. A. Citizen science can improve conservation science , natural resource management , and environmental protection. **Biological Conservation**, 208, p. 15–28, 2017.

MENDES, H. C; MENDIONDO, E. M. Histórico da expansão urbana e incidência de inundações: O Caso da Bacia do Gregório, São Carlos–SP. **Revista Brasileira de Recursos Hídricos**, v. 12, n. 1, p. 17-27, 2007.

MIORANDI, D.; CARRERAS, I.; GREGORI, E.; GRAHAM, I.; STEWART, J. Measuring net neutrality in mobile Internet: Towards a crowdsensing-based citizen observatory. **2013 IEEE International Conference on Communications Workshops, ICC 2013**, 9-13 June 2013, Budapest, Hungary, p. 199–203, 2013.

MORA, F. **Innovating in the midst of crisis/ : A case study of Ushahidi.** SAGE Convergence Journal. 2011.

PALACIN-SILVA, M.; SEFFAH, A.; HEIKKINEN, K.; PORRAS, J.; PYHÄLAHTI, T.; SUCKSDORFF, Y.; ANTTILA, S.; ALASALMI, H.; BRUUN, E.; JUNTTILA, S. State-of-the Art Study in Citizen Observatories: Technological Trends, **Development Challenges and Research Avenues**. Helsinki: Finnish Environment Institute, 2016.

Poser, K.; Dransch, D. Volunteered geographic information for disaster management with application to rapid flood damage estimation. **Geomatica**, v. 64, n. 1, p. 89-98, 2016.

POTTINGER, G.; TANTON, A. Flooding and commercial property investment- whatis the risk? Edinburgh: ERES, p. 166, 2012.

POTTINGER, G.; TANTON, A. Waterproof – Flood risk and due diligence for commercial property investment in the UK. London. College of Estate Management, 2011.

RAMASWAMY, B. An Intelligent Wireless Modular System for Effective Disaster Management. **Transactions on Networks and Communications**, v. 4, n. 3, p. 22, 2016.

RESTREPO-ESTRADA, C.; DE ANDRADE, S. C.; ABE, N.; FAVA, M. C.; MENDIONDO, E. M.; DE ALBUQUERQUE, J. P. Geo-social media as a proxy for hydrometeorological data for streamflow estimation and to improve flood monitoring. **Computers & Geosciences**, v. 111, p. 148-158, 2018.

ROSSER, J. F.; LEIBOVICI, D. G.; JACKSON, M. J. Rapid flood inundation mapping using social media, remote sensing and topographic data, **Natural Hazards**. Springer Netherlands, v. 87, n. 1, p. 103–120, 2017.

SANDERSON, M. R.; BERGTOLD, J. S.; HEIER STAMM, J. L.; CALDAS, M. M.; Ramsey, S. M. Bringing the "social" into sociohydrology: Conservation policy support in the Central Great Plains of Kansas, USA. **Water Resources Research**, v. 53, n. 8, p. 6725–6743, 2017.

SIVAPALAN, M.; SAVENIJE, H. H. G.; BLÖSCHL, G. Socio-hydrology: A new science of people and water. **Hydrological Processes**, v. 26, n. 8, p. 1270-1276, 2012.

SIVAPALAN, M.; TAKEUCHI, K.; FRANKS, S.; GUPTA, V.; KARAMBIRI, H.; LAKHSMI, V.; LIANG, X.; MCDONNELL, J.; MENDIONDO, E.; O'CONNELL, P.; OKI, T.; POMEROY, J.; SCHERTZER, D.; UHLENBROOK.; S, ZEHE, E. IAHS Decade on Predictions in Ungauged Basins (PUB), 2003-2012: Shaping an exciting future for the hydrological sciences. **Hydrological Sciences Journal**, v. 48, n. 6, p. 857-880, 2003.

SOUZA, F. A. A.; DEGROSSI, L. C.; MENDIONDO, E. M.; ALBUQUERQUE, J. P.; DELBEM, A. C. B. Socio-Hydrological Observatory For Water Security: An Initial Citizen Science Experience In Brazil. Submitted to Hydrological Sciences Journal, 2019.

SRINIVASAN, V.; KONAR, M.; SIVAPALAN, M. A dynamic framework for water security. **Water Security**, v. 1, p. 12-20, 2017.

TAFFARELLO, D.; DO CARMO CALIJURI, M.; VIANI, R. A. G.; MARENGO, J. A.; MENDIONDO, E. M. Hydrological services in the Atlantic Forest, Brazil: An ecosystem-based adaptation using ecohydrological monitoring. **Climate Services**, v. 8, p. 1-16, 2017.

UNISDR. - United Nations Integrated Strategy for Disaster Reduction (2015) Sendai framework for disaster risk reduction 2015–2030. ed. 3rd **United Nations World Conference on DRR**, 2015.

URRUTIAGUER, M.; EDWARDS, P.; CHANDLER, C. The Evolution of a WSUD Capacity Building Program: The Role of Implementation Targets. **NOVATECH 2010**, Lyon, França, June, 2010.

VAN EMMERIK, T. H. M.; LI, Z.; SIVAPALAN, M.; PANDE, S.; KANDASAMY, J.; SAVENIJE, H.; H.G.; CHANAN, A.; VIGNESWARAN, S. Socio-hydrologic modeling to understand and mediate the competition for water between agriculture development and environmental health: Murrumbidgee River basin, Australia. **Hydrology and Earth System Sciences**, v. 18, n. 10, p. 4239-4259, 2014.

VENDRUSCOLO, S. Interfaces entre a Política Nacional de Recursos Hídricos e a Política Nacional de Defesa Civil, com relação aos Desastres Hidrológicos. **Dissertação (Mestrado)**, Santa Catarina - SC, 2007.

VOINOV, A., BOUSQUET, F. Modelling with stakeholders. **Environmental Modelling and Software**, v. 25, n. 11, 1268-1281, 2010.

WALLIMAN, N.; BAICHE, B.; OGDEN, R. Estimation of repair costs of individual non-domestic buildings damaged by floods. **International Journal of Safety and Security Engineering**, v. 3, p. 290-306, 2013.

WEHN, U.; EVERS, J. The social innovation potential of ICT-enabled citizen observatories to increase eParticipation in local flood risk management. **Technology in Society**, v. 42, p. 187-198, 2015.

WUNDER, S. Payments for environmental services: some nuts and bolts. **CIFOR Occasional paper 42**. Center for International Forestry Research, Bogor, Indonesia, 2005.

Capítulo VII

Análises geomorfológicas e a suscetibilidade a corridas de detritos: ferramentas de apoio aos planos de mitigação

Bianca C. Vieira, Vivian C. Dias,
Tiago D. Martins, Jefferson Picanço

Introdução

O relevo está sujeito às alterações resultantes de contínuos processos morfodinâmicos, como a erosão e os movimentos de massa. Geomorfologicamente, os movimentos de massa atuam como agentes exógenos, modelando a paisagem, modificando formas do relevo e criando outras (PENCK, 1953). Além de ser um agente modelador do relevo, sua deflagração pode acarretar significativas perdas. Por exemplo, somente entre 1998 e 2017, 5,2% do total de perdas humanas e materiais, no mundo, está relacionado a esses processos (CRED, 2018).

O conhecimento prévio dos aspectos físicos de determinado terreno é essencial para a sua ocupação, com avaliações precisas de suas características, na tentativa de mitigar e evitar ocupações em áreas que apresentam perigo (TRICART, 1977), sendo fundamental que etapas de avaliação e identificação da suscetibilidade à ocorrência de movimentos de massa sejam incluídas nos planos de mitigação a fim de amenizar, reduzir ou até mesmo eliminar os danos subsequentes e, desta forma, promover o uso adequado de áreas potencialmente instáveis.

Dentre os processos de movimentos de massa, as corridas de detritos são aqueles com maior potencial destrutivo, devido à sua alta energia e grande capacidade de transporte de materiais diversos (JOHNSON, 1970; SELBY, 1993; JAKOB; HUNGR, 2005).

Nos últimos anos, foram inúmeros os projetos, agendas e tentativas de redução e mitigação dos danos causados por processos naturais, como as corridas de detritos, por exemplo. Mais recentemente, a

Organização das Nações Unidas para a Educação, a Ciência e a Cultura (UNESCO) lançou a Agenda para o Desenvolvimento Sustentável, a partir de diferentes ações para transformar o mundo até 2030. Dentre elas se destacam duas: a redução significativa do número de mortes e de pessoas afetadas por catástrofes e substancial diminuição das perdas econômicas diretas causadas por elas em relação ao PIB global, incluindo os desastres relacionados à água, com o foco em proteger os pobres e as pessoas em situação de vulnerabilidade; e reforço da resiliência e da capacidade de adaptação a riscos relacionados ao clima e às catástrofes naturais em todos os países.

No sentido de atender a essas demandas e considerando, sobretudo, a ausência ou redução de verbas destinadas a esses estudos nos países em desenvolvimento, é importante utilizar ferramentas e materiais com custos reduzidos e maior facilidade de acesso. Desta forma, sob a luz da Geomorfologia, o uso de parâmetros morfométricos tem se destacado na literatura internacional e também junto aos órgãos responsáveis pela previsão, monitoramento e consequências das corridas de detritos.

A investigação dos parâmetros morfométricos consiste na quantificação de alguns elementos que compõem o relevo, a exemplo de uma bacia hidrográfica, considerada a unidade principal de estudos geomorfológicos. Podemos citar alguns desses parâmetros, tais como hipsometria, densidade de drenagem, comprimento total dos canais, área da bacia, comprimento da bacia, formato e relação do relevo. Tais parâmetros fornecem, individualmente ou em conjunto, informações sobre as características hidrológicas da rede de drenagem, assim como sua capacidade de transportar sedimentos, ou mesmo armazená-los.

A partir do uso de parâmetros morfométricos, é possível avaliar a magnitude das corridas de detritos (VANDINE, 1985; JOHNSON et al., 1991; JAKOB, 1996; VIEIRA et al., 1997; KONAVAN; SLAYMAKER, 2008; CHEN; YU, 2011; DIAS et al., 2016), identificar diferentes processos (WILFORD et al., 2004; WELSH; DAVIES, 2011) e hierarquizar bacias hidrográficas com base em uma avaliação conjunta desses parâmetros, o que permitirá também evidenciar a recorrência desses processos em escalas geomorfológicas.

O reconhecimento de bacias suscetíveis a fluxo de detritos envolve: a) reconhecimento das propriedades morfométricas da bacia; b) identificação de eventos mais antigos, seja por meio de registros históricos ou de trabalhos de campo. Deste modo, o objetivo deste capítulo é apresentar exemplos de aplicação de análises morfométricas do relevo para a identificação de áreas sujeitas à ocorrência de corridas de detritos a partir de experiências em áreas afetadas na Serra do Mar do Sul e Sudeste do Brasil.

Corridas de detritos e parâmetros morfométricos

De maneira geral, três mecanismos deflagradores de corridas de detritos podem ser identificados. São eles:

a) a partir da erosão de depósitos no leito do rio em virtude da concentração de sólidos na superfície da água;
b) a partir de escorregamento na encosta, que se torna um fluxo devido à liquefação por ação do acúmulo de água; e
c) em virtude do colapso de barreiras de detritos nos canais (sedimentos, materiais preexistentes no canal ou oriundos de escorregamentos nas encostas), que, em virtude do suprimento externo de água (chuva), torna-se uma corrida de detritos (TAKAHASHI, 2007).

No Brasil ocorrem vários desses mecanismos (Figura 1), embora grande parte das corridas esteja relacionada ao terceiro mecanismo, com a seguinte sequência: (1) *input* de evento climático extremo em que são deflagrados escorregamentos que atingem as drenagens, saturando-as e formando uma massa de alta viscosidade e poder erosivo, geralmente a partir de ângulos acima de 25°; (2) o fluxo flui em direção a jusante, remobilizando materiais preexistentes, erodindo as margens do canal e agregando mais materiais ao fluxo; (3) ao atingir porções mais suaves do relevo, o fluxo perde energia, quando então ocorre a deposição parcial dos materiais; e (4) os materiais atingem as porções mais baixas do relevo (ângulo <10°), onde ocorre a deposição final do material (COSTA, 1984; AUGUSTO FILHO, 1993; VANDINE, 1996; TAKAHASHI, 2007).

Considerando a relação entre os parâmetros morfométricos de bacias hidrográficas e as corridas de detritos e, sobretudo, levando em conta a maior facilidade na obtenção desses parâmetros por meio de Modelos Digitais de Elevação, os estudos desta relação (parâmetros morfométricos e corridas de detritos) vêm sendo largamente realizados em diferentes localidades (Tabela 1), principalmente naquelas onde o processo possui estrita relação com os canais de drenagem e dinâmica da bacia (COSTA, 1984; VANDINE, 1985; JOHNSON et al., 1991; AUGUSTO FILHO, 1993; JAKOB, 1996; DE SCALLY et al., 2001; KANJI; GRAMANI, 2001; WILFORD et al., 2004; KONAVEN; SLAYMAKER, 2008; CHEN; YU, 2011; DIAS et al., 2016).

Figura 1 Alguns exemplos de diferentes mecanismos de deflagração ocorridos no Brasil. a) Timbé do Sul, Santa Catarina (Fonte: Jairo Valdati); (b) Serra da Cubatão, São Paulo (Fonte: IPT): deflagração de corridas de detritos sem contribuição de sedimentos das encostas: (c) Teresópolis, Rio de Janeiro (parte montante da corrida); e (d) parte jusante da corrida de detritos (*Fonte*: Bianca Vieira).

Diante dos inúmeros tipos de parâmetros, alguns são mais frequentemente usados na literatura para indicar valores críticos, tanto para a deflagração das corridas de detritos, quanto para o acúmulo e aumento da magnitude e raio de alcance. A seguir são apresentados alguns desses parâmetros:

a) A *Densidade de Drenagem* (*Dd*) consiste na razão entre o total dos canais (L_t) e a área da bacia (A) e está relacionada ao início da corrida e à disponibilidade de sedimentos para transporte. Quanto maior esse valor, mais rapidamente a água poderá alcançar as drenagens, intensificando as cheias relâmpagos e contribuindo para a geração de processos hidrodinâmicos mais intensos.

Tabela 1 Utilização de parâmetros morfométricos no estudo de corridas de detritos.

Objetivo	Parâmetros utilizados	Fonte
Avaliação do processo e magnitude	Área da bacia	Vandine (1985)
Caracterização de bacias	Área da bacia, ângulo do canal	Slaymaker (1990)
Estimativa de magnitude e frequência	Hipsometria, relação de relevo, densidade de drenagem, comprimento total dos canais, bifurcação, relação de alongamento da bacia	Johnson et al. (1991)
Hierarquização e avaliação de potencialidade de geração de corridas de detritos	Área da bacia, índice de circularidade, densidade de drenagem	Augusto Filho (1993)
Estimativa de magnitude e frequência	Área da bacia, índice de rugosidade, hipsometria, densidade de drenagem, índice de circularidade.	Jakob (1996)
Análise de magnitude	Assimetria/simetria do canal, perfil longitudinal, comprimento do canal, hierarquia	Vieira et al. (1997)
Análise e identificação do processo	Área da bacia, amplitude altimétrica, índice de rugosidade	De Scally et al. (2001)
Avaliação de suscetibilidade	Declividade, ângulo	Kanji; Gramani (2001)
Diferenciação de processos de tipo fluxo	Área da bacia, comprimento da bacia, formato, comprimento dos canais, densidade de drenagem, amplitude altimétrica, ângulo acima de 30°, 35° ou 40°, índice de Melton, relação de relevo.	Wilford et al. (2004)
Análise do processo e magnitude	Área da bacia, índice de Melton	Kovanen; Slaymaker (2008)
Diferenciação de processos de tipo fluxo	Índice de Melton	Welsh e Davies (2011)
Análise do processo e magnitude	Relação de relevo, índice de rugosidade, fator de forma, ângulo, índice de potencial erosivo do canal, índice de caracterização do terreno, índice topográfico de umidade	Chen; Yu (2011)
Avaliação de magnitude	Área da bacia, índice de rugosidade, relação de relevo, densidade de drenagem, índice de circularidade, hierarquia, curvatura, ângulo	Dias et al. (2016)

b) O *Índice de Rugosidade* (*Ir*) consiste na combinação entre amplitude altimétrica (*H*) e a densidade de drenagem (*Dd*). O parâmetro pode influenciar o grau de evolução da bacia, ou seja, bacias mais rugosas (índice maior) tendem a produzir mais sedimentos em seus processos internos de evolução do relevo, havendo, portanto, maior disponibilidade de materiais para transporte, e também podendo indicar o potencial da bacia para a ocorrência de cheias relâmpagos (CHRISTOFOLETTI, 1980).

c) A *Hierarquia de Drenagem* (*H*), baseada no método proposto por Shreve (1966; 1967), busca estabelecer a magnitude da bacia hidrográfica, sendo feita a partir da soma dos canais, em que os ligamentos (canais) externos possuem magnitude u1, agregando valor à medida que se junta a outros ligamentos (ex. u1 + u2 = u3). Dessa forma, quanto maior a hierarquia, maior o potencial de escoamento da bacia, uma vez que o número maior de tributários contribui para o maior aporte de água.

d) O *Índice de Melton* (*R*) é dado pela relação $R = h/A^{-1/2}$, em que *h* é o gradiente altimétrico da bacia (em km) e *A* é a área de contribuição total da bacia (em km^2), sendo sua aplicação adequada para bacias entre 2 e 8 km^2 e em geral com a presença de leque aluvionar.

A combinação entre o Índice de Melton e o Comprimento de Bacia (WL) permite avaliar a suscetibilidade de ocorrência de diferentes tipos de fluxo. Segundo Wilford et al. (2004), o valor do comprimento das bacias (WL) pode indicar duas situações: 1) WL < 2,7 km a bacia é propensa à ocorrência de fluxo de detritos; 2) WL > 2,7 km a bacia é mais suscetível a enchentes.

Em relação ao valor R (Índice de Melton), três situações podem ser inferidas: 1) R > 0,60, a bacia está propensa à ocorrência de fluxo de detritos; 2) R entre 0,6 e 0,3, a bacia está propensa a enchentes; 3) R < 0,3, a bacia está sujeita somente a inundações (*flood*). Com base no valor de R e WL, Wilford et al. (2004) propuseram seis categorias diferentes chamadas de A a F (Tabela 2).

Tabela 2 Relação entre o Índice de Melton (R) e os valores de comprimento de bacia hidrográfica (WL).

Categoria	Combinação entre R e WL	
A	R < 0,30	Comprimento > 2,7 km
B	R < 0,3)	Comprimento < 2,7 km
C	R 0,30-0,60	Comprimento > 2,7 km
D	R 0,30-0.60	Comprimento < 2,7 km
E	R > 0,60	Comprimento > 2,7 km
F	R > 0,60	Comprimento < 2,7 km

Fonte: Wilford et al. (2004).

Por fim, deve-se destacar que a obtenção dos parâmetros morfométricos mencionados se dá a partir das representações do relevo, como os Modelos Digitais de Elevação (MDEs). Estes modelos podem ser originados a partir de diversas tecnologias, a exemplo do SRTM (*Shuttle Radar Topography Mission*), que deriva de interferometria de radar, da tecnologia de varredura *laser* LiDAR (*Light Detection and Ranging*) e, mesmo, das tradicionais curvas-de-nível. Cada um desses produtos apresenta distintas particularidades de resolução, abrangência de cobertura, níveis de precisão e acurácia e podem tanto representar exclusivamente o terreno (Modelo Digital de Terreno – MDT) quanto as feições sobre o terreno, como o dossel florestal ou construções prediais (Modelo Digital de Superfície – MDS).

Tais diferenças podem implicar variações na representação dos parâmetros morfométricos de uma mesma área e, por conseguinte, alterar as respostas das análises de suscetibilidade a determinado processo, a exemplo do trabalho de Martins et al. (2017), que investigaram os resultados de um modelo de base física quando aplicados MDEs de origens distintas (curvas-de-nível e LiDAR), e de Sbroglia et al. (2018), que avaliaram a performance de um modelo, empregando MDEs com resoluções diferentes (1 e 10 m).

Estudos de caso: corridas de detritos na Serra do Mar

Em anos recentes, ocorreram no Brasil diversos eventos relacionados com corridas de detritos, como em Santa Catarina (2008), Região Serrana (RJ) (2011), Litoral Paranaense (2011) e Itaoca (SP) (2014), dentre outros. A magnitude desses eventos levou a uma mudança na percepção dos planos de gestão de desastres no país (BITTAR, 2014). No entanto, a defesa civil e o poder público necessitam de informações mais precisas sobre as áreas suscetíveis à ocorrência de corridas de detritos.

De forma a demonstrar a eficiência do uso dos parâmetros morfométricos para avaliação da suscetibilidade, magnitude e raio de alcance das corridas de detritos, serão apresentados estudos realizados em duas áreas na Serra do Mar, sendo uma no município de Caraguatatuba, no estado de São Paulo, e outra em bacias dos municípios de Morretes e Paranaguá, no estado do Paraná (Figura 2). As duas áreas foram selecionadas para aplicações de parâmetros morfológicos e morfométricos em função dos eventos de grande magnitude que ocorreram na década de 1960, em Caraguatatuba, e em 2011, na Serra da Prata.

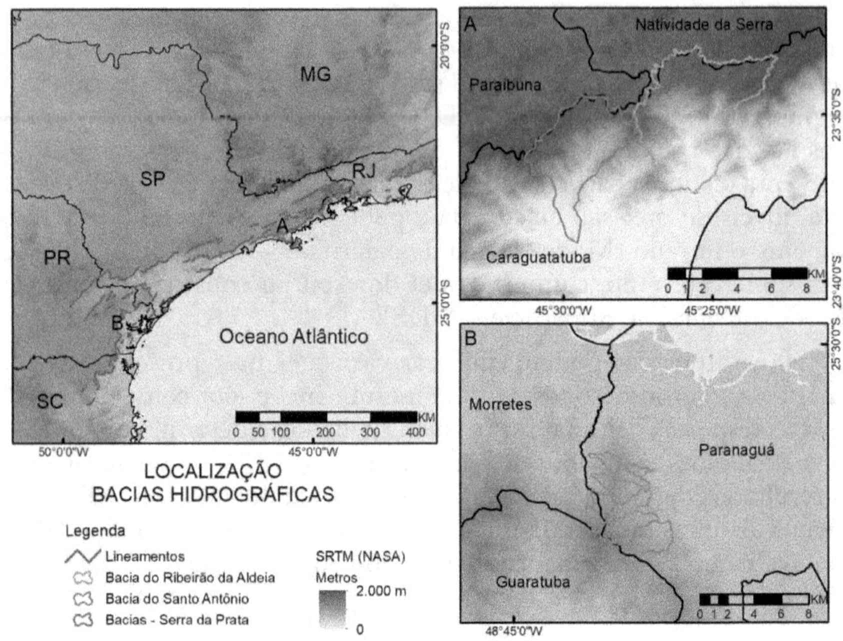

Figura 2 Mapa de localização das bacias estudadas.

No verão de 1966-1967, a cidade de Caraguatatuba foi atingida por elevado volume de chuvas torrenciais. Os totais pluviométricos chegaram a um estágio crítico no mês de março, atingindo 945,6 mm. Nos dias 17 e 18 de março de 1967, quando a precipitação alcançou a marca de 586 mm em 48h, foram deflagradas centenas de escorregamentos nas encostas e corridas de detritos em diversas bacias hidrográficas (Figura 3). O material oriundo dos escorregamentos atingiu as drenagens, e o alto volume hídrico transportou-os em direção a jusante, chegando à área urbana do município, causando a morte de 120 pessoas e a destruição de 400 casas, além de danos à infraestrutura urbana, como a rodovia Tamoios (CRUZ, 1974; DE PLOEY; CRUZ, 1979).

Em março de 2011, a região da Serra do Mar paranaense foi deflagrada por chuvas intensas, que alcançaram acumulados de precipitação entre 400 e 500 mm em dez dias (PICANÇO; NUNES, 2013). Nos municípios de Antonina, Morretes e Paranaguá ocorreram enchentes e movimentos de massa generalizados, com destaque para os escorregamentos e as corridas de detritos e lama (Figura 4) (SILVEIRA et al., 2012). Dentre as áreas mais afetadas está a comunidade de Floresta, situada na bacia do Rio Jacareí. Das suas 83 residências, 11 sofreram destruição total e 17 foram parcialmente destruídas, além de danos à infraestrutura de acesso, como queda de pontes (ZAI et al., 2017). Nas bacias do Tingidor, Gigante, Cachoeira e Tingui, (sub-bacias do Rio Jacareí), também foram encontradas evidências de antigos depósitos de corridas de detritos (PICANÇO; NUNES, 2013).

Figura 3 Evento de Caraguatatuba de 1967: (a) observam-se escorregamentos rasos nas encostas, que aumentaram o volume de sedimentos na rede de drenagem; (b) uma das corridas de detritos com grande volume de material orgânico transportado. Fonte: Arquivo Municipal de Caraguatatuba.

Figura 4 Evento da Serra do Mar paranaense em março de 2011. Em (a), observam-se cicatrizes de escorregamentos rasos nas principais vertentes (Fonte: Renato Lima, Centro de Apoio Científico em Desastres – UFPR); em (b), corrida de detritos no canal de drenagem principal (Fonte: Bianca Vieira).

Caraguatatuba, São Paulo

Neste município, amplamente afetado por escorregamentos e corridas de detritos em 1967, foram selecionadas duas bacias hidrográficas para avaliação do grau de suscetibilidade a corridas de detritos: bacias do Rio Santo Antônio e do Ribeirão da Aldeia. Nessas bacias foi levantado um conjunto de parâmetros morfométricos e também aplicada a proposta de Jakob (2005) para diferenciar a magnitude do evento a partir do mapeamento da área de inundação e atingimento da corrida de detritos. O autor propôs uma classificação das consequências potenciais associadas às corridas, a partir da avaliação do volume total mobilizado, pico máximo de vazão ou área de inundação (Tabela 3).

A bacia do Rio Santo Antônio foi classificada em nível 3 (pode destruir grandes construções, destruir pontes de concreto, bloquear ou danificar estradas e dutos) e a bacia do Ribeirão da Aldeia, em nível 1 (dano muito localizado em pequenas construções) (Figura 5).

Tabela 3 Classificação de magnitude de corridas de detritos segundo o critério "área inundada".

Nível	Área inundada (m^2)	Consequências potenciais
1	$< 4 \times 10^2$	Dano muito localizado em pequenas construções.
2	$4 \times 10^2 - 2 \times 10^3$	Pode enterrar e arrastar carros, destruir pequenas construções de madeira, derrubar árvores, bloquear dutos e descarrilar trens.
3	$2 \times 10^3 - 9 \times 10^3$	Pode destruir grandes construções, destruir pontes de concreto, bloquear ou danificar estradas e dutos.
4	$9 \times 10^3 - 4 \times 10^4$	Pode destruir partes de um vilarejo, destruir parte de infraestruturas, pontes e bloquear canais.
5	$4 \times 10^4 - 2 \times 10^5$	Pode destruir partes de uma cidade, destruir florestas de 2 km^2 de área, bloquear canais e pequenos rios.
6	$> 2 \times 10^5$	Pode destruir partes de uma cidade, entulhar vales ou depósitos de mais de 10 km^2 de tamanho, criar barragens de materiais em rios (bloqueio).

Fonte: Modificado de Jakob (2005).

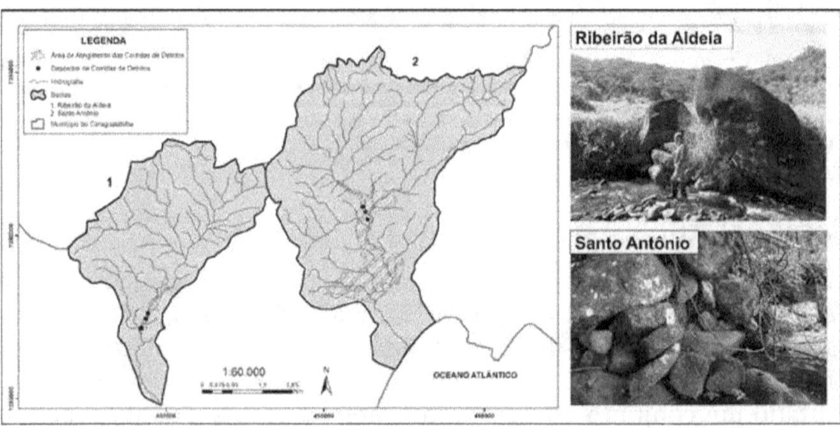

Figura 5 Área de atingimento de corridas de detritos nas bacias Ribeirão da Aldeia e Santo Antônio.

Foram selecionados seis parâmetros morfométricos mais relevantes conforme mostra a literatura: perfil longitudinal (PL), hierarquia de drenagem (H), densidade de drenagem (Dd), área da bacia acima de 25° (A25), índice de rugosidade (IR) e relação de relevo (RR). A partir daí, os parâmetros mais relevantes foram hierarquizados de acordo com a magnitude do evento, indicando o grau de importância de cada parâmetro: muito fraca (1), fraca (2), moderada (3), forte (4) ou muito forte (5).

Apesar de apresentarem resultados que indicam suscetibilidade à ocorrência de corridas de detritos, as bacias se diferenciaram quanto aos resultados dos parâmetros morfométricos (Figura 6). A hierarquização dos parâmetros, elaborada a partir do cruzamento das informações sobre magnitude e parâmetros com valores mais críticos, indicou que o perfil longitudinal e a hierarquia de drenagem obtiveram maior destaque na bacia Santo Antônio, apresentando valores mais críticos (Tabela 4).

É importante salientar que a menor importância de determinado parâmetro em uma bacia não significa que o mesmo, em geral, seja considerado baixo, apenas indica que o parâmetro não apresentou um valor crítico capaz de influenciar a magnitude das corridas de detritos, uma vez que ambas as bacias apresentam ocorrência do processo, logo são suscetíveis a corridas de detritos. O fato de alguns parâmetros serem mais expressivos e críticos na bacia de maior magnitude demonstra que tais características podem ter contribuído para as diferenças de magnitude entre as bacias.

Outro ponto a ser considerado são os resultados da classificação de magnitude. Os danos potenciais previstos para ambas as bacias no nível de classificação da magnitude obtido estão de acordo com os danos reais ocorridos e relatados em cada área: a bacia Santo Antônio apresentou maiores danos, inclusive às infraestruturas urbanas, como pontes e rodovias, enquanto a bacia Ribeirão da Aldeia apresentou danos menores e localizados. Neste sentido, os resultados dos parâmetros correlacionados ao resultado da classificação da magnitude indicam os parâmetros "perfil longitudinal" e "hierarquia de drenagem" como um dos possíveis responsáveis pela diferença de magnitude entre as duas bacias.

O maior gradiente altimétrico do perfil longitudinal proporciona maior alcance da corrida, uma vez que a mesma é um processo induzido, sobretudo, pela gravidade; da mesma forma, a maior hierarquia de drenagem indica o maior potencial de escoamento, favorecendo também os processos hidrodinâmicos na bacia.

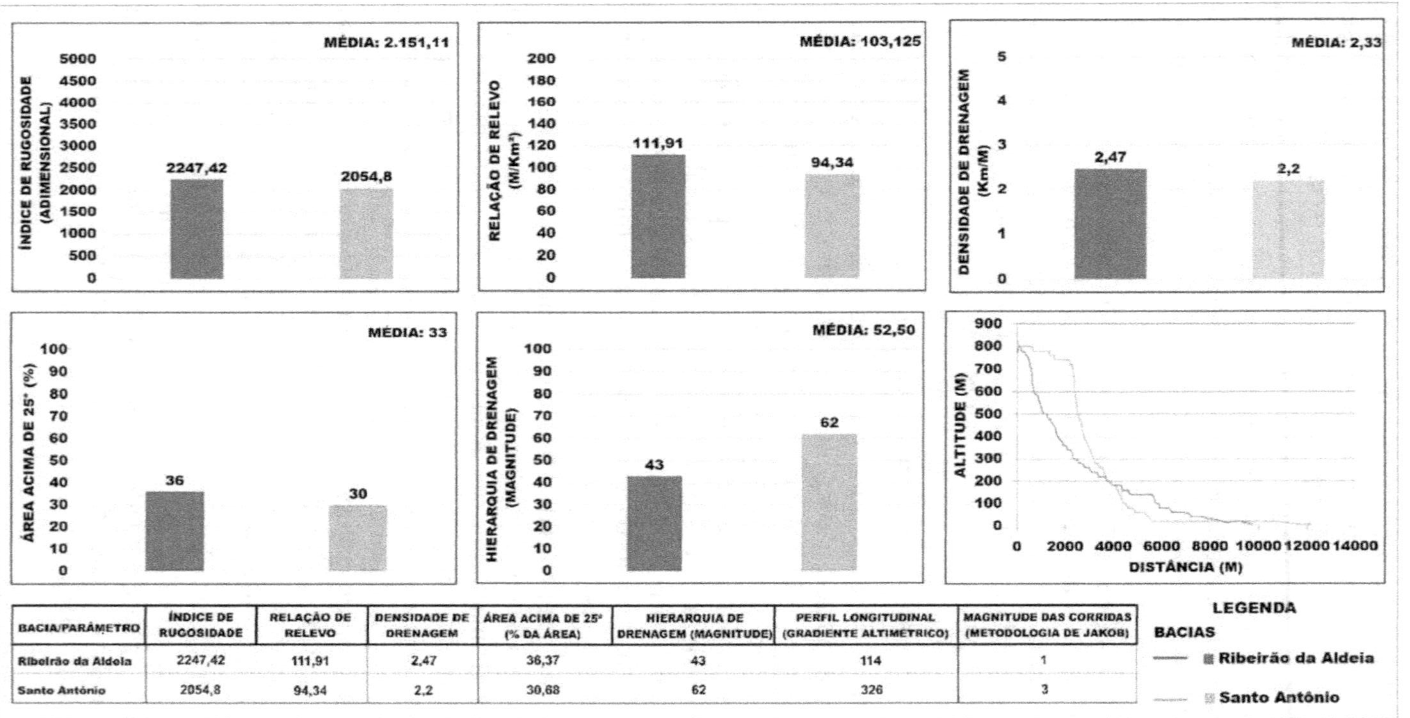

BACIA/PARÂMETRO	ÍNDICE DE RUGOSIDADE	RELAÇÃO DE RELEVO	DENSIDADE DE DRENAGEM	ÁREA ACIMA DE 25° (% DA ÁREA)	HIERARQUIA DE DRENAGEM (MAGNITUDE)	PERFIL LONGITUDINAL (GRADIENTE ALTIMÉTRICO)	MAGNITUDE DAS CORRIDAS (METODOLOGIA DE JAKOB)
Ribeirão da Aldeia	2247,42	111,91	2,47	36,37	43	114	1
Santo Antônio	2054,8	94,34	2,2	30,68	62	326	3

Figura 6 Resultado dos parâmetros morfométricos.

Tabela 4 Hierarquização dos parâmetros morfométricos com relação à magnitude das bacias.

Classificação de Magnitude	Nível 3	Nível 1
Bacia / Parâmetro	Santo Antônio	Ribeirão da Aldeia
IR	2	2
RR	3	3
Dd	3	3
A25	3	4
H	5	3
PL	5	3

Importância	
Muito fraca	1
Fraca	2
Moderada	3
Forte	4
Muito forte	5

Serra da Prata, Paraná

Das bacias da Serra da Prata analisadas (Figura 7 e Tabela 5), as dos rios do Meio, Pequeno e do Salto foram as únicas que não apresentaram ocorrências de corridas de detritos no episódio de 2011. Foram encontradas evidências de antigos depósitos de corridas de detritos nas sub-bacias Tingidor, Gigante, Cachoeira e Tingui. Um evento similar de menor magnitude ocorreu na Serra da Prata em 1975 (PICANÇO et al., 2017).

Os estudos na Serra da Prata envolveram avaliação de suscetibilidade à corrida de detritos, com o uso combinado do índice de Melton (R) e o comprimento de bacia (WL). Esses parâmetros morfométricos foram obtidos diretamente de Modelos Digitais de Elevação (WELSH; DAVIES, 2011). Foram calculados a área total da bacia (A), o comprimento da bacia (*watershed lenght* – WL), a amplitude de relevo (h) e o índice de Melton (R).

Foram também plotados os *apex*[1] e calculadas as áreas de contribuição para todas as áreas com formação de leques aluvionares. Os *Apex* foram obtidos em mapas e imagens aéreas e confirmados por trabalhos de campo.

Os resultados (Tabela 5) mostraram que as bacias possuem entre 1,03 km^2 e 3,06 km^2, com comprimentos entre 1,99 e 3,71 km. A bacia do córrego do Gigante (4) tem o menor gradiente altimétrico (h = 0,66), enquanto as bacias Cachoeira, Alto Jacareí e Miranda possuem os maiores índices H, entre 0,95 e 1,1 km.

1. O *Apex* de um leque aluvionar representa o ponto a partir do qual a deposição do material dos fluxos de detritos em determinada bacia deixa de ser confinada e torna-se espraiada, tomando o formato de um leque. Representa, topograficamente, o ponto mais alto do leque aluvionar. A porção da bacia acima do Apex representa a área de contribuição da bacia.

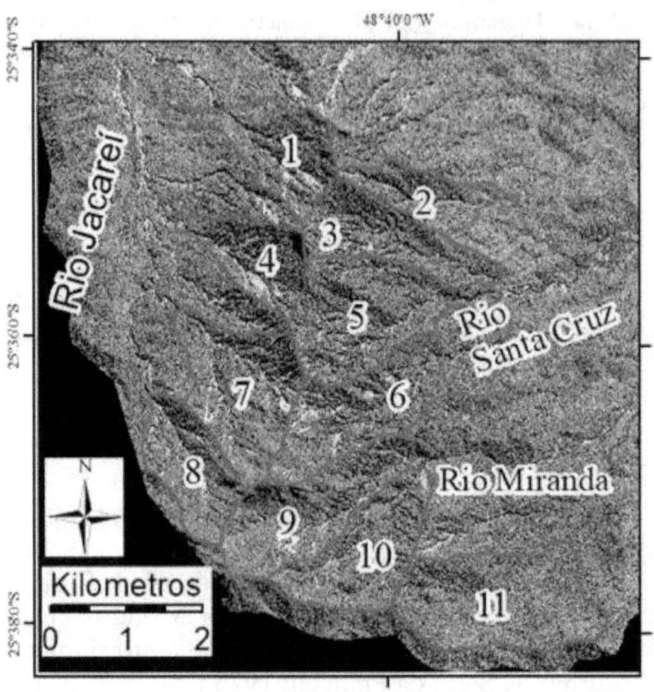

Figura 7 Localização das sub-bacias da Serra da Prata analisadas; imagem Worldview1 obtida em 5/mai/2011. Sub-bacias: 1) Tingidor; 2) Celestino; 3) Tingui; 4) Gigante; 5) Do Meio; 6) Cachoeira; 7) Cruzília; 8) Alto Jacareí; 9) Miranda; 10) Pequeno; e 11) Do Salto.

Tabela 5 Parâmetros morfométricos das diferentes sub-bacias analisadas (Figura 7). Em destaque, os valores mais críticos para deflagração de corridas, WL d" 2,7 km / R > 0,60.

Bacias	A (km²)	H (km)	WL (km)	R
1- Tingidor	1,66	0,74	2,37	0,57
2- Celestino	1,03	0,69	2,37	0,68
3- Tingui	1,73	0,72	2,75	0,55
4- Gigante	1,26	0,66	1,99	0,59
5- Rio do Meio	2,67	0,67	2,80	0,41
6- Cachoeira	3,06	0,95	3,71	0,54
7- Cruzília	2,36	0,84	2,50	0,54
8- Alto Jacareí	1,50	0,95	2,18	0,78
9- Miranda	2,29	1,11	2,93	0,73
10- Pequeno	2,01	0,89	2,51	0,63
11- Rio do Salto	2,88	0,69	2,42	0,41

Área (A); Comprimento da bacia (WL), Amplitude (H); Formato (S); e Índice de Melton (R).

Com base na combinação entre o índice de Melton (R) e o comprimento da bacia (WL) (Figura 8), verificou-se que as bacias 2, 8 e 10 são altamente suscetíveis a corridas de detritos (campo F da Figura 8). A bacia 9, plotada no campo E da mesma figura, pode ser sujeita a corridas de detritos, mas apresenta comprimento de bacia pouco acima do limiar de 2,7 km. Da mesma forma, as bacias 1 e 4 são suscetíveis a corridas de detritos, apesar de terem o valor de (R) ligeiramente menor, plotadas no campo D.

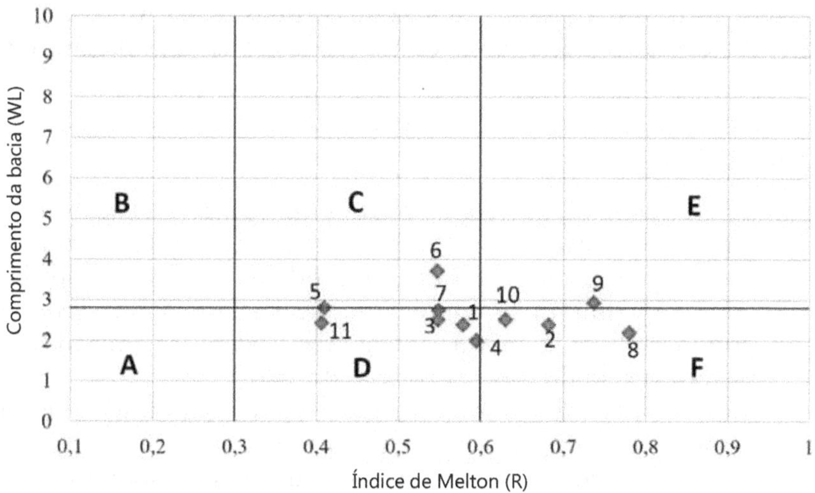

Figura 8 Correlação entre o comprimento da bacia (WL) e o índice de Melton (R), segundo a classificação proposta por Wilford et al. (2004), com a classificação de A a F.

Valores de R > 0,5 podem também ser considerados dentro da faixa de suscetibilidade para corridas de detritos. Este parece ser o caso, na Serra da Prata, das sub-bacias Tingidor, Gigante, Cruzília e Tingui. A presença de fatores não associados à morfometria, como tipo de substrato, espessura do solo, características hidráulicas dos materiais rochosos e inconsolidados e outros, também pode interferir na deflagração desses fenômenos (WELSH; DAVIES, 2011). Já índices de bacias plotados nos campos C e D são menos suscetíveis a corridas de detritos. Nessas bacias são mais frequentes os fluxos de enchente e os fluxos com menor energia (WILFORD et al., 2004). Já as bacias plotadas nos campos A e B seriam tipicamente suscetíveis a enchentes comuns.

A análise morfométrica mostra claro agrupamento de bacias suscetíveis com mais energia (R alto e WL< 2,7). Estas são as bacias que devem merecer atenção prioritária nos demais estágios da gestão de risco. Estudos mais detalhados são necessários para se estabelecerem as relações de frequência, magnitude e o zoneamento de risco. No entanto, os estudos morfométricos cumprem importante papel ao selecionar áreas prioritárias, com um custo bastante baixo e informações relativamente fáceis de ser obtidas.

Além dos parâmetros morfométricos utilizados, o reconhecimento de leques aluvionares também é uma forte indicação de suscetibilidade a corridas de detritos. Assim, uma bacia sem histórico de ocorrência, mas com a presença de leques aluvionares, deve ser analisada para conhecer sua suscetibilidade às corridas. Da mesma forma, se houver registros históricos da ocorrência de corridas numa bacia, com ou sem leque detectado, esta deve ser analisada já nas fases preliminares de gestão.

Conclusões

- O levantamento de parâmetros morfométricos em bacias hidrográficas pode contribuir de forma direta, e com baixo custo, para melhor planejamento da expansão urbana nos municípios brasileiros. A simples hierarquização das bacias, com base na importância de cada um dos parâmetros, poderá ser utilizada para melhor gestão do uso e ocupação do solo.
- Todos os parâmetros morfométricos podem ser obtidos de Modelos Digitais de Elevação, sendo que esses modelos podem derivar de diferentes tecnologias – alguns com disponibilização gratuita. A variação nas características do dado de elevação pode implicar diferenças nos resultados. Trabalhos futuros poderão avaliar essas implicações.
- A identificação da suscetibilidade às corridas de detritos em todas as bacias hidrográficas que compõem os municípios brasileiros pode ser uma ferramenta fundamental para nortear o mapeamento preditivo de áreas sujeitas a esses processos e a avaliação final do perigo, da vulnerabilidade e do risco de grupos sociais, conjunto de obras e elementos de interesse social ou ambiental.
- Além da indicação da suscetibilidade das bacias ao processo de corridas de detritos, os parâmetros podem indicar o potencial de magnitude do processo na bacia, auxiliando no processo de planejamento e gestão das áreas suscetíveis ocupadas.

Agradecimentos – Os autores agradecem aos revisores pelas sugestões e aos organizadores do livro pela iniciativa do projeto. Também agradecem às suas instituições de apoio: Programa de Pós-Graduação em

Geografia Física da Universidade de São Paulo, Universidade Federal de São Paulo e Universidade Estadual de Campinas. Agradecem também à Fundação de Amparo à Pesquisa do Estado de São Paulo (2018/08402-4) e ao pesquisador Marcelo Fischer Gramani, coorientador no Programa Novos Talentos, do Instituto de Pesquisas Tecnológicas (IPT).

Referências bibliográficas

AUGUSTO FILHO, O. O estudo das corridas de massa em regiões serranas tropicais: um exemplo de aplicação no município de Ubatuba, SP. **Congr. Bras. Geol. Eng.**,7, Poços de Caldas. ABGE. v.2, p. 63-70, 1993.

BITAR O.Y. (coord.) (2014) **Cartas de suscetibilidade a movimentos gravitacionais de massa e inundações: 1:25.000.** Disponível em: <http://www.cprm.gov.br/suscetibilidade/NotaTecnica_Explicativa_Carta_Suscetibilidade.pdf.> Acesso em 13 abr. 2016.

CHEN, C.-Y.; YU, F. -C. Morphometric analysis of debris flows and their source areas using GIS. **Geomorphology**, 129, 387-397, 2011.

CRED. Centre for Research on the Epidemiology of Disasters. **Economic Losses, Poverty & Disasters - 1998-2017**. UNISDR. 33p, 2018. Disponível em: <https://www.cred.be/publications>.

COSTA, J. E. Physical geomorphology of debris flows. In: Costa, J. E., and Fleisher, J. P., eds., **Developments and applications of geomorphology**, New York: Springer-Verlag. p. 268–317, 1984.

CHRISTOFOLETTI, A. **Geomorfologia**. São Paulo: Edgard Blhücher. 2ed. 188p, 1980.

CRUZ, O. **A Serra do Mar e o litoral na área de Caraguatatuba-SP: contribuição à geomorfologia litorânea tropical** (tese doutorado, Universidade de São Paulo, Instituto de Geografia), 1974.

DE PLOEY, J. e CRUZ, O. Landslides in the serra do mar, Brazil. **Catena**, 6(2), p.111-122, 1979.

DE SCALLY, F.; SLAYMAKER, O.; OWENS, I. Morphometric controls and basin response in the Cascade Mountains. **Geografiska Annaler**, 83 A (3), p. 117-130, 2001.

DIAS, V. C., VIEIRA, B. C. e GRAMANI, M. F. Parâmetros morfológicos e morfométricos como indicadores da magnitude das corridas de detritos na Serra do Mar Paulista. **Confins** [Online], 29, p. 1-18, 2016.

JAKOB, M. **Morphometric and geotechnical controls on debris flow frequency and magnitude in Southwestern British Columbia**. Ph.D. Dissertation, University of British Columbia, 232p, 1996.

JAKOB, M. Debris-flow hazard analysis. In: **Debris-flow hazards and related phenomena** (Eds. Jakob, M. and Hungr, O.). Springer, p. 442-474, 2005.

JAKOB, M.; HUNGR, O. Introduction. In: **Debris-flow hazards and related phenomena** (Eds. Jakob, M. and Hungr, O.). Springer, p. 1-7, 2005.

JOHNSON, A. M. **Physical Processes in Geology**. A method for interpretation of natural phenomena – intrusions in igneous rocks, fractures and folds, flow of debris and ice. Freeman, Cooper & Company, San Francisco, California. 577p., 1970.

JOHNSON, P. A.; MCCUEN, R. H.; HROMADKA, T. V. Magnitude and frequency of debris flow. **Journal of hydrology**, 123. Elsevier Science Publishers B. V., Amsterdam, p. 69-82, 1991.

KANJI, M. A.; GRAMANI, M. F. Metodologia para determinação da vulnerabilidade a corridas de detritos em pequenas bacias hidráulicas. In: **III Conferência Brasileira de Estabilidade de Encostas (III COBRAE)**, 2001, Rio de Janeiro. III Conferência Brasileira de Estabilidade de Encostas (III COBRAE). Rio de Janeiro: ABMS / NRRJ, v. 2001.

KONAVEN, D. J.; SLAYMAKER, O. The morphometric and stratigraphic framework for estimates of debris flow incidence in the North Cascades foothilss, Washington State, USA. **Geomorphology** 99, p. 224-245, 2008.

MARTINS, T.D.; OKA-FIORI, C.; VIEIRA, B. C.; BATEIRA, C. V. M.; MONTGOMERY, D. R. Avaliação de MDT na Modelagem de Instabilidade de Vertentes. **Ra'e Ga Espaço Geográfico em Análise**, v. 41, p. 07-19, 2017.

PENCK, W. **Morphological Analysis of Land Forms: A Contribution to Physical Geology**. MacMilliam and Co., Limited: London. 249p, 1953.

PICANÇO, J. L., & NUNES, L. H. A severe convective episode triggered by accumulated precipitation in the coast of Parana State, Brazil. In **Proceedings of 7th European conference of severe storms** (pp. 4-14), 2013.

PICANÇO, J., MESQUITA, M. J., & SOARES, L. F. The Hydrological Disasters Through Historical Survey in the Serra do Mar Range, Southern Brazil. In: **Workshop on World Landslide Forum** (p. 1017-1026). Springer, Cham., 2017.

SBROGLIA, R. M.; REGINATTO, G. M. P.; HIGASHI, R. A. R.; GUIMARÃES, R. F. Mapping susceptible landslide areas using geotechnical homogeneous zones with different DEM resolutions in Ribeirão Baú basin, Ilhota/SC/Brazil. **Landslides**, v. 1, p. 1-14, 2018.

SELBY, M. J. Mass wasting of soils. In: **Hillslope materials and processes**. Second Edition. Oxford University Press, Oxford, p. 249-355, 1993.

SHREVE, R. L. Statistical law of stream numbers. **Journal of Geology**, v. 74, n. 1, p. 17-37, 1966.

SHREVE, R. L. Infinite topologically random channel networks. **Journal of Geology**, v. 75, n. 2, p. 178-186, 1967.

SILVEIRA, C. T.; FIORI, A. P.; FERREIRA, A. M.; FELIPE, R. S.; KEPEL FILHO, J. L.; FOLADOR, R. M.; COSTA, L.C. Análise do Fator de Segurança da Estabilidade das Vertentes na Bacia do Rio Jacareí, Serra do Mar Paranaense. **Revista Brasileira de Geomorfologia**, v. 13, n.3. p. 287-297, 2012.

SLAYMAKER, O. Debris torrent hazard in Eastern Fraser and Coquihalla Valleys. **Western Geography**, v. 1, n. 1, Spring, p. 34-48, 1990.

TAKAHASHI, T. **Debris Flow: mechanics, prediction and countermeasures**. Taylor & Francis Group, London, UK. 439p, 2007.

TRICART, J. **Ecodinâmica**. Rio de Janeiro, SUPREN/IBGE, 97 p. (Série Recursos Naturais e Meio Ambiente, 1), 1977.

VANDINE, D. F. Debris flows and debris torrentes in the Southern Canadian Cordillera. **Canadian Geotechnical Journal**, 22, p. 44-67, 1985.

VANDINE, D. F. **Debris flow control structures for forest enginnering**. Res. Br., B. C. Min. For., Victoria, B. C., Work. Pap. 75p, 1996.

VIEIRA, B. C.; VIEIRA, A. C. F.; FERNANDES, N. F; AMARAL, C. P. Estudo comparativo dos movimentos de massa ocorridos em fevereiro de 1996 nas bacias do Quitite e do Papagaio (RJ): Uma abordagem geomorfológica. **2nd. Pan-American Symposion on Landslides/ 2nd. Brazilian Conference on Slope Stability**. p. 165-164, 1997.

WELSH, A., & DAVIES, T. Identification of alluvial fans susceptible to debris-flow hazards. **Landslides**, v. *8*, n. 2), 183-194, 2011.

WILFORD, D. J., SAKALS, M. E., INNES, J. L., SIDLE, R. C., & BERGERUD, W. A. Recognition of debris flows, *debris floods* and flood hazard through watershed morphometrics. **Landslides**, *1*(1), 61-66, 2004.

ZAI, C.; GRASSO, L.; SILVEIRA, C.T.; GUARNIERI, D.P. Impactos Socioambientais por Movimentos de Massa na Comunidade de Floresta, Região da Serra Do Mar Paranaense. **Caminhos de Geografia**, v. 18, n. 61, p. 19-32, 2017.

Capítulo VIII

Drones multirrotores de pequeno porte como ferramenta na gestão de risco de desastres naturais

Juliana da Costa Mantovani
Camila Bertaglia Carou
Marcelo Fischer Gramani
Caio Pompeu Cavalhieri

Introdução

A utilização de drones tem se tornado frequente para diversos fins, como lazer, questões ligadas à segurança, atividades educativas e monitoramento em situações de emergência (incêndio, afogamentos, busca e salvamento, escorregamentos, inundações, vazamentos de produtos perigosos, monitoramento de obras de arte e engenharia civil). Há diversos modelos de drones, que variam em tamanho, capacidade de carga, modo de operação e preço. A escolha do modelo mais indicado dependerá: dos objetivos do trabalho a ser desenvolvido, seja com fins comerciais, institucionais ou acadêmicos; das dimensões da área a ser imageada; dos custos envolvidos; dentre outros fatores.

O próprio termo *drone* tem causado confusões em seu emprego, existindo vasta literatura a este respeito. A Figura 1 apresenta a principal distinção entre os termos drones e Veículos Aéreos Não Tripulados (VANTs), e as vantagens e desvantagens atreladas a cada um.

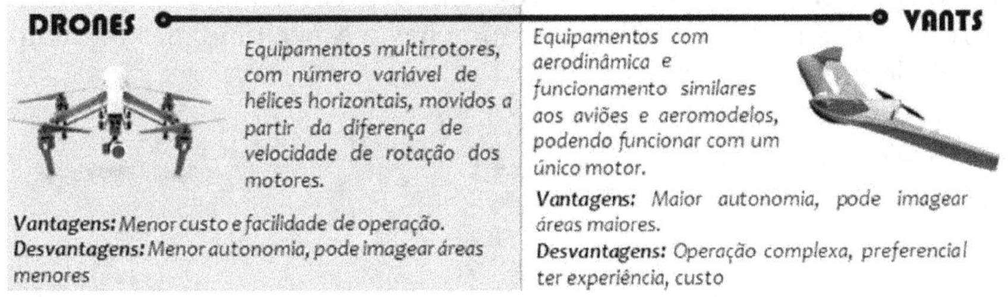

Figura 1 Principais características dos drones e dos VANTs. Imagens: Drone modelo Inspire, da DJI; VANT asa fixa modelo Maptor da Horus Aeronaves.

Neste contexto, a proposta deste capítulo é apresentar um conjunto de procedimentos que favoreçam a popularização do uso de drones em investigações de processos geológico-geotécnicos de superfície e na gestão de riscos de desastres naturais. A motivação deste trabalho se deve especialmente aos bons resultados alcançados pelo Instituto de Pesquisas Tecnológicas do Estado de São Paulo (IPT) ao incorporar um drone multirrotor de pequeno porte às suas atividades de mapeamento e monitoramento de processos destrutivos.

A expectativa é que os benefícios vivenciados pela equipe técnica do IPT, com a adoção dos procedimentos em questão, possam ser estendidos a outros profissionais.

No Quadro 1 são apresentadas outras possibilidades do uso desse tipo de drone em ações ligadas a alguns dos 17 Objetivos de Desenvolvimento Sustentável (ODS) propostos pela ONU, as quais não serão exploradas a fundo, mas, com as descrições e instruções apresentadas no decorrer do trabalho, poderão ser colocadas em prática por órgãos responsáveis.

Ao final, são apresentados três estudos de caso para ilustrar a utilização dos drones no monitoramento de processos erosivos e movimentos de massa no Estado de São Paulo, realizados pela equipe do IPT: movimentos de massa ocorridos em Caraguatatuba e São Luiz do Paraitinga e processo erosivo em Santa Bárbara D'Oeste. Tais estudos de caso permeiam, principalmente, o objetivo 11 dos ODS propostos pela ONU. Contudo, pode-se associá-los, também, ao objetivo 15, bem como ao Marco de Sendai (2015-2030) e ao Programa de Cidades Resilientes (2010-2015), também propostos pelas Nações Unidas.

Neste contexto, o capítulo visa descrever as principais características dos drones, as principais técnicas e soluções utilizadas, como aplicativos e softwares de processamento, juntamente com os produtos obtidos e as possíveis aplicações na gestão de riscos. Os procedimentos propostos para este capítulo serão simples, objetivos e suficientemente flexíveis para que, ao contrário de instruções meramente prescritivas, possam ser ajustados às limitações e especificidades da maior variedade possível de casos.

Quadro 1 Alguns dos objetivos para o Desenvolvimento Sustentável (ODS – ONU) e possíveis aplicações de drones em medidas de prevenção e remediação.

Objetivos	Metas	Medidas Sugeridas
Objetivo 2: *Acabar com a fome, alcançar a segurança alimentar e melhoria da nutrição e promover a agricultura sustentável*	2.3, 2.4 e 2a – Visam ao desenvolvimento de técnicas que aumentem a produtividade agrícola, mantendo seus ecossistemas, e a capacidade de adaptação às adversidades, como inundações, secas e outros desastres	- Monitoramento de erosão e assoreamento em lavouras - Monitoramento do plantio contra pragas
Objetivo 6: *Assegurar a disponibilidade e gestão sustentável da água e saneamento para todas e todos*	6.3, 6.4 e 6.6 – Visam à melhoria da qualidade da água, melhoramento da eficiência do uso da água e restauração de ecossistemas	- Monitoramento de sistemas de abastecimento - Monitoramento de assoreamento de represas, rios e outros corpos d'água - Monitoramento de APPs* e ocupação ilegal em nascentes
Objetivo 11: *Tornar as cidades e os assentamentos humanos inclusivos, seguros, resilientes e sustentáveis*	11.1, 11.4, 11.5 e 11b – Visam à habitação segura, à proteção de patrimônio cultural e natural, redução de mortes por catástrofes e mitigação de resiliência a desastres	- Mapeamento e monitoramento de áreas de riscos aos processos de: Movimentos gravitacionais de massa, Inundação, Erosão, Subsidência, dentre outros.
Objetivo 14: *Conservação e uso sustentável dos oceanos, dos mares e dos recursos marinhos para o desenvolvimento sustentável*	14.1 e 14.2 – Visam à redução da poluição marinha, incluindo nutrientes, e à proteção de ecossistemas marinhos e costeiros contra diversos impactos	- Monitoramento de pesca ilegal - Monitoramento de construção ilegal em áreas de preservação - Controle do despejo de efluentes nos oceanos e em bacias hidrográficas exorreicas - Monitoramento de danos causados por ressaca em extensas orlas
Objetivo 15: *Proteger, recuperar e promover o uso sustentável dos ecossistemas terrestres, gerir de forma sustentável as florestas, combater a desertificação, deter e reverter a degradação da terra e deter a perda de biodiversidade*	15.1, 15.2, 15.3, 15.5 e 15.7 – Visam assegurar a conservação e recuperação de ecossistemas terrestres, a gestão sustentável de florestas, combate à desertificação, restauração de solo degradado, redução da degradação de habitats naturais e acabar com a caça ilegal	- Monitoramento de focos de incêndio em florestas e áreas protegidas - Monitoramento de desmatamento ilegal - Monitoramento de corte e caça de biodiversidade (como pupunha e diversos animais) - Combate ao desvio ilegal de cursos d'água - Combate à mineração ilegal

*APP: Área de Preservação Permanente.

Características dos drones e dos sensores óticos

Não se sabe ao certo a origem do termo *drone*, porém é atribuído ao som desses equipamentos, que se assemelham ao de um zangão. De qualquer forma, a denominação técnica para essa tecnologia costuma ser outra, sendo no Brasil empregado oficialmente pela Agência Nacional de Aviação Civil (ANAC) o termo Aeronaves Remotamente Pilotadas (ARP), com seu equivalente em inglês *Remotely Piloted Aircraft* (RPA). De acordo com a ANAC (2017), as Aeronaves Remotamente Pilotadas podem ser caracterizadas como "[...] aeronave não tripulada pilotada a partir de uma estação de pilotagem remota com finalidade diversa de recreação" (RBAC-E nº 94/2017, E94.3, item a2), distinguindo-se, portanto, dos aeromodelos, limitados aos usos recreativos e de lazer.

Tendo em vista se tratar de um sistema que integra a aeronave e suas formas de controle, como o rádio e o sistema de localização, é comum a utilização do termo Sistema de Aeronaves Remotamente Pilotadas (SARP), que inclui todos os equipamentos em sua operação.

Há dois tipos distintos de aeronaves: aquelas movidas por hélices, denominadas comumente de *drones*, e aeronaves de asa fixa, que se assemelham aos aeromodelos convencionais, também denominadas de Veículos Aéreos Não Tripulados (VANT), conforme mostrado na Figura 1. Os dois podem variar em tamanho, capacidade de carga (também referido como *payload*), mas, sobretudo, variam em autonomia (tempo de voo com uma bateria) e, portanto, nas possibilidades de aplicação.

Os drones multirrotores convencionalmente apresentam menor autonomia, apesar de esta característica operacional variar conforme o porte do drone, o peso da carga (ex.: o peso dos sensores colocados) e as condições de voo (ex. sobreposição das fotos durante o imageamento, condições de vento, etc.). Costumam apresentar quatro, seis ou oito hélices.

Em contraposição, os VANTs asa fixa normalmente apresentam maior autonomia, sendo mais utilizados para mapeamento de áreas extensas e para a agricultura de precisão, por exemplo. No entanto, seu manuseio costuma ser mais complexo, exigindo experiência, sobretudo com a atual legislação sobre o tema.

A ANAC divide oficialmente as Aeronaves Remotamente Pilotadas em três categorias de acordo com o peso no momento da decolagem do veículo, considerando o peso do equipamento e da carga, como baterias, sensores, combustível, etc. São elas: classe 1, referente às ARPs acima de 150 kg; classe 2, abrangendo aeronaves de 25 kg a 150 kg;

e classe 3, com aeronaves de até 25 kg. A classe 3 é, ainda, dividida entre ARPs de até 250 g e ARPs entre 250 g e 25 kg. Essa classificação é importante, pois condicionará os procedimentos administrativos necessários para obter as licenças para realização do voo junto à ANAC. É necessário, ainda, obter as autorizações junto à Agência Nacional de Telecomunicações (ANATEL), tendo em vista a utilização do rádio para controle da ARP, e ao Departamento de Controle do Espaço Aéreo (DECEA), para cadastro oficial do imageamento.

As componentes principais de um drone e de seu sistema de controle são: a placa controladora, que consiste no hardware de comando do equipamento, os motores, as hélices e a antena de recepção do sinal de rádio, utilizado pelo controlador do drone; o sistema receptor do posicionamento geográfico do equipamento, denominado Sistemas de Navegação Global por Satélite (do acrônimo em inglês *Global Navigation Satellite System* – GNSS); e o sensor óptico para registro da informação, como a câmera fotográfica convencional.

Integram o conjunto de funcionamento e operação do drone (e, por isso, a denominação frequente de Sistema de ARP, ou SARP): o rádio controle, por meio do qual o operador realiza os comandos ao equipamento e intervém caso seja necessário; o tablet, a partir do qual o operador configura o plano de voo a ser realizado pelo drone e monitora dados como a altitude e autonomia do equipamento; e a bateria utilizada para realização do voo (Figura 2).

Os Sistemas de Navegação Global por Satélite (GNSS) são criados para obtenção e monitoramento da posição geográfica dos entes, objetos e atributos da superfície terrestre, por meio de rede de satélites artificiais, dentre os quais se destacam os sistemas GPS (*Global Positioning System*), o GLONASS e o Galileu. Na obtenção de imagens com drone, as coordenadas geográficas e a altitude obtidas por meio desse sistema permitem a elaboração dos produtos e sua posterior análise e interpretação em softwares de Sistemas de Informação Geográfica (SIG), pois os produtos estão georreferenciados, ou seja, localização real é atribuída a eles, e possibilitam sobrepor e ser comparados com outros tipos de dados, como cartas topográficas.

O sistema receptor do sinal de GNSS é o dispositivo que permite obter o posicionamento geográfico do drone em relação às coordenadas geográficas (latitude e longitude, eixo X e Y) e à altitude (eixo Z). Essa informação é de especial importância para: (i) monitorar o deslocamento da aeronave durante a realização do plano de voo; (ii) estabilizar o equipamento, garantindo a manutenção de sua altitude e evitando movimentos bruscos; e (iii) permitir o registro das coordenadas geográficas, da altitude e da orientação das fotografias aéreas obtidas, possibilitando seu processamento e a elaboração de produtos como o ortomosaico e os modelos digitais de superfície e terreno.

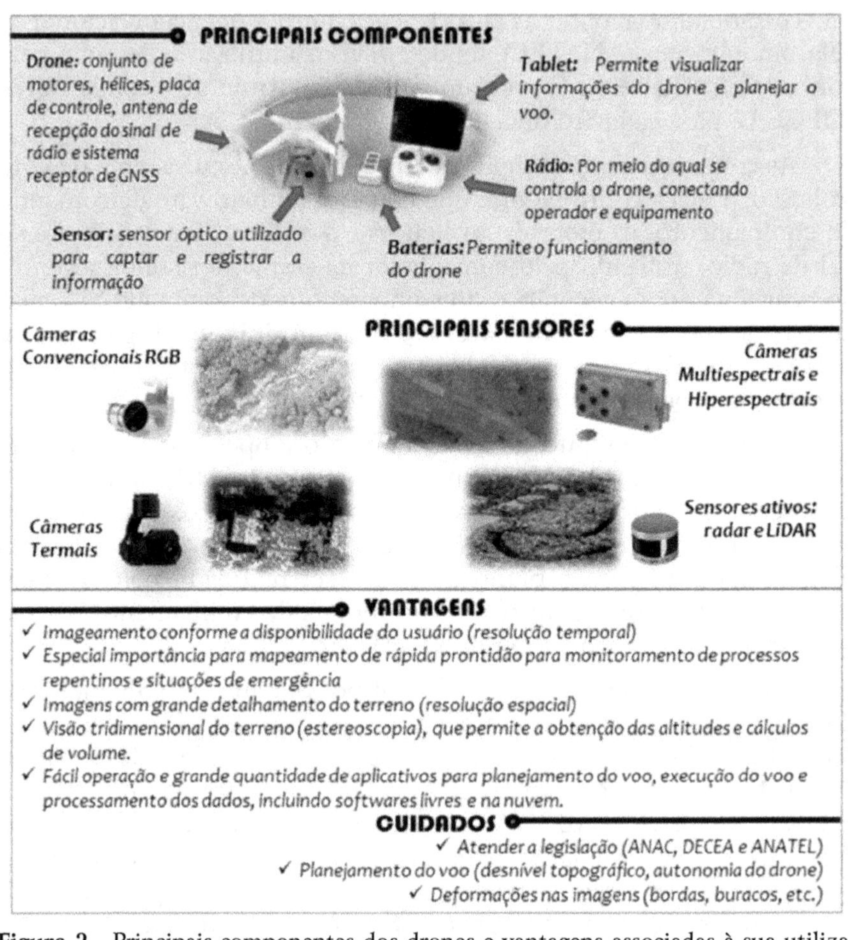

Figura 2 Principais componentes dos drones e vantagens associadas à sua utilização. No quadro superior, modelo de drone Phantom 3 Pro, da DJI; no quadro intermediário, câmera fotográfica RGB da DJI, sensor termal da FLIR, sensor LiDAR da Velodyne e câmera multiespectral da Micasense. Imagem colorida em cores naturais RGB e termal do IPT; imagem em falsa cor infravermelho da GDrones e imagem LiDAR da Velodyne.

Deve-se atentar, porém, para o fato de que os sistemas GNSS de navegação apresentam limitações na precisão do dado obtido, com erros na obtenção das coordenadas geográficas na ordem de alguns metros. De acordo com o objetivo do estudo, pode ser necessária a obtenção de pontos de apoio e controle em campo, por meio de equipamentos topográficos, como GPS geodésicos, estações totais ou RTK (*Real Time Kinematic*), para, posteriormente, aprimorar o posicionamento das fotografias aéreas obtidas pelo drone. Há, atualmente, modelos de drones e soluções tecnológicas que permitem integrar esses equipamentos topográficos de alta precisão, como o RTK, com o drone, obtendo imagens com posicionamento de alta precisão. O custo dessa tecnologia, no entanto, ainda é um fator limitante à sua utilização.

Além do sistema GNSS, os drones utilizados para mapeamento carregam sensores ópticos, como as câmeras fotográficas, cujo objetivo é captar informações da superfície. Há diversos sensores, e sua escolha variará conforme o objetivo do imageamento. De modo geral, a diferença entre eles reside na faixa do espectro eletromagnético captada e registrada pelo sensor, ou seja, nas características da energia registrada. Esse assunto é estudado pelo Sensoriamento Remoto, que se dedica à investigação das características da superfície terrestre (e, recentemente, extraterrestre) remotamente, por meio do registro da interação entre a radiação eletromagnética e os objetos da superfície estudada.

De modo resumido, a energia proveniente do sol que incide na superfície terrestre interage com os objetos existentes, podendo ser refletida, absorvida ou transmitida. A porção refletida poderá apresentar diferentes comprimentos de onda e frequências, que serão captadas e registradas pelo sensor, conforme suas características. O conjunto que engloba todos os comprimentos de onda é chamado de espectro eletromagnético. As câmeras fotográficas convencionais, utilizadas no dia a dia, por exemplo, captam as ondas com comprimento que compõem o chamado espectro visível, ou seja, que podem ser compreendidas pelo olho humano (Figura 3).

Nos drones utilizados com fins de mapeamento e monitoramento, os sensores convencionais são: as câmeras fotográficas convencionais RGB (Red, Green, Blue), que atuam na faixa do visível; as câmeras fotográficas multiespectrais, que permitem registrar, além do espectro visível, parte do infravermelho; os sensores hiperespectrais, que registram diversas faixas do espectro eletromagnético; e as câmeras termais, que atuam na faixa do espectro termal. Menos convencionais são os sensores ativos, que, em vez de registrar a energia solar, emitem energia em diferentes comprimentos de onda e registram a resposta da interação dessa energia com os objetos da superfície terrestre. São exemplos o radar e o LiDAR *(Light Detection and Ranging*).

O peso de cada sensor varia, assim como seu preço, e é necessário considerar esses dois fatores no momento da escolha do drone que irá levar o sensor a bordo. De modo geral, quanto maior o número de faixas espectrais registradas e mais complexa a tecnologia, mais caro é o sensor, como se pode observar em relação aos sensores hiperespectrais e ao LiDAR. Em contraposição, os produtos costumam apresentar maior quantidade de informações a serem extraídas e maior precisão. O processamento dos dados de entrada e a obtenção dos produtos, dada sua complexidade, costumam exigir grande tempo de processamento e equipamentos de hardware mais robustos.

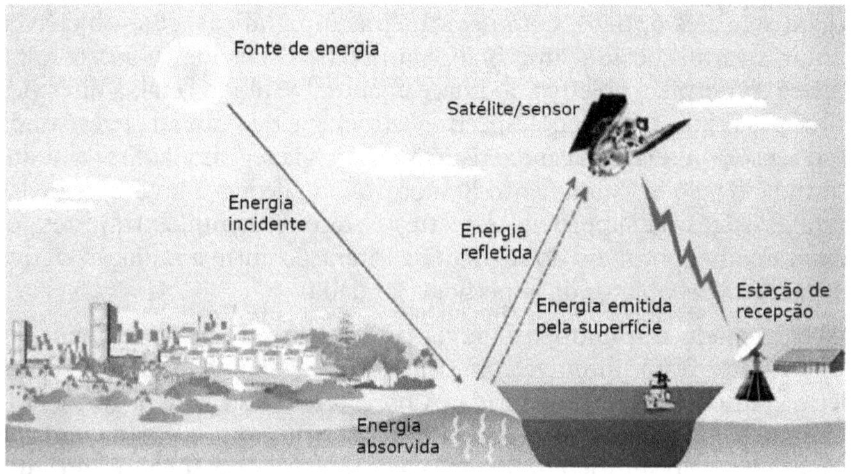

Figura 3 Interação da energia solar com a superfície e seu registro pelos sensores remotos. *Fonte*: Florenzano, 2002.

Outro aspecto importante é a integração entre o sensor e o drone adquirido, que muitas vezes não apresenta o sensor incluso no momento de sua fabricação, sendo necessário adaptá-lo por meio de empresas especializadas. Algumas soluções de drone permitem ainda transportar mais de um sensor simultaneamente, como a câmera convencional RGB e um LiDAR. Apesar de caras, estas soluções estão se tornando cada dia mais comuns. De qualquer forma, a escolha do sensor mais indicado dependerá, principalmente, dos objetivos do estudo, mas também do custo envolvido e das características do drone ao qual o sensor irá ser integrado.

O IPT tem utilizado drones multirrotores de pequeno porte, abaixo de 25 kg (classe 3), equipados com câmera convencional RGB, nas suas atividades de mapeamento de processos geológico-geotécnicos destrutivos, como movimentos de massa, processos erosivos e outras situações de risco geológico-geomorfológico (Figura 4).

Figura 4 Equipe do IPT em trabalho de campo com drone *Phantom 3 Pro,* da DJI.

Planejamento e realização do voo

O voo pode ser realizado de duas formas principais: no modo manual e no modo automático. O primeiro permite que o operador tome o caminho que preferir, sendo muito comum nos voos para fins de lazer ou profissionais de fotografia e vídeos para eventos. Já o voo automático seguirá um caminho predeterminado, também denominado de plano de voo, configurado previamente pelo operador e carregado ao drone antes do início do voo.

Dependendo dos objetivos do imageamento, o sensor óptico pode estar voltado ortogonalmente para o solo, posição denominada de *nadir*, obtendo como produto fotografias aéreas planas, por exemplo; ou pode estar orientado em determinado ângulo, como 30° ou 45° em relação ao solo, obtendo as fotografias aéreas oblíquas. A escolha da inclinação da câmera dependerá do objetivo do imageamento e dos produtos esperados.

A etapa de planejamento do voo é muito importante, pois dela depende a segurança do equipamento e a qualidade dos produtos obtidos, evitando a necessidade de realização de novo voo para correção de problemas com as fotos. É fundamental observar os seguintes fatores na etapa de planejamento: (i) as características do local, dentre as quais se destaca o desnível topográfico do terreno e/ou outras estruturas que se ressaltam na paisagem (torres, árvores, edifícios, etc.); e (ii) a precisão e exatidão esperada para os produtos, em relação às latitudes e longitudes (eixos x e y) e à altitude (eixo z).

Características do local

Conhecer previamente as condições do local do imageamento é fundamental para garantir a segurança do equipamento e a qualidade dos produtos obtidos. Primeiramente, é necessário que a área a ser imageada já esteja definida, para prever o trajeto do drone e a quantidade de bateria e de voos necessários para cobrir todo o local. Nessa etapa são empregados os aplicativos de planejamento de voo, como o *DJIGO*, o *DroneDeploy* e o *Mission Planner*.

O desnível topográfico do terreno é outro fator fundamental, pois condicionará a escala e a qualidade dos produtos obtidos, assim como poderá representar uma barreira para a passagem do drone. São comuns acidentes com drones em áreas de grande desnível, como em serras e lavras de mineração, nas quais o voo foi programado a partir da altitude do drone na área mais baixa e plana, não levando em consideração o desnível topográfico existente no trajeto durante o voo.

É preciso, ainda, estar atento à existência de obstáculos no caminho do drone, com destaque para as torres de eletricidade, fios de alta tensão (linhões) e árvores, mas também a outros tipos de antenas, rotas de aeronaves, proximidade com aeroportos, helipontos e a presença de pássaros no trajeto. Um fator adicional de alguns desses obstáculos, como as torres de energia, é a interferência na comunicação entre o rádio e a placa controladora do drone, podendo ocasionar a perda de sinal durante a realização do voo. Nesses casos, a maioria dos drones é automaticamente redirecionada ao ponto de origem do voo, por medida de segurança.

Precisão e exatidão esperadas dos produtos em relação às coordenadas geográficas e à altitude

A qualidade dos produtos obtidos com o drone e, consequentemente, das análises realizadas depende da precisão e da exatidão em relação ao posicionamento geográfico (coordenadas geográficas e altitude no terreno) e a escala adotada. Dentre os principais componentes dos drones para essa questão, encontra-se o receptor GNSS, que recebe os sinais de localização do drone a partir de mais de um sistema global de posicionamento, dentre os quais o GPS e o GLONASS. Apesar de esses sistemas serem muito precisos, com erros na ordem de poucos metros, dependendo dos objetivos do projeto, a margem de erro pode ser significativa para fins, por exemplo, de topografia e projetos de engenharia. Neste sentido, é necessário ter clareza dos objetivos, para evitar problemas posteriores e a necessidade de realizar novos levantamentos.

Para fins de análise e monitoramento de processos geológico-geotécnicos e de situações de risco e emergência, que se baseiam principalmente na interpretação das imagens (fotointerpretação) e em análises espaciais, a precisão obtida por meio do sistema GNSS a bordo do drone tem se mostrado suficiente, como apresentado por Gramani et al. (2018).

No sensoriamento remoto, o termo escala é substituído pelo conceito de resolução espacial, que expressa a correspondência entre unidades do terreno e unidades da imagem (pixel). Por exemplo, o satélite Landsat-8, da NASA, possui resolução espacial de 30 m (bandas multiespectrais), de forma que um pixel da imagem irá corresponder a 30 m do terreno. Deste modo, a resolução espacial significa o detalhamento das imagens obtidas.

Nos produtos obtidos a partir do mapeamento com fotografias aéreas, seja por drone ou por fotogrametria convencional, a resolução espacial é substituída pelo termo *Ground Sample Distance* (GSD), que também expressa as unidades do terreno representadas em um pixel da imagem. Essa variável é diretamente afetada pela altitude do voo e pela distância focal da câmera fotográfica, ou tamanho da lente. O GSD é inversamente proporcional ao detalhamento das imagens, de forma que, quanto menor for o GSD, maior será a resolução espacial do produto, ou seja, maior a definição dos objetos. Por outro lado, o GSD é proporcional à altitude do voo, de modo que, quanto menor a altitude, menor o GSD e maior o detalhamento, mas, também, menor a área recoberta pelo voo.

Assim, o GSD é uma das primeiras variáveis a ser definida na etapa de planejamento do voo, dependendo diretamente dos objetivos do imageamento. No caso do mapeamento com fins de gerenciamento de emergências e riscos naturais, o GSD adquire maior importância, a exemplo de casos em que seja necessário identificar formas de pequena extensão e área, como fraturas e pontos de instabilidade; ou, por outro lado, a necessidade de obter imagens de uma grande área ou com grande desnível, condicionando a realização de voos em maiores altitudes. Esses fatores, diretamente relacionados aos objetivos do imageamento, precisam ser ponderados pelo operador na etapa de planejamento do voo.

Após a etapa de planejamento do voo, tendo observado os itens destacados anteriormente, é realizado o imageamento. Este pode ser efetuado com ou sem os pontos de controle em campo. Caso se opte por sua colocação, esta deve ser realizada previamente ao voo, de forma que os alvos utilizados para obtenção da posição geográfica sejam observados nas fotografias tomadas pelo drone.

Pós-voo: processamento das imagens e avaliação do produto obtido

Uma vez executado o voo, tem início a etapa de processamento das imagens e obtenção dos principais produtos, como o ortomosaico e os modelos tridimensionais. O processamento poderá ocorrer em gabinete, por meio de serviços on-line na nuvem, como o Drone Deploy e o Precision Mapper, ou via softwares desktop criados para aerofotogrametria convencional e processamento de imagens de drone, como o Agisoft Photoscan e o Pix4D.

A escolha da tecnologia de processamento a ser utilizada dependerá de diversos fatores, como o custo, o equipamento disponível e sua capacidade de processamento. A vantagem dos serviços na nuvem, por exemplo, é não exigir a utilização de estações de trabalho de alta performance e com longo tempo de processamento, assim como não exigir grande experiência do usuário. Por outro lado, dependendo dos objetivos e de sua complexidade, pode ser necessária a utilização de um software próprio, que permite, dentre outras vantagens, controlar os parâmetros de entrada e a qualidade do produto final, ainda que exija maior experiência do profissional.

Há, atualmente, sobretudo em locais com grande disponibilidade de rede de internet de alta velocidade, a possibilidade de realizar o processamento em tempo real, logo após a aquisição das imagens, ainda em campo, por meio de serviços on-line. Essa alternativa é de especial interesse nos casos em que se exige rápida resposta a partir das imagens, como em situações de emergência, porém está condicionada às condições e meios de comunicação no local.

A partir do processamento, que apresenta diferentes fases, são obtidos os principais produtos do mapeamento com drones: a nuvem de pontos, o Modelo Digital de Superfície (MDS), o ortomosaico, curvas de nível e, eventualmente, o Modelo Digital de Terreno (MDT). A complexidade na obtenção destes dois últimos produtos é maior, tendo em vista a necessidade de subtrair os objetos existentes na superfície que "cubram" a real configuração do relevo (Figura 5).

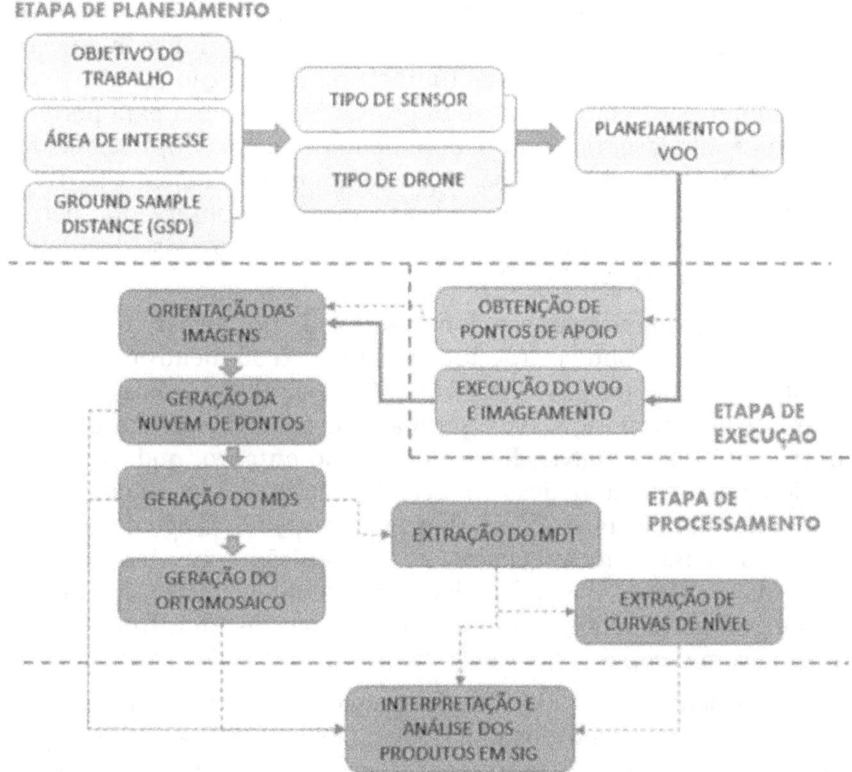

Figura 5 Fluxograma com as principais etapas do imageamento por drone.

Independente da solução de processamento escolhida, os seguintes fatores são de fundamental importância nesta etapa: (i) a qualidade requerida do produto, evitando deformações na imagem; e (ii) as limitações do imageamento.

Qualidade do produto a ser obtido

Alguns aspectos são determinantes na qualidade do produto obtido a partir do mapeamento com drones, como o GSD e a opção pela utilização de pontos de controle em campo, já abordados nos capítulos anteriores. Somam-se a estes dois fatores a porcentagem de sobreposição longitudinal e lateral durante o plano de voo e o tamanho da área obtida no imageamento. Esses dois aspectos, se não considerados com atenção, podem resultar em deformações no produto obtido, na perda da qualidade e, até mesmo, na possibilidade de não obter a sobreposição necessária para elaboração dos produtos.

A sobreposição lateral e longitudinal é determinada no plano de voo e refere-se à sobreposição entre as fotografias vizinhas, na mesma faixa do voo (sobreposição longitudinal) ou em relação às faixas vizinhas (sobreposição lateral). A sobreposição é necessária para permitir o efeito de paralaxe, também denominado de estereoscopia. Esse efeito é produzido a partir da observação de um mesmo objeto a partir de distintos pontos de vista, com o deslocamento do observador, permitindo enxergar a profundidade do objeto e, portanto, visualizá-lo em três dimensões (TOMMASELLI, 2009).

Na fotogrametria convencional, realizada por aviões, a recomendação é de que a sobreposição longitudinal seja ao menos de 60% e a lateral de pelo menos 25% (TOMMASELLI, 2009). No imageamento por drone, a sobreposição deve ser mais elevada, recomendando-se no mínimo 60% para ambas. Esse número, no entanto, pode variar de acordo com as características do local de estudo. Em locais com paisagens muito homogêneas, como rios, lagos, espelhos d'água, agricultura e áreas densamente vegetadas, a sobreposição necessária pode ser ainda maior, diante das dificuldades de reconhecimento dos pontos homólogos, ou seja, dos pontos em comum nas distintas fotos, permitindo a estereoscopia.

Nesse sentido, o conhecimento prévio das características da área de interesse, bem como dos objetivos do estudo, é fundamental para definição da sobreposição necessária. É preciso levar em conta, também, que a maior sobreposição implica maior tempo de voo, reduzindo o tamanho da área imageada em um único voo, tendo em vista que a aeronave seguirá um caminho mais demorado para obter a sobreposição programada. De qualquer forma, uma configuração equivocada desse aspecto pode resultar em deformações nos produtos, como o não processamento, pela falta de pontos homólogos e de parâmetros para orientar as imagens, ou a presença de buracos nos locais com baixa sobreposição.

Outro cuidado importante em aerofotogrametria refere-se às deformações nas bordas das imagens. Do mesmo modo que na aerofotogrametria convencional é priorizada a área central (também denominada de área útil) das fotografias para interpretações, no mapeamento com drones é indicado realizar o imageamento de uma área superior ao local de interesse, prevendo uma borda com possíveis deformações, limitada ao exterior da área de interesse. Essa deformação se deve à ausência ou baixa sobreposição das fotos nesses locais, comprometendo a identificação dos pontos homólogos.

Limitações e oportunidades

Apesar de o mapeamento com drones apresentar um grande rol de aplicações e de se tratar de uma tecnologia com grande potencial na área das Ciências da Terra e da gestão de riscos, há algumas limitações em seu emprego.

O uso do solo existente no local mapeado é um dos principais limitantes, já que a presença de vegetação adensada ou de edificações impede que o drone visualize a superfície que está abaixo desses objetos, pelo menos com os sensores convencionais, como as câmeras RGB. Nesses casos, a obtenção de Modelos Digitais de Terreno, por exemplo, se torna praticamente inviável, já que as áreas de solo exposto são esparsas.

Outro aspecto que deve ser ressaltado é a precisão dos produtos obtidos a partir do mapeamento com drones. A utilização dos drones permite a obtenção de imagens e modelos digitais (de superfície e terreno) de alta resolução, a um custo reduzido e de forma rápida. Para algumas aplicações, no entanto, os produtos obtidos podem apresentar precisão insuficiente, tendo em vista os deslocamentos nas referências espaciais dos mesmos. Por meio da utilização de pontos de controle em campo, é possível reduzir os erros e melhorar a precisão do produto, porém para algumas aplicações, como projetos executivos de engenharia ou análises quantitativas, recomenda-se proceder com cautela ou incrementar os dados com medidas de topografia convencional.

Vale ressaltar que, em alguns casos, a utilização de imagens de satélite pode ser suficiente para obter informações da superfície, dependendo dos objetivos do estudo, tendo em vista que a resolução espacial dessas tecnologias apresenta hoje grande detalhamento e os custos se reduziram.

O IPT tem utilizado o imageamento por drones para diversos fins, dentre os quais para projetos voltados à gestão e monitoramento de riscos e desastres naturais. A fim de garantir que os procedimentos propostos fossem integrados de forma consistente às atividades, criou-se uma rotina de trabalho baseada em ferramentas versáteis, de baixo custo (de aquisição, uso e manutenção) e simples de usar. O protocolo utilizado em geral pelo IPT é apresentado nas Figuras 6 e 7, incluindo os aplicativos e softwares utilizados pela instituição durante os projetos de imageamento.

PLANEJAMENTO

Para um voo seguro, é necessário considerar previamente:

✓ **Planeje o local de partida do drone (home)**
Recomendamos: Decolar do ponto mais alto do terreno sempre que possível. De preferência, decolar do ponto mais distante, para caso falte bateria, o drone esteja mais próximo do ponto de origem (home).

✓ **Saiba qual é o desnível do terreno / diferença altimétrica**
Recomendamos: Faça um reconhecimento prévio do terreno via mapas topográficos ou Google Earth, para identificar o ponto mais alto do terreno. É possível também identificá-lo no próprio local, com um voo manual.

✓ **Considerar as restrições legais (ANAC, DECEA e ANATEL)**
Recomendamos: Efetuar o voo com a documentação em dia, seguindo a legislação referente ao cadastro do drone. No local do imageamento, observar se existem aeroportos, helipontos ou outros locais com restrição no entorno. Se for o caso, informar as autoridades.

Plano de Voo: Consiste no caminho a ser realizado pelo drone. No modo automático permite executar um voo pré-programado, inserindo parâmetros como a altitude e a sobreposição desejada para obter o efeito tridimensional do terreno (estereoscopia), assim como estimar o tempo de voo e a quantidade de baterias necessárias. Para mapeamento, devem ser considerados os seguintes parâmetros:

✓ **Altitude do voo:** irá determinar a resolução espacial dos produtos (GSD) e influenciará no tempo e autonomia do voo
Recomendamos: Leve sempre em consideração o desnível topográfico, tendo como base o ponto mais alto. Se for o caso, faça mais de um voo, com diferentes altitudes, para obter maior detalhamento nas partes baixas.

✓ **Área imageada:** refere-se a área de interesse que o drone deverá imagear.
Recomendamos: Considere uma faixa de segurança além da área de interesse. Isso irá evitar problemas com deformações nas bordas dos produtos, que poderão ser posteriormente descartadas.

✓ **Sobreposição:** para obter o efeito tridimensional do terreno é preciso sobreposição longitudinal e lateral entre as linhas de voo.
Recomendamos: Sobreposição de no mínimo 60% para os dois fatores. Em locais com paisagem homogênea (plantações e matas) aumente a sobreposição. Atenção porque esse fator irá influenciar no tempo de voo.

✓ **Softwares para planejamento e execução do voo:** a escolha do software pode variar conforme o drone e o tablet utilizado.
Opções:
- DJIGO
- DroneDeploy
- Mission Planner
- Pix4D Capture

Figura 6 Protocolo de utilização de drones no mapeamento aéreo utilizado pelo IPT, na etapa de planejamento do voo.

Aplicação de drones na gestão de risco de desastres

Em situações de emergência e monitoramento de riscos naturais, a utilização de drones para mapeamento das áreas atingidas e apoio das ações de autoridades tem se mostrado de grande valia, com crescente número de iniciativas e bibliografia a este respeito (GRAMANI et al., 2018; GIORDAN et al., 2018; GOMEZ; PURDIE, 2016; NIETHAMMER et al., 2012).

EXECUÇÃO DO VOO

Durante a execução do voo é importante ter os seguintes cuidados:

✓ Mantenha pessoas e animais afastados durante a decolagem e o pouso. ✓ Observe se na área e entorno ocorrem obstáculos, como linhões de energia, antenas e torres com os quais o drone possa colidir ou que possam interagir com o sinal do drone.	Recomendamos: Se for o caso, mantenha-se a uma distância segura ou peça apoio visual para algum colega localizado ao seu lado ou em algum outro ponto do terreno e com comunicação via rádio ou celular.	✓ Verificação das fotos: antes de voltar ao escritório, é sempre bom verificar a qualidade das fotos e do voo realizado. Assim se evita retornar futuramente ao local para correção Recomendamos: Processamento prévio via soluções na nuvem ou via software no laptop, em situações sem conexão de internet.

PROCESSAMENTO DOS DADOS

Os principais produtos obtidos a partir do imageamento com drone são:

✓ Ortomosaico: Uma única imagem formada a partir dos pontos em comum existentes nas fotos separadas. É resultado da sobreposição longitudinal e lateral durante o voo. A resolução espacial do produto irá depender da altitude do voo, entre outros parâmetros. Formatos de saída são em geotif e kml (Google Earth).	✓ Modelo Digital de Superfície (MDS): É a representação tridimensional da superfície, a partir dos dados de altitude. Engloba tudo que está na superfície e que possui altitude detectável, ou seja, irá representar árvores, edifícios, veículos, etc. O formato de saída normalmente é em geotif.	✓ Modelo Digital de Terreno (MDT): Representação tridimensional da superfície, mas apenas do terreno, excluindo os objetos existentes sobre ele. Por ser mais complexo, a elaboração deste produto exige maior processamento e experiência do usuário. A partir dele é possível obter as curvas de nível. O formato de saída normalmente é em geotif.
✓ Softwares para processamento das imagens: existem dois grupos de software – as soluções na nuvem, com processamento online e elaborado pelo host do serviço; e os softwares de desktop, que permitem um maior controle do usuário, mas que exigem experiência e equipamento.	✓ Serviços na nuvem: pode ser gratuito, com um número limitado de fotos ou de produtos, ou pago. A grande vantagem é que não exige experiência e equipamento próprio por parte do usuário. Recomendamos: ▪ Drone Deploy ▪ Precision Mapper	✓ Softwares desktop: são recomendados para fins mais complexos, que envolvam pontos de apoio de topografia em campo e elaboração de MDTs. Exigem experiência do usuário e equipamento apropriado. Recomendamos: ▪ Agisoft Photoscan ▪ Pix4D

Figura 7 Protocolo de utilização de drones no mapeamento aéreo utilizado pelo IPT, nas etapas de execução do voo e processamento das imagens.

Os drones são especialmente indicados nessas situações por:

- permitirem a obtenção de imagens de alta resolução, seja na forma de fotografias aéreas planas e oblíquas ou como ortomosaicos;
- permitirem a obtenção de dados simultâneos (*real time*) para avaliação de impactos, danos e de cenários de risco;
- possibilitarem realizar imageamentos em curto intervalo de tempo, com autonomia e com rápida resposta em situações de

emergência, por exemplo, sendo de especial valia para equipes de primeiro resgate;

- apresentarem, usualmente, menor custo em relação às tecnologias tradicionais de sensoriamento remoto;
- normalmente ser de fácil transporte até os locais de emergência, por serem dobráveis e passíveis de carregar em uma mochila, por exemplo, no caso dos drones abaixo de 25 kg;
- possibilitarem o monitoramento de locais perigosos ou de difícil acesso, evitando a exposição de técnicos e de equipes de emergência.

No Brasil, em especial, seu emprego na gestão de riscos apresenta maior potencial, tendo em vista a elevada vulnerabilidade a processos geomorfológicos de movimentos de massa, erosão e inundação, resultantes de sua dinâmica climática, com altos índices pluviométricos anuais, combinada a uma urbanização desordenada e com grande exposição. É nessa junção entre cenário vulnerável e processos naturais intensos que se dão os desastres, ressaltando que, como tratado por Alcántara-Ayala (2002), os impactos sociais advindos de desastres naturais são maiores em países em desenvolvimento, como é o caso do Brasil.

Nesse sentido, uma Gestão de Riscos de Desastres se faz importante para que os danos possam ser evitados ou reduzidos e para que as comunidades possam ter resiliência. Tal gestão corresponde às etapas de planejamento, coordenação e execução de ações e medidas preventivas que visam à redução de riscos de desastres e surgimento de novos riscos (BRASIL, 2017), englobando, então, os contextos pré, durante e pós-desastre.

Aliado a isso, o país possui a Política Nacional de Proteção e Defesa Civil (PNPDEC), a qual estabelece que as ações de prevenção, mitigação, preparação, resposta e recuperação, destinadas à proteção e defesa civil, devem ser um conjunto integrado e contínuo. Tal Gestão, portanto, compreende medidas estruturais e não-estruturais em cada uma de suas etapas.

Outrossim, o Programa das Nações Unidas para o Desenvolvimento (PNUD) aponta como necessário o fortalecimento da gestão de riscos de desastres no Brasil, englobando governos municipais, estaduais e federais, a fim de melhorar o desenvolvimento e a aplicação de novas metodologias.

É nesse viés de gestão de riscos e novas metodologias que o presente trabalho se encaixa. As técnicas utilizadas, os estudos de caso e os produtos referentes a esse tipo de uso demonstram como esse equipamento pode integrar a gestão de risco independente do órgão responsável, podendo ser Defesa Civil, Bombeiros, Prefeitura, Institutos de Pesquisas e Universidades, os quais estejam diretamente envolvidos no conjunto de ações da gestão. Deste modo, o Quadro 2 visa sintetizar algumas possiblidades de utilização do drone em desastres.

Quadro 2 Utilização de drones nas três etapas da Gestão de Riscos.

Uso de Drones na Gestão de Riscos			
	Antes do Desastre	**Durante o Desastre**	**Depois do Desastre**
Medidas	Mapeamento de áreas suscetíveis Monitoramento de: - Vias - Estruturas - Dutos - Encostas - Rios	Busca por vítimas. Monitoramento de: - Estabilidade de estruturas afetadas - Continuidade do processo	Mapeamento de áreas a serem desocupadas. Monitoramento de: - Áreas suscetíveis - Obras de contenção - Estruturas afetadas

Estudos de caso

Neste tópico serão abordadas algumas experiências e resultados obtidos pela equipe técnica do IPT a partir de alguns casos de riscos naturais no Estado de São Paulo. Buscou-se explorar os possíveis usos e produtos dessa ferramenta no monitoramento de processos erosivos e movimentos de massa. Assim, foram selecionados três estudos de caso no Estado de São Paulo (Figura 8), sendo: movimentos de massa ocorridos em Caraguatatuba e São Luiz do Paraitinga, inseridos no contexto da Serra do Mar, e processo erosivo em Santa Bárbara D'Oeste, no contexto da Depressão Periférica Paulista.

A necessidade de monitoramento de movimentos de massa está relacionada à frequência e magnitude desses eventos no país, os quais podem causar danos significativos às infraestruturas e às populações vulneráveis. No Brasil, esses eventos apresentam recorrência anual e variam de baixa a alta magnitude, com diversos exemplos, desde casos mais antigos, como de Caraguatatuba (SP) (CRUZ, 1974) e Serra das Araras (RJ) (JONES, 1973), ambos ocorridos em 1967, a eventos mais recentes, como na Região Serrana do Rio de Janeiro em 2011 (AVELAR et al., 2011) e em Itaóca (SP) em 2014 (GRAMANI; ARDUIN, 2015; CAROU et al., 2017).

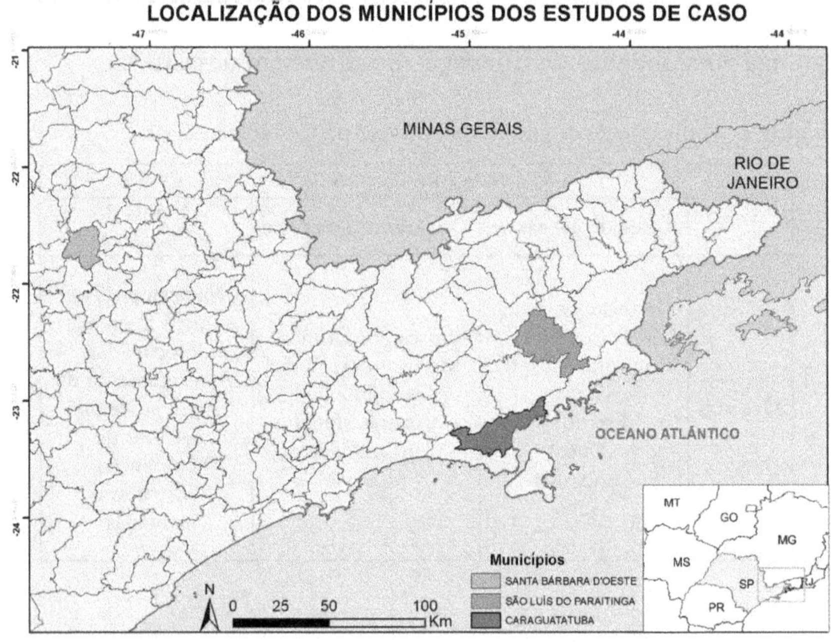

Figura 8 Mapa de localização das áreas de estudo de caso.

Neste mesmo sentido, a ocorrência de processos erosivos e das morfologias associadas (como voçorocas, sulcos e ravinas) pode acarretar danos à agricultura, pela redução das áreas de plantio e perda de produtividade, mas também às infraestruturas e às moradias, em função da remobilização desse material, causando instabilidade nas encostas e afetando as estruturas do entorno. Apenas para o Estado de São Paulo, o IPT contabilizou 949 voçorocas em áreas urbanas e 30.004 voçorocas em áreas rurais (IPT, 2012).

Assim, os danos socioeconômicos e ambientais decorrentes da atuação desses processos, bem como de outros eventos geológico-geotécnicos, fazem com que seja vital a compreensão do seu funcionamento e evolução, permitindo efetivamente prevenir e mitigar sua ocorrência, por meio de seu mapeamento e monitoramento.

O emprego de técnicas de sensoriamento remoto com esta função é de longa data, com vasta bibliografia a este respeito. Por outro lado, a utilização de drones para tal compõe um campo novo, com novas experiências e bibliografia ainda em construção.

Diante disso, o monitoramento desses processos se insere na Gestão de Riscos, sendo esta composta pelos governos municipais, estaduais e federais. Isto posto, a apresentação das experiências a seguir tem por objetivo demonstrar a utilização dessa ferramenta, e das técnicas a ela associadas, nas etapas da Gestão de Risco, tendo enfoque maior no monitoramento após o desenvolvimento dessas feições (pós-desastre).

Santa Bárbara D'Oeste

O município de Santa Bárbara D'Oeste localiza-se a noroeste da capital do Estado de São Paulo, na mesorregião de Campinas, e possui área de 271.492 km^2, em que 82 km^2 são de perímetro urbano. O trabalho nesta cidade compreendeu o monitoramento de uma voçoroca de grande dimensão localizada na área rural do município, mas bem próxima à área urbana, a qual foi acelerada pela concentração de fluxos pluviais, advindos de vias impermeabilizadas, em uma área de pasto, causando danos às propriedades e aos acessos do entorno.

Realizou-se imageamento com drone multirrotor de pequeno porte (modelo *Phantom 3 Professional*, da DJI) para monitoramento da evolução da feição, bem como para controle das obras de contenção realizadas preteritamente. O voo foi realizado em modo automático, a uma altura de 80 m em relação ao ponto de decolagem, gerando 383 fotos com resolução espacial de 3,42 cm/px. As imagens obtidas foram processadas em solução on-line e extraídos o ortomosaico e MDS do local (Figura 9).

Tendo esse caso por base, pode-se apontar que o monitoramento de voçorocas com drones pode ser realizado a partir de ortomosaicos de alta resolução, MDSs e MDTs obtidos por meio do imageamento por drones. Neste sentido, uma das principais vantagens do mapeamento por drones é a possibilidade de obter imagens de alta resolução que permitem identificar morfologias de detalhe, como *piping*, trincas, fraturas e demais feições que denotem pontos de instabilidade.

Da mesma forma, as facilidades associadas ao baixo custo, a autonomia no imageamento com drones e em seu transporte, permitem maior independência no número e frequência de imageamento, possibilitando tempos de revisita mais curtos e a critério do usuário. Neste sentido, é possível realizar monitoramento das feições erosivas no intervalo desejado, acompanhando a evolução do entalhamento da feição, a partir da análise do ortomosaico ou da elaboração de perfis longitudinais com certo espaçamento temporal. O Quadro 3 apresenta evidências e indícios que podem ser buscados no monitoramento com drones para inferir sobre a ocorrência e evolução dessas feições.

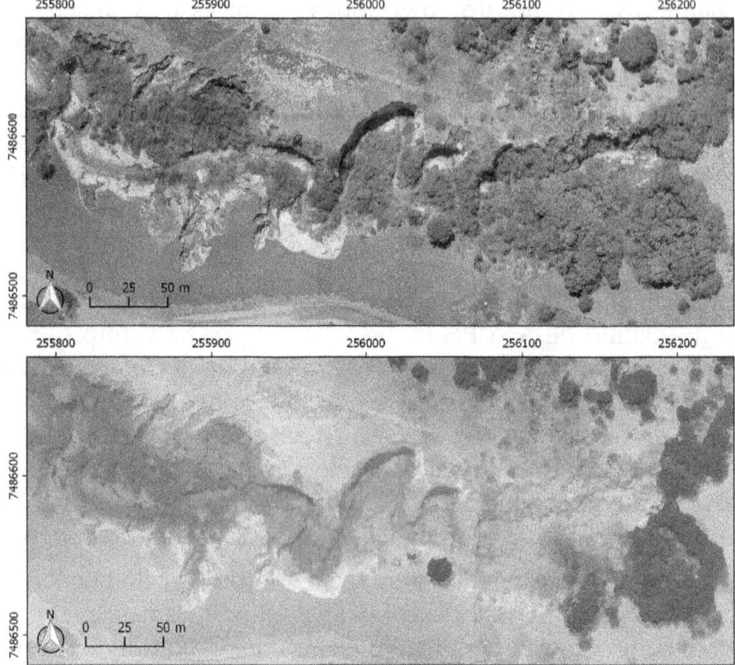

Figura 9 Modelo Digital de Superfície (MDS) da voçoroca – feição linear no centro das imagens – de Santa Bárbara D'Oeste.

Quadro 3 Processos naturais ligados a voçorocas e evidências na paisagem e em obras de contenção passíveis de ser monitoradas por drone.

Monitoramento da Feição	Evidências em Obras de Contenção e na Paisagem
Piping[1]	Trincas na estrutura. Presença de depressões na superfície.
Solapamento	Movimentação de muros de gabião.
Concentração de fluxos pluviais e fluviais	Formação de canais preferenciais de água.
Avanço lateral	Material e blocos deslocados no sopé da morfologia. Presença de trincas no solo
Desmatamento	Estimativa por meio do volume conhecido de parcela amostral, ou com base na literatura.
Aprofundamento do talvegue	Presença de barras laterais de acumulação de sedimentos.
Volume de solo remobilizado	Estimativa a partir da subtração do material que foi removido.

1 . Processo de formação de dutos (GUERRA; GUERRA, 2010). Esse processo ocorre subsuperficialmente e é um dos principais responsáveis pela evolução lateral das voçorocas.

São Luiz do Paraitinga

O município de São Luís do Paraitinga está localizado no leste do Estado de São Paulo, a aproximadamente 180 km da capital, na região conhecida como Vale do Paraíba. O município compreende uma área de cerca de 612 km^2, sendo o perímetro urbano da ordem de 0,48 km^2 e o rural de 611,52 km^2. Destacam-se na região o rio Paraitinga e o ribeirão do Chapéu. No contexto do meio físico relacionado às enchentes e às inundações, o ribeirão do Chapéu é um dos mais importantes corpos d´água que potencializam o fenômeno.

Além da grande inundação ocorrida em 2010, o município enfrentou diversos problemas relacionados a movimentos de massa e ruptura de taludes em algumas encostas. Uma das situações mais graves foi a ruptura de um talude na entrada principal da cidade, em 2018 (Figura 10). Esse escorregamento aconteceu em uma encosta na qual já haviam sido promovidas diversas obras de estabilização por meio de retaludamento e concreto projetado. A cicatriz de grande porte demonstra expressiva remobilização de solo, e sua localização próxima à estrada de acesso do município faz com que este evento exija bastante atenção e monitoramento constante.

Esse movimento de massa tem evoluído sem a presença de água como agente deflagrador, requerendo constante monitoramento. Assim, a utilização do drone na área atendeu a dois grandes objetivos: entender aspectos geológicos-estruturais e monitorar a evolução da movimentação. Foram realizados diversos voos após a ocorrência do escorregamento, utilizando drone multirrotor *Phantom 3 Professional*, para obtenção de fotografias aéreas oblíquas e em *nadir*, e posterior obtenção de ortomosaico e MDS por meio de solução on-line de processamento.

No primeiro caso, para compreender aspectos geológicos-estruturais, as imagens do drone favorecem a obtenção rápida da morfologia local, por meio dos modelos tridimensionais, em especial o MDT. No segundo caso, visando compreender a evolução do processo, o imageamento favorece o monitoramento de fissuras e trincas que surjam nas porções superiores da encosta e a determinação de outras porções que possam se instabilizar. Com a obtenção constante de dados dessa encosta, é possível, então, agir com medidas estruturais e não-estruturais.

Figura 10 Ortofotos obtidas pelo drone no monitoramento do talude da Rodovia João Roman em São Luiz do Paraitinga (SP).

Caraguatatuba

A cidade de Caraguatatuba localiza-se no litoral norte do Estado de São Paulo, abrangendo parte da Serra do Mar. Em virtude das características geomorfológicas deste município, existe alta suscetibilidade a movimentos gravitacionais de massa (CRUZ, 1974; IPT, 1987; 2017), e o evento máximo aconteceu em 1967, com cerca de 120 mortes e centenas de escorregamentos, além de corridas de massas nas bacias do Guaxinduba, Santo Antônio, Pau D´Alho, Canivetal e Camburu (CRUZ, 1974). O evento também foi estudado por outros autores (IPT, 1987; 1988; CERRI; ALMEIDA, 1990; NAKAZAWA; CERRI, 1990; GRAMANI, 2001; NISHIJIMA et al., 2017).

No dia 15 de março de 2017, exatos 50 anos após a grande catástrofe citada, uma cicatriz de morfologia alongada, localizada no Morro Santo Antônio, foi reativada após uma chuva de cerca de 130 mm acumulados em poucas horas (CEMADEN, 2018), sendo que a massa remobilizada atingiu o terreno de um condomínio instalado no sopé do morro.

No estudo dessa reativação, foi realizado imageamento por drone multirrotor de pequeno porte, modelo *Phantom 3 Professional*, com câmera RGB convencional, em um único dia de trabalho de campo. Utilizou-se a função de voo automático, com rota predefinida em gabinete, em duas alturas de voo distintas, a 75 m e 50 m. A área foi segmentada em duas, de forma que foram realizados quatro voos, de aproximadamente 20 minutos, a fim de recobrir toda a área da cicatriz, bem como toda a encosta na qual ela se localiza.

A partir do imageamento e por meio de processamento em *software* de aerofotogrametria convencional em *desktop*, foram gerados o ortomosaico e o MDS, exportados para *software* de SIG para realização de análises e extração de dados de declividade, hipsometria e perfil longitudinal da cicatriz (Figura 11). Ainda no *software* foram obtidas estimativas de volume de material remobilizado, tanto de solo como de vegetação (lenhoso).

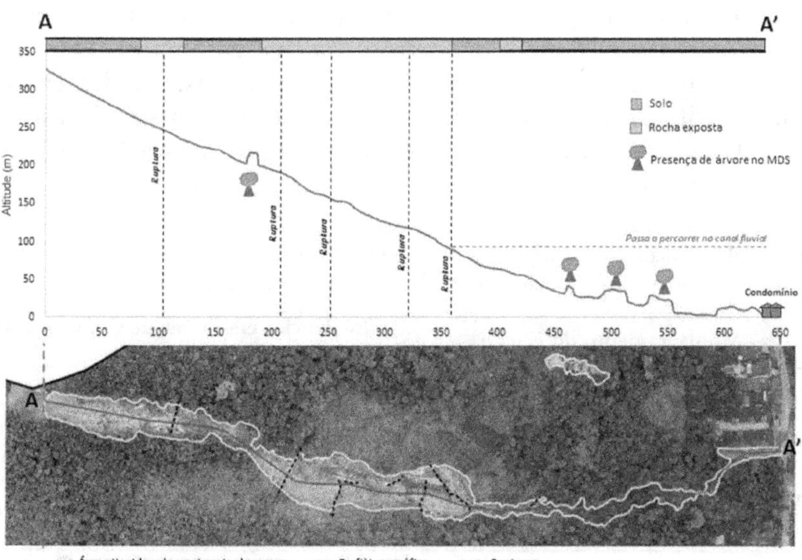

Figura 11 Perfil longitudinal da vertente onde ocorreu o movimento de massa. *Fonte*: GRAMANI et al. (2018).

A partir desses dados foi possível descrever a cicatriz, assim como a morfologia da respectiva encosta, visando ao monitoramento de suscetibilidade dessa área. Gramani et al. (2018) mostram que o primeiro setor da ruptura possui área, obtida por meio do ortomosaico, de aproximadamente 14.400 m², e o segundo setor de aproximadamente 550 m². A mesma se localiza, majoritariamente, em declividades acima de 45°, sendo que o material remobilizado não apresenta grande profundidade/espessura. A partir de interpretação do ortomosaico foi possível apontar que a maior parte da vegetação remobilizada é do tipo *campo*. E a partir da elaboração do MDS foi possível estimar o volume de material remobilizado, chegando ao número de 4.862 m³.

Em suma, a alta resolução das imagens e dos produtos gerados, associada ao baixo custo, em comparação com outras tecnologias de sensoriamento remoto, em particular no caso dos drones multirrotores de pequeno porte, faz com que seja muito vantajosa a utilização de drones no monitoramento de movimentos de massa. Destaca-se, igualmente, a segurança no acesso a locais perigosos e de difícil alcance, e a obtenção rápida de dados e informações a respeito do local e dos danos associados, por meio de soluções em tempo real ou de processamento on-line, de especial valia às equipes e agentes envolvidos em resgates e ações de emergência.

Por meio dos estudos de caso de movimentos de massa trazidos neste capítulo, conclui-se que os drones podem ser utilizados em seu monitoramento por meio dos ortomosaicos, MDSs e MDTs, para mapeamento dessas áreas potencialmente instáveis; e indicação dos locais prioritários para execução de medidas estruturais e não-estruturais. O Quadro 4 sintetiza alguns possíveis pontos preferenciais de observação em um imageamento desse tipo de processo.

Quadro 4 Processos naturais ligados a movimentos de massa e evidências na paisagem e em obras de contenção que podem ser monitoradas por drone.

Monitoramento da Feição	Evidências em Obras de Contenção e na Paisagem
Concentração de fluxos pluviais	Trincas na estrutura
Solapamento da base da encosta	Movimentação de muros de gabião
Pequenas movimentações, como rastejos	Trincas em moradias ou outras estruturas do entorno
Avanço de cicatriz pretérita	Infiltração de água em muros de concreto projetado
Árvores inclinadas	Embarrigamento e inclinação de estruturas

Considerações finais

Ao longo do capítulo foram apresentadas as vantagens e desvantagens de drones multirrotores de pequeno porte, o detalhamento de operação, possibilidades em trabalhos de campo e estudos de caso, tudo isso visando difundir o uso de drones com foco na gestão de riscos.

Conclui-se que tal utilização apresenta diversas vantagens, como o baixo custo, autonomia no imageamento, possibilidade de obter produtos de alta resolução e monitoramento contínuo e facilidade na operação desses equipamentos. A disponibilidade de um número crescente de soluções on-line para processamento dos dados e obtenção dos produtos, assim como de aplicativos para planejamento do voo, contribui para deixar essa ferramenta ainda mais acessível aos técnicos e profissionais envolvidos na gestão. Por tais motivos, o mapeamento com drones possui grande potencial de aplicação na gestão de riscos geológico-geotécnicos, sendo fundamental conhecer suas possibilidades e beneficiar-se desta ferramenta.

Caso este trabalho seja exitoso em promover a popularização de drones em investigações de processos de superfície, o simples fato de modelos digitais de alta resolução (espacial e temporal) passarem a ser gerados de forma simples, rápida e rotineira criará condições para tornar mais comuns as avaliações baseadas em dados quantitativos, como, por exemplo, volumes mobilizados e número de moradias ameaçadas. Por fim, trata-se também de contribuir para instrumentalizar e aumentar a autonomia técnica de prefeituras e equipes municipais da Defesa Civil, de modo que a consulta a especialistas ocorra apenas em casos realmente mais complexos.

O objetivo 15 dos ODS das Nações Unidas e os objetivos globais do Marco de Sendai destacam como meta o aumento da resiliência das pessoas, comunidades, cidades, países, bens e do meio ambiente perante os desastres naturais. Para tal, é necessário o incremento das ações de prevenção, sobretudo, mas também de previsão e alertas antecipados à ocorrência de tais eventos extremos e de mitigação e recuperação pós-desastre. O conhecimento das características, dinâmica e evolução dos processos geológico-geotécnicos, em especial de seus aspectos espaciais e temporais, é de fundamental importância nas etapas de previsão e prevenção, assim como na reconstrução de um estado melhor e mais adequado que o anterior, prévio ao desastre.

Neste sentido, os drones podem auxiliar no monitoramento de locais suscetíveis e sob dinâmica de processos geológico-geotécnicos, identificando evidências de possíveis instabilidades e auxiliando no processo de alerta ou em ações de planejamento de medidas preventivas. Em situações durante ou pós-desastre, os drones podem auxiliar na rápida avaliação das condições de acesso ao local, dos danos ocasionados e identificação de vítimas, assim como no monitoramento da evolução do processo geológico-geotécnico.

Assim, a utilização dessa ferramenta, em conjunto com outras geotecnologias, pode ser de grande utilidade no incremento da resiliência das populações, cidades e do meio ambiente, sendo fundamental sua inclusão nos sistemas de proteção e defesa civil, em particular tendo em vista seu baixo custo, facilidade de operação, no caso dos drones multirrotores de pequeno porte, e qualidade dos produtos obtidos.

Agradecimentos – Os autores agradecem ao Instituto de Pesquisas Tecnológicas pelo mentoring em drones, à Fundação de Apoio ao Instituto de Pesquisas Tecnológicas (FIPT) pelo financiamento, aos organizadores do livro e equipe CEPED-SP/USP pelo convite e aos dois revisores anônimos pelas sugestões.

Referências bibliográficas

ALCÁNTARA-AYALA, I. Geomorphology, natural hazards, vulnerability and prevention of natural disasters in developing countries. **Geomorphology**, n. 47, p. 107-124, 2002.

ANAC. Agência Nacional de Aviação. Regulamento Brasileiro da Aviação Civil Especial (RBAC-E) nº 94. Requisitos gerais para Aeronaves Não Tripuladas de uso civil. Brasília: DF, 2017. Disponível em: <http://www.anac.gov.br/assuntos/legislacao/legislacao-1/rbha-e-rbac/rbac/rbac-e-94-emd-00>. Acesso em: 19 fev. 2019.

AVELAR, A.S.; Coelho Netto, A.L.; Lacerda, W.A.; Becker, L.B.; Mendonça,M.B. Mechanisms of the Recent Catastrophic Landslides in the Mountainous Range of Rio de Janeiro, Brazil. In: THE WORLD LANDSLIDE FORUM, 2., 2011, Roma. **Proceedings...** Berlin: Landslide Science and Practice, Springer-Verlag, 2011. v. 4, p. 265-270.

BRASIL. Ministério da Integração Nacional. Secretaria Nacional de Proteção e Defesa Civil. Departamento de Prevenção e Preparação. **Módulo de formação: noções básicas em proteção e defesa civil e em gestão de riscos: livro base**. Brasília; DF: Ministério da Integração Nacional, 2017.

CAROU, C. B.; VIEIRA, B. C.; MARTINS, T. D.; GRAMANI, M. F. Inventário dos Escorregamentos da Bacia do Rio Gurutuba, Vale do Ribeira (SP). **Revista do Departamento de Geografia**, Volume Especial – Eixo 8, p. 172-179, 2017.

CEMADEN - CENTRO NACIONAL DE MONITORAMENTO E ALERTAS DE DESASTRES NATURAIS. **Download - Dados Pluviométricos**. Disponível em: <http://www.cemaden.gov.br/mapainterativo/# >. Acesso em: 22 mar. 2018.

CERRI, L. E., & ALMEIDA, J. G. **Instabilidade da Serra do Mar no Estado de São Paulo: situações de risco.** SIMPÓSIO LATINO-AMERICANO SOBRE RISCO GEOLÓGICO URBANO, 1., 1990, São Paulo. **Anais...** São Paulo: ABGE São Paulo, 1990. p. 342-351.

CRUZ, O. **A Serra do Mar e o litoral na área de Caraguatatuba - São Paulo**: contribuição à geomorfologia litorânea tropical. 1974. Tese (Doutorado) – Universidade de São Paulo, Faculdade de Filosofia, Letras e Ciências Humanas, Departamento de Geografia, São Paulo, 1974.

FLORENZANO, T. G. **Imagens de Satélite para Estudos Ambientais**. São Paulo: Oficina de Textos, 2002.

GIORDAN, D.; HAYAKAWA, Y.; NEX, F.; REMONDINO, F.; TAROLLI, P. Review article: the use of remotely piloted aircraft systems (RPASs) for natural hazards monitoring and management. **Nat. Hazards Earth Syst. Sci.**, n. 18, p. 1079 – 1096, 2018.

GOMEZ, C.; PURDIE, H. UAV- based Photogrammetry and Geocomputing for Hazards and Disaster Risk Monitoring – A Review. **Geoenvironmental Disasters**, n. 3, p. 1–11, 2016.

GRAMANI, M. F. **Caracterização geológica- geotécnica das corridas de detritos ("Debris Flows") no Brasil e comparação com alguns casos internacionais.** 2001. Dissertação (Mestrado). Universidade de São Paulo, Escola Politécnica, São Paulo, 2001.

GRAMANI, M. F.; ARDUIN, D. H. Morfologia da drenagem e dos depósitos de Debris flow em Itaoca, São Paulo. CONGRESSO BRASILEIRO DE GEOLOGIA DE ENGENHARIA E AMBIENTAL, 15., Bento Gonçalves. **Anais...** Bento Gonçalves, 2015.

GRAMANI, M. F.; CAVALHIERI, C. P.; SILVA, A. P. de Souza; MANTOVANI, J. da C.; CAROU, C. B. **O Uso de Drone Multirrotor de Pequeno Porte para Diagnóstico e Monitoramento de Acidentes Geológicos.** CONGRESSO BRASILEIRO DE MECÂNICA DOS SOLOS E ENGENHARIA GEOTÉCNICA GEOTECNIA E DESENVOLVIMENTO URBANO, 19., 2018, Salvador. **Anais...** Salvador: 2018.

GUERRA, A. T.; GUERRA, A. J. T. **Novo Dicionário Geológico-Geomorfológico.** 8ª ed. Rio de Janeiro: Bertrand Brasil, 2010.

JONES, F. **Landslides of Rio de Janeiro and the Serra das Araras Escarpments, Brazil.** U. S. Geological Survey Professional Paper, n. 697, 1973.

IPT - INSTITUTO DE PESQUISAS TECNOLÓGICAS. **Cartas de suscetibilidade a movimentos gravitacionais de massa e inundações 1:25.000.** Folha Caraguatatuba. São Paulo; Brasília; DF: IPT/CPRM, 2017.

________. **Cadastramento pontos de erosão e inundação no Estado de São Paulo**. Relatório 131 057 – 205. São Paulo: IPT, 2012.

_______. **Estudos da instabilização de encostas da Serra do Mar na Região de Cubatão, objetivando a caracterização do fenômeno "corrida de lama" e a prevenção de seus efeitos**. Relatório IPT no. 25258. São Paulo: IPT, 1988.

_______. **Estudos das instabilizações da Serra do Mar na Região de Cubatão, objetivando a caracterização do fenômeno "corrida de lama" e a prevenção de seus efeitos**. Relatório IPT no. 25065. São Paulo: IPT, 1987.

NAKAZAWA, V. A., & CERRI, L. E. Os escorregamentos ocorridos em Petrópolis - RJ em fevereiro de 1988: ações emergenciais. SIMPÓSIO LATINO AMERICANO SOBRE RISCO GEOLÓGICO URBANO, 1., 1990, São Paulo. **Anais**... São Paulo: ABGE, 1990. p. 325-333.

NIETHAMMER, U.; JAMES, M. R.; ROTHMUND, S.; TRAVELLETTI, J.; JOSWIG, M. UAV-based remote sensing of the Super-Sauze landslide: evaluation and results. **Eng. Geol.**, n. 128, p. 2–11, 2012.

NISHIJIMA, P. S. T.; GRAMANI, M. F.; IYOMASA, W. S. Comemoração aos 50 anos do evento de 1967: Ocorrência de escorregamento ou *debris flow* em Caraguatatuba? CONFERÊNCIA BRASILEIRA SOBRE ESTABILIDADE DE ENCOSTAS, 12., 2017, Florianópolis. **Anais**... Florianópolis: ABMS, 2017.

TOMMASELLI, A. M. G. **Fotogrametria básica**. Presidente Prudente: Editora UNESP, 2009.

Estudos de caso

Capítulo IX

O Sistema Estadual de Proteção e Defesa Civil e os Objetivos do Desenvolvimento Sustentável

Walter Nyakas Junior, Henguel Ricardo Pereira,
Aline Betânia M. C. Signorelli, Cíntia P. T. Oliveira

Introdução

O Sistema Estadual de Proteção e Defesa Civil de São Paulo foi criado pelo Decreto 7.550, de 9 de fevereiro de 1976, sendo posteriormente reorganizado em junho de 1995, pelo governador Mário Covas, mediante o Decreto 40.151. Atualmente possui uma Coordenadoria Estadual de Proteção e Defesa Civil (CEPDEC/SP), subordinada diretamente ao governador do Estado e dirigida pelo secretário-chefe da Casa Militar, que exerce a função de coordenador Estadual de Proteção e Defesa Civil. É constituído por órgãos e entidades da administração pública estadual e dos municípios, por entidades privadas e pela comunidade, tendo a CEPDEC/SP como órgão central do sistema.

De acordo com o Decreto Estadual nº 40151/95 (SÃO PAULO, 1995) são objetivos do Sistema Estadual de Proteção Defesa Civil:

> I – planejar e promover a defesa permanente contra desastres naturais ou provocados pelo homem;
>
> II – atuar na iminência e em situações de desastres;
>
> III – prevenir ou minimizar danos, socorrer e assistir populações atingidas e recuperar áreas afetadas por desastres.

Desde sua criação, o Sistema de Proteção e Defesa Civil do Estado denota a importância da prevenção a desastres, como se pode perceber no art. 1º do Decreto Estadual nº 7.550/76 (SÃO PAULO, 1976):

> Artigo 1º - Fica criado, no Gabinete do Governador, o Sistema Estadual de Defesa Civil, com a finalidade de coordenar as medidas destinadas a **prevenir as consequências nocivas** de

eventos desastrosos e a socorrer as populações e as áreas atingidas por esses eventos (grifo nosso).

A ênfase na prevenção se perfez como meta perene do sistema, que, ao definir minimização de desastres, o faz como sendo um conjunto de medidas: destinadas a **prevenir desastres por meio da avaliação e redução de riscos**, com medidas estruturais e não-estruturais; e de preparação para emergências e desastres com a adoção de programas de desenvolvimento institucional, de recursos humanos, científico e tecnológico, mudança cultural, motivação e articulação empresarial, monitorização-alerta e alarme, planejamento operacional, mobilização e aparelhamento e apoio logístico (SÃO PAULO, 1995, grifo nosso).

E no contexto atual, após a edição da Lei Federal nº 12.608/12, que dispõe sobre o Sistema Nacional de Proteção e Defesa Civil, a Proteção e Defesa Civil do Estado de São Paulo tem por política a adoção de medidas necessárias à redução dos riscos de desastres, de forma colaborativa com as entidades públicas ou privadas e com a sociedade em geral, abrangendo as ações de prevenção, mitigação, preparação, resposta e recuperação voltadas à proteção e defesa civil (BRASIL, 2012).

Neste sentido, organiza, por meio de sua Coordenadoria Estadual de Proteção e Defesa Civil, a gestão de risco e de desastres em âmbito de estado, de forma integrada às demais políticas públicas, com ênfase nas de ordenamento territorial, desenvolvimento urbano, saúde, infraestrutura e meio ambiente, mudanças climáticas, educação, gestão de recursos hídricos, desenvolvimento econômico, ciência e tecnologia, com o objetivo de promover a resiliência comunitária e o desenvolvimento sustentável.

Cumpre ressaltar que, para melhor compreensão deste capítulo, levaremos em consideração os conceitos estabelecidos na Instrução Normativa nº 2/2016, do Ministério da Integração Nacional, para **gestão de risco de desastres**, "medidas preventivas destinadas à redução de riscos de desastres, suas consequências e à instalação de novos riscos", **e para gestão de desastres**, que "compreende o planejamento, a coordenação e a execução das ações de resposta e de recuperação" (MI, 2016).

Outra importante diretriz da Política Estadual de Proteção e Defesa Civil é o **Marco de Sendai para Redução de Risco de Desastres (2015-2030)** estabelecido em março de 2015, na 3ª Conferência Mundial das Nações Unidas para Redução de Risco de Desastres, em Sendai, no Japão, cujas prioridades de ação são (UNDRR, 2015):

- **Compreender o risco de desastres**, considerando a ameaça; o nível de exposição a esta ameaça; o ambiente; e as vulnerabilidades e capacidades locais.
- **Fortalecer a governança de risco de desastres para gerenciar esses riscos**, por meio da integração dos diferentes setores e atores envolvidos na gestão do risco.
- **Investir na redução do risco de desastre para a resiliência** com medidas estruturais e não-estruturais.
- **Aumentar a preparação para casos de desastres a fim de dar uma resposta eficaz e para "reconstruir melhor"** nas áreas de recuperação, reabilitação e reconstrução.

O Marco de Sendai busca equilibrar gestão de risco e a gestão de desastres, por meio do desenvolvimento da capacidade de resiliência das comunidades, tendo por meta o desenvolvimento sustentável (Figura 1).

Figura 1 Gestão de risco e de desastres. United Nations Office for Disaster Risk Reduction Office for Northeast Asia and Global Education and Training Institute (UNDRR ONEA-GETI).

Ao implementar as metas e princípios orientadores do Marco de Sendai, o Sistema Estadual de Proteção e Defesa Civil de São Paulo consequentemente incorpora às suas políticas, diretrizes e programas, de forma sistêmica e interligada, pelo menos dois dos 17 Objetivos que compõem a **Agenda 2030 para o Desenvolvimento Sustentável**, que, de acordo com a ONU, é "um plano de ação para as pessoas, o planeta e a prosperidade, que busca fortalecer a paz universal" (ONU, 2019).

A agenda 2030 foi estabelecida em setembro de 2015 (ano no qual os países adotaram nova agenda, baseada nos Objetivos de Desenvolvimento do Milênio – ODM, perseguidos de 2000 a 2015), quando representantes dos 193 Estados-membros da ONU se reuniram em Nova York, nos Estados Unidos, e assentiram que a erradicação da pobreza em todas as suas formas e proporções, incluindo a pobreza extrema, é o maior desafio global e requisito indispensável para tornar possível o desenvolvimento sustentável (ONU, 2019).

Os Objetivos do Desenvolvimento Sustentável (ODS) que mais se harmonizam à Política Estadual de Proteção e Defesa Civil de São Paulo são os **ODS11 – Cidades e Comunidades Sustentáveis** e **ODS13 – Ação Contra a Mudança Global do Clima**.

Demonstrando seu comprometimento com o Marco de Sendai e com os ODS da Agenda 2030, o Estado de São Paulo prevê ações em seu Plano Plurianual (PPA) vigente (2016-2019) que corroboram com a busca pela resiliência e desenvolvimento sustentável, dentre as quais o programa 5101: SÃO PAULO – ESTADO RESILIENTE, vinculado à Secretaria da Casa Militar (Defesa Civil do Estado), cujo objetivo é desenvolver cidades resilientes e sustentáveis, mantendo-se o padrão de excelência no atendimento às solicitações de socorro, a fim de garantir tranquilidade, salubridade e segurança da sociedade, portanto, a ordem pública. Como produtos desse programa temos a capacitação de agentes públicos, comunidades e voluntários, que são ações preventivas de mudança cultural e de preparação do setor público e comunidade; apoio aos municípios em ações de defesa civil por meio de obras preventivas e recuperativas executadas; e assistência humanitária às vítimas de desastres, que configuram ações de resposta a desastres.

O programa SÃO PAULO – ESTADO RESILIENTE está associado a outros objetivos estratégicos de governo, como: ter uma sociedade resiliente às mudanças climáticas, com disponibilidade de água para gerações presentes e futuras, e mais segura; bem como possibilitar o desenvolvimento econômico, territorial e urbano, de maneira sustentável, sem perder de vista a preservação do meio ambiente.

"Cidades e Comunidades Sustentáveis" e "Ação Contra a Mudança Global do Clima"

O relatório Nosso Futuro Comum (1987) define desenvolvimento sustentável como: *"O desenvolvimento que procura satisfazer as necessidades da geração atual sem comprometer a capacidade das gerações futuras de satisfazerem as suas próprias necessidades"* (BRUNDTLAND, 1987).

Para tanto é necessária a cooperação de todos os atores que tenham papel relevante, em níveis local, regional, nacional e global, para a construção de um mundo inclusivo, resiliente e sustentável. Neste processo, é preciso que se encontre harmonia entre crescimento econômico, proteção ao meio ambiente e inclusão social, criando oportunidades, possibilitando a gestão sustentável dos recursos naturais e reduzindo desigualdades sociais.

Neste sentido, tanto o Marco de Sendai como a Agenda 2030 trazem princípios, diretrizes e estratégias para que os governos locais e regionais busquem a resiliência a desastres em equilíbrio com o desenvolvimento sustentável.

Acima abordaram-se as prioridades do Marco, então cumpre-se detalhar melhor os ODS que guardam maior relação com a Política Estadual de Proteção e Defesa Civil, que são os ODS 11 e ODS 13 (Figura 2).

Os ODS 11 e 13 estão relacionados com o ODM 7 – Garantir qualidade de vida e respeito ao meio ambiente

Figura 2 Objetivo de Desenvolvimento do Milênio (ODM) 7. *Fonte*: ODM, 2019.

ODS11 – Cidades e Comunidades Sustentáveis: tornar as cidades e os assentamentos humanos inclusivos, seguros, resilientes e sustentáveis (Figura 3). Este ODS aborda temas relativos à urbanização, como mobilidade, saneamento e gestão de resíduos sólidos, assim como planejamento e aumento da resiliência das comunidades, levando em consideração as necessidades de cada área – rural, urbana e a limítrofe entre as duas, chamada de periurbana (ONU, 2015a).

De acordo com a Agenda 2030, as metas do ODS 11 – Cidades e Comunidades Sustentáveis – são (ONU, 2015a):

> 11.1. Até 2030, garantir o acesso de todos à habitação segura, adequada e a preço acessível, e aos serviços básicos e urbanizar as favelas.

11.2. Até 2030, proporcionar o acesso a sistemas de transporte seguros, acessíveis, sustentáveis e a preço acessível para todos, melhorando a segurança rodoviária por meio da expansão dos transportes públicos, com especial atenção para as necessidades das pessoas em situação de vulnerabilidade, mulheres, crianças, pessoas com deficiência e idosos.

Tornar as cidades e os assentamentos humanos inclusivos, seguros, resilientes e sustentáveis

Figura 3 ODS 11. *Fonte:* ONU, 2015b.

11.3. Até 2030, aumentar a urbanização inclusiva e sustentável e a capacidade para o planejamento e a gestão participativa, integrada e sustentável dos assentamentos humanos, em todos os países.

11.4. Fortalecer esforços para proteger e salvaguardar o patrimônio cultural e natural do mundo.

11.5. Até 2030, reduzir significativamente o número de mortes e o número de pessoas afetadas por catástrofes e diminuir substancialmente as perdas econômicas diretas causadas por elas em relação ao produto interno bruto global, incluindo os desastres relacionados à água, com o foco em proteger os pobres e as pessoas em situação de vulnerabilidade.

11.6. Até 2030, reduzir o impacto ambiental negativo per capita das cidades, inclusive prestando especial atenção à qualidade do ar, gestão de resíduos municipais e outros.

11.7. Até 2030, proporcionar acesso universal a espaços públicos seguros, inclusivos, acessíveis e verdes, em particular para as mulheres e crianças, pessoas idosas e pessoas com deficiência.

11.a. Apoiar relações econômicas, sociais e ambientais positivas entre áreas urbanas, periurbanas e rurais, reforçando o planejamento nacional e regional de desenvolvimento.

11.b. Até 2020, aumentar substancialmente o número de cidades e assentamentos humanos adotando e implementando políticas e planos integrados para a inclusão, a eficiência dos recursos, mitigação e adaptação à mudança do clima, a resiliência a desastres; e desenvolver e implementar, de acordo com o Marco de Sendai para a Redução do Risco de Desastres 2015-2030, o gerenciamento holístico do risco de desastres em todos os níveis.

11.c. Apoiar os países menos desenvolvidos, inclusive por meio de assistência técnica e financeira, para construções sustentáveis e robustas, utilizando materiais locais.

ODS13 – Ação Contra a Mudança Global do Clima: tomar medidas urgentes para combater a mudança do clima e seus impactos[1] (Figura 4) (ONU, 2015a).

As mudanças climáticas acometem o mundo todo e seus impactos afetam a população global, especialmente os mais vulneráveis, e desestabilizam economias de muitos países. O ODS 13 é visto como estratégico na missão de mobilizar governos e demais atores a fim de impedir ou minimizar os efeitos dos desastres relacionados ao clima.

De acordo com a Agenda 2030, as metas do ODS 13 – Ação Contra a Mudança Global do Clima – são (ONU, 2015a):

13.1. Reforçar a resiliência e a capacidade de adaptação a riscos relacionados ao clima e às catástrofes naturais em todos os países.

13.2. Integrar medidas da mudança do clima nas políticas, estratégias e planejamentos nacionais.

13.3. Melhorar a educação, aumentar a conscientização e a capacidade humana e institucional sobre mitigação global do clima, adaptação, redução de impacto e alerta precoce à mudança do clima.

13.a. Implementar o compromisso assumido pelos países desenvolvidos partes da Convenção Quadro das Nações Unidas sobre Mudança do Clima para a meta de mobilizar conjuntamente US$ 100 bilhões por ano até 2020, de todas as fontes,

1. Reconhecendo que a Convenção Quadro das Nações Unidas sobre Mudança do Clima [UNFCCC] é o fórum internacional intergovernamental primário para negociar a resposta global à mudança do clima.

para atender às necessidades dos países em desenvolvimento, no contexto de ações significativas de mitigação e transparência na implementação; e operacionalizar plenamente o Fundo Verde para o Clima, por meio de sua capitalização, o mais cedo possível.

13.b. Promover mecanismos para a criação de capacidades para o planejamento relacionado à mudança do clima e à gestão eficaz, nos países menos desenvolvidos, inclusive com foco em mulheres, jovens, comunidades locais e marginalizadas.

Tomar medidas urgentes para combater a mudança do clima e seus impactos

Figura 4 ODS 13. *Fonte:* ONU, 2015b.

Conforme será abordado no tópico seguinte, muitas das metas desses dois ODS se traduzem nos princípios, diretrizes e programas da Política Estadual de Proteção e Defesa Civil, especialmente no que tange ao ODS 11, que se mostra como um caminho a ser percorrido pelos governos subnacionais na implementação e acompanhamento da Agenda 2030, de acordo com posicionamento da própria ONU neste sentido (GLOBAL TASK FORCE OF LOCAL AND REGIONAL GOVERNMENTS et al., 2016).

Ações do Sistema Estadual de Proteção e Defesa Civil no contexto dos ODS

Ações de prevenção e preparação para desastres

A Coordenadoria Estadual de Proteção e Defesa Civil de São Paulo (CEPDEC/SP), de acordo com o previsto na Lei Federal nº 12.608/12, trabalha para identificar e mapear as áreas de risco em seu âmbito territorial e realiza estudos de identificação de ameaças, suscetibilidades e vulnerabilidades, em articulação com a União e os Municípios, de forma a aumentar o diagnóstico sobre os riscos de desastres no estado. Para tanto, realiza todos os anos, com orçamento próprio, mapeamentos de áreas de risco para deslizamentos de terra e inundação, bem como mapas de ameaças múltiplas, de acordo com o histórico e suscetibilidade a desastres.

Além dos instrumentos de identificação que executa, articula, junto a outras secretarias de Estado, como as de Logística e Transportes e Infraestrutura e Meio Ambiente, por exemplo, estudos de risco no contexto das políticas públicas de desenvolvimento urbano sustentável. Junto ao governo federal articula, no âmbito de programas de prevenção de desastres naturais, a execução de cartas de suscetibilidade para o planejamento urbano sustentável e setorizações de risco, que estabelecem a possibilidade de ocorrência de um acidente *versus* suas consequências (perdas de vidas e/ou bens materiais).

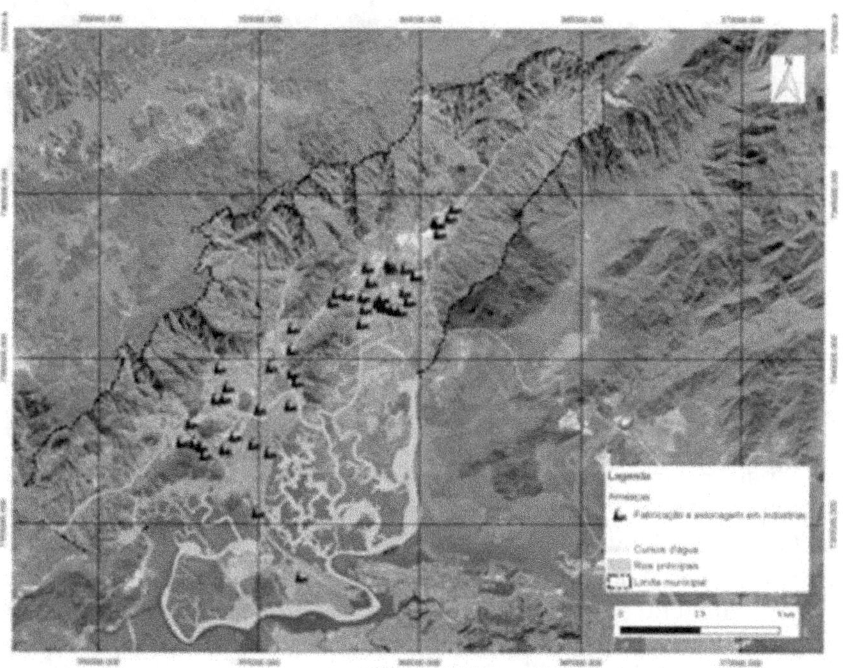

Figura 5 Mapa de Ameaças Múltiplas (MAM) de Cubatão com a localização das indústrias cadastradas a partir dos processos de licenciamento ambiental. Fonte: CEPDEC/SP, 2019.

Para realizar o monitoramento hidrometeorológico e geológico dos 645 municípios do estado, dispõe de um Núcleo de Gerenciamento de Emergências (NGE) que funciona diuturnamente, todos os dias da semana, e atua em articulação com o Centro Integrado de Comando e

Controle (CICC) estadual. Faz parte desse monitoramento o envio diário de boletins meteorológicos aos municípios paulistas, para prevenir ocorrências e antecipar providências de gestão do risco. Emitem-se também alertas sobre condições meteorológicas regionais e locais com maior potencial de risco, que são divulgados aos agentes públicos municipais também pelo serviço de mensagens curtas (SMS), bem como à população interessada em receber essas informações, que tenham cadastrado os CEPs-alvo, enviando antecipadamente um SMS ao número 40199 (Figura 6).

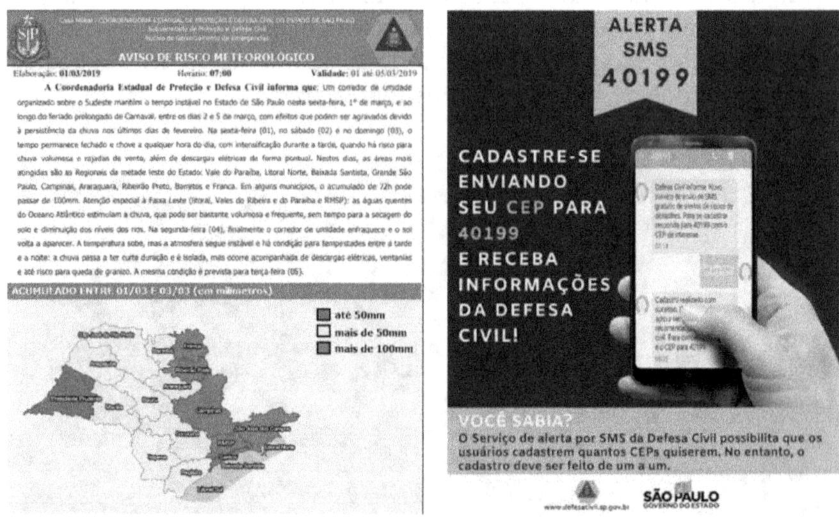

Figura 6 Alerta de risco meteorológico e banner de divulgação do serviço de SMS 40199. *Fonte:* CEPDEC/SP.

Todos os anos, durante o período de chuvas, 1º de dezembro a 31 de março, a Defesa Civil do Estado de São Paulo (CEDEC/SP) realiza sua Operação Chuvas de Verão, que tem por propósito fundamental a preservação de vidas e a redução de danos humanos. A iniciativa reúne ações de diferentes órgãos dos governos estadual, municipais e da própria comunidade, que estão estabelecidas nos Planos Preventivos de Defesa Civil (PPDCs), específicos para deslizamentos e inundações.

Ao todo são operacionalizados oito planos preventivos, que abrangem os 175 municípios mais vulneráveis do estado, sendo um específico para inundações (Vale do Ribeira, com 16 municípios) e sete para deslizamentos (Região Metropolitana de São Paulo, Vale do Ribeira, Baixada Santista, Vale do Paraíba e Serra da Mantiqueira, Região de Campinas, Região de Sorocaba e Região de Itapeva, com 171 municípios).

Os PPDCs de deslizamento, por exemplo, estão estruturados em quatro níveis (observação, atenção, alerta e alerta máximo), indicando, progressivamente, a possibilidade de ocorrências de deslizamento. Para cada um deles são previstos procedimentos operacionais preventivos, baseados na análise integrada de três pontos fundamentais, que são o acumulado de chuvas dos últimos três dias, que possibilita a estimativa de que deslizamentos podem começar a acontecer na região; a previsão meteorológica para os próximos dias; e as vistorias de campo nas áreas de risco previamente cadastradas (Figura 7).

Por meio desses parâmetros é possível adotar medidas preventivas de alerta à população que se encontra nas áreas de risco e, se for o caso, após análise técnica, realizar a remoção preventiva. Este conjunto de aspectos é que indicará em que nível cada município estará durante a operação do plano.

Neste contexto, algumas ações essenciais precisam ser realizadas pelos agentes municipais de defesa civil, como leitura diária dos índices pluviométricos, as vistorias de campo e a preparação para os eventos chuvosos previstos e informados pela Defesa Civil do Estado.

Figura 7 Parâmetros técnicos do PPDC de deslizamentos de terra. *Fonte:* Larissa Lima (CEPDEC/SP).

Além dos PPDCs operacionalizados durante o verão, a Defesa Civil Estadual coordena o Plano Preventivo de Defesa Civil para erosão costeira, inundações costeiras e enchentes/alagamentos causados por eventos meteorológicos-oceanográficos extremos, como ressacas do mar e marés altas para os quatro setores costeiros do Estado de São Paulo, englobando as Coordenadorias Regionais de Defesa Civil de Registro

(REDEC/I-1), Baixada Santista (REDEC/I-2) e São José dos Campos e Litoral Norte (REDEC/I-3). Seu objetivo principal é aperfeiçoar as ações dessas Coordenadorias Regionais e Municipais de Defesa Civil na minimização dos efeitos desses eventos, com base na adoção de medidas para conhecimento antecipado de sua ocorrência (Figura 8), nas ações dos órgãos de defesa civil e nas edições de planos de contingência para os municípios sujeitos às suas consequências.

Figura 8 Alerta de ressaca marítima, no contexto do PPDC. *Fonte:* Larissa Lima (CEPDEC/SP).

Para minimizar os efeitos da estiagem, a CEPDEC/SP também operacionaliza o Plano de Contingência para Estiagem na Região Metropolitana de Campinas (RMC), que usa como parâmetro central o acompanhamento diário da Umidade Relativa do Ar (URA), utilizando por base os padrões estabelecidos pela Organização Mundial de Meteorologia e Organização Mundial da Saúde (Figura 9). Com o objetivo principal de reduzir os focos de incêndios e promover a saúde local, são desencadeadas ações municipais em cada um dos níveis do plano: Observação, Atenção, Alerta e Emergência.

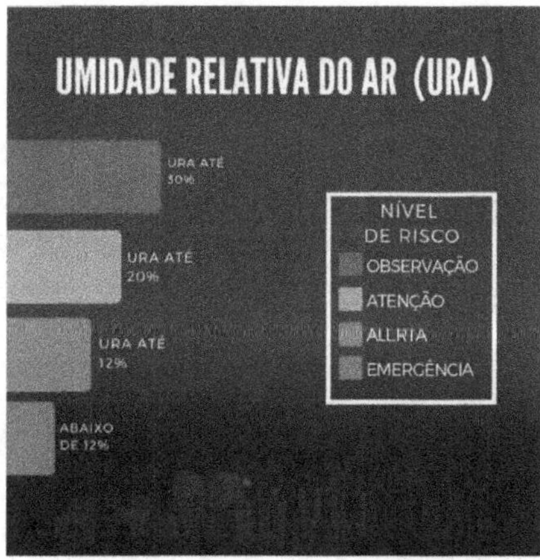

Figura 9 Níveis do plano de contingência de estiagem da RMC. *Fonte:* Larissa Lima (CEPDEC/SP).

Com enfoque na preparação para desastres, a CEPDEC/SP promove, de maneira regionalizada, a capacitação dos agentes de proteção e defesa civil dos municípios paulistas, com a realização de oficinas para redução dos efeitos provocados pelas chuvas de verão e também pelo período de estiagem, abrangendo todas as regiões administrativas do estado.

O objetivo desse trabalho é consolidar a capacidade institucional dos órgãos municipais de proteção e defesa civil, com a intensificação de treinamentos, e também mostrar como o estado pode auxiliá-los na resolução dos problemas típicos do inverno e verão, promovendo-se, consequentemente, o fortalecimento do Sistema Estadual de Proteção e Defesa Civil, em conformidade com o que preconiza o Marco de Sendai e a Agenda 2030 para o desenvolvimento sustentável.

Para ilustrar o conteúdo desses treinamentos (Figuras 10 e 11), nas oficinas específicas para o período do verão, os participantes aprendem a operar os PPDCs para deslizamentos e inundações, realizando a interpretação de boletins meteorológicos e alertas por SMS; preenchendo as fichas de vistoria técnica em áreas de risco; compreendendo a forma de acionamento de vistoria de órgãos técnicos junto à Defesa Civil Estadual; e preenchendo a documentação exigida por legislação para decretação de situação de anormalidade e pedido de homologação estadual ou reconhecimento federal.

Figura 10 Instrução sobre leitura de pluviômetro manual. *Fonte:* CEPDEC/SP.

Figura 11 Instrução de combate ao primeiro foco de incêndio em cobertura vegetal. *Fonte:* CEPDEC/SP.

Outrossim, com o objetivo de incrementar as capacidades das Coordenadorias Municipais de Proteção e Defesa Civil, a Defesa Civil do Estado (CEPDEC/SP) disponibiliza o Sistema Integrado de Defesa Civil (SIDEC), que é uma plataforma de gestão informatizada e gratuita, construída e gerenciada pela Defesa Civil Estadual, para facilitar a tomada de decisão das defesas civis municipais e do próprio estado. Propicia aos municípios cadastrados efetuar o lançamento de suas ocorrências por meio do formulário de Comunicação Preliminar de Ocorrência (CPO), informando os primeiros efeitos do evento adverso (chuva, deslizamento de terra, estiagem, incêndio, inundação, acidente com produto perigoso, dentre outros) em seu território, relatando a estimativa de munícipes afetados, área atingida (com georreferenciamento), causas do desastre, danos causados e outras informações primordiais para se traçar um cenário inicial a respeito do evento. A Figura 12 apresenta a tela inicial de cadastros do SIDEC.

Figura 12 Tela inicial de cadastros do Sistema Integrado de Defesa Civil. *Fonte:* CEPDEC/SP.

A partir das informações lançadas no sistema, o governo conhece os pontos de maior incidência de eventos de Defesa Civil (*hot spot*), podendo priorizar investimentos na prevenção a futuros desastres.

O sistema propicia ao usuário as seguintes funcionalidades: registro *on-line* de documentos; disponibilização imediata de registros de ocorrências com fotos; acesso a dados estatísticos e mapeamento de áreas de risco; acesso a dados meteorológicos; cadastro *on-line* de dados pluviométricos; acesso a extensa rede de contatos da Defesa Civil.

Uma das últimas funcionalidades do sistema disponibilizada aos municípios é o cadastro *on-line* de planos de contingência (planos municipais para o enfrentamento de possíveis desastres), otimizando o processo de preparação para os possíveis desastres no Estado, tendo por diferencial um levantamento pormenorizado dos recursos necessários para atendimento de uma emergência, além das capacidades municipais de resposta utilizando como base o Sistema de Comando em Operações (SCO). A tela para preenchimento do Plano de Contingência no Sistema pode ser visualizada na Figura 13.

Figura 13 Tela para preenchimento do Plano de Contingência no Sistema Integrado de Defesa Civil. *Fonte:* CEPDEC/SP.

Ações educacionais e de fomento à resiliência

A CEPDEC/SP, desde sua criação, entende como prioritária a formação de cultura de prevenção a desastres na comunidade; desta forma, em parceria com a Secretaria da Educação, por meio da Escola Virtual de Programas Educacionais (EVESP), de forma pioneira e inovadora, desenvolveu o curso “Defesa Civil: A Aventura”, destinado inicialmente aos alunos da Rede Estadual de Ensino, com o objetivo de fomentar a capacidade de autodefesa dos alunos, por meio de ações de prevenção, mitigação, preparação, resposta e recuperação, voltadas à redução de risco de desastres.

É imprescindível, para a organização dos trabalhos de prevenção e combate às calamidades, atrair e conquistar a participação das comunidades, a fim de estimular a mudança de cultura por meio da educação, priorizando as ações de prevenção e incitando a consciência de que os hábitos individuais influenciam o ambiente coletivo. Pretende-se, desta forma, que o aluno seja elo de prevenção de riscos, em virtude de seu potencial de multiplicação do conteúdo em sua comunidade, corroborando com a estratégia de redução de riscos de desastres preconizada pela Organização das Nações Unidas (UNDRR).

Em consonância com a tecnologia disponível no contexto atual, a CEDEC/SP e a EVESP disponibilizaram, no ambiente virtual de aprendizagem da Escola Virtual, o curso de 50 horas/aula, que foram elaboradas pela equipe da Defesa Civil do Estado e seus parceiros, dispostas de forma lúdica, atrativa e dinâmica, por meio de *games*, exercícios e atividades avaliativas e não avaliativas, compondo dez módulos: Módulo 1: Defesa Civil; Módulo 2: Escorregamento; Módulo 3: Tempestades e Raios; Módulo 4: Inundação; Módulo 5: Estiagem; Módulo 6: Acidentes Domésticos; Módulo 7: Afogamento; Módulo 8: Abrigo; Módulo 9: Comunidades Resilientes; e Módulo 10: Super *Game* (Figura 14).

No último módulo, Super *Game*, o aluno conhece o avatar adolescente, de nome "Guto", que recebe um tablet do futuro no qual são propostas missões relacionadas ao conteúdo vivenciado ao longo dos módulos anteriores.

O estudante é desafiado a salvar vidas, solucionando problemas como: evitar a construção de moradias em área com risco de deslizamento; remoção preventiva de moradores de áreas sujeitas a inundações; auxiliar os moradores de determinada comunidade a adotar medidas que minimizem os efeitos da estiagem (queima de lixo, desperdício de água, prática de atividade física em horários inadequados); dentre outros.

Após concluir o curso, o aluno recebe um certificado, assinado pelos secretários da Educação e da Casa Militar, validando sua participação nas 50 horas/aula, tornando-o parte integrante do Sistema Estadual de Proteção e Defesa Civil, com responsabilidade social, reafirmada pela frase: "Agora você é um representante da Defesa Civil. Não se esqueça de suas responsabilidades!".

Assim sendo, "Defesa Civil: A Aventura" alcança todos os alunos matriculados no Ensino Fundamental Anos Finais, no Ensino Médio Regular e Educação de Jovens e Adultos (EJA) da Rede Estadual de Ensino, difundindo, assim, de modo amplo e efetivo, os preceitos de Proteção e Defesa Civil, com a consequente formação de cidadãos conscientes e preparados.

O conteúdo do curso, atualmente, pode ser disponibilizado para as redes municipais e particulares por meio de convênio não oneroso com o estado.

Figura 14 Mandala inicial com os dez módulos. *Fonte:* Curso Defesa Civil: Aventura.

Ainda, como forma de fomentar a redução de riscos de desastres (RRD) por meio da comunidade escolar, de maneira inovadora e contínua, o Sistema Estadual de Proteção e Defesa Civil, em conjunto com instituições e órgãos parceiros, promoveu o *I Seminário Estadual de Educação em Redução de Riscos e Desastres (RRD)*, em 2016, reunindo mais de 400 participantes no Palácio dos Bandeirantes, São Paulo (Figura 15), dentre professores e técnicos da rede estadual de ensino, técnicos de Proteção e Defesa Civil, do Instituto de Pesquisas Tecnológicas (IPT), do Instituto Geológico (IG), do Centro Nacional de Monitoramento e Alerta de Desastres Naturais (CEMADEN), dentre outros. O evento foi transmitido via *streaming* e contou com a participação *online* de cerca de duas mil pessoas. Em 2018, organizou ainda o *II Seminário Estadual e I Internacional de Educação em Redução de Riscos e Desastres (RRD)* (Figura 16), com o objetivo de incentivar a reflexão sobre a cultura de RRD no território nacional, ampliando o debate entre especialistas e professores sobre a importância da formação continuada de professores e técnicos em educação no tema. As discussões também tiveram a finalidade de chamar a atenção para a importância do desenvolvimento de planos locais de RRD, em especial voltados à proteção das comunidades escolares (GOVERNO DO ESTADO DE SÃO PAULO, 2018).

Por entender como primordial o gerenciamento holístico do risco de desastres em todos os níveis, a Coordenadoria Estadual de Proteção e Defesa Civil de São Paulo incorporou a campanha da ONU *Construindo Cidades Resilientes – Minha Cidade Está Se Preparando*, que aborda temas de governabilidade local e riscos urbanos com o objetivo de ajudar os governos locais a reduzir o risco e aumentar a resiliência no âmbito urbano por meio da aplicação do *Marco de Sendai para a Redução de Risco de Desastres 2015-2030* (UNDRR – ONEA-GETI).

A campanha oferece soluções e ferramentas que possibilitam aos governos e atores locais identificar gargalos em sua resiliência e aprimorar suas capacidades financeira, técnica e de conhecimento para o planejamento da gestão de risco e do desenvolvimento sustentável. Por meio da campanha, as cidades se tornam parte de uma ampla rede de cidades resilientes no mundo.

São Paulo foi o primeiro estado no mundo a receber o certificado da ONU de estado modelo na campanha, pela implantação de sistema integrado de gestão e prevenção de riscos de acidentes, tornando-se referência para o Brasil e para o mundo. Das 1047 adesões brasileiras, até o início de fevereiro de 2019, 460 são paulistas (459 cidades e o estado), alavancando o Brasil como o primeiro país do mundo em número de cidades comprometidas com a busca da resiliência e desenvolvimento sustentável.

As cidades participantes demonstram, por meio de indicadores da campanha, que estão compromissadas com a redução de riscos de desastres e com os objetivos do desenvolvimento sustentável, podendo divulgar suas ações e programas de governo neste sentido na rede do Escritório das Nações Unidas para Redução de Riscos de Desastres.

As metas e indicadores da atual fase da campanha da ONU baseiam-se nas quatro prioridades de ação do Marco de Sendai (2015-2030): 1. Compreender o risco de desastres; 2. Fortalecer a governança de risco de desastres para gerenciar esses riscos; 3. Investir na redução do risco de desastre para a resiliência; 4. Aumentar a preparação para casos de desastres a fim de dar uma resposta eficaz e para reconstruir melhor nas áreas de recuperação, reabilitação e reconstrução.

Figura 15 I Seminário Estadual de Educação e Redução e Riscos de Desastres. *Fonte:* Secretaria de Estado da Educação (SEE/SP).

Figura 16 II Seminário Estadual e I Internacional de Educação em Redução de Riscos e Desastres (RRD). *Fonte:* CEPDEC/SP.

Para atender a essas prioridades, os governos locais precisam seguir dez passos essenciais na busca da resiliência: 01. organizar-se – organização local para entender e reduzir o risco de desastres com base na participação da comunidade, construindo alianças locais; 02. identificar, compreender e utilizar os cenários de risco atuais e futuros, atribuindo orçamento para a redução de riscos e proporcionando incentivos aos proprietários, famílias de baixa renda, comunidades, empresas e setor público para investir na redução de risco que enfrentam; 03. fortalecer a capacidade financeira para resiliência – compreender o impacto econômico dos desastres e a necessidade de investimento em resiliência; 04. buscar desenvolvimento de projetos urbanos resilientes – investir e manter infraestrutura crítica que reduz o risco, como drenagem à inundação, por exemplo; 05. salvaguardar zonas de amortecimento naturais para melhorar as funções de proteção oferecidas pelos ecossistemas naturais – avaliar segurança das escolas e instalações de saúde; 06. fortalecer a capacidade institucional para resiliência – aplicar e fazer cumprir regulamentos de construção e princípios de ordenamento do território; 07. compreender e fortalecer a capacidade da sociedade para a resiliência – programas educacionais e de formação sobre o risco de desastres; 08. aumentar a resiliência da infraestrutura – proteger os ecossistemas e mitigar os riscos a que as localidades estão submetidas (inundações, tempestades, estiagem) com boas práticas; 09. assegurar resposta eficaz ao desastre – sistemas de alerta e capacidade de gestão de emergências nas localidades, com treinamentos regulares que envolvam a comunidade; 10. acelerar a recuperação e reconstruir melhor – depois do desastre, garantir as necessidades dos afetados.

O desafio atual é fomentar os municípios que se comprometeram a buscar a resiliência a elaborarem planos de ação de resiliência. Mais uma vez, o sistema Estadual de Proteção e Defesa Civil se empenha neste sentido, por entender a campanha *Construindo Cidades Resilientes* como um caminho a seguir não apenas na implementação do Marco de Sendai, mas no alcance dos Objetivos do Desenvolvimento Sustentável da Agenda 2030. Para tanto, promove oficinas para a elaboração de planos locais de resiliência, capacitando as cidades paulistas.

Conclusão

O Estado de São Paulo tem se destacado na atuação sistêmica para atender aos Objetivos do Desenvolvimento Sustentável, que corroboram com outros instrumentos jurídicos criados anteriormente, como a criação do Comitê de Estudos das Ameaças Naturais e Tecnológicas do Estado de São Paulo (CEANTEC), por meio do Decreto Estadual nº

53.417/08, reforçado pela criação do Programa Estadual de Prevenção de Desastres Naturais e de Redução de Riscos Geológicos (PDN), Decreto Estadual nº 57.512/11 (SÃO PAULO, 2008; 2011). Ambas as iniciativas integram as Secretarias de Estado, direcionando para que a Redução de Riscos de Desastres não seja coadjuvante no ato de governar para a população paulista.

Neste sentido, juntamente com a Defesa Civil, a Secretaria de Estado de Educação tem sido protagonista nas atividades de sensibilização e formação da comunidade escolar, com o objetivo de inserir as temáticas de Defesa Civil, Educação Ambiental e Redução de Riscos de Desastres, aborda os conteúdos no Guia do Professor e Caderno do Aluno (Atividades Complementares) e inclui desde 2008, de forma pioneira no país, o assunto no currículo de Geografia. No sentido contrário, entretanto, temos a alteração recente do art. 29 da Lei Federal nº 12.608/12, que tratava da obrigatoriedade da abordagem transversal, tendo sido revogada tacitamente pela Lei Federal nº 13.415/17, que altera a redação do artigo 26 da Lei nº 9.394/96, que estabelece as diretrizes e bases da educação nacional (BRASIL, 2017):

> Art. 26. Os currículos da educação infantil, do ensino fundamental e do ensino médio devem ter base nacional comum, a ser complementada, em cada sistema de ensino e em cada estabelecimento escolar, por uma parte diversificada, exigida pelas características regionais e locais da sociedade, da cultura, da economia e dos educandos (Redação dada pela Lei nº 12.796, de 2013).
>
> ~~§ 7º Os currículos do ensino fundamental e médio devem incluir os princípios da proteção e defesa civil e a educação ambiental de forma integrada aos conteúdos obrigatórios. (Incluído pela Lei nº 12.608, de 2012)~~
>
> ~~§ 7º A Base Nacional Comum Curricular disporá sobre os temas transversais que poderão ser incluídos nos currículos de que trata o **caput**. (Redação dada pela Medida Provisória nº 746, de 2016~~
>
> § 7º A integralização curricular poderá incluir, a critério dos sistemas de ensino, projetos e pesquisas envolvendo os temas transversais de que trata o caput (Redação dada pela Lei nº 13.415, de 2017).

Importante destacar que trabalhar a percepção de risco e mudança de comportamento por meio de uma cultura prevencionista é um desafio que depende da dedicação e esforço constantes de todos os atores do Sistema Estadual de Proteção e Defesa Civil na construção de uma sociedade segura, justa e sustentável, mostrando-se tarefa imprescindível para a garantia de um planeta saudável e próspero para as gerações futuras.

Referências bibliográficas

BRASIL. Lei Federal nº 12.608, de 10 de abril de 2012. Institui a Política Nacional de Prote-ção e Defesa Civil – PNPDEC; dispõe sobre o Sistema Nacional de Proteção e De-fesa Civil – SINPDEC e o Conselho Nacional de Proteção e Defesa Civil – CONPDEC. Diário Oficial da União, 11 abr. 2012. Disponível em http://www.planalto.gov.br/ccivil_03/_ato2011-2014/2012/lei/l12608.htm. Acesso em: 03 de março de 2019.

_______. Lei Federal nº 13.415, de 16 de fevereiro de 2017. Altera as Leis n º 9.394, de 20 de dezembro de 1996, que estabelece as diretrizes e bases da educação nacional, e 11.494, de 20 de junho 2007, que regulamenta o Fundo de Manutenção e Desenvolvimento da Educação Básica e de Valorização dos Profissionais da Educação, a Consolidação das Leis do Trabalho - CLT, aprovada pelo Decreto-Lei nº 5.452, de 1º de maio de 1943, e o Decreto-Lei nº 236, de 28 de fevereiro de 1967; revoga a Lei nº 11.161, de 5 de agosto de 2005; e institui a Política de Fomento à Implementação de Escolas de Ensino Médio em Tempo Integral.

BRUNDTLAND, Relatório "Nosso Futuro Comum, 1987. Disponível em http://www.un.org/documents/ga/res/42/ares42-187.htm. Acesso em 03 de março de 2019.

CEPDEC/SP – Coordenadoria Estadual de Proteção e Defesa Civil de São Paulo. Instrumentos de identificação de risco. Disponível em: http://www.defesacivil.sp.gov.br/?page_id=399. Acesso em 04/03/2019.

GLOBAL TASK FORCE OF LOCAL AND REGIONAL GOVERNMENTS; ONU HABITAT; PNUD. 2016. Roteiro para a Localização dos Objetivos de Desenvolvimento Sustentável: Implementação e Acompanhamento no nível subnacional. Disponível em: https://nacoesunidas.org/wp-content/uploads/2017/06/Roteiro-para-a-Localizacao-dos-ODS.pdf. Acesso em: 04 de março de 2019.

MI – Ministério da Integração Nacional. Instrução Normativa nº 2, de 20 de dezembro de 2016. Estabelece procedimentos e critérios para a decretação de situação de emergência ou estado de calamidade pública pelos Municípios, Estados e pelo Distrito Federal, e para o reconhecimento federal das situações de anormalidade decretadas pelos entes federativos e dá outras providências.

ODM BRASIL. Os Objetivos de Desenvolvimento do Milênio. Disponível em: http://www.odmbrasil.gov.br/os-objetivos-de-desenvolvimento-do-milenio. Acesso em 04/03/19.

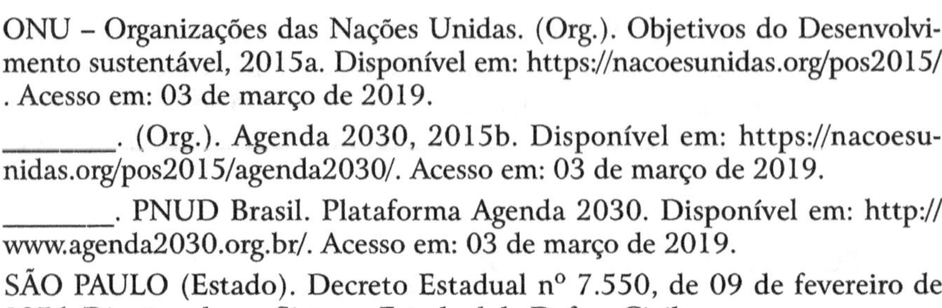

ONU – Organizações das Nações Unidas. (Org.). Objetivos do Desenvolvimento sustentável, 2015a. Disponível em: https://nacoesunidas.org/pos2015/ . Acesso em: 03 de março de 2019.

_______. (Org.). Agenda 2030, 2015b. Disponível em: https://nacoesunidas.org/pos2015/agenda2030/. Acesso em: 03 de março de 2019.

_______. PNUD Brasil. Plataforma Agenda 2030. Disponível em: http://www.agenda2030.org.br/. Acesso em: 03 de março de 2019.

SÃO PAULO (Estado). Decreto Estadual nº 7.550, de 09 de fevereiro de 1976. Dispõe sobre o Sistema Estadual de Defesa Civil.

_______. Decreto Estadual nº 40.151, de 16 de junho de 1995. Reorganiza o Sistema Estadu-al de Defesa Civil e dá outras providências. Diário Oficial do Estado, 17 jun. 1995.

_______. Decreto nº 53.417, de 11 de setembro de 2008. Institui, na Coordenadoria Estadual de Defesa Civil, o Comitê para Estudos das Ameaças Naturais e Tecnológicas do Estado de São Paulo - CEANTEC e dá providências correlatas.

_______. Decreto nº 57.512, de 11 de novembro de 2011. Institui o Programa Estadual de Prevenção de Desastres Naturais e de Redução de Riscos Geológicos e dá providências correlatas.

UNDRR – International Strategy for Disaster Reduction. 2015. Sendai Framework for Disaster Risk Reduction 2015-2030. Disponível em: <https:/ /goo.gl/gmD3D7>. Acesso em: 04/03/2019.

Capítulo X

Gestão de desastres de origem natural e antropogênica: reflexões, similaridades e diferenças

Irineu de Brito Jr, Larissa Ciccotti, Tábata R. Bertazzo, Gabriela Maraví, Maria Clara Rodrigues Pinheiro, Filipe Aécio Alves de Andrade Santos, Mario Chong, Hugo T. Y. Yoshizaki

Introdução

A previsão para os próximos 50 anos é de crescimento da magnitude dos desastres, principalmente em virtude do aumento da densidade populacional de centros urbanos, degradação do meio ambiente, aquecimento global e maior alcance de doenças infectocontagiosas (DUBEY; GUNASEKARAN, 2016; MARENGO et al., 2013; THOMAS; KOPCZAK, 2005).

No Brasil, o aumento da frequência de extremos climáticos tem contribuído para a ocorrência de desastres originados de fenômenos naturais (AMBRIZZI; MAGAÑA, 2017), como as inundações no Vale do Itajaí (SC), em 2008; no Norte e Nordeste, em 2009; e em São Luiz do Paraitinga (SP), no início de 2010; deslizamentos de terra na região serrana do Rio de Janeiro em 2011; corridas de massa em Itaoca (SP) no início de 2014; e o tornado de Jarinu (SP), em 2016. Nestes últimos anos, além desses, ocorreram também desastres tecnológicos, ou induzidos pela atividade humana, que resultaram em grandes impactos sociais e econômicos, como os casos de incêndio e emergência química no terminal da Ultracargo, no bairro Alemoa, em Santos (SP), em 2015; e o incêndio e desabamento do edifício Wilton Paes de Almeida, no largo do Paissandu, em 2018, na cidade de São Paulo (SP). Em 2015 e 2019, houve dois casos de rompimento de barragens de rejeitos da mineradora Samarco e Vale, em Mariana e em Brumadinho, ambas no estado de Minas Gerais. Os dois desastres provocaram mortes e danos ambientais significativos.

No vizinho Peru, em 2016, o número de emergências aumentou 19,6% em relação ao ano de 2015, sendo que os desastres relacionados aos fenômenos naturais aumentaram em 19,7% e os induzidos pela atividade humana em 19,1%. Os desastres de origem natural de maior incidência foram: chuvas fortes, baixas temperaturas e seca. Quanto aos fenômenos causados pela atividade humana, incêndios urbanos e industriais foram os que apresentaram o maior número de ocorrências (INEI, 2017). Em ambos os tipos de desastres, os impactos e o número de vítimas foram significativos.

Verifica-se assim que, a despeito da relevância dos desastres causados por fenômenos naturais no contexto global e das mudanças climáticas, os desastres de origem antropogênica podem causar impactos significativos à sociedade e devem ser considerados no contexto do desenvolvimento sustentável e da gestão de riscos de desastres. A Agenda 2030 para o Desenvolvimento Sustentável, adotada por 193 países em 2015, propõe, em seu objetivo de desenvolvimento sustentável (ODS) 11, tornar as cidades e assentamentos humanos mais resilientes e sustentáveis[1] (UN, 2015). Para tanto, a agenda define o objetivo de reduzir o número de mortos e afetados por desastres e ressalta a necessidade de implementação do Marco de Sendai para a Redução de Riscos de Desastres 2015-2030, que se aplica tanto a riscos naturais quanto aos induzidos por processo humano (UNISDR, 2015a).

Considera-se, então, que os desastres, independentemente de serem de origens naturais ou antropogênicos, apresentam potencial de alterar o cotidiano de uma comunidade. Mas e em termos de prevenção e resposta? Há diferenças e particularidades inerentes a um desastre de origem natural ou provocado pelo homem? Ações que envolvem as diferentes fases do ciclo de gestão de desastres dependem da natureza do desastre? Este capítulo busca responder e discutir algumas dessas questões e apresentar alguns casos de desastres causados por fenômenos naturais e antropogênicos ocorridos no Brasil e, também, no Peru. Ambos os países apresentam similaridade no que concerne ao desenvolvimento econômico, vulnerabilidade social e desastres, como desastres hidrológicos e incêndios urbanos. Mas, primeiramente, são apresentadas definições relacionadas à classificação de desastres.

Definições

Desastres naturais *versus* antropogênicos

A International Federation of Red Cross and Red Crescent Societies (IFRC) divide os conceitos de desastre de acordo com sua

1. ODS 11: tornar as cidades e os assentamentos humanos inclusivos, seguros, resilientes e sustentáveis.

origem, podendo ser naturais ou provocados pelo homem (antropogênicos), também conhecidos por tecnológicos ou emergências complexas (IFRC, 2019). A Figura 1 ilustra esses tipos de desastres e seus principais subtipos.

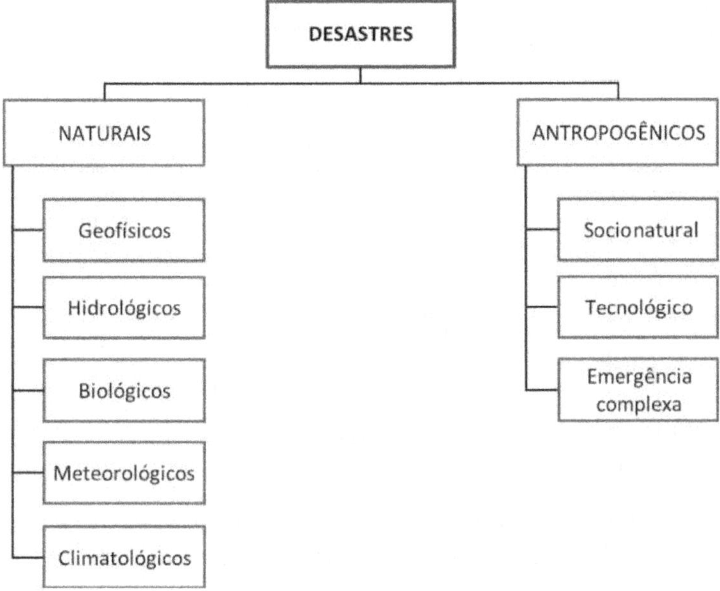

Figura 1 Tipos e principais subtipos de desastres, conforme a origem. *Fonte:* Elaborado pelos autores.

Utilizando outra nomenclatura, o Centre for Research on the Epidemiology of Disasters (CRED), que mantém a base EM-DAT, classifica os desastres em: causados por fenômenos naturais e tecnológicos, sem considerar os de natureza social (EM-DAT, 2019).

Desastres causados por fenômenos naturais

Um desastre de origem natural ocorre quando um fenômeno natural modifica a superfície terrestre e atinge locais habitados, provocando danos materiais e humanos (AMARAL; GUTJAHR, 2011). A base de dados EM-DAT (EM-DAT, 2019) divide o grupo de desastres de origens naturais em famílias (ou subgrupos), tipos e subtipos, conforme apresentado na Figura 2.

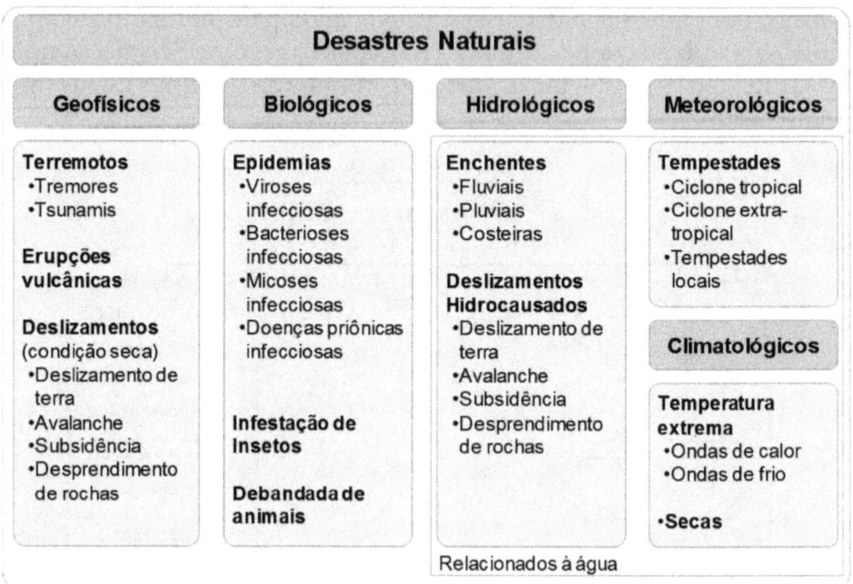

Figura 2 Classificação de desastres causados por fenômenos naturais. Fonte: Adaptado de EM-DAT (2019).

As famílias dos desastres de origens naturais podem ser assim resumidamente descritas (EM-DAT, 2019; KRON et al., 2012; FREITAS et al., 2014):

- Geofísico: também denominado geológico, são processos ou fenômenos originados da terra. Envolvem processos de movimentação do solo, deslizamentos ou subsidência.
- Biológico: causado pela exposição a organismos vivos e/ou suas substâncias tóxicas, tais como animais venenosos ou selvagens e insetos, plantas venenosas, algas, mosquitos portadores de doenças; doenças transmitidas por vetores que esses organismos podem carregar, tais como parasitas, bactérias ou vírus; ou ainda infestações de organismos.

  Ressalta-se que epidemias não são necessariamente um fenômeno natural. Podem ocorrer quando há deficiência na infraestrutura de saneamento e de serviços de saúde e dificuldades dos órgãos responsáveis no controle de surtos. Dessa forma, algumas das vertentes de classificações de desastres existentes consideram desastres causados por epidemias como desastres antropogênicos (GÜNTHER et al., 2017).

- Hidrológico: causado pela ocorrência e movimentação de água superficial e subsuperficial, processos que resultam em enchentes, inundações e alagamentos (gradual ou brusco).
- Meteorológico: causado por condições meteorológicas extremas de curta, de micro a mesoduração, em virtude de condições atmosféricas. Duram de minutos a dias e resultam em fenômenos como ciclones tropicais e extratropicais, tornados, vendavais, tempestades severas, chuva de granizo e raios.
- Climatológico: causado por processos atmosféricos de longa duração, de meso a macroescala, com variabilidade climática intrassazonal a multidecadal. Envolvem processos relacionados à estiagem e seca, geadas e condições extremas de frio e de calor, queimadas e incêndios florestais.

Apesar de não apresentado na Figura 2, na classificação da EM-DAT há um sexto tipo, o de origem extraterrestre, causados por asteroides, meteoritos e cometas quando passam próximo à Terra. Esses objetos entram na atmosfera, podendo atingir a Terra ou ainda causar tempestades solares.

Desastres provocados pelo homem

Os desastres provocados pelo homem (também conhecidos como induzidos por humanos, antropogênicos ou antrópicos) abrangem uma gama de desastres que resultam das atividades humanas, como degradação ambiental, poluição e acidentes (IFRC, 2019). Essa gama também inclui desastres socionaturais, tecnológicos e aqueles que podem surgir das relações dentro e entre comunidades, também denominados de emergências complexas.

- Desastre socionatural: as causas são uma combinação de fatores naturais e antropogênicos, incluindo degradação ambiental, mudanças climáticas e outros. Este termo é usado para as circunstâncias em que a atividade humana está aumentando a ocorrência de certos perigos, além de suas probabilidades naturais (UNISDR, 2017).
- Desastre tecnológico: originado de condições tecnológicas ou industriais, incluindo acidentes, procedimentos perigosos, falhas de infraestrutura ou atividades humanas específicas. Exemplos de desastres tecnológicos incluem vazamento de produtos químicos e de resíduos tóxicos; acidentes nucleares; rompimento de barragens; explosões de fábricas e incêndios; contaminação de alimentos; e incidentes cibernéticos. Os desastres tecnológicos

também podem surgir diretamente como resultado dos impactos de um perigo natural (UNISDR, 2017).

- Emergências complexas: a organização WHO (World Health Organization) define emergências complexas como situações de ruptura dos meios de subsistência e ameaças à vida, produzidas por conflitos externos ou internos, distúrbios civis e deslocamentos de populações em grande escala, em que o ambiente da resposta à emergência apresenta dificuldades políticas e de segurança, violência extensiva e danos generalizados à sociedade e à economia (WISNER; ADAMS, 2002).

Observe-se que, segundo a terminologia da UNISDR, perigos antropogênicos não incluem conflitos armados e outras situações de instabilidade ou tensão social que estão sujeitas ao direito internacional humanitário e à legislação nacional (UNISDR, 2017).

É importante ressaltar que o uso dos termos desastres de origens naturais e antropogênicos refere-se ao evento primário de desencadeamento do desastre. Entretanto, uma vez estabelecido, o desastre é antropogênico em suas consequências (KELMAN et al., 2016; THE WORLD BANK; UNITED NATIONS, 2010; UNISDR, 2015b).

Previsão de ocorrência dos eventos

A capacidade de previsão de um desastre, seu impacto potencial e a extensão geográfica dos danos provocados pelo desastre, conforme Baldini et al. (2012), são uma das abordagens que permite compreender e classificar os desastres. Essas características influenciam a atuação logística, particularmente dos eventos de baixa previsibilidade e de alto impacto e extensão, pois requerem um posicionamento estratégico pré-evento, que pode influenciar toda a fase de resposta. A Tabela 1 ilustra essa classificação para os tipos de desastres que apresentam grande repercussão.

Estudos de casos

Foram selecionados quatro estudos de casos, entre desastres de origens naturais e antropogênicas, em que são descritas as características do evento e suas operações de atendimento humanitário. Como desastres de origem antropogênica, serão apresentados casos de desastres tecnológicos.

Tabela 1 Características de desastres de origens naturais e antropogênicas.

Tipo de desastre	Origem: Natural / antropogênica	Capacidade de previsão	Impacto potencial	Extensão geográfica
Terremoto	Natural	Baixa	Alto	Dispersa (nacional)
Tsunami	Natural	Baixa	Alto	Dispersa (multinacional)
Tempestade/ furacão	Natural	Média	Médio/Alto	Dispersa (nacional)
Erupção vulcânica	Natural	Média	Alto	Dispersa
Pandemias	Ambos	Baixa	Alto	Dispersa (global)
Ataque terrorista	Antropogênica	Média	Médio	Local
Acidente de transporte	Antropogênica	Baixa	Médio	Local
Conflito armado	Antropogênica	Média	Alto	Dispersa (multinacional)
Deslizamento de terra	Natural	Média	Baixo	Local
Avalanche	Natural	Média	Baixo	Local
Acidente químico	Antropogênica	Baixa	Médio	Local
Acidente nuclear	Antropogênica	Baixa	Alto	Dispersa (multinacional)

Fonte: Adaptado de Apte (2009) e Baldini et al. (2012).

Desastres causados por fenômenos naturais

Fenômeno "El Niño" e a inundação em Puerto de Paita, Piura, Peru (2017)

Assim como acontece no Brasil, ocorrências de chuvas intensas e inundações são frequentes em algumas regiões do Peru. Neste país, a gestão de risco de desastres, tanto na fase de preparação como de resposta, é também atribuição das forças armadas e da polícia nacional, que atuam na coordenação das operações e/ou apoio às autoridades competentes.

Essas instituições realizam, na primeira resposta, ações relacionadas ao controle e segurança; busca e salvamento; transporte de pessoal, carga e evacuações; telecomunicações de emergência; e ações complementares de resposta relacionadas com suporte na distribuição de bens de ajuda humanitária, instalação de abrigos, remoção de detritos e suporte à habilitação de canais de comunicação.

Para compreender como a população do Peru pode ser afetada por esses eventos climáticos cíclicos, cita-se o desastre ocorrido em abril de 2017, decorrente do fenômeno El Ninõ Costeiro. Naquela data, um forte temporal atingiu o país, deixando milhares de vítimas. Segundo estimativas, o evento deixou 162 mortos, 1.559.487 pessoas afetadas, 285.955 vítimas, 500 feridos e 19 desaparecidos. Em termos de infraestrutura, 66.093 residências foram destruídas e tornaram-se inabitáveis e 371.370 residências foram afetadas (OPS/OMS, 2018).

Na região de Piura, localizada no noroeste do país, foram 20 fatalidades, 427.693 pessoas afetadas, 97.708 vítimas e 50 feridos. Quanto às habitações, 22.120 foram destruídas e tornaram-se inabitáveis e 91.584 foram afetadas. A cidade de Paita, onde se localiza um dos principais portos de Peru, foi uma das mais atingidas da região de Piura (OPS/OMS, 2018).

A operação de resposta

Nesse desastre, o Porto de Paita teve atuação fundamental na logística de resposta humanitária. Antes do evento acontecer, a direção do Terminal Portuários Euroandinos (TPE), que opera o porto, autorizou a prestação de serviços gratuitos para apoiar a entrega de ajuda humanitária em Piura. Durante as ações de resposta, veículos e equipamentos mecânicos foram destinados às operações. Ainda, foram articuladas, com empresas que atuam no porto, ações que permitiram uma resposta mais rápida e eficaz, como desembarque de cargas oriundas de Lima (capital do país), agências e local para armazenamento de suprimentos humanitários até sua posterior distribuição aos armazéns oficiais e avançados. Essas atividades foram realizadas sem custos para o porto e para o governo (MINISTERIO DE DEFENSA, 2017).

As forças armadas e o comando operacional marítimo, dentre outras atividades, atuaram também com o controle de larvas e fumigação, de casa em casa, contra a dengue, remoção de detritos, operações de evacuação, busca e salvamento e suporte às ações de ajuda humanitária.

As fortes chuvas e inundação de Cubatão, São Paulo, Brasil (2013)

Durante o verão é comum a ocorrência de chuvas fortes, alagamentos e deslizamentos de terra no litoral do Estado de São Paulo, como no município de Cubatão, que tem 142,9 km^2 de área e 118.720 habitantes (IBGE, 2019). A alta pluviosidade é característica da região, chegando a precipitações médias anuais de 2.541 mm (BORGES et al., 2002).

Dentre os diferentes eventos que ocorrem anualmente em Cubatão, destacam-se as chuvas de fevereiro de 2013, que afetaram centenas de pessoas. No dia 22 de fevereiro, em pouco mais de duas horas, o índice pluviométrico acumulado já ultrapassava 175 mm, e na manhã do dia 23 chegou a 272,2 mm. O grande volume de chuva ocasionou inundações e deslizamentos de terra (SÃO PAULO, 2013) que atingiram dezenas de moradias.

Na primeira noite, dia 23 de fevereiro de 2013, a equipe da Coordenadoria Estadual de Defesa Civil (CEDEC) contabilizou cerca de 500 pessoas desabrigadas e 27 pontos de escorregamento. A inundação atingiu uma estação de tratamento de água, afetando o abastecimento de água da cidade, e uma instalação de coleta de óleo, provocando vazamento que foi contido por agentes da Companhia de Tecnologia de Saneamento Ambiental (CETESB) e da Coordenadoria Municipal de Defesa Civil (COMDEC). Nos três primeiros dias da ocorrência foram contabilizados 1.200 desalojados, 431 desabrigados e uma morte, esta em decorrência do desabamento de uma marquise (BRITO JR.; SOHN, 2017).

A operação de resposta

A remoção das pessoas das áreas afetadas e a operação de resposta das equipes da Defesa Civil foram dificultadas pelo acúmulo de lama e entulho que bloquearam as rotas de acesso. A viabilização do resgate só foi possível com o auxílio do Corpo de Bombeiros e de helicópteros da Polícia Militar. Até o dia 27 de fevereiro foram retiradas 637 toneladas de entulho (BRITO JR.; SOHN, 2017).

No dia 25 de fevereiro, equipes da Defesa Civil estabeleceram quatro locais para serem utilizados como abrigos provisórios. O principal abrigo foi estabelecido no Ginásio Poliesportivo Castelão, o qual alojou 342 pessoas, sendo 131 crianças e 29 recém-nascidos. Nesse mesmo abrigo foram observados problemas de higiene e limpeza, principalmente nos banheiros, desperdício de alimentos e acúmulo de comida não consumida, uma vez que, mesmo com um grande número de crianças, as refeições eram padronizadas em porções de um quilograma.

No início das operações, o ginásio também funcionou como centro de triagem e distribuição dos donativos, entretanto, em virtude da ocorrência de tumultos, pela proximidade com os beneficiários, essas atividades foram transferidas para outro local.

A gestão dos materiais e o encaminhamento para os abrigos tinham por base as demandas das famílias, as quais eram sistematizadas em formulários preenchidos por assistentes sociais. Os pedidos eram processados e entregues até o dia seguinte. Embora esse processo tenha sido estabelecido, foram observadas dificuldades de cadastramento das pessoas afetadas pelo desastre (CARNEIRO et al., 2013). Além disso, apesar da disponibilidade de espaço e da separação de materiais por tipologia, dificuldades operacionais foram constatadas, como separação e fluxo de materiais (CARNEIRO et al., 2013).

Desastres tecnológicos

O incêndio do Paissandu, São Paulo, Brasil (2017)

Em São Paulo há dezenas de imóveis abandonados e vazios, e alguns deles são ocupados irregularmente por movimentos sociais e pessoas sem moradia. Só na região central estima-se que existam cerca de 70 prédios com ocupação irregular que abrigam em torno de 4.000 famílias (PINHO et al., 2018).

Parte dessas ocupações encontra-se em condições precárias de segurança e higiene, situações propícias à ocorrência de incêndios, como o que aconteceu no edifício Wilton Paes de Almeida, situado no Largo do Paissandu, região central da cidade. Na Figura 3 é possível visualizar o Largo do Paissandu antes e no dia seguinte ao incêndio.

Na madrugada do dia 1º de maio de 2018, um curto-circuito ocasionado pelo excesso de eletrodomésticos conectados a uma única tomada de energia ocasionou uma explosão no 5º andar do edifício, provocando um incêndio de grandes proporções. O fogo se alastrou por outros andares, culminando com o desabamento da edificação por volta das 2h50. O incêndio atingiu prédios vizinhos, sendo um destes uma igreja luterana. O desastre deixou sete mortos e dois desaparecidos (SETO; GOMES, 2018).

O edifício abrigava moradores que pertenciam ao Movimento Luta por Moradia Digna e estava em processo de reintegração de posse. Pela dificuldade de cadastramento e confirmação de moradores, há possível divergência quanto ao número total de afetados pelo desastre. Segundo registros da Defesa Civil (SÃO PAULO, 2018), 203 famílias receberam atendimento humanitário, sendo 471 adultos e 41 crianças.

Figura 3 Largo do Paissandu, antes e após o incêndio. À esquerda: Largo do Paissandu antes do incêndio (crédito: @jpblini[2]). À direita: Largo do Paissandu na manhã seguinte ao incêndio do edifício Wilton Paes de Almeida (crédito: Rovena Rosa/Agência Brasil[3]).

A operação de resposta

A operação de resposta demandou ação conjunta de diferentes órgãos municipais, como Prefeitura Regional da Sé, Corpo de Bombeiros, Defesa Civil municipal e estadual, Secretaria Municipal de Assistência e Desenvolvimento Social (SMADS), Secretaria Municipal de Habitação, Secretaria Municipal de Saúde, Autoridade Municipal de Limpeza Urbana, dentre outros. A cada um dos órgãos coube uma atribuição, sendo a coordenação de resposta atribuída ao Corpo de Bombeiros. Por demandar uma ação integrada de diferentes atores, foi necessária também a ação da Coordenação Estadual de Defesa Civil e da Secretaria de Governo do Município de São Paulo. Apesar de necessário, o número elevado de atores, bem como a situação de vulnerabilidade social em que se encontravam as famílias afetadas pelo desastre, dificultou uma ação de resposta mais integrada e efetiva.

A atividade de resposta humanitária iniciou-se às 10 horas do dia 1º de maio. A Defesa Civil municipal montou uma base de atendimento próxima ao local do incêndio para orientar moradores do edifício e de imóveis vizinhos, e o cadastro dos moradores ficou sob responsabilidade da SMADS e da Secretaria de Habitação. Os desabrigados, por intermédio dessas secretarias, foram encaminhados a um centro temporário de abrigamento, localizado na Rua Prates, e ao Centro de Inclusão pela Arte, Cultura, Trabalho e Educação (CISARTE), localizado no Viaduto Pedroso, próximo à região central.

---

2. https://www.instagram.com/jpblini/?hl=en

3. http://agenciabrasil.ebc.com.br/node/1117708?id=113531

A gestão do abrigo provisório (CISARTE) ficou sob responsabilidade da SMADS, sendo o período de funcionamento de 3 de maio a 7 de junho. Em 8 de junho, todas as famílias cadastradas que estavam no abrigo passaram a receber o auxílio-moradia e deixaram o local.

Antes do desabamento, a SMADS havia realizado o cadastramento e registrado 171 pessoas como moradoras do edifício. Após o evento, novas famílias – que não estavam no registro anterior – se apresentaram. Ao final de junho, 435 famílias foram analisadas, sendo 292 habilitadas para recebimento de auxílio-moradia, que deverá vigorar até que as famílias sejam contempladas em definitivo por programas oficiais de concessão de moradia. Às famílias que não provaram vínculo com o edifício não foi concedido o auxílio.

Também foram atendidas 103 famílias de dois edifícios vizinhos ao Paissandu. Esses edifícios ficaram temporariamente isolados para avaliação. Para essas famílias foi efetuado pagamento de uma parcela do auxílio-moradia para suporte de gastos. Algumas semanas após o ocorrido ainda era possível encontrar famílias desabrigadas nos arredores do edifício. A Figura 4 retrata a situação de algumas famílias que se alojaram em frente à Igreja Nossa Senhora do Rosário dos Homens Pretos.

Figura 4 Famílias alojadas em frente à Igreja Nossa Senhora do Rosário dos Homens Pretos. Crédito: Rovena Rosa/Agência Brasil[4].

4. http://agenciabrasil.ebc.com.br/acampamento-de-desabrigados-do-predio-que-desabou-em-maio-em-sao-paulo?id=118388

Três horas depois do início da atividade de resposta humanitária – às 13 h, portanto – as doações começaram a chegar ao local (CRUZ VERMELHA, 2018). A prefeitura de São Paulo designou a Cruz Vermelha Brasileira, filial de São Paulo (CVB-SP), como o ponto focal para o recebimento e gestão de donativos, bem como responsável pela triagem e distribuição de doações. Doações foram deixadas, pela população, na central da CVB-SP e diretamente no local do incêndio, gerando problemas logísticos para a operação.

As doações entregues no largo do Paissandu eram encaminhadas para a CVB-SP para posterior triagem. Quatro veículos Kombi foram retirados do Largo do Paissandu repletos de doações, tendo ainda permanecido na igreja Nossa Senhora do Rosário dos Homens Pretos, situada no Largo do Paissandu, quantidade significativa. A CVB-SP tentou realizar a triagem das doações dentro do abrigo temporário do espaço CISARTE, entretanto, em função de conflitos com os desabrigados, a operação teve de ser cessada e centralizada nas instalações da Cruz Vermelha.

No segundo dia após o desastre, as doações atingiram aproximadamente 15 toneladas, e a população foi informada de que doações específicas aos moradores do prédio deveriam cessar. Entretanto, elas continuaram ininterruptamente até o dia 21 de maio de 2018, data de início de uma greve de caminhoneiros que dificultou o transporte na cidade. As doações ocuparam diversas salas e auditórios da CVB-SP, enquanto aguardavam o processo de triagem e destinação.

Do que foi recebido, aproximadamente 80% eram roupas femininas, 15% masculina e 5% infantil. Roupas íntimas foram descartadas, pois na época a CVB-SP não conseguia realizar a higienização do material recebido. Após a triagem, as doações foram encaminhadas aos abrigos para atender aos moradores do edifício, sendo que 34% do material doado foi encaminhado para outras utilizações ou reciclagem (CRUZ VERMELHA, 2018).

Segundo relato dos agentes da CVB-SP e do gestor do CISARTE, conflitos de origem social foram observados no local, principalmente pela dificuldade de convivência entre pessoas de movimentos por moradia e os moradores de rua. Algumas vezes houve a necessidade de intervenção por parte de agentes de segurança pública. A CVB-SP encerrou suas atividades no abrigo no dia 12 de maio de 2018 e realizou a última entrega de doações aos que permaneceram no entorno do prédio no dia 5 de junho de 2018.

No caso apresentado, assim como ocorre em grande parte dos desastres, a remoção dos resíduos gerados foi primordial para a ação do corpo de bombeiros. Por se tratar de incêndio seguido de desabamento, o desastre gerou quantidade significativa de entulhos. Esses resíduos demandaram uma logística de coleta diferenciada, sendo quantificados durante todo o processo.

A coleta dos resíduos ficou a cargo de empresa contratada para realização de serviços de zeladoria pública ao agrupamento noroeste do município de São Paulo (regiões centro, norte e oeste). O serviço de coleta iniciou-se no dia do desabamento e foi finalizado 12 dias depois. Foram coletadas, e encaminhadas para o aterro de resíduos inertes da construção civil, 5.577,5 toneladas de resíduos.

O incêndio de Mesa Redonda, Lima, Peru (2001)

Em 29 de dezembro de 2001, um incêndio gigantesco atingiu a região de Mesa Redonda, zona comercial no centro de Lima, Peru (INDECI, 2004). A área possui ruas estreitas, casarões de pau a pique, construções convertidas em galerias comerciais, além de grande fluxo de pessoas, conforme apresentado na Figura 5 (MINISTERIO DE SALUD, 2002). O acidente foi desencadeado por um dispositivo pirotécnico durante uma demonstração realizada por um vendedor informal. No local havia armazenado aproximadamente 900 toneladas de explosivos (ARCE-PALOMINO, 2008).

O incêndio acarretou a morte de 280 pessoas e deixou 247 feridas, das quais 137 sofreram queimaduras, 45 asfixia e 38 lesões múltiplas, além de 180 desaparecidos (ARCE-PALOMINO, 2008). Em relação a perdas materiais, o incêndio destruiu cinco galerias comerciais e se estendeu por quatro quarteirões, deixando 15 instalações comerciais, uma casa e 15 carros destruídos. Além disso, como resultado do incêndio, 9 famílias foram afetadas e 50 pessoas tiveram de deixar suas casas, sendo alocadas em lojas no Parque da Reserva e depois realocadas em módulos pré-fabricados (INDECI, 2010).

A operação de resposta

As pessoas tiveram reações diferentes durante a tragédia: algumas fugiram, outras procuraram parentes, enquanto outras se trancaram em suas casas na tentativa de se protegerem dos vândalos (ARCE-PALOMINO, 2008). Para conter o incêndio, 440 bombeiros utilizaram 40 unidades móveis, entre unidades dotadas de bomba para recalque de água para combate às chamas, unidades de resgate, unidades aéreas e ambulâncias. A falta de água dificultou o trabalho, sendo necessário o envio de seis cisternas pelo Serviço de Água Potável e Esgoto de Lima (MINISTERIO DE SALUD, 2002).

Figura 5 Fluxo de pessoas da região de Mesa Redonda. Crédito: Acervo de Mario Chong.

O trabalho de resgate das vítimas ficou sob a responsabilidade do Esquadrão de Resgate da Segunda Região de Defesa Civil, da Polícia Nacional e dos bombeiros. Outras instituições e órgãos participaram das ações de resposta, como: Instituto Nacional e Defesa Civil, a segunda região de Defesa Civil, Ministério da Saúde, Prefeitura de Lima, Ministério Público, Cruz Vermelha do Peru, Corpo de Bombeiros Geral, Forças Armadas e algumas organizações não governamentais. Ainda, 150 brigadistas de diferentes comitês distritais de Lima ajudaram na remoção dos entulhos (INDECI, 2010).

Em 29 de dezembro, o Centro de Operações de Emergência Provisional foi instalado para reuniões de coordenação das comissões de assistência emergencial. No dia posterior ao incêndio foram instaladas tendas para serem usadas por famílias afetadas. Além disso, diversos órgãos e instituições, como o Programa Nacional de Assistência Alimentar (PRONAA), Congresso, Cruz Vermelha, Defesa Civil, dentre outros, se organizaram para realizar doações às vítimas, como alimentos, água, camas, cobertores, papel higiênico, dentre outros itens (INDECI, 2010).

Cinco comissões para resposta ao desastre foram formadas: Comissão de Operações, responsável pela remoção de limpeza e detritos; Comissão da Lei e Ordem, responsável pela segurança e controle na área de emergência e apreensão de fogos de artifício; Comissão de Saúde, responsável por receber queixas de pessoas desaparecidas, gestão de suprimentos médicos e de cuidados às vítimas; Comissão Logística, encarregada do abastecimento de água, alimentos e combustível para as pessoas que trabalharam nas operações de resgate e remoção de escombros; Comissão de Comunicação, encarregada da documentação e divulgação dos progressos realizados (INDECI, 2010).

Reflexões sobre desastres naturais e antropogênicos

O ciclo de gestão de desastres envolve as fases de prevenção e mitigação de riscos, preparação, resposta e recuperação, em que são necessárias estratégias de atuação especificas. Essas fases não são estáticas e podem estar conectadas e sobrepostas (BRITO JR et al., 2017). Entretanto, para fins didáticos, as reflexões serão apresentadas em dois tópicos: um referente às fases anteriores ao desastre e outro às posteriores.

Fases anteriores ao desastre

Um agente da defesa civil do município de São Paulo, ao ser questionado sobre as diferenças entre desastres de origens naturais e antropogênicas, respondeu que a principal diferença está na previsibilidade do evento (informação pessoal). A sazonalidade intrínseca a certos tipos de desastres causados por fenômenos naturais, juntamente com dados históricos de ocorrência e avaliação técnica de condições da região, os tornam relativamente previsíveis – sabe-se onde e em qual época do ano podem ocorrer –, e os diferentes atores envolvidos se preparam para tal. Esta característica permite melhor percepção dos riscos atrelados aos fenômenos naturais por parte da sociedade.

Já em desastres antropogênicos, como incêndio, tombamento de produtos perigosos e queda de avião, há certa dificuldade de previsão, influenciando a etapa de preparação. Pode-se ter alguns indícios, no entanto, nem sempre é possível estimar em que período ou horizonte de tempo o desastre poderá ser desencadeado.

A afirmação do agente condiz com as informações contidas na Tabela 1. Verifica-se que grande parte dos desastres naturais apresentados apresenta média previsibilidade. Ainda, alguns desses desastres, como deslizamentos de terra, e outros não citados, como enchentes, tendem a apresentar alta previsibilidade quando condições do ambiente construído – como presença de moradias em áreas de risco – se somam às condições naturais – como condições climáticas. Ainda, parte desses desastres, além de previsíveis, apresenta ocorrência cíclica, de acordo com as estações do ano. Como exemplo, cita-se o desastre natural que ocorreu em Cubatão, em 2013. Neste caso, a previsibilidade é possível em função de características como a sazonalidade dos fenômenos pluviométricos, presença de moradias em áreas de risco de alagamentos e deslizamentos e condições de vulnerabilidade social, que geralmente não são alteradas após um episódio de desastre. Trata-se de eventos cíclicos e recorrentes.

A dinâmica cíclica desses desastres possibilita melhor organização, planejamento e ações efetivas na fase de prevenção e preparação. Entretanto, verifica-se que, apesar da natureza cíclica do evento, o município de Cubatão ainda não conta com mecanismos suficientes para minimizar os impactos desses desastres e promover uma resposta mais eficiente. Durante o verão e outono de 2018 foram registrados episódios de chuva intensa com impactos negativos para a população. Diversas famílias residentes em áreas de risco precisaram abandonar suas casas, e rodovias foram bloqueadas em função de deslizamentos de terra. Em abril, um hospital foi inundado, sendo necessário realocar às pressas recém-nascidos que estavam em uma unidade de terapia intensiva (AMARO; PIMENTEL, 2018).

Ainda, sendo o desastre recorrente, é fundamental que o município possua locais preestabelecidos que possam ser utilizados como abrigos ou centro de triagem de doações, e que sejam realizados frequentemente treinamentos e simulados com moradores de áreas de risco, de forma que os problemas logísticos verificados no evento de 2013 não se repitam. A importância de planejar e aperfeiçoar as operações de resposta em Cubatão é evidenciada pela intensa ocupação em áreas de risco geológico combinada com a existência de indústrias químicas que podem potencializar os efeitos dos frequentes desastres naturais ocorridos na região, desencadeando desastres de cunho tecnológico.

O mesmo ocorre na região de Piura, no Peru. Sendo o fenômeno El Niño Costeiro um evento natural de característica cíclica, e a região uma das mais afetadas do país com chuvas e inundações, atenção especial deve ser dada à fase de preparação e mitigação. É necessário garantir, em todos os momentos, um sistema eficiente e eficaz de comando, controle, comunicação e inteligência, para atuar de forma oportuna e com bons resultados em todas as fases do ciclo de gestão de riscos e desastres.

Os desastres antropogênicos, por sua vez, não possuem uma dinâmica cíclica e tendem a ser menos previsível para o setor público. Entretanto, assim como os fenômenos naturais, alguns desastres antropogênicos, em particular os tecnológicos, podem ter ampliada sua capacidade de previsão em função das condições do ambiente construído, a exemplo de incêndios em regiões de aglomerados subnormais (assentamentos irregulares), que são cada vez mais frequentes. Neste caso em particular, a incidência é maior em tempos secos, o que, a depender do local, contribui para a sazonalidade do evento. Cabe ressaltar que o desastre tecnológico, em geral, decorre de falha no uso adequado da tecnologia. O incêndio em assentamentos irregulares é uma falha tecnológica decorrente de uma "falha" socioeconômica, ou seja, decorrente de uma situação de vulnerabilidade social.

Caso o gerador do risco seja uma empresa, como no caso de mineradoras que constroem barragens para descartar os rejeitos, o risco é conhecido e permite ações diretas para sua redução, mitigação e planejamento de operações para atendimento local às vítimas. Deve-se considerar que, obrigatoriamente, as empresas precisam fazer análise de riscos derivados de sua atividade e apresentá-los a órgãos governamentais, como, por exemplo, o Corpo de Bombeiros. Contam ainda com métodos de controle de qualidade de processo, registro e análise histórica de não conformidades. Essas informações, quando bem gerenciadas e disponibilizadas à sociedade, por meio do fortalecimento das práticas de comunicação de risco, podem contribuir com medidas de prevenção e previsibilidade de um evento adverso.

O ODS 9[5], ao visar à construção de infraestruturas resilientes e sustentáveis, fortalece a importância do ambiente construído no contexto da gestão de riscos de desastres, sejam estes naturais ou antropogênicos (UN, 2015). Uma infraestrutura falha, além de poder levar a uma situação de desastre, pode interromper serviços vitais à comunidade e intensificar os impactos negativos de um desastre.

Os incêndios ocorridos no Largo do Paissandu (Brasil) e em Mesa Redonda (Peru) demonstram que os desastres tecnológicos, assim como os naturais, podem ser previsíveis e recorrentes na ausência de ações

5. ODS 9: Construir infraestruturas resilientes, promover a industrialização inclusiva e sustentável e fomentar a inovação

preventivas. Visando evitar novos eventos de caráter semelhante ao ocorrido no Largo do Paissandu, a Defesa Civil Municipal, logo em seguida, realizou visitas técnicas a ocupações irregulares do Centro de São Paulo. As visitas, total de 52, ocorreram do dia 7 de maio ao dia 28 de junho de 2018.

Destaca-se que eventos similares e de grandes proporções ocorreram anteriormente em Lima (Peru) e na região central de São Paulo (MINISTERIO DE SALUD, 2002; GIL et al., 2008). No caso de São Paulo, cita-se o incêndio ocorrido, em 1972, no Edifício Andraus e, em 1976, no Joelma. Esses eventos motivaram modificações legais, como normas de segurança para prédios na capital paulista, e a criação da Coordenadoria Estadual de Defesa Civil, em 1979 (GIL et al., 2008; SANTOS, 2018; SÃO PAULO, 2011). Melhorias após a ocorrência de desastres são importantes e necessárias, entretanto, é fundamental que ações preventivas sejam efetivamente consideradas no contexto da gestão de riscos e desastres.

Apesar da importância dos desastres tecnológicos, a consolidação de uma cultura da prevenção (JACOBI; SULAIMAN, 2017; WARNER, 2018) pode se desenvolver mais facilmente em comunidades afetadas por desastres naturais cíclicos e recorrentes, uma vez que "*pessoas não desenvolvem uma cultura de prevenção aos desastres se não são expostas a eles regularmente*" (WARNER, 2018).

Neste contexto, educação e conhecimento são indispensáveis para o desenvolvimento de uma cultura preventiva, bem como uma gestão integral e eficaz dos riscos. A educação desempenha papel crucial na redução da vulnerabilidade e na criação de resiliência da comunidade para os riscos de desastres (JACOBI; SULAIMAN, 2017). Neste sentido, o ODS 4.7[6], que visa garantir que todos os alunos adquiram conhecimentos e as habilidades necessárias para promover o desenvolvimento sustentável (UN, 2015), é fundamental para a promoção do conhecimento sobre o risco de desastres, seja na educação formal ou informal.

Para tanto, é indispensável identificar, avaliar e mapear os perigos e vulnerabilidades existentes e desenvolver conhecimento. Em caso de desastres associados ao meio físico, como inundações e deslizamentos, as cartas geotécnicas podem ser utilizadas para sintetizar informações

---

6. ODS 4.7: Até 2030, garantir que todos os alunos adquiram conhecimentos e as habilidades necessárias para promover o desenvolvimento sustentável, inclusive, entre outros, por meio da educação para o desenvolvimento sustentável e estilos de vida sustentáveis, direitos humanos, igualdade de gênero, promoção de uma cultura de paz e não violência, cidadania global e valorização da diversidade cultural e da contribuição da cultura para o desenvolvimento sustentável.

sobre o meio físico e são instrumentos essenciais para a fase de preparação (CANIL; NOGUEIRA, 2018).

As cartas geotécnicas, que podem ser de suscetibilidade, de aptidão à urbanização e de risco, fornecem desde as informações necessárias ao planejamento e zoneamento urbano, como classificação dos terrenos com relação ao grau de probabilidade de ocorrência de processos geodinâmicos e hidrodinâmicos, quanto a setorização da área em graus de risco (BITAR, 2015; CANIL; NOGUEIRA, 2018). Ainda, no caso de riscos sísmicos, como ocorre no Peru, é importante considerar as cartas de riscos sísmicos.

Apesar da ênfase comumente dada às cartas e ao mapeamento relativos aos desastres naturais, a identificação e o mapeamento não devem se restringir aos riscos naturais. Desastres antropogênicos, em especial os tecnológicos, podem e devem ser considerados. Como exemplo, cita-se o mapeamento de gasodutos, oleodutos, estabelecimentos industriais e barragens de rejeitos.

Fases posteriores ao desastre

Ações de resposta visam diminuir os impactos negativos causados pela ocorrência de um desastre, como o número de vítimas e perdas materiais. Assim, abrangem desde atividades emergenciais, como aviso, controle do perigo, evacuação e atendimento de vítimas, até ações relativas às operações humanitárias.

Cada desastre tem uma forma única de realização das ações de resposta e logística de operações humanitárias. Entretanto, é possível tecer algumas comparações e considerações gerais entre os diferentes tipos de desastres.

A origem do desastre, se natural ou antropogênica, interfere menos nas atividades de resposta do que o modo de início[7]. Desastres de início súbito e de início lento possuem logísticas diferenciadas; por exemplo, a gestão das necessidades e agilidade no abastecimento de uma região devastada por um terremoto ou enchente (início súbito) é diferente das de um campo de refugiados ou seca (início lento). Souza (2012) destaca que em desastres de início súbito, assim como em serviços emergenciais, a prontidão da resposta pode representar a di-

7. O modo de início de um desastre pode ser súbito ou lento. Como exemplos de desastres de início súbito têm-se os tornados – desastre natural – e os incêndios urbanos – desastre antropogênico. Como exemplo de desastres de início lento têm-se a seca – desastre natural – e a crise de refugiados – desastre antropogênico.

ferença entre a vida e a morte das pessoas. Ainda, requerem um esforço logístico maior em termos operacionais e de custos em virtude da necessidade de resposta rápida às áreas devastadas (COZZOLINO et al., 2012).

A localização do desastre também gera um modelo de gestão diferenciado, especialmente quando ocorre em regiões de baixo desenvolvimento humano e alta vulnerabilidade social (KOVÁCS; SPENS, 2012), a exemplo do incêndio no Largo do Paissandu, no qual a situação de vulnerabilidade social em que se encontravam as famílias afetadas dificultou o cadastramento correto dos atingidos e uma ação de resposta mais integrada e efetiva. Neste contexto, destaca-se a importância da construção da resiliência dos mais pobres e dos que vivem em situação de vulnerabilidade, assim como preconiza o ODS 1[8].

Desastres de início lento e súbito também se diferenciam em relação ao comportamento da demanda de suprimentos. Enquanto em desastres de início lento a demanda é crescente e não se sabe quando vai acabar, no de início súbito a demanda ocorre em forma de pico e depois de determinado período se estabiliza até se extinguir. Esse comportamento do fluxo de materiais, em desastres de início súbito, está apresentado na Figura 6. Por sua vez, a partir da ocorrência de um desastre de início súbito, outros podem ser decorrentes, como a cólera após o terremoto do Haiti em 2010, ou a sequência de desastres observado em Tôhoku, no Japão, em 2011 (HOUGUÌN-VERAS, 2012), o que pode alterar o comportamento esperado de fluxo de materiais.

Figura 6 Fluxo de materiais conforme a fase do desastre. *Fonte:* Adaptado de Balcik e Beamon (2008) e Apte (2009).

8. ODS 1: Acabar com a pobreza em todas as suas formas, em todos os lugares.

Ainda, verifica-se diferença em relação ao comportamento das doações. Em desastres de início lento ou em períodos regulares, as doações ocorrem de maneira contínua e controlada. Já em desastres de início súbito, independentemente se naturais ou tecnológicos, as doações tendem a ter maior percentual de descarte e podem ocorrer de maneira excessiva e em intervalo curto de tempo, o que dificulta o processo logístico. Esse fenômeno pode se dever a campanhas com alta divulgação e/ou alta comoção social. Essas dificuldades logísticas referentes à gestão de doações foram observadas nos casos apresentados, todos de início súbito. Ainda, no incêndio ocorrido no Largo do Paissandu, conforme apresentado, o percentual de doações descartadas foi de 34%, já em período regular é de aproximadamente 18% (CRUZ VERMELHA, 2018).

Resíduos de desastres também apresentam diferença em relação à origem do desastre, bem como o tipo de início. Desastres que ocorrem em áreas construídas e destroem edifícios e obras de grande porte, como terremotos, deslizamentos de terra, tsunamis e incêndios, geram alta quantidade de resíduos da construção civil. Incêndios, além desse tipo de resíduos, podem gerar resíduos perigosos (BOSCOV et al., 2017). Por sua vez, enchentes, como as ocorridas em Cubatão (Brasil) e na região de Piura (Chile), geram principalmente resíduos volumosos e, a depender das características da área atingida, produzem outros tipos de resíduos, como roupas, calçados, alimentos e medicamentos (BOSCOV et al., 2017).

No caso de desastres de início súbito, em que as ações de resposta devem ser rápidas, a gestão dos resíduos sólidos pode não ocorrer em conformidade com as diretrizes internacionais (prevenção e redução; reutilização; reciclagem; valorização de resíduos; e disposição final) (LAURITZEN, 1998). Com o intuito de evitar gestão inadequada dos resíduos, algumas diretrizes específicas à gestão de resíduos de desastres podem e devem ser desenvolvidas na fase de preparação (BOSCOV et al., 2017; BROWN et al., 2011).

Considerações finais

Neste capítulo foi possível observar que desastres causados por fenômenos naturais e antropogênicos possuem diferenças e particularidades que devem ser consideradas no planejamento e no processo gestão, no entanto, outras características, como o tipo de início e condições do meio físico, não apenas interferem no processo de gestão de riscos e de desastres, como podem ter maior parcela de contribuição.

Alguns tipos de desastres de origens naturais, em função das condições sociais e ambientais, são previsíveis e recorrentes, como estiagem, enchentes e deslizamentos. Desastres denominados naturais podem resultar da fraqueza física ou estrutural de uma sociedade que não conseguiu prevenir ou absorver os efeitos dos eventos naturais (ABDALA-BERTRAND, 2000). Dessa forma, a ocorrência e recorrência desses desastres provém não apenas de fenômenos naturais cíclicos, como também de conjunturas sociais e econômicas. Neste sentido, alguns autores consideram a necessidade de desnaturalizar os desastres denominados naturais. Esta desnaturalização permite enxergar melhor a atribuição de responsabilidades, em vez de atribuir a culpa à natureza, (LONDE et al., 2018), despertando pressões populares e políticas que proporcionem a busca por soluções permanentes. No Brasil, a legislação aponta a obrigação dos entes federados em extinguir os riscos de desastres, com mitigação e políticas públicas de redução de riscos, no entanto, as ações tomadas não parecem atender ao total de risco existente no país.

Por outro lado, quando uma sociedade falha na regulamentação de atividades, na acomodação de interesses ou, ainda, na aceitação e convivência pacífica entre grupos (ALBALA-BERTRAND, 2000), demonstrando isso por meio da ausência de estruturas social e governamental eficientes para o controle e monitoramento de atividades que possam colocar em risco a integridade dos cidadãos, desastres de natureza tecnológica, como incêndios urbanos, explosões, colapso de edifícios e rompimento de barragens, passam também a ser previsíveis.

Conforme apresentado no caso do incêndio e desabamento do edifício Wilton Paes de Almeida e do incêndio da Mesa Redonda, diversos fatores podem contribuir para a ocorrência e a intensificação dos impactos desses eventos, como: uso e ocupação do solo; governança local fragilizada; vulnerabilidade social e do ambiente natural ou construído; padrões de construção inseguros; deterioração ou ausência de infraestrutura; entre outros. Este cenário é muito comum no Brasil, Peru e em muitas cidades latino-americanas, em que a exclusão social faz com que grande parte da população de baixa renda habite moradias precárias e localizadas em áreas de alta vulnerabilidade física e social (JACOBI; GRANDISOLI, 2018). Reduzir a desigualdade social – foco do ODS 10[9] – pode contribuir substancialmente para a construção da resiliência das populações mais pobres e vulneráveis.

9. ODS 10: Reduzir a desigualdade dentro dos países e entre eles.

Considerando que os desastres resultam da interação entre vulnerabilidade e ameaça (MOURA, 2018), a previsibilidade de determinada ocorrência, bem como a mitigação de certo risco, requer o conhecimento e a identificação das ameaças, sejam elas de origem tecnológica ou natural, e das vulnerabilidades existentes, seja em termos físicos (ambiente construído e/ou natural) ou social. Entretanto, a menor previsibilidade inerente aos desastres tecnológicos não impede ações de prevenção, mitigação e preparação, a exemplos do mapeamento de riscos tecnológicos. Ressalta-se ainda a necessidade de se desenvolver uma cultura preventiva que considere desastres naturais e antropogênicos, independentemente da memória cultural da comunidade.

No caso de desastres tecnológicos, principalmente os provocados pelo setor privado, os riscos precisam ser identificados de forma conjunta com o setor público e devem haver rigorosas medidas preventivas de fiscalização das instalações. Essas fiscalizações não têm sido efetivas, principalmente ao se observarem os desastres ocorridos nos municípios de Mariana e Brumadinho, ambos em Minas Gerais, onde as barragens de rejeitos de mineração se romperam, causando danos ambientais e humanos, com centenas de mortes.

Por fim, considera-se que o processo de urbanização, que tem se dado de forma cada vez mais acelerada em termos mundiais, apresenta-se como uma oportunidade para a redução de riscos de desastres naturais e tecnológicos. Para tanto, esse processo deve ocorrer de acordo com os ODS, com destaque para o ODS 11, que visa tornar as cidades e os assentamentos humanos inclusivos, seguros, resilientes e sustentáveis.

Referências bibliográficas

ALBALA-BERTRAND, J. M. Responses to complex humanitarian emergencies and natural disaster: An analtical comparison. **Third World Quaterly**, v. 21, n. 2, p. 215-227, 2000.

AMARAL, R. do; GUTJAHR, M. R. **Desastres Naturais**. 1. ed. São Paulo: IG / SMA, 2011.

AMARO, J.; PIMENTEL, J. C. **Defesa Civil e Inpe mantêm alerta sobre chuvas intensas na Baixada Santista e no Vale do Ribeira**. G1, 2018. Disponível em: <https://g1.globo.com/sp/santos-regiao/noticia/defesa-civil-e-inpe-mantem-alerta-sobre-chuvas-intensas-na-baixada-santista-e-no-vale-do-ribeira.ghtml> Acesso em 10 dez 2018.

AMBRIZZI, T.; MAGAÑA, V. Mudanças climáticas e projeções futuras de eventos extremos. In: GÜNTHER, W. M. R.; CICCOTTI, L.; RODRIGUES,

A. C. (Org.). **Desastres: Múltiplas Abordagens e Desafios**. Rio de Janeiro: Elsevier, 2017.

APTE, A. Humanitarian logistics: A new field of research and action. Foundations and Trends in Technology, **Information and Operations Management**, v. 3, n. 1, p. 1-100, 2009.

ARCE-PALOMINO, J. L. Grandes incendios urbanos: mesa redonda, Lima 2001. **Revista Peruana de Medicina Experimental y Salud Pública**, v. 25.n 1, 118-124, 2008.

BALCIK, B.; BEAMON, B. M. Facility location in humanitarian relief. International **Jounal of Logistics: Research and Applications**, v. 11, n. 2, p. 101-121, 2008.

BALDINI, G.; OLIVERI, F.; BRAUN, M.; SEUSCHEK, H.; HESS, R. Securing disaster supply chains with cryptography enhanced RFID. **Disaster Prevention and Management**, v. 12, n. 1, p.51-70, 2012.

BITAR, O. Y. **Guia Cartas geotécnicas [livro eletrônico]: orientações básicas aos municípios.** Autores e organizadores: Omar Yazbek Bitar, Carlos Geraldo Luz de Freitas, Eduardo Soares de Macedo. - São Paulo: IPT - Instituto de Pesquisas Tecnológicas do Estado de São Paulo, 2015.

BORGES, W. R.; BRAGA JR, J. R.; TORRES, F. R. O que você precisa saber sobre Cubatão. **Arquivo Histórico Municipal de Cubatão**, Cubatão, SP, 2002.

BOSCOV, M. E. G.; RODRIGUES, A. C.; CICCOTTI, L.; GÜNTHER, W. M. R. Resíduos de desastres: problematização e propostas de abordagem. In: GÜNTHER, W. M. R.; CICCOTTI, L.; RODRIGUES, A. C. (Org.). **Desastres: Múltiplas Abordagens e Desafios**. Rio de Janeiro: Elsevier, 2017.

BRITO JR, I.; BERTAZZO, T. R.; BUZOGANY, R. F.; YOSHIZAKI, H. T. Y. Gestão da logística humanitária: foco em atividades, doações e legislação brasileira. In: GÜNTHER, W. M. R.; CICCOTTI, L.; RODRIGUES, A. C. (Org.). **Desastres: Múltiplas Abordagens e Desafios**. Rio de Janeiro: Elsevier, 2017.

BRITO JR, I.; SOHN, AL. S. AS CHUVAS DE CUBATÃO-SP EM 2013. In: LEIRAS, A.; YOSHIZAKI, H. T. Y.; SAMED, M.; GONÇALVES, M. B. (Org.). **Logística Humanitária**. Rio de Janeiro: Elsevier, 2017.

BROWN , C. ; MILKE , M. ; SEVILLE , E. Disaster Waste Management: A Review Article. **Waste Management**, v. 31, p. 1085-1098, 2011.

CANIL, K.; NOGUEIRA, F. R. Mapeamento de riscos: A contribuição da cartografia geotécnica. In: SULAIMAN, S. N.; JACOBI, P. R. (Org.). **Melhor prevenir. Olhares e saberes para a redução de risco de desastre**. São Paulo: IEE-USP, 2018.

CARNEIRO, P. V.; COSTA, O. A. F.; KAWASAKI, B. C.; BRITO JR, I.; YOSHIZAKI, H. T.Y. Logística de Resposta a Desastres: o caso das chuvas de Cubatão em 2013. In **XXVII Congresso de Pesquisa e Ensino em Transportes**. Belém: ANPET, 2013.

COZZOLINO, A.; ROSSI, S.; CONFORTI, A. Agile and lean principles in the humanitarian supply chain. **Journal of Humanitarian Logistics and Supply Chain Management**, v. 2, n. 1, p. 16-33, 2012.

CRUZ VERMELHA. **Após uma semana, ajuda humanitária da Cruz Vermelha continua**. Cruz Vermelha, 2018. Disponível em: <https://cruzvermelhasp.org.br/apos-uma-semana-ajuda-humanitaria-da-cruz-vermelha-continua/>. Acesso em: 05 jul. 2018.

DUBEY, R.; GUNASEKARAN, A. The sustainable humanitarian supply chain design: agility, adaptability and alignment. **International Journal of Logistics Research and Applications**, v. 19, n. 1, p. 62–82, 2016.

EM-DAT. THE INTERNATIONAL DISASTER DATABASE **Classification - EM-DAT**. Disponível em: <http://www.emdat.be/classification>. Acesso em: 4 jan. 2019.

FREITAS, C. M. de; SILVA, D. R. X.; SENA, A. R. M. de; SILVA, E. L.; SALES, L. B. F.; CARVALHO, M. L. de; MAZOTO, M. L.; BARCELLOS, C.; COSTA, A. M.; OLIVEIRA, M. L. C.; CORVALÁN, C. Desastres naturais e saúde: uma análise da situação do Brasil. **Ciência & Saúde Coletiva**, v. 19, n. 9, p. 3645-3656, set. 2014.

GIL, A. A.; NEGRISOLO, W.; OLIVEIRA, S. A. Aprendendo com os grandes incêndios. In. SEITO, A. I.; GIL, A. A.; PANNONI, F. D.; ONO, R.; SILVA, S. B.; DEL CARLO, U.; SILVA, V. P. **A Segurança Contra Incêndio no Brasil**. São Paulo: Projeto Editora, 2008.

GÜNTHER, W. M. R.; CICCOTTI, L.; RODRIGUES, A. C.; BOSCOV, M. E. G. O desafio da avaliação da resiliência comunitária aos desastres: uso de indicadores. In: GÜNTHER, W. M. R.; CICCOTTI, L.; RODRIGUES, A. C. (Org.). **Desastres: Múltiplas Abordagens e Desafios**. Rio de Janeiro: Elsevier, 2017.

HOLGUÍN-VERAS, J. On the Unique Features of Humanitarian Logistcs: Research Implications. In. **I. Workshop de Logística Humanitária**, Universidade de São Paulo, São Paulo, 2012.

IBGE - INSTITUTO BRASILEIRO DE GEOGRAFIA E ESTATÍSTICA. **IBGE Cidades. Cubatão**. Disponível em: https://cidades.ibge.gov.br/brasil/sp/cubatao/panorama. Acesso em 20 jan. 2019.

IFRC - INTERNATIONAL FEDERATION OF RED CROSS AND RED CRESCENT SOCIETIES. **Types of disasters/ : Definition of hazard**. Disponível em: <http://www.ifrc.org/en/what-we-do/disaster-management/about-disasters/definition-of-hazard>. Acesso em: 4 jan. 2019.

INDECI - INSTITUTO NACIONAL DE DEFENSA CIVIL. Principales emergencias ocurridas en el Perú durante los últimos 10 años. **Compendio Estadístico del SINADECI 2003**. Lima: INDECI; p.401-6, 2004.

INDECI - INSTITUTO NACIONAL DE DEFENSA CIVIL. Informe Sobre el Incendio de Mesa Redonda - Lima Ocurrido el 29 de Diciembre del 2001.

En Compendio Estadístico e Información de Prevención y Atención de Desastres 2010. LIMA: INDECI, 2010.

INEI - INSTITUTO NACIONAL DE ESTADÍSTICA E INFORMÁTICA. Perú **Anuario de Estadísticas Ambientales 2017**. LIMA: INEI, 2017.

JACOBI, P. R.; GRANDISOLI, E. Aprender junto: Práticas colaborativas e aprendizagem social. In: SULAIMAN, S. N.; JACOBI, P. R. (Org.). **Melhor prevenir. Olhares e saberes para a redução de risco de desastre**. São Paulo: IEE-USP, 2018.

JACOBI, P. R.; SULAIMAN, S. N. Educar para a sustentabilidade no contexto dos riscos de desastres. In: GÜNTHER, W. M. R.; CICCOTTI, L.; RODRIGUES, A. C. (Org.). **Desastres: Múltiplas Abordagens e Desafios**. Rio de Janeiro: Elsevier, 2017.

KELMAN, I; GAILLARD, J. .C.; LEWIS, J.; MERCER, J. Learning from the history of disaster vulnerability and resilience research and practice for climate change. **Natural Hazards**, v. 82, n. 1, p. 129-143, 2016.

KOVÁCS, G.; SPENS, K. M. (Ed.). **Relief supply chain management for disasters: humanitarian aid and emergency logistcs**. Hershey PA: IGI Global, 2012.

KRON, W.; STEUER, M.; LÖW, P.; WIRTZ, A. How to deal properly with a natural catastrophe database – analysis of flood losses. **Natural Hazards and Earth System Sciences**, v. 12, n. 3, p. 535-550, 2012.

LAURITZEN, E. K. Emergency construction waste management. **Safety Science**, v. 30, p.45-53, 1998.

LONDE, L. R.; MOURA, L. G.; COUTINHO, M. P.; MARCHEZINI, V.; SORIANO, E. Vulnerabilizac'aÞo, sauìde e desastres socioambientais no litoral de SaÞo Paulo: desafios Para o desenvolvimento sustentaìvel. **Ambiente & Sociedade**, v. 21, p. 1-24, 2018.

MARENGO, J. A.; VALVERDE, M. C.; OBREGON, G. O. Observed and projected changes in rainfall extremes in the Metropolitan Area of São Paulo. **Climate Research**, v. 57, p. 61-72, 2013.

MINISTERIO DE DEFENSA. **Lecciones Aprendidas Ante Desastres Producidos a Consecuencia del Fenómeno "El Niño Costero"**. Ministerio de Defensa, 2017.

MINISTERIO DE SALUD. **El incendio de Mesa Redonda: Lecciones aprendidas de la intervención del Ministerio de Salud**. Ministerio de Salud, 2002. Disponível em <http://bvs.minsa.gob.pe/local/MINSA/3203.pdf>.Acesso em:

MOURA, R. B. Angra dos Reis: Resiliência pós-desastre de 2009/2010. In: SULAIMAN, S. N.; JACOBI, P. R. (Org.). **Melhor prevenir. Olhares e saberes para a redução de risco de desastre**. São Paulo: IEE-USP, 2018.

OPS/OMS - ORGANIZACIÓN PANAMERICANA DE LA SALUD. Fenómeno El Niño Región Piura, Perú. **Acciones, resultados y lecciones aprendidas**. Lima: OPS; 2018.

PINHO, A.; LOBEL, F.; RODRIGUES, A. **Sem-teto expandiram invasões na crise para 70 prédios em São Paulo**. Folha de São Paulo, 2018. Disponível em: <https://www1.folha.uol.com.br/cotidiano/2018/05/sem-teto-expandiram-invasoes-na-crise-para-70-predios-em-sao-paulo.shtml>. Acesso em 17 nov. 2018.

SANTOS, G. **Um dos maiores incêndios em edificações ocorridos no Brasil completa 44 anos**. Bombeiro Militar de Mato Grosso do Sul, 2018. Disponível em: <http://www.bombeiros.ms.gov.br/completou-44-anos-nesta-quinta-feira-um-dos-fatos-mais-assustadores-da-historia-do-brasil-que-foi-o-incendio-no-edificio-joelma-em-sao-paulo/>. Acesso em: 05 jan. 2018.

SÃO PAULO. Notícias. **Defesa Civil do Estado de São Paulo completa 35 anos**. Defesa Civil, 2011. Disponível em: < http://www.saopaulo.sp.gov.br/spnoticias/ultimas-noticias/defesa-civil-do-estado-de-sao-paulo-completa-35-anos/> Acesso em: 04 jul. 2018.

São Paulo. **Relatório Geral da Operação Cubatão – PPDC 2012/2013**. Núcleo de Gerenciamento de Emergências da Defesa Civil Estadual de São Paulo: relatório técnico. São Paulo, 2013.

SÃO PAULO. Notícias. **Defesa Civil Estadual apoia bombeiros que atuam no edifício Wilton Paes de Almeida, no Largo do Paissandu**. Defesa Civil, 2018. Disponível em: <http://www.defesacivil.sp.gov.br/?p=4426> Acesso em: 04 jul. 2018.

SÃO PAULO. **Relatório Geral da Operação Cubatão – PPDC 2012/2013**. Núcleo de Gerenciamento de Emergências da Defesa Civil Estadual de São Paulo: relatório técnico. São Paulo, 2013.

SETO, G.; P. GOMES. **Curto-circuito provocou incêndio em prédio que ruiu em SP, diz secretário**. Folha de São Paulo, 2018. Disponível em: < https://www1.folha.uol.com.br/cotidiano/2018/05/incendio-em-predio-que-desabou-foi-causado-por-curto-circuito-diz-secretario.shtml?utm_source=folha&utm_medium=site&utm_campaign=topicos?cmpid=topicos>. Acesso em: 05 out. 2018.

SOUZA, J. C. Distribuição de centrais de apoio para logística humanitária – preparação para resposta a desastres naturais. In: **Simpósio de Pesquisa Operacional e Logística da Marinha**, 2012. Rio de Janeiro. Anais Rio de Janeiro: SPOLM, 2012.

THE WORLD BANK; UNITED NATIONS. Natural Hazards, UnNatural Disasters. Washington, DC: The World Bank, 2010.

THOMAS, A. S.; KOPCZAK, L. R. **From logistics to supply chain management: The path forward in the humanitarian sector**. Fritz Institute, 2005.

UN – UNITED NATIONS. A/RES/70/1 - **Transforming our world: The 2030 Agenda for Sustainable Development**. UN, 2015. Disponível em: <https://goo.gl/s3RAhp>, Acesso em: 20/10/2018.

UNISDR – UNITED NATIONS OFFICE FOR DISASTER RISK REDUCTION. **Terminología sobre reducción del riesgo de desastres**. Terminology. UNISDR, 2017. Disponível em: <https://www.unisdr.org/we/inform/publications/51748>. Acesso em 07/01/2019.

UNISDR. – UNITED NATIONS OFFICE FOR DISASTER RISK REDUCTION. **Sendai Framework for Disaster Risk Reduction 2015-2030**. Genebra: UNISDR, 2015a. Disponível em: <http://www.unisdr.org/files/43291_sendaiframeworkfordrren.pdf>. Acesso em 02 dez. 2018.

UNISDR - UNITED NATIONS OFFICE FOR DISASTER RISK REDUCTION. **Proposed Updated Terminology on Disaster Risk Reduction: A Technical Review**. Geneva: UNISDR, 2015b.

WARNER, J. Laços invisíveis: Cultura e redução de desastres. In. SULAIMAN, S. N.; JACOBI, P. R. (Org.). **Melhor prevenir. Olhares e saberes para a redução de risco de desastre**. São Paulo: IEE-USP, 2018.

WISNER, B.; ADAMS, J. **Environmental health in emergencies and disasters: a practical guide**. Geneva: World Health Organization, 2002.

Capítulo XI

Tipos de respostas de quem vive na várzea do Rio Tietê - Jardim Pantanal

Nayara dos Santos Egute
Arlindo Philippi Jr.
Donald Robert Nelson

Em um cenário de mudanças do clima que inclui o aumento de temperatura e de eventos climáticos extremos, além do esforço global com as metas de redução dos gases de efeito estufa, por exemplo, um esforço local deve ser direcionado para aqueles que estão mais expostos aos eventos climáticos extremos, as populações vulneráveis.

Essas populações já têm respondido aos eventos atuais com os recursos que possuem no momento. E é importante olhar para os tipos de respostas que estão sendo adotadas, no intuito de entender e direcionar esforços de adaptação para áreas e pessoas com maior exposição a riscos ou menor capacidade adaptativa.

Capacidade adaptativa é a aptidão de um sistema em se ajustar a essas mudanças; já as adaptações são manifestações ou medidas dessa capacidade para que possam ocorrer ajustes no intuito de lidar melhor com exposições a riscos.

Um dos determinantes dessa capacidade diz respeito ao conhecimento e informação, que abrangem, primeiramente, o reconhecimento da necessidade de se adaptar e, posterior a esse reconhecimento, o conhecimento sobre as opções disponíveis, a capacidade de avaliá-las e a capacidade de implementar as mais adequadas.

A melhoria da educação e do acesso à informação faz com que as pessoas estejam mais preparadas no momento de lidar com um desastre; suas respostas serão mais eficientes em garantir sua saúde e integridade física.

O objetivo 13 dos ODS (Objetivos do Desenvolvimento Sustentável) nos traz a necessidade de: "tomar medidas urgentes para combater a mudança do clima e seus impactos", e, em sua meta 13.3, abrange o determinante conhecimento e informação quando objetiva "melhorar a educação, aumentar a conscientização e a capacidade humana e institucional sobre mitigação da mudança do clima, adaptação, redução de impacto, e alerta precoce".

Um dos impactos da mudança do clima são as inundações. No caso de uma cidade como São Paulo, que já é particularmente vulnerável em virtude de seu histórico de uso e ocupação do solo, a exposição da população a esse risco só aumentará.

No sentido de analisar a capacidade adaptativa às inundações – a partir da realidade daqueles que as enfrentam – foi realizado um estudo de caso no Jardim Pantanal, extremo leste do município de São Paulo, que recebe este nome por lembrar o bioma Pantanal, justamente pelos períodos que fica inundado.

A metodologia consistiu em levantamento bibliográfico e documental e realização de entrevistas semiestruturadas com os moradores que já vivenciaram inundações na região.

Nos resultados, a análise da capacidade adaptativa considerou quais foram os tipos de respostas adotadas pelos moradores em três momentos distintos: antes, durante e após as inundações, relatando suas experiências, dificuldades e, quando possível, soluções encontradas.

Nas considerações finais, diante da realidade local, aborda-se o envolvimento dos moradores no monitoramento ambiental como uma das maneiras de se contribuir para a construção da capacidade adaptativa por meio de um de seus determinantes: conhecimento e informação.

Local de estudo

O Jardim Pantanal insere-se em um recorte territorial no distrito Jardim Helena, sob a jurisdição da subprefeitura de São Miguel Paulista, zona leste do município de São Paulo (SP) (Figura 1). Localiza-se na bacia hidrográfica mais intensamente urbanizada do país, a do Alto Tietê (BHAT) (FUNDAÇÃO AGÊNCIA DA BACIA HIDROGRÁFICA DO ALTO TIETÊ, 2014) e na área de proteção ambiental Várzea do Rio Tietê (APAVRT).

A APAVRT foi criada em 1987 (Lei Estadual nº 5.598/87; Decreto nº 42.837/98) com o objetivo de proteger as várzeas e planícies aluviais do rio Tietê, estabelecendo o zoneamento ambiental, as diretrizes para uso dos recursos naturais da área e o Conselho Gestor da APA Várzea do Rio Tietê (CG APA VRT) (SÃO PAULO, 1987; 1998). É uma Unidade de Conservação (UC) de uso sustentável (BRASIL, 2000) onde são permitidos alguns usos que buscam compatibilizar a conservação da natureza com o desenvolvimento socioeconômico das comunidades residentes, disciplinando o uso dos recursos naturais e os processos de uso e ocupação do solo.

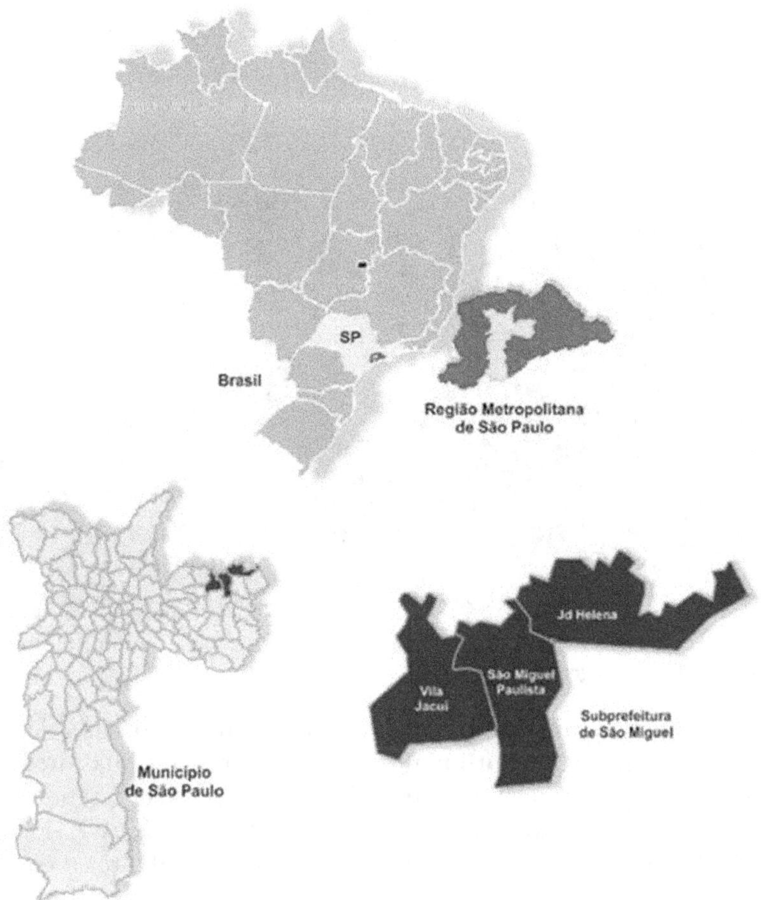

Figura 1 Localização do distrito Jardim Helena. *Fonte:* Elaboração própria.

Dentro da APAVRT, no Jardim Pantanal, a ocupação do solo por moradias não é regularizada e, mesmo assim, quando no bairro, é possível observar um grande movimento de novas ocupações. Em 2015, a estimativa da população do Jardim Pantanal estava em torno de 21 mil moradores, segundo o prefeito regional Edson Marques Pereira, da Subprefeitura de São Miguel Paulista, declarou ao *Jornal da USP*. Destes, aproximadamente oito mil residem em áreas localizadas a cerca de 50 metros do leito do rio (QUINTO, 2017).

A ocupação humana precária de áreas ao longo do rio Tietê e de córregos (Figura 2) e a condição de vida dos moradores refletem a vulnerabilidade da região – denominada de "Favela Jardim Pantanal" – no Índice Paulista de Vulnerabilidade Social (IPVS) de 2010. A região é classificada no grupo mais alto de vulnerabilidade de aglomerados subnormais urbanos: o Grupo 6 (FUNDAÇÃO SISTEMA ESTADUAL DE ANÁLISE DE DADOS, 2010).

Figura 2 Ocupação humana próxima à margem de córrego no Jardim Pantanal. *Foto:* Paula Serra/USP Imagens (2017).

O início da ocupação na região data do final da década de 1980. No período chuvoso, o leito maior do rio é atingido e suas áreas marginais são ocupadas pela água, que fica retida na várzea, sendo escoada de maneira bastante lenta (SIMÃO JUNIOR; GIUDICE, 1999). A população fica sob as águas, exposta ao risco de acidentes e contaminação por doenças de veiculação hídrica.

No final de 2009 e início de 2010, o Jardim Pantanal presenciou uma das inundações de maior magnitude. A partir da chuva de 8 de dezembro de 2009 que atingiu a cidade (SANTIAGO, 2009), a região ficou por meses sob a água. A precipitação pluviométrica em janeiro de 2010 chegou a 653,2 mm no Município de São Paulo, valor superior à média de 226,5 mm de todas as precipitações dos meses de janeiro entre 1933 e 2015 (SÃO PAULO, 2016).

Além desse episódio mais severo, a exposição à inundação ocorre anualmente. Fato sempre noticiado nos canais de comunicação, principalmente nos períodos de final e início de ano (SCHIVARTCHE,

1997; SANTIAGO, 2009; CHUVAS..., 2010; RUAS..., 2011; JARDIM..., 2011; NEGREIROS, 2012; CASTELANI, 2013; EM MEIO..., 2014; COSTA, 2015, GOVERNO DE SP..., 2016; GOMES, 2017; CAVALCANTI, 2018; PAULO, 2019).

As famílias são atingidas, prestam-se os atendimentos iniciais e propõem-se soluções para o combate às inundações no longo prazo. Entretanto, antes de as soluções chegarem à região, esta é afetada por outra inundação. O Jardim Pantanal sofre com problemas crônicos, tornando as pessoas que lá residem vulneráveis a inundações.

Metodologia

Para compreender o impacto e o modo pelo qual os moradores responderam às inundações vivenciadas no Jardim Pantanal, a técnica de coleta de dados utilizada foram as entrevistas, em uma abordagem "*bottom-up*" (da base para o topo).

As entrevistas semiestruturadas, com perguntas abertas e fechadas (resposta única), foram compostas por 39 questões aplicadas nas casas de residentes, em espaço cedido e, em alguns casos, nas ruas do bairro. O roteiro de entrevista foi aprovado pela Comissão Nacional de Ética em Pesquisa (CEP/CONEP) em 13 de junho de 2014 (CAAE27161614.0.0000.5421).

A identificação do público-alvo se deu pela técnica de amostragem "Bola de Neve" (BIERNACKI; WALDORF, 1981), na qual uma pessoa indicou outras que vivenciaram inundações no Jardim Pantanal com disponibilidade em participar da pesquisa. Os moradores, porém, mostraram receio em participar da entrevista e fornecer seus dados, por acharem que a pesquisadora poderia ser, na verdade, alguém da Prefeitura e eles poderiam ser despejados de suas casas. Isso limitou o número de entrevistados.

Entre indicações e abordagens nas ruas do Jardim Pantanal, 35 pessoas adultas, de ambos os sexos, que vivenciaram inundações no Jardim Pantanal, concordaram em ser entrevistadas, autorizando a gravação da entrevista e o uso dos dados por meio de assinatura do Termo de Consentimento Livre e Esclarecido.

Os depoimentos gravados foram transcritos para a análise qualitativa dos dados, que consistiu na leitura das transcrições seguida de codificação e categorização dos dados (BARDIN, 2011).

Resultados

Do perfil da amostra faziam parte mulheres (51,4%) e homens (48,6%) na faixa etária entre 41 e 50 anos (31,4%). A maioria dos respondentes possui ensino fundamental incompleto (34,3%), trabalho informal (68,6%) e renda familiar em torno de um salário mínimo (28,6%).

São predominantemente migrantes: 48,6% provenientes de estados da região Nordeste do Brasil. A opção por morar no Jardim Pantanal foi motivada principalmente pelo valor acessível do aluguel na região ou para construir moradia própria (51,4%), ou seja, nesse local conseguiam pagar um lugar para morar.

Dos entrevistados, 68,6% vivenciaram de uma a quatro inundações, tendo residido por um período de 1 a 30 anos no Jardim Pantanal: 28,6% no período de 1-10 anos, 37,1% de 11-20 anos, 20,0% de 21-30 anos e 14,3% (cinco entrevistados) não responderam à pergunta.

O fato de atuarem no mercado informal dificulta a mobilização de recursos, como o acesso a crédito em bancos para recuperação após o evento de inundação e adoção de medidas de adaptação.

A maioria reside em casa própria e aterrada. No aterramento, o nível do piso é elevado com terra e entulho, de modo a evitar a entrada da água. Em caso de inundações recorrentes, o piso da casa subia até o nível da água da última inundação. Se o teto da casa for de telha, este sobe também; se for de laje, a cada aterramento há diminuição do pé direito da residência.

Tipos de respostas às inundações

Para responderem às perguntas abertas sobre as ações tomadas diante de inundações (antes, durante e depois), os entrevistados foram questionados anteriormente sobre qual das inundações vivenciadas teria sido a mais severa. A inundação caracterizada por 48,6% dos entrevistados como a mais severa foi também a mais duradora. Foram três meses sob as águas, no final de 2009 e início de 2010. As respostas a seguir referem-se principalmente a esse evento (Tabela 1).

Tabela 1 Tipos de respostas antes das inundações, durante e depois delas (N = 35).

Tipos de respostas	Número (%)
Antes	
Nenhuma	21 (60.0)
Observar evidências	5 (14.3)
Elevar os móveis	3 (8.6)
Saber quando a represa é aberta	3 (8.6)
Avisar os órgãos responsáveis	1 (2.9)
Prevenção com comportas	1 (2.9)
Sem resposta	1 (2.9)
Durante	
Saída e retorno para as casas	10 (28.6)
Permanecer em casa	9 (25.7)
Sair de casa	7 (20.0)
Vigiar a casa	3 (8.6)
Ajudar a abrigar pessoas	3 (5.7)
Nada a fazer	2 (5.7)
Procurar órgãos do governo	1 (2.9)
Depois	
Limpeza da casa	21 (60.0)
Retorno à vida normal	4 (11.4)
Preparo para próximos eventos	3 (8.6)
Ausência de dificuldades	1 (2.9)
Auxiliar na adequação de moradia para outras pessoas	1 (2.9)
Mudança de casa	1 (2.9)
Sem resposta	4 (11.4)

Fonte: Elaboração própria (2015).

Antes

Antes da ocorrência das inundações, alguns entrevistados declararam que estava chovendo muito, enquanto outros disseram que a quantidade de chuva não foi compatível com o volume de água da inundação. A maioria relatou a não ação antes das inundações, pois não havia como prevê-las. A chegada da água, de acordo com os entrevistados, foi tão rápida que não houve tempo para a tomada de muitas ações; em alguns casos, eles já acordaram com a casa cheia de água.

> Pegou nós desprevenidos, era três horas da manhã, o pessoal que me acordou, vizinha que passou aqui agora que me acordou, que mora aí. "Oh, rapaz levanta, levanta." Quando fui levantar já dei com a perna dentro d'água, até o joelho (informação verbal[1]).

As observações realizadas pelos entrevistados de maneira a prever que a inundação iria ocorrer foram: previsão meteorológica pela televisão, monitoramento do nível do rio pela marcação de um ponto ou objeto, minhocas que apareceram, um cheiro ruim que veio antes de a água chegar, trovões e o próprio início da chuva.

Elevar os móveis foi uma das atitudes tomadas pelos entrevistados. Na casa de um deles, não adiantou, pois a altura da água ultrapassou o nível em que os móveis estavam. A maioria das ações tomadas antes das inundações tende a focar em medidas estruturais de mitigação para reduzir as perdas, por meio da elevação de estruturas e bens (KRON, 2002; RUFAT et al., 2015).

De modo geral, as observações e as ações tomadas pelos entrevistados antes das inundações não foram eficientes para evitar a entrada de água no interior das casas nem para reduzir perdas.

Durante

Durante as inundações, até a água baixar, a maioria dos entrevistados saía de suas casas para a realização das atividades diárias; alguns iam para a casa de outras pessoas durante o dia, somente retornando para dormir em suas residências; enquanto outros permaneceram durante todo o período em outros lugares, como em casas de parentes ou de amigos.

Os que tinham de sair de casa para trabalhar, ir para a escola ou, mesmo, fazer compras, adotaram as seguintes ações para atravessar a água parada: arregaçaram as calças, protegeram os pés com sacos plásticos e calçaram os sapatos quando alcançaram a rua seca; ou, ainda, quando o nível da água era muito alto, se molharam e trocaram de roupa em outros lugares, como bares, o que causou constrangimento aos entrevistados.

> Saía sem sapato. Nós ficou mais ou menos uns cinquenta dias assim, todo mundo, já tava virando até graça isso aí, até hoje eu não me esqueço. Rapaz, acho que eu vou parar de trabalhar

1. Participante do sexo masculino, 58 anos, morador do Jardim Pantanal há 11 anos.

porque esse negócio de sentar na porta do bar pra colocar tênis todo dia... [*risos*] (informação verbal[2]).

Em algumas casas, para se locomoverem sem entrar em contato com a água, foram montadas "pontes" com estruturas de tábuas de madeira encaixadas em buracos na parede. Dormiam em cima de mesas, sobre caixas de bebidas ou caixas de feira (comerciantes da região); em outro caso, um portão arrancado durante a inundação, colocado sobre botijões de gás, foi utilizado como cama.

A casa de uma das entrevistadas serviu de abrigo e ponto de recebimento de alimentos. Foram observadas relações de solidariedade entre os indivíduos, porém de maneira pontual, como no caso dessa entrevistada. A solidariedade entre indivíduos em casos de desastre, como o acontecido na Região Serrana do Rio de Janeiro em 2011 (SILVA et al., 2012), auxilia no aumento da resiliência e na recuperação da cidade atingida.

Um dos entrevistados participou de uma ação com o intuito de procurar abrigo para os demais. Um colégio foi invadido, sem autorização. Dois entrevistados relataram que durante as inundações não tinham o que fazer, além de esperar a água baixar.

Apenas uma entrevistada respondeu que antes das inundações avisou os órgãos responsáveis e durante o evento os procurou; ela é também a única que possui ensino superior completo. Infere-se, a partir disso, que pode haver influência da escolaridade na capacidade de resposta do indivíduo, entre outros fatores.

Depois

Após o período de inundação, a limpeza era realizada pelos próprios moradores. Primeiramente, retirava-se a lama, para em seguida usar produtos químicos, como, por exemplo, cloro. Os entrevistados contaram que a lama tinha mau cheiro e não secava. A única entrevistada que não realizou o procedimento de limpeza após a inundação foi a que recebeu o auxílio-aluguel; respeitando um dos critérios para o recebimento desse auxílio, saiu de sua casa.

Quatro entrevistados mencionaram que, depois das inundações, suas vidas voltaram ao normal, considerando que durante o evento tiveram dificuldades que não enfrentam normalmente. Com a água baixando, a rotina é retomada.

2. Participante do sexo masculino, 58 anos, morador do Jardim Pantanal há 11 anos.

Apenas três entrevistados tomaram ações visando se preparar para um próximo evento: foram realizados aterramentos do piso da casa. Uma das entrevistadas, com o auxílio de empréstimo bancário, iniciou a construção do andar dc cima da casa. Dentre os demais entrevistados, um declarou não ter tido muitas dificuldades e outro disse que continuou a lutar pelo direito à moradia na região.

Segundo Menne (2005), há uma percepção comum de que os problemas associados com as inundações acabam quando as águas recuam. No entanto, para muitos dos atingidos, é nesse momento que a maioria dos problemas começa. Após o recuo das águas, a umidade e o mofo ainda continuarão a causar problemas.

> Ai, como ficou muito tempo, 64 dias, debaixo de uma água, e que não tinha sol, não tinha nada... começou a mofar tudo e estragar tudo (informação verbal[3]).

Considerando-se o momento em que as ações dos entrevistados ocorreram, elas podem ser consideradas reativas (KLEIN, 2003). Compromete-se, desse modo, sua capacidade adaptativa, pois as respostas não foram motivadas pela previsão de que a inundação ocorreria, mas pela chegada dela, demonstrando que não existiam estratégias de enfrentamento. Segundo Fankhauser et al. (1999), antecipação exige previsão e planejamento, enquanto reação – somente quando a água sobe, como no estudo de caso – não exige.

Também foi perguntado aos entrevistados como aprenderam a agir de acordo com suas respostas (Tabela 2). A pergunta foi formulada com o intuito de identificar quais recursos os entrevistados tinham para lidar com as inundações. O conhecimento e a informação que a pessoa já traz consigo determinam a maneira de agir em um momento de desastre.

A resposta "na hora em que acontece" foi utilizada para os casos em que o entrevistado aprendeu a agir daquela maneira no momento em que a inundação aconteceu: foi vendo, tentando e fazendo.

> Foi na hora mesmo, vai vendo, vai fazendo. É o jeito (informação verbal[4]).
>
> Na hora... o ser humano tem essa capacidade... de sobrevivência... então, pra você sobreviver, você vai improvisando, né? (informação verbal[5]).

---

3. Participante do sexo feminino, 40 anos, moradora do Jardim Pantanal há 15 anos.
4. Participante do sexo masculino, 58 anos, morador do Jardim Pantanal há 11 anos.
5. Participante do sexo feminino, 60 anos, moradora do Jardim Pantanal há 10 anos.

Tabela 2 Como as pessoas aprenderam a agir de acordo com as suas respostas (N = 35).

Como	Número (%)
Na hora em que acontece	10 (28.6)
Já sabiam	4 (11.4)
Instinto/Intuição	3 (8.6)
Experiência do dia a dia	3 (8.6)
Receberam orientação	2 (5.7)
Associação	1 (2.9)
Sempre lutou	1 (2.9)
Necessidade ensina	1 (2.9)
Escola	1 (2.9)
Sem resposta	9 (25.7)

Fonte: Elaboração própria (2015).

Os que responderam que "já sabiam" o que fazer tentaram mostrar que já possuíam o conhecimento necessário para agir de determinada maneira.

"Instinto/intuição" foram agrupados juntos para caracterizar os que já sabiam o que fazer por impulso natural.

> É, foi instinto, ninguém me ensinou... (informação verbal[6]).

Experiências diárias e com inundações anteriores foram mencionadas como um aprendizado.

As orientações partiram de uma assistente social, que sugeriu a uma entrevistada que utilizasse o cloro, e dos pais de um dos entrevistados. Os demais responderam que aprenderam a agir dessa maneira: um já foi vice-presidente de uma associação de bairro, um lutou na época do regime militar, outro agiu por necessidade, enquanto outro aprendeu nas aulas de ciências.

Segundo López-Marrero e Yarnal (2010), o conhecimento acumulado, ou seja, as lições que foram aprendidas em eventos passados pelos membros de uma comunidade, constitui um recurso humano importante para a adaptação às inundações, e isso foi observado, em seu estudo, especialmente em idosos. No entanto, nesta pesquisa, a maioria das respostas reflete um aprendizado adquirido no momento em que a inundação ocorreu.

6. Participante do sexo feminino, 24 anos, moradora do Jardim Pantanal há 13 anos.

Ajuda do poder público e solidariedade

Duas perguntas sobre ajuda foram feitas. Com a primeira tentou-se descobrir se os entrevistados buscaram ajuda e, em caso positivo, de quem; na segunda, quem apareceu para ajudá-los e quais os tipos de doações recebidas. A busca por ajuda reflete se os entrevistados sabem onde buscar apoio, para qual número telefonar, qual departamento é responsável por solucionar determinado problema, dentre outros procedimentos para melhor enfrentar a inundação. Em casos de desastres, por vezes, os afetados não sabem nem a quem recorrer.

Dos entrevistados que não procuraram ajuda (62,9%), parte declara não ter precisado ou que outras pessoas necessitavam mais do que eles (18%); outra parte diz que o governo não se importa com os moradores da área e que existe muita burocracia (9%).

> Não, não do governo, eu não pedi ajuda nenhuma, e aí, muitos passava aí e falava: "ah, tá dando isso, tá recompensa daquilo". Você chega lá é uma burocracia que realmente você é mais humilhado que sei lá o quê, pega uma fila de não sei quantos dias. Não, não, não, se for pra passar fome, eu passo dentro da minha casa. Esse negócio, o governo lança X pra uma prefeitura, entendeu. Chega lá os dirigentes daquele local não solta a verba toda que o governo mandou, ele come, é, 99%, aqueles 10% é que eles lança pra população. E vai, ó, Deus me perdoe, aí chega merreca na minha mão e na sua mão. Ah, vamo parar com isso, vamo parar com isso (informação verbal[7]).

Um dos fatores que impedem as pessoas de procurarem ajuda é por não acreditarem que essa ação surtirá algum resultado. Acreditam que enfrentarão tempo de espera, terão trabalho, e nada se resolverá, e até se sentirão humilhados, como relatado acima. Vargas (2006) também constatou a desconfiança de famílias de Juiz de Fora (MG) com relação às ações do estado, que, para elas, nem sempre eram claras e efetivas, e também pela insuficiência de suas intervenções – paliativas, precárias e inacabadas.

Os que buscaram ajuda procuraram órgãos do governo, familiares e amigos. Os órgãos procurados por oito entrevistados foram a prefeitura, a subprefeitura de São Miguel Paulista para solicitar a presença da defesa civil no local e a assistência social para acolhimento das ví-

7. Participante do sexo masculino, 46 anos, morador do Jardim Pantanal há 27 anos.

timas da inundação. Um dos entrevistados foi até a barragem de Mogi das Cruzes para verificar o controle de água da barragem.

Exceto pelo relato do entrevistado que afirmou não ter obtido resposta quando procurou a prefeitura, não ficou claro se os participantes que buscaram órgãos do governo foram de fato socorridos.

A ajuda de familiares e vizinhos foi requerida na ocasião da inundação por três entrevistados; eles mencionaram que, nesses momentos, são essas pessoas que ajudam, não as instituições. Segundo Fernandes et al. (2013), a rede social de apoio formada por familiares e vizinhos é a que se apresenta como o recurso mais imediato na ajuda aos atingidos por um desastre.

Quando uma comunidade está exposta a um evento extremo, suas relações podem se modificar; por exemplo, o apoio social pode ser mobilizado ou deteriorar-se (PFEFFERBAUM et al., 2007). Na inundação de 1974 em Tubarão (SC), Assunção (2014) verificou que durante o período de inundação houve fortes laços de solidariedade entre os atingidos, não havendo distinção entre hierarquias sociais.

Na presente pesquisa observaram-se poucas relações de solidariedade entre os indivíduos; pontualmente, auxiliavam outros atingidos pela inundação, que se encontravam, por vezes, em situação pior do que a dos que estavam oferecendo ajuda.

Sair da moradia

Sair de casa durante as inundações foi a ação tomada por vinte entrevistados (57,1%). Destes, a maioria (quinze entrevistados) foi para a casa de parentes e amigos, podendo, portanto, ser caracterizados como desalojados.

Siena (2009) esclarece a diferença entre os termos *desabrigado* e *desalojado*. Desabrigados são aqueles cujos imóveis de uso domiciliar sofreram danificações e/ou destruição, que não encontram apoio da vizinhança, de amigos e de parentes para se alojar e precisam da ajuda do Estado. Por outro lado, desalojados são aqueles que contam com uma rede social de apoio. A situação de estarem desabrigadas, segundo Valencio (2008), reconfirma, num nível maior de degradação, a precariedade de populações em periferias.

Os entrevistados responderam de diversas formas quando perguntados se tiveram de sair de suas casas. Em famílias com pai, mãe e filhos, geralmente o homem permanecia em casa por receio de ela ser saqueada, enquanto mulheres e filhos eram encaminhados para casas de parentes ou escolas.

> Eu fiquei pra guardar, né, porque o pessoal tava saqueando as casa, tudo, então eu fiquei (informação verbal[8]).
>
> Tirei porque eu tirei meus filhos pra lá [escola], minha esposa com meus filhos, porque eu não podia deixar as coisas sozinha, porque, se eu deixasse a casa sozinha, quando eu chegasse aqui não tinha mais nada, entendeu? (informação verbal[9]).

Quando as inundações ocorreram durante o período letivo, as escolas utilizadas como abrigo tiveram as aulas suspensas. Os relatos apontam que os saques eram realizados por pessoas de fora do bairro, não afetadas pelas inundações. Por vezes, a família era dividida, indo cada um para um lado. Os filhos ficavam em alguma casa e a mãe em outra, por exemplo.

> Tirava as criança, tirava pra fora, dexava só eu memo, espaiava, um pra cada canto (informação verbal[10]).

Alguns permaneciam em suas casas durante o dia e abrigavam-se na casa de vizinhos somente para dormir, tentando assim minimizar o incômodo que acreditavam estar causando aos outros.

Os que foram para casa de amigos ou parentes também não permaneceram por muito tempo, sendo relatados no máximo cinco dias; constrangidos, retornavam antes mesmo de a água baixar por completo. Os locais citados foram: Jardim Maia, Vila Mara, Guaianazes, Cemitério da Saudade e Guarulhos, na Zona Leste, e Santo Amaro, na Zona Sul, do Município de São Paulo.

Ter um lugar para onde ir e contar com a ajuda de parentes e amigos auxiliou os entrevistados a lidar com as inundações, diminuindo o contato com a água por determinado período. Outra opção seria a de mudar para outro lugar enquanto a água estivesse recuando, porém, conforme Few (2003), essa opção é limitada quando se trata de pessoas de baixa renda e em países em desenvolvimento.

Dificuldades nas atividades diárias

Os entrevistados que não saíram de suas casas enfrentaram dificuldades na realização de atividades diárias sob a água, como loco-

8. Participante do sexo masculino, 45 anos, morador do Jardim Pantanal há 17 anos.
9. Participante do sexo masculino, 61 anos.
10. Participante do sexo masculino, 49 anos, morador do Jardim Pantanal há 23 anos.

mover-se, alimentar-se e dormir. Essas e outras dificuldades são apresentadas na Tabela 3.

Tabela 3 Dificuldades enfrentadas durante as inundações (N = 35).

Dificuldades	Número (%)
Locomover-se	11 (31.4)
Comer, dormir, higienizar-se e ter acesso a água para consumo	6 (17.1)
Ficar na água	3 (8.6)
Sofrer perdas	2 (5.7)
Amparar a família	2 (5.7)
Ter doenças	2 (5.7)
Faltar dinheiro	2 (5.7)
Nenhuma	2 (5.7)
Ficar na casa de parentes	1 (2.9)
Viver inundações com recorrência	1 (2.9)
Sem resposta	3 (8.6)

Fonte: Elaboração própria (2015).

Locomover-se durante as inundações foi apontada como a maior dificuldade pelos entrevistados: ir para o trabalho, para a escola, para a igreja, comparecer à consulta médica agendada com meses de antecedência e fazer compras.

> Tinha vezes que eu saía pra trabalhar e voltava... Não trabalhava. Eu voltava (informação verbal[11]).

Estar dentro da água inviabilizava o atendimento de necessidades básicas, como comer, dormir, higienizar-se e ter acesso a água para consumo. Relatos demonstram que não era possível fazer todas as refeições do dia, não havia maneira de tomar banho na água suja, pois tudo estava contaminado, e havia dificuldade em dormir sobre estruturas e em lugar úmido.

> Ah, a dificuldade aqui era de você durmi, porque você tá num lugar que tem água, tá úmido. E dificuldade também é de você tomar banho, porque você tem água suja, não tem como você tomar banho dentro de água. A comida a gente tinha aqui, a Augusta que ela fez. Esse portão dela virou um tablado alto e ela cozinha aqui, e a gente vinha e comia aqui, uma comida que o pessoal dava de cesta básica, entendeu. Mas a maior é

11. Participante do sexo masculino, 53 anos, morador do Jardim Pantanal há 22 anos.

> essa, de você dormir e você ter uma higiene, como é que você vai ter higiene dentro de uma água? Não tem (informação verbal[12]).

Ficar na água durante vários dias, por si só, foi considerada uma dificuldade, como também perder os móveis da casa.

Dificuldade em amparar a família foi referida por uma mãe ao ver os filhos sofrendo, e por um pai que tinha de deixar a família em casa para ir trabalhar.

> Mais dificuldade é você ficar pensando na água dentro de casa, né, e pensando nos filho e na mulher, mais tinha que superar, alguém tem que trabalhar (informação verbal[13]).

As entrevistadas cujo filho (AVC) e o marido (leptospirose) adoeceram apontaram a doença como a maior dificuldade.

A situação financeira piorou com aumento dos preços dos alimentos e a perda do emprego durante as inundações.

> A maior dificuldade foi faltar as coisas dentro de casa...Tudo caro... tudo um absurdo (informação verbal[14]).

As demais dificuldades apontadas foram a recorrência das inundações e a necessidade de ficar na casa de parentes.

Os dois entrevistados que responderam que não tiveram dificuldade alguma durante as inundações apresentaram algo em comum: são dois dos três que conseguiram acesso a crédito bancário.

Lidar com um evento pode ser mais difícil ou não dependendo da situação em que se encontra a pessoa naquele momento e de sua capacidade de mobilização de recursos financeiros. Adger (2003) argumenta que, individualmente, a capacidade adaptativa às mudanças do clima tem relação direta com o acesso a recursos.

Conhecimento e informação sobre as inundações

Foi perguntado aos entrevistados quais informações chegavam até eles, quem era o emissor e se essas informações os ajudaram (Tabela 4). Segundo Arnall (2012), um sistema é considerado como de capacida-

---

12. Participante do sexo masculino, 45 anos, morador do Jardim Pantanal há 17 anos.
13. Participante do sexo masculino, 54 anos, morador do Jardim Pantanal há 19 anos.
14. Participante do sexo feminino, 41 anos, moradora do Jardim Pantanal há 9 anos.

de adaptativa elevada se for capaz de recolher, analisar e disseminar informações e conhecimento. Já de acordo com Pelling e Zaid (2013), a gestão da informação torna-se cada vez mais importante na medida em que a adaptação às mudanças do clima é integrada ao gerenciamento de riscos.

Tabela 4 Informações sobre as inundações.

Informações	Número (%)
Recebeu?	
Não	22 (62.9)
Sim	11 (31.4)
Sem resposta	2 (5.7)
Total	35 (100)
De quem?	
Prefeitura	4 (36.4)
Instituto Alana	1 (9.1)
Posto de Saúde	1 (9.1)
Defesa Civil	1 (9.1)
Pesquisadores	1 (9.1)
Não souberam informar	3 (27.3)
Total	11 (100)
As informações ajudaram?	
Não	5 (45.5)
Sim	4 (36.4)
Sem resposta	2 (18.2)
Total	11 (100)

Fonte: Elaboração própria (2015).

Mais de 60% dos entrevistados não receberam nenhum tipo de informação sobre as inundações no Jardim Pantanal.

> Não, só vieram falar abobrinha... prometer mundos e fundos e sumiu tudo (informação verbal[15]).

15. Participante do sexo feminino, 40 anos, moradora do Jardim Pantanal há 15 anos.

Dois entrevistados responderam que a pesquisadora foi a única pessoa a falar sobre inundações com eles.

Dos onze que receberam informações, cinco entrevistados disseram que elas não os ajudaram. Duas das quatro informações identificadas como fornecidas pela Prefeitura foram as de como proceder em situação de inundação diante da necessidade de sair de casa e de como lavar a caixa d'água.

Outra informação inócua foi a de que eles seriam retirados da área. Embora a pergunta fosse específica sobre as inundações, a questão de moradia apareceu nas respostas. Aliás, essas duas questões se confundem muito ao longo do roteiro de entrevista.

> Falaram uma época ai, eles falaram que ia tirar todo mundo daqui (informação verbal[16]).

É frequente a presença de pesquisadores na área, mas estes, segundo uma das entrevistadas, são vistos como pessoas que vão até lá, fazem perguntas, mas sem muitas contribuições nem interesse pelo bem-estar dos moradores.

As quatro informações recebidas que ajudaram os entrevistados foram obtidas: em orientações da Prefeitura relacionadas ao acesso a doações e em folheto sobre como se prevenir de doenças; em palestra sobre como agir em caso de inundação, sem identificação de pessoas ou instituições ministrantes; e em um curso sobre higienização oferecido pelo Instituto Alana[17].

> É que ajudaram assim [Prefeitura], tudo que nós precisemo a maioria deles chegaram junto com nós, até negócio de roupa, de alimento, de remédio. E nós o que nós corremo atrás e fomo lá e busquemo, leite pras criança, foi graças a Deus, foi quando conseguimo todas essas coisa, através deles (informação verbal[18]).

O fato de a maioria não ter recebido informações e de aqueles que as receberam afirmarem que não foram de grande ajuda não contribui para a capacidade adaptativa. A contribuição existiria caso houvesse conhecimento e habilidade por parte das administrações em comuni-

16. Participante do sexo masculino, 58 anos, morador do Jardim Pantanal há 11 anos.
17. Organização da sociedade civil, sem fins lucrativos – nasceu com a missão de "honrar a criança" e é a origem de todo o trabalho do Alana, que começou em 1994 no Jardim Pantanal, zona leste de São Paulo.
18. Participante do sexo masculino, 61 anos.

car o risco (THIEKEN et al., 2014) e compartilhar informações relacionadas às inundações (YANG et al., 2014), e, ainda, se fossem informações atualizadas que garantissem a tomada de decisões corretas (HORITA et al., 2015), a tempo de evitar maiores danos.

Programas e soluções do governo

A maioria dos entrevistados (51,4%) não tem conhecimento sobre programas e soluções, relacionados às inundações, propostos pelo governo (Tabela 5).

Tabela 5 Conhecimento de programas e soluções relacionados às inundações.

Programas e soluções	Número (%)
Tem conhecimento?	
Não	18 (51.4)
Sim	16 (45.7)
Sem resposta	1 (2.9)
Total	35 (100)
Tipos de propostas do governo	
Parque	7 (43.8)
Remoção dos moradores	3 (18.8)
Asfalto	2 (12.5)
Limpeza do rio	1 (6.3)
Outras propostas	3 (18.8)
Total	16 (100)
Estas soluções chegam?	
Não	12 (75.0)
Sim	1 (6.3)
Sem resposta	2 (12.5)
Nenhuma das alternativas	1 (6.3)
Total	16 (100)

Fonte: Elaboração própria (2015).

Dos respondentes que indicaram as propostas do governo de que têm conhecimento, as mais citadas foram a construção do Parque Linear Várzeas do Tietê (43,8%), seguida da remoção dos moradores (12,5%). Ambas se referem ao processo de remoção, pois, mesmo quando a resposta tratou do parque, no discurso dos respondentes sua implementação estava relacionada à remoção dos moradores da área.

> Esse tal de parque linear aí que ninguém sabe onde vai passar, à medida que é o que nós temos é isso aí. A proposta do governo é tirar nós daqui, agora quando, que jeito, que forma, ninguém sabe (informação verbal[19]).

Foram categorizadas como remoção as respostas mais específicas sobre o tema, como a demonstrada a seguir:

> O programa aqui que eles de resolver situação aqui, sabe pra que, que é, pra querer desabrigar os outros e ao Deus dará, vá pra onde Deus mandar. Solução eles não dão, vai pra onde Deus mandar (informação verbal[20]).

Duas entrevistadas mencionaram que a proposta do governo é colocar asfalto na região, baseadas em suas observações no bairro.

Outras respostas referem-se às propostas de uma associação de bairro: a de uma entrevistada que disse ter o seu próprio projeto e a de um entrevistado, que não a especificou.

Em todos os casos citados acima, os entrevistados mencionaram essas ações como programas e/ou soluções propostas pelo governo; porém, quando perguntados se esses programas chegam até a região, a resposta foi negativa. A única proposta do governo que chegou à região foi a da limpeza do rio.

O desconhecimento das ações do governo e o fato de ações conhecidas, como, por exemplo, a implementação do Parque Linear, não chegarem até a região causam incertezas nos moradores em relação à efetivação de projetos que poderiam auxiliar na questão das inundações. A implementação do parque, caso cumpridos os prazos e as metas, implicaria o remanejamento das famílias para uma nova habitação, reduzindo sua exposição às inundações.

Porém, quando não são cumpridos os prazos, a capacidade adaptativa desses indivíduos é prejudicada, pois as ações de adaptação para responder de maneira mais eficaz às inundações, como investimentos em medidas estruturais em suas habitações, estão condicionadas ao fato de poderem ou não permanecer na área. Essa incerteza reduz as opções e alternativas de resposta disponíveis aos residentes para que possam se organizar.

---

19. Participante do sexo masculino, 45 anos, morador do Jardim Pantanal há 17 anos.
20. Participante do sexo feminino, 43 anos, moradora do Jardim Pantanal há 12 anos.

Satterthwaite et al. (2007) apontam essa como uma das razões pelas quais as comunidades de baixa renda não agem para reduzir o risco e, consequentemente, não se adaptam, afirmando: "A infraestrutura necessária para reduzir riscos é cara, e em assentamentos ilegais a relutância em se investir em infraestrutura é em virtude do risco de ser despejado".

Sistemas de alerta às inundações

Os sistemas de alerta são considerados medidas não estruturais para o combate às inundações. Avisam as pessoas de que algum evento ocorrerá, de modo que possam tomar providências visando reduzir os impactos. São uma das medidas de redução de riscos de desastres, conforme a Lei nº 12.608/12, que instituiu a Política Nacional de Proteção e Defesa Civil (PNPDEC) (BRASIL, 2012), a qual abrange as ações de prevenção, mitigação, preparação, resposta e recuperação voltadas à proteção e defesa civil.

Os resultados sobre a presença desses sistemas no Jardim Pantanal são apresentados na Tabela 6.

Tabela 6 Sistemas de alerta no Jardim Pantanal.

Sistemas de Alerta	Número (%)
Existem?	
Não	22 (62.9)
Sim	13 (37.1)
Total	35 (100)
Como são?	
Próprios moradores	8 (61.5)
Funcionário Defesa Civil	2 (15.4)
Funcionário da SABESP	1 (7.7)
Bombeiros	1 (7.7)
Televisão	1 (7.7)
Total	13 (100)

Fonte: Elaboração própria (2015).

No Jardim Pantanal, a maioria dos entrevistados respondeu que não há nenhum tipo de sistema de alerta antes da inundação ocorrer. Alegam que a "água sobe rapidamente", "não tem como prever"; "pega de surpresa"; "a gente não manda na natureza" e a "meteorologia não pode prever"; comentários esses que demonstram o desconhecimento dos entrevistados sobre a importância dos sistemas de alertas. A constatação de que a ajuda só costuma aparecer após o evento surge em outro discurso.

> Não, não passou nada, isso aí não. Só depois da inundação, tá, é que eles aparece por aqui, mas, por enquanto, não (informação verbal[21]).

Uma das entrevistadas respondeu que não há alertas para as inundações, mas não faltam pessoas para falar que eles serão despejados, nem políticos e suas falsas promessas em época de eleição.

Na elaboração da pergunta quanto aos sistemas de alertas, o objetivo era identificar instituições ou órgãos do governo de fora da comunidade. No entanto, respondentes apontaram que quem exerce esse papel são os atores de dentro da comunidade: eles consideram os próprios moradores como um sistema de alerta. Aqueles que residem mais próximos ao rio monitoram seu nível utilizando pontos de referência, como um toco de madeira, por exemplo. Assim que percebem que o nível do rio está aumentado, saem pelas ruas avisando os demais moradores.

> Era no gritos... Nos gritos (informação verbal[22]).

Os demais avisos por parte do poder público – considerados como sistema de alerta pelos entrevistados – vieram da Defesa Civil, da SABESP e dos Bombeiros. Umas das entrevistadas recebeu um telefonema de um funcionário da SABESP, que lhe informou quando as comportas da Barragem de Suzano e Mogi tinham sido abertas. Um dia após o telefonema, a água chegou ao Jardim Pantanal. Essa entrevistada foi mencionada por outros entrevistados como fonte de informação.

O alerta precoce e o fornecimento de orientações sobre ações são importantes para diminuir os impactos das inundações (YANG et al., 2014). No caso do Jardim Pantanal, a ausência de um sistema de alerta fragiliza o tempo de resposta. Quando a comunidade não consegue minimizar os prejuízos causados pelas inundações, sua capacidade adaptativa é enfraquecida.

Considerações finais

Em um cenário de mudança do clima, os problemas que as cidades já enfrentam serão acentuados, como é o caso das inundações

---

21. Participante do sexo masculino, 49 anos, morador do Jardim Pantanal há 23 anos.
22. Participante do sexo masculino, 53 anos, morador do Jardim Pantanal há 22 anos.

que causam danos humanos e prejuízos financeiros na cidade de São Paulo.

O presente capítulo apresentou quais foram os tipos de respostas adotadas na exposição à inundação por comunidade do Jardim Pantanal, zona leste do município de São Paulo, e a análise dessas respostas sob o ponto de vista da capacidade adaptativa.

O Jardim Pantanal é um reflexo de como a cidade cresceu, em direção aos extremos no município; foram as áreas afastadas e ambientalmente frágeis as que se tornaram acessíveis para ocupação pela população de baixa renda. Residindo na várzea do rio Tietê, os moradores da região prosseguirão expostos às inundações periódicas do rio.

Partindo-se do princípio de que nem sempre será possível a redução da exposição às inundações, com o remanejamento dos moradores do Jardim Pantanal, por exemplo, direciona-se o foco para os tipos de respostas que poderiam ser adotados pelos moradores que continuam a viver ali.

O estudo sobre a capacidade adaptativa daqueles expostos às inundações ajuda-nos a perceber a maneira pela qual as respostas vêm sendo tomadas e como, diante da realidade local, poderia ser desenvolvida essa capacidade.

O desenvolvimento da capacidade adaptativa, neste caso, consistiria no aprimoramento das habilidades da comunidade em responder às inundações de modo a retornar à situação inicial, melhorá-la ou, pelo menos, minimizar suas perdas.

Uma dessas habilidades poderia ser o envolvimento da comunidade no monitoramento ambiental das chuvas e do risco de inundação. Isso poderia ser feito por meio da instalação de pluviômetros e pela participação dos moradores na coleta, leitura e interpretação de dados.

Essa medida já é adotada pelo Centro Nacional de Monitoramento e Alertas de Desastres Naturais (CEMADEN), com o Projeto Pluviômetro na Comunidade, para introduzir a cultura da percepção de riscos de desastres naturais no Brasil e fortalecer as capacidades locais de enfrentamento de eventos adversos (CEMADEN, 2015).

No Jardim Pantanal, o monitoramento ambiental das chuvas por meio de pluviômetros caracterizaria um sistema de alerta local que contribuiria para um preparo antecipado. Os moradores já alertam os amigos e vizinhos quando ocorre uma inundação, mas, no caso de monitoramento contínuo, as informações seriam organizadas, as opções avaliadas e as medidas mais adequadas implementadas. É o tipo de conhecimento que ajuda na tomada de decisão.

O estudo contribui, deste modo, para o Objetivo 13 dos ODS, ao produzir conteúdo científico e fornecer informações que podem ser utilizadas no desenvolvimento de estratégias para o combate dos efeitos da mudança do clima que afetam principalmente os mais vulneráveis.

O acesso ao conhecimento e à informação, e sua transferência, deve ser contínuo, não só no momento de resposta a um desastre. O próprio Objetivo 13 dos ODS tem como indicador o número de países que incluem no currículo do ensino fundamental e médio temas como adaptação e mitigação do risco. Ou seja, desde a escola.

Por isso, é necessário, sim, tomar medidas urgentes para combater a mudança do clima e seus impactos, porém essas medidas devem ser de caráter duradouro, visando criar uma cultura não só de resposta, mas de preparo para lidar com as mudanças que estão por vir.

Agradecimentos – Ao Conselho Nacional de Desenvolvimento Científico e Tecnológico (CNPq) (Processo: 141257/2012-1) e à Coordenação de Aperfeiçoamento de Pessoal de Nível Superior (CAPES) (Processo: 99999.003468/2014-03).

Referências bibliográficas

ADGER, W. N. Social capital, collective action, and adaptation to climate change. **Economic Geography**, v. 79, n. 4, p. 387-404, 2003.

ARNALL, A. H. Compreendendo a capacidade adaptativa ao nível local em Moçambique. **Aliança Africana para a Resiliência as Mudanças Climáticas (ACCRA)**: Relatório síntese de Moçambique, 2012. Disponível em: <http://www.cebem.org/cmsfiles/publicaciones/ Comprendiendo_capacidade_moz.pdf>. Acesso em: 21 set. 2015.

ASSUNÇÃO, V. K. Enchente de 1974 como drama social: relações entre percepção de risco, conflito e gentrificação. **Ambiente & Sociedade**, São Paulo, v. 17, n. 4, p. 195-212, 2014.

BARDIN, L. **Análise de conteúdo**. São Paulo: Edições 70, 2011.

BIERNACKI, P.; WALDORF, D. Snowball sampling: problems and techniques of chain referral sampling. **Sociological Methods & Research**, v. 10, n.2, p. 141-163, 1981.

BRASIL. Lei 9.985, de 18 de julho de 2000. Regulamenta o art. 225, § 1o, incisos I, II, III e VII da Constituição Federal, institui o Sistema Nacional de Unidades de Conservação da Natureza e dá outras providências. **Diário Oficial da União**, Brasília (DF), 19 jul. 2000, p.1.

BRASIL. Lei Nº 12.608, de 10 abr. 2012. Institui a Política Nacional de Proteção e Defesa Civil - PNPDEC; dispõe sobre o Sistema Nacional de Proteção e Defesa Civil - SINPDEC e o Conselho Nacional de Proteção e Defesa Civil - CONPDEC; autoriza a criação de sistema de informações e monitoramento de desastres; altera as Leis nos 12.340, de 1o de dezembro de 2010, 10.257, de 10 de julho de 2001, 6.766, de 19 de dezembro de 1979, 8.239, de 4 de outubro de 1991, e 9.394, de 20 de dezembro de 1996; e dá outras providências. **Portal da Legislação.** Disponível em: <http://www.planalto.gov.br/ccivil_03/_Ato2011-2014/2012/Lei/L12608.htm>. Acesso em: 05 jan. 2016.

CASTELANI, Clayton. Temporal alaga Jardim Pantanal de novo. **Agora**, São Paulo, Nas ruas, 10 jan. 2013. Disponível em: < http://www.agora.uol.com.br/saopaulo/ult10103u1212687.shtml>. Acesso em: 05 jan. 2016.

CAVALCANTI, T. Bairro às margens do rio Tietê se prepara para passar Natal debaixo d'água em SP. **Folha de São Paulo**, São Paulo, 11 dez. 2018, Cotidiano. Disponível em: <https://www1.folha.uol.com.br/cotidiano/2018/12/bairro-as-margens-do-rio-tiete-se-prepara-para-passar-natal-debaixo-dagua-em-sp.shtml>. Acesso em: 02 abril 2019.

CENTRO NACIONAL DE MONITORAMENTO E ALERTAS DE DESASTRES NATURAIS. **Projeto Pluviômetros nas Comunidades**. Cachoeira Paulista (SP), 2015. Disponível em: <http://www.cemaden.gov.br/pluviometros>. Acesso em: 22 nov. 2015.

CHUVAS voltam a alagar trechos do Jardim Pantanal. **R7**, São Paulo, 21 jan. 2010. Disponível em: <http://noticias.r7.com/sao-paulo/noticias/chuvas-votam-a-alagar-trechos-do-jardim-pantanal-20100121.html>. Acesso em: 05 jan. 2016.

COSTA, Nataly. Com as chuvas do Carnaval, Jardim Pantanal volta a ficar submerso. **Veja São Paulo**, 18 fev. 2015. Disponível em: <http://vejasp.abril.com.br/materia/com-as-chuvas-do-carnaval-jardim-pantanal-volta-a-ficar-submerso/>. Acesso em: 05 jan. 2016.

EM MEIO à crise hídrica, São Paulo tem tarde com enchentes e deslizamentos. **Último segundo**, São Paulo, 03 nov. 2014. Disponível em: <http://ultimosegundo.ig.com.br/brasil/ sp/2014-11-03/em-meio-a-crise-hidrica-sao-paulo-tem-tarde-com-enchentes-e-deslizamentos.html>. Acesso em: 05 jan. 2016.

FANKHAUSER, S., SMITH, J. B; TOL, R. S. J. Weathering climate change: some simple rules to guide adaptation decisions. **Ecological economics**, v. 30, n. 1, p. 67-78, 1999.

FERNANDES, Gisele Cristina Manfrini; BOEHS, Astrid Eggert; HEIDEMANN, Ivonete Teresinha Schülter Buss. O suporte social durante a transição familiar no pós-desastre natural. **Texto Contexto Enferm**, Florianópolis, v. 22, n. 4, p. 1098-105, out. / dez. 2013.

FEW, R. Flooding, vulnerability and coping strategies local responses to a global threat. **Progress in Development Studies**, n. 3. p. 43-58, 2003.

FUNDAÇÃO AGÊNCIA DA BACIA HIDROGRÁFICA DO ALTO TIETÊ. **Relatório de situação dos recursos hídricos da bacia hidrográfica do Alto Tietê - UGRHI 06**, ano base 2013: relatório técnico, São Paulo, 2014.

FUNDAÇÃO SISTEMA ESTADUAL DE ANÁLISE DE DADOS. **Apresentação IPVS**: índice paulista de vulnerabilidade social. São Paulo, 2010b. Disponível em: <http://www.seade.gov.br/projetos/ipvs>. Acesso em: 05 dez. 2012.

GOMES, A. Jardim Pantanal, na zona leste de SP, tem ruas alagadas há duas semanas. **Folha de São Paulo**, São Paulo, 30 jan. 2017, Cotidiano. Disponível em: <https://www1.folha.uol.com.br/cotidiano/2017/01/1854099-jardim-pantanal-na-zona-leste-de-sp-tem-ruas-alagadas-ha-duas-semanas.shtml>. Acesso em: 02 abril 2019.

GOVERNO DE SP inicia licitação para pôlder contra enchente na Vila Itaim. **G1**, São Paulo, 21 dez. 2016. Disponível em: <http://g1.globo.com/sao-paulo/noticia/2016/10/governo-de-sp-inicia-licitacao-para-polder-contra-enchente-na-vila-itaim.html>. Acesso em: 02 abril 2019.

HORITA, F. E. A. et al. Development of a spatial decision support system for flood risk management in Brazil that combines volunteered geographic information with wireless sensor networks. **Computers & Geosciences**, v. 80, p. 84–94, 2015.

JARDIM Pantanal volta a alagar. **R7**, Vídeos, São Paulo, 2011. Disponível em: <http://noticias.r7.com/jornal-da-record/videos/jardim-pantanal-volta-a-alagar-21102015>. Acesso em: 05 jan. 2016.

KLEIN, R. J. T. Adaptation to climate variability and change: what is optimal and appropriate? In: GIUPPONI, C.; SCHECHTER, M. (Edits.). **Climate change in the Mediterranean**: socio-economic perspectives of impacts, vulnerability and adaptation. Cheltenham: Edward Elgar, 2003, p. 32-50.

KRON, W. Flood risk = hazard • values • vulnerability. In: WU, M. et al. (Eds.). **Flood defense**. New York: Ltd. Science Press, 2002, p. 82-97.

LÓPEZ-MARRERO, T.; YARNAL, B. Putting adaptive capacity into the context of people's lives: a case study of two ûood-prone communities in Puerto Rico. **Nat Hazards**, v. 52, n. 2, p. 294, 2010.

MENNE, B. Extreme weather events and health: an ancient new story. In: KIRCH, W.; MENNE, B.; BERTOLLINI, R. (Edits.). **Extreme weather events and public health responses**. New York: Springer-Verlag Berlin Heidelberg, 2005, p. 17-39.

NEGREIROS, Dario de. Mais uma vez, região do Jardim Pantanal sofre com inundações em SP. **Folha de São Paulo**, São Paulo, Cotidiano, 11 jun. 2012. Disponível em: <http://www1.folha.uol.com.br/cotidiano/2012/06/1103284-mais-uma-vez-regiao-do-jardim-pantanal-sofre-com-inundacoes-em-sp.shtml>. Acesso em: 05 jan. 2016.

PAULO, P. P. Covas diz que alagamento de uma semana na Zona Leste de SP é 'questão de física': 'Água escorre para lá mesmo'. **G1**, São Paulo, 12 fev.

2019. Disponível em: <https://g1.globo.com/sp/sao-paulo/noticia/2019/02/12/covas-diz-que-alagamento-de-uma-semana-na-zona-leste-de-sp-e-questao-de-fisica-agua-escorre-para-la-mesmo.ghtml>. Acesso em: 02 abril 2019.

PELLING, M.; ZAIDI, M. Measuring adaptive capacity: application of an indexing methodology in Guyana. Working Paper No. 47, **King's College London**, 30 p. London, 2013.

PFEFFERBAUM, B. et al. Building resilience to mass trauma events. In: DOLL, L. et al. (edit). **Handbook on injury and violence prevention interventions**. New York: Kluwer Academic, 2007, p. 347–358.

QUINTO, A. C. Moradores do Jardim Pantanal se preparam para a próxima enchente. **Jornal da USP**, São Paulo, 12 maio 2017. Disponível em: < https://jornal.usp.br/tv-usp/moradores-do-jardim-pantanal-se-preparam-para-a-proxima-enchente/>. Acesso em: 02 abril 2019.

RUAS do Jardim Pantanal voltam a alagar na Zona Leste de SP. **O Globo**, São Paulo, 12 jan. 2011. Disponível em: <http://oglobo.globo.com/brasil/ruas-do-jardim-pantanal-voltam-alagar-na-zona-leste-de-sp-2839063>. Acesso em: 05 jan. 2016.

RUFAT, S.; TATE, E.; BURTON, C. G.; MORROF. A. S. Social vulnerability to floods: review of casa studies and implications measurement. **International Journal of Disaster Risk Reduction**, n. 14, p. 470-486, 2015.

SANTIAGO, T. Moradores de bairros alagados em SP enfrentam mau cheiro; Kassab anuncia parque. **Folha de São Paulo**, São Paulo, 14 dez. 2009, Cotidiano. Disponível em: <http://www1.folha.uol.com.br/cotidiano/2009/12/666408-moradores-de-bairros-alagados-em-sp-enfrentam-mau-cheiro-kassab-anuncia-parque.shtml>. Acesso em: 05 jan. 2016.

SÃO PAULO (Estado). Lei 5.598, de 06 de fevereiro de 1987. Declara Área de Proteção Ambiental regiões urbanas e/ou rurais dos Municípios de Salesópolis, Biritiba Mirim, Mogi das Cruzes, Suzano, Poá, Itaquaquecetuba, Guarulhos, São Paulo, Osasco, Barueri, Carapicuíba e Santana do Parnaíba **Assembleia Legislativa do Estado de São Paulo**. Disponível em: < https://www.al.sp.gov.br/repositorio/legislacao/lei/1987/lei-5598-06.02.1987.html>. Acesso em: 02 abril 2019.

SÃO PAULO (Estado). Decreto nº 42.837, de 3 fev. 1998. Regulamenta a Lei nº 5.598, de 06/02/87, que declara área de proteção ambiental regiões urbanas e rurais ao longo do curso do Rio Tietê: Salesópolis, Biritiba Mirim, Mogi das Cruzes, Suzano, Poá, Itaquacetuba, Guarulhos, S. Paulo, Osasco, Barueri, Carapicuíba e Santana do Paraíba. **Assembleia Legislativa do Estado de São Paulo**. Disponível em: < https://www.al.sp.gov.br/repositorio/legislacao/decreto/1998/decreto-42837-03.02.1998.html>. Acesso em: 02 abril 2019.

SÃO PAULO (Estado). Precipitação Pluviométrica: 1933 a 2015. **Infocidade.** Disponível em: < http://infocidade.prefeitura.sp.gov.br/htmls/2_precipitacao_pluviometrica_1933_10711.html>. Acesso em: 06 jan. 2016.

SATTERTHWAITE, D. et al. **Adapting to climate change in urban areas**: the possibilities and constraints in low and middle-income nations. London: International Institute for Environment and Development (IIED), Working Paper, 2007.

SCHIVARTCHE, F. Estado quer desalojar Jardim Pantanal. Folha de São Paulo, São Paulo, 11 nov. 1997, Cotidiano. Disponível em: <http://www1.folha.uol.com.br/fsp/1997/11/ 11/cotidiano/45.html>. Acesso em: 05 jan. 2016.

SIENA, M. **A dimensão de gênero na análise sociológica de desastres**: conflitos entre desabrigadas e gestoras de abrigos temporários relacionados às chuvas. 2009. Dissertação (Mestrado em Sociologia) – Centro de Educação e Ciências Humanas, Universidade Federal de São Carlos, São Paulo, 2009.

SILVA, E. A. de B. et al. Resiliência e vulnerabilidade de cidades brasileiras: lições aprendidas com os desastres da Região Serrana do Rio de Janeiro e da Zona da Mata de Pernambuco. In: ENCONTRO NACIONAL DA ANPPAS, 6, 2012. Belém. **Anais...** Belém, 2012. Disponível em: <http://www.anppas.org.br/encontro6/anais/ARQUIVOS/GT11-93-570-20120715092127.pdf>. Acesso em: 28 dez. 2015.

SIMÃO JR., J.; GIUDICE, S. L. Projeto Pantanal. **Revista Água e Energia**. Rio Janeiro, 1999. Disponível em: <http://www.daee.sp.gov.br/acervoepesquisa/relatorios/revista/ raee9904/inunda.htm>. Acesso em: 15 set. 2015.

THIEKEN, A. H. et al. Preface: flood resilient communities – managing the consequences of ûooding. **Nat. Hazards Earth Syst. Sci.**, v. 14, p. 33-39, 2014.

VALENCIO, N. F. L. S. Da 'área de risco' ao abrigo temporário: uma análise sociológica dos conflitos subjacentes a uma territorialidade precária. In: ENCONTRO ANUAL DA ANPOCS, 32, 2008, **Anais**, Caxambu (MG). Disponível em: <http://portal.anpocs.org/portal/index.php?option=com_docman&task=doc_view&gid=2297&Itemid=230>. Acesso em: 01 out. 2015.

VARGAS, M.A. Construção social da moradia de risco: trajetórias de despossessão e resistência – a experiência de Juiz de Fora/MG. In: ENCONTRO NACIONAL DA ANPOCS, 30, 2006, **Anais...**, Caxambu (MG). Disponível em: <http://www.anpocs.org/portal/index. php?option=com_docman&task=doc_view&gid=3222&Itemid=232>. Acesso em: 30 nov. 2015.

YANG, L. et al. Climate-related ûood risks and urban responses in the Pearl River Delta, China. **Regional Environmental Change,** v. 15, n. 2, p. 379, 2014.

Capítulo XII

Efeito Lótus: design que aproveita lições aprendidas com desastres hidrológicos

Lara Leite Barbosa

Este capítulo apresenta aspectos sobre o contexto e a aplicação do conceito de resiliência, relacionando-os ao campo do design. Ainda que seja quase irrisória a participação dos arquitetos e designers neste setor, sua contribuição poderia minimizar danos que se estendem por todas as fases do desastre. Qual tem sido o papel desses profissionais? Quais interesses estão em jogo nesta aproximação? Com foco nas intervenções de projetos que foram propostos a partir de diagnósticos após inundações, ressaltam-se, aqui, os valores que fundamentam três casos bem-sucedidos. As propostas foram selecionadas por estarem de acordo com os Objetivos do Desenvolvimento Sustentável (ODS), especialmente os tópicos 6 e 11. Podemos explorar a potencialidade das chuvas como oportunidade para conservar e aproveitar os recursos hídricos onde estes são escassos ou mesmo impedir seus estragos onde são abundantes. O design é abordado segundo estratégias bioclimáticas e critérios ecoeficientes que visem ao equilíbrio entre o meio ambiente e o ambiente construído. O resultado é um design responsável, que se compromete com o futuro na medida em que implementa planos de conservação para evitar inundações durante a prevenção; abordagens estruturais para reduzir os estragos durante a mitigação; e soluções para a recuperação que possam também tornar as construções mais fortes no caso de um evento reincidente. O efeito Lótus se manifesta enquanto o próprio sistema possui mecanismos para garantir a sua manutenção, protegendo-se quando um novo ciclo de desastre se repetir.

O conceito de resiliência no design

Quando ocorre um desastre, as estruturas que sustentam o funcionamento de uma cidade são abaladas. De acordo com a magnitude do evento, o fornecimento de telecomunicações e eletricidade, assim como o abastecimento de água, podem ser interrompidos; os meios de transporte e os acessos por pontes, estradas e aeroportos podem ser bloqueados; e a disponibilidade de combustível, racionada. A ausência dos serviços públicos essenciais explicita a urgência no reestabelecimento da ordem após o caos, quando as respostas de emergência são postas em prática. Se o sistema for capaz de retornar novamente ao estado em que se encontrava antes do desastre, depois que um abalo acontece, pode-se afirmar que é resiliente.

Amplamente discutido no âmbito do gerenciamento de risco aos desastres, o conceito de resiliência é abordado nas consequências em casos de crise, indicando responsabilidades e direcionando caminhos a serem tomados. Resiliência foi o foco da campanha global da *United Nations International Strategy for Disaster Reduction* (*UNISDR*), que tem por objetivo aumentar o grau de consciência e compromisso em torno de práticas de desenvolvimento sustentável, diminuindo as vulnerabilidades e propiciando bem-estar e segurança aos cidadãos. Segundo esta terminologia:

> "Resiliência é a capacidade de um sistema, comunidade ou sociedade expostos a riscos de resistir, absorver, acomodar, adaptar-se, transformar e recuperar-se dos efeitos de ameaças em tempo hábil e eficiente, por meio da preservação e restauração de suas estruturas essenciais e funções básicas" (UNISDR, 2012, p. 86).

Originalmente, resiliência é uma propriedade física de elasticidade relacionada à capacidade de adaptação de algo que sofreu algum tipo de choque. Esta abordagem pode ser literalmente aplicada ao comportamento de materiais, mas, se aplicada às variáveis do contexto após desastre, a interpretação ganha caráter figurativo (MACASKILL, 2014). Um ponto crucial da interpretação figurativa é não apenas voltar a ser como era antes, mas superar o estado inicial, ganhar benefícios, tornar-se melhor do que antes. O conceito de antifrágil, proposto por Nassim Nicholas Taleb, apresenta-se distinto da resiliência por se beneficiar com o caos, ou seja, o desastre seria considerado como algo positivo que desencadeia melhorias. Em sua interpretação, menospreza o resiliente, como se implicasse permanecer o mesmo após o impacto: "O robusto ou o resiliente não é prejudicado nem auxiliado pela volatilidade e pela desordem, enquanto o antifrágil se beneficia delas" (TALEB, 2017, p. 39).

Defende que apenas o antifrágil possui mecanismos de crescimento e evolução pós-traumático, nomeando de "covarde" a noção de resiliência presente no discurso político. Porém, notamos que, ao tratar das intervenções em decorrência de desastres, o termo resiliência possui a mesma perspectiva positivista de que se tornará melhor do que antes.

> "A resiliência é tanto a capacidade de um sistema reagir adequadamente a momentos de crise que não foram totalmente antecipados como sua capacidade de antecipar essas crises e realizar, por meio de planejamento e recuperação, mudanças nos sistemas que mitiguem seus efeitos"[1] (AGUIRRE, 2006, p. 1).

Como compreende não apenas o sistema físico, mas também o biológico, psicológico, social e cultural (AGUIRRE, 2006), podendo ainda incluir o ecológico, ambiental, institucional, infraestrutural, organizacional, econômico, social, comunitário, familiar e individual (MACASKILL; GUTHRIE, 2014), todos agindo de modo simultâneo e em níveis distintos de resiliência, os resultados dessa interação são complexos e dinâmicos. Em virtude da flexibilidade de significados que pode possuir, um design resiliente deveria considerar a abordagem interdisciplinar do termo, como sugere Kristen Macaskill.

Neste capítulo é feita analogia com a folha de lótus para expressar o conceito de resiliência. A folha de lótus, graças à sua força de superação, emerge metros acima das águas lamacentas onde as raízes do lótus-sagrado (*Nelumbo nucifera*) crescem e se sustenta acima do espelho d´água sem se sujar. A expressão "efeito lótus" é utilizada por autores das áreas de química e engenharia de materiais para o fenómeno de super-hidrofobia, ou seja, a capacidade de autolimpeza dessa planta aquática, que repulsa a água quando em contato com sua superfície. A água da chuva se torna um auxiliar de limpeza, ao retirar a sujeira pelo simples contato com essa folha. Isso se deve ao fenômeno de super-hidrofobia, causado por uma rugosidade nanométrica juntamente com as ceras epiticulares que circundam suas saliências, estudado pela engenharia e biônica como inspiração para novos produtos (PEREIRA et al., 2010).

Problemas capciosos na tomada de decisão em intervenções após desastres

Richard Buchanan apresenta uma abordagem dos problemas complexos no processo do design que estão inerentes aos desafios do desenvolvimento sustentável e da promoção da resiliência. Define-os com o termo *wicked problems*, traduzido ao pé da letra como "problemas imorais, perversos ou mesmo malévolos", os quais possuem a característi-

1. Tradução livre do texto em inglês: "*Resilience is both the capacity of a system to react appropriately to moments of crises that have not been entirely anticipated, and its ability to anticipate these crises and to enact, through planning and recovery, changes in the systems that will mitigate their effects*".

ca de ser contraditórios, inconstantes, incompletos. Resolver algo desta natureza implica considerar valores divergentes de múltiplos grupos envolvidos numa questão que afetará drasticamente uma sociedade (BUCHANAN, 1995).

Os aspectos morais estão fundamentalmente implícitos na tomada de decisão de intervenções após desastres, em especial quando abrangem requalificações urbanas, remanejamento de moradias e reconstruções. Cada membro envolvido pode ter percepções e entendimentos muito diferentes sobre o que está em jogo, frequentemente conflitantes, e isso pode levar a decisões equivocadas, apesar da boa intenção. Os desastres podem gerar, para empreendedores e empresas privadas, a oportunidade de obtenção de terrenos a baixo custo para construir edificações lucrativas. Chamada de "o negócio da reconstrução", esta conduta se repete universalmente e deturpa o verdadeiro sentido de oportunidade para moradias adequadas, aproveitando-se da vulnerabilidade dos afetados. Foram relatados casos, após o tsunami de 2004 no Oceano Índico, em que as pessoas foram impedidas de retornar para suas casas na parte costeira, mas não os complexos de hotéis luxuosos. As demolições de casas após o furacão Katrina, em 2005, motivaram planos de requalificação urbana, mas também fizeram disso um obstáculo para que as pessoas retornassem para casa. No Chile, após o terremoto de 2010, as famílias foram pressionadas a vender terrenos nas áreas centrais para investidores privados, segundo depoimento do arquiteto local Rodrigo Caucoto (COLLET, 2018). E assim seguem-se muitos outros casos semelhantes.

Alexandra Jayeun Lee avaliou situações pós-desastre que envolveram três grandes desastres naturais: o furacão Katrina, que atingiu Nova Orleans em 2005, e os terremotos que abalaram o Haiti em 2010 e Christchurch, na Nova Zelândia, em 2010. Percebeu melhores resultados quando todas as pessoas envolvidas e afetadas pelo problema participaram ativamente do planejamento e das atividades de recuperação:

> "Intervenções bem-sucedidas pós-desastre tratam mais da construção de comunidades resilientes por meio da equidade na tomada de decisões, descobrindo competências, valores e visões compartilhadas, do que da reconstrução da arquitetura como finalidade"[2] (LEE, 2016, p. 154).

2. Em tradução livre do inglês: *"Successful post-disaster interventions are more about building resilient communities through equity in decision making, discovering shared competencies, values, and visions than they are about rebuilding architecture as a destination".*

A principal contribuição do arquiteto ou designer, neste contexto, não é o elemento construído entregue à população, mas, sim, o crescimento que emergirá das inter-relações. Esses frutos podem se refletir na forma de uso, manutenção e preservação dos espaços.

Ladislau Dowbor percebe a iniciativa como ponto-chave nesta inclusão direta das pessoas, em que a comunidade local deixa de ser o "receptor passivo de decisões longínquas", no aguardo da doação de um centro comunitário qualquer, para se tornar ativo junto ao desenvolvimento dos aportes externos (DOWBOR, 2008, p. 62).

Fuad-Luke argumenta que os processos participativos, que buscarão reunir distintos pontos de vista de todas as partes interessadas, são inerentemente políticos, como o próprio design também o é. Explica que, após a década de 1980, o foco passaram a ser os clientes, o que se refletiu nas metodologias de design. Tal posicionamento foi gradualmente sendo "corrigido" no sentido de fazer *com* a outra parte e não apenas *para* ela. A transformação desse vocabulário mudou quando o cliente passou a ser chamado de consumidor, depois de usuário, participante, adaptador até chegar a co-criador, já nos anos 2000 (FUAD-LUKE, 2009a, p. 143).

Nesta inclusão está em jogo aproveitar o conhecimento que cada uma das partes possui sobre o que se pretende desenvolver e oferecer como produto, serviço ou qualquer espécie de solução de design. Trazer a voz das pessoas para a concepção de projeto promove um design mais democrático e com mais chance de sucesso, uma vez que o designer pode ouvir as expectativas de quem irá usufruir daquilo que está sendo criado.

O equilíbrio entre o meio ambiente e o ambiente construído: três casos de sucesso

O design é abordado segundo estratégias bioclimáticas e critérios ecoeficientes, sendo que:

> "Ecoeficiência: incorpora o conceito de uso mais eficiente de recursos com impactos ambientais reduzidos, resultando em maior produtividade de recursos, ou seja, fazer mais com menos"[3] (FUAD-LUKE, 2009b, p. 338).

---

3. Em tradução livre do inglês "*Eco-efficiency: Embodies the concept of more efficency use of resources with reduced environmental impacts resulting in improved resource productivity, i.e. doing more with less*".

As estratégias bioclimáticas fazem parte dos sistemas e recursos para a eficiência energética. Algumas estratégias para ecoeficiência pressupõem instalações integradas, que melhoram o desempenho do abastecimento energético utilizando energias renováveis. Podem combinar as energias: solar, fotovoltaica, solar térmica, eólica, hidráulica, geotermia e uso das calceiras de biomassa. Também podem ser tradicionalmente passivas, como as construções subterrâneas, o uso de materiais vernaculares como o adobe, a pedra e a palha para a regulação térmica (DURAN, 2011). Propõem soluções que otimizam recursos naturais, como a ventilação e a água da chuva, com a construção, considerando baixa manutenção.

Os três casos que serão apresentados exemplificam um design resiliente, conservando e aproveitando os recursos hídricos onde são escassos ou mesmo impedindo seu desperdício onde é abundante.

Tanner Springs Park, do Atelier Dreiseitl, em Portland

A partir do foco no melhor aproveitamento da água da chuva, este parque urbano em Portland combina gestão da água, ecologia, arte e participação. Onde antes havia uma propriedade industrial com um pátio de manobras, o Distrito de Pearl, que hoje abriga famílias e empresas, se consolidou ao longo dos últimos 30 anos (Figura 1).

Figura 1 Vista superior do parque. *Fonte*: DREISEITL; GRAU, 2005, p. 12.

Seu caráter de zona úmida foi restaurado em um ambiente urbano, incluindo gestão de recursos hídricos, com aumento da permeabilidade do solo para recarga do lençol freático, por meio do plantio de vegetação adequada. O escoamento de águas pluviais do bloco do parque é alimentado em um recurso de água natural com uma mola e um sistema de limpeza natural. A lagoa está situada no ponto mais baixo da encosta, aproximadamente 1,80 metro abaixo do nível da rua. A lagoa é cercada por uma obra de 60 metros de comprimento, a Art Wall, feita de trilhos antigos encontrados na área. Os trilhos são intercalados com vidro fundido mostrando imagens de libélulas, aranhas e criaturas anfíbias do antigo pantanal. O processo criativo envolveu mais de 300 cidadãos em três eventos públicos que inspiraram e trouxeram informações sobre o histórico local aos designers (DREISEITL; GRAU, 2005). Este elemento enriquece o desenho do parque e aproxima as pessoas de espaços de contemplação e de realização de eventos públicos.

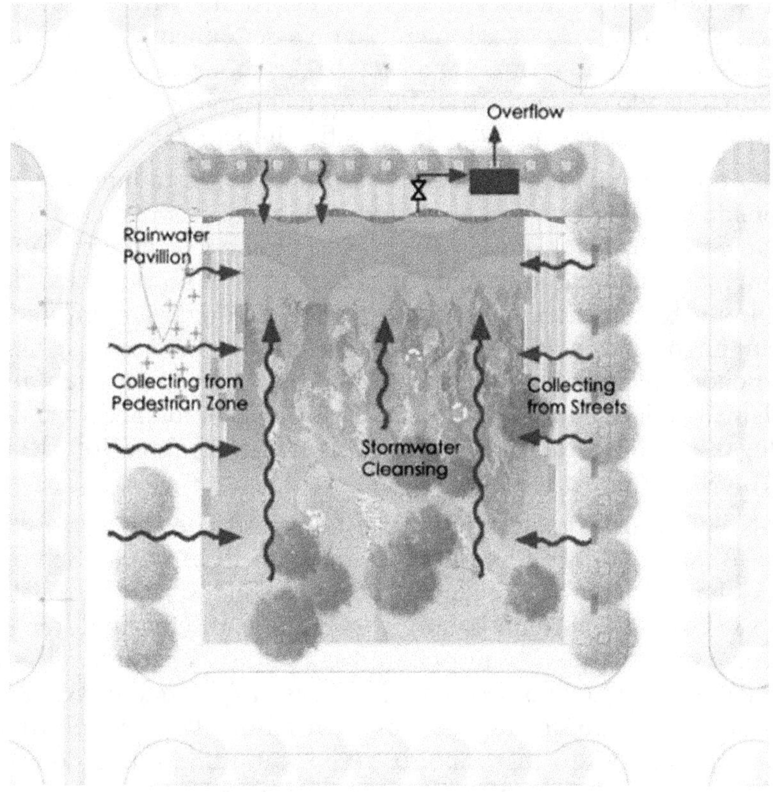

Figura 2 Implantação indicando a coleta de água *Fonte*: DREISEITL; GRAU, 2005, p. 13.

Neste caso, a intervenção ocorre num espaço urbano adensado, que geralmente sofre inundações em virtude da ausência ou pouca drenagem pela excessiva pavimentação das cidades. Locais em cotas mais baixas, ou mesmo onde originalmente passava algum rio, merecem atenção especial para o resgate de sua natureza. O planejamento de parques e intervenções paisagísticas podem fornecer uma solução alternativa de desafogo de água urbana. Quando cabível, a adoção de sistemas comuns de tanques de águas pluviais pode ainda reduzir a dependência de redes centralizadas de abastecimento de água. A água das chuvas dos telhados das casas pode ser transportada através de um sistema de coleta por gravidade e armazenada em um tanque comum centralizado antes de ser tratada e devolvida às residências através de um sistema de bombeamento reticulado (Figura 2).

Manejo das inundações em Sangam Vihar, Nova Délhi

Sangam Vihar está localizada no limite sul de Nova Délhi, na Índia, constituindo a maior aglomeração de assentamentos informais da Ásia. Além de inundar durante a estação das monções (de junho a setembro), quando os esgotos transbordam na estação seca, ocorre a contaminação e o deslocamento pelas vias fica impedido.

O problema de inundação em Sangam Vihar está muito mais relacionado à apatia do governo, em virtude do status não claro do assentamento não planejado e não provido de serviços públicos que resultam na contaminação da água do solo por fossas sépticas de residências, inundação sazonal causada por canais de drenagem entupidos e no surgimento das máfias que controlam o fornecimento de água. "As autoridades de Délhi continuam a fechar os olhos para o assentamento, demarcando-o como terra florestal e agrícola, e forçando seu destino legal em um estado de limbo permanente e precário" (ROSA; WEILAND, 2017, p. 163).

Nos fundos do assentamento está a borda de uma floresta do Asola-Bhatti Wildlife Sanctuary (Santuário de Animais Selvagens Asola-Bhatti). O agravante é que os dejetos sólidos são enterrados lá, como se fosse um terreno baldio, enchendo as piscinas de drenagem natural e os canais, e causando inundações e riscos à saúde relacionados (Figura 3). Quando ocorrem as chuvas, a água que escoa se mistura a químicos tóxicos dos aterros de resíduos. Por isso, a primeira medida prevê transformar a borda verde, garantindo usos do espaço que ajudem a proteger o ecossistema do santuário.

Figura 3 Fotografia da terra desperdiçada em Sangam Vihar. *Crédito*: Akshay Srinivas[4].

A organização não governamental The Centre for Urban and Regional Excellence (CURE India) é uma iniciativa comunitária na qual os arquitetos empregaram uma ferramenta inovadora de planejamento chamada Schizo-Plan. Seu objetivo é tratar do desequilíbrio de poder de Sangam Vihar, unindo as instituições e a comunidade em condição de igualdade. Em junho de 2015, os arquitetos foram convidados pelos líderes da comunidade a auxiliá-los na possibilidade de coleta de água da chuva, mas foram além:

> "O plano tenta tratar dos problemas de inundação e administração do lixo, propondo medidas para lidar com o escoamento das águas da chuva, plantando suculentas que estabilizam o solo e a restauração de reservatórios de água ao longo da borda que atualmente estão contaminados com lixo" (ROSA; WEILAND, 2017, p. 165).

Medidas emergenciais estão sendo adotadas para amenizar os danos de curto prazo, uma vez que a chuva danifica as casas e dificulta o acesso dos moradores. (Figura 4). "Moradores tentaram preencher áreas inundadas com detritos de construção para solidificar o solo; se isso fosse feito usando blocos de concreto afundados na sujeira, poderia

4. Disponível em: http://www.urbanxchanger.com/por/conteudos/visualizar/DESPERDICIO-E-ESPACO. Acesso em: 11/11/2018.

ajudar a estabilizar o solo e permitir mais infiltrações de escoamento. Pequenos leitos de biorretenção ao longo das bordas do local filtram o esgoto que chega e diluem o escoamento lento na encosta"[5] (ROLLER, 2016, p. 29). A autora também recomenda reservatórios para contenção menores nos pontos mais baixos, nos quais a água já se acumula, e não a construção de lagos profundos que podem causar problemas na estação seca, quando a água evapora e deixa um buraco. Como materiais, sugere cascalho e areia ao longo do fundo para filtrar alguns contaminantes da água que se infiltram no solo (ROLLER, 2016).

Figura 4 Casa no processo de elevar suas fundações acima dos níveis de água da inundação. *Fonte*: Cureindia. Centro de Excelência Urbana e Regional[6].

5. Em tradução livre do inglês: "*Residents have tried to fill waterlogged areas with construction debris to solidify the soil; if this were done using cinder blocks sunk into the dirt, it could help stabilize the ground and allow more runoff infiltration. Small bioretention beds along the edges of the site filter incoming sewage, and swales slow runoff on the hillside*".
6. Disponível em: https://cureindia.wordpress.com/2015/07/16/site-visit-to-sangam-vihar/. Acesso em: 11/11/2018.

> "No futuro, além de mitigar ameaças ambientais, a borda também pode oferecer nova infraestrutura pública, como toaletes e salas de banho, áreas de lazer e um posto médico – instalações atraentes e muito necessárias, feitas junto com os residentes de Sangam Vihar" (ROSA; WEILAND, 2017, p. 167).

Domo captador de água, de Rozana Montiel, com a comunidade Miravalle, na Cidade do México

Resgatando o conceito de antifragilidade, como um vulcão, que seria o elemento ameaçador de um desastre, poderia desencadear melhorias? Por meio do projeto de pesquisa UrbanXchanger, patrocinado por Alfred Herrhausen Gesellschaft, foi executada uma intervenção, que serve de exemplo de antifragilidade, próxima ao vulcão de Guadalupe, em Miravalle, Cidade do México.

O risco existe, uma vez que o vulcão Popocatepetl, a 71 quilômetros da Cidade do México, voltou a ficar ativo há 24 anos, e sua última erupção foi recentemente, em 27 de setembro de 2017. Nesse local, a população possui acesso restrito à rede de água da cidade, sendo controlado e disponível somente uma vez por semana. A proposta de um grande coletor coletivo muda esse paradigma e reverte uma percepção negativa da água, que destrói as casas durante uma inundação, para uma visão mais ampla, da sustentabilidade, por meio do uso da água pela comunidade.

A proposta tem múltiplos impactos sociais, como: baixo custo de coleta da água da chuva com a estrutura de domos e fornecimento de água potável para o refeitório da comunidade (Figuras 5 e 6).

> "Convida as pessoas a bombear água potável para uma fonte aberta pedalando em uma bicicleta fixa... Ele serve como uma ferramenta pedagógica de infraestrutura operada pela comunidade, que pode inspirar a integração da reciclagem de água em residências particulares e outros espaços públicos, e também é um elemento público visível que representa simbolicamente as soluções autônomas sustentáveis, autogestão e conscientização de Miravalle. Por último, a cúpula neutraliza o sentimento geral de que a água é um recurso escasso que 'aparece' em casas e, em vez disso, restaura um senso de responsabilidade e dá aos moradores o controle sobre a gestão local deste recurso" (ROSA; WEILAND, 2017, p. 88).

Figura 5 Fotografias da construção do domo captador de água. *Fonte:* Rozana Montiel.[7]

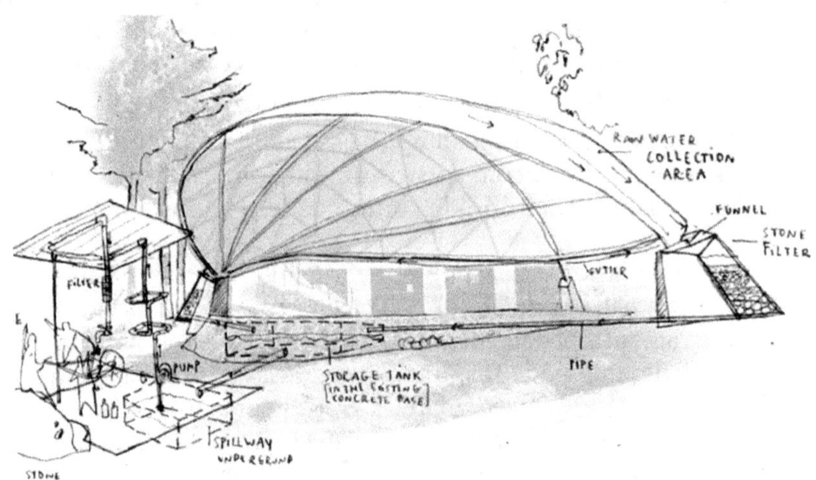

Figura 6 Desenho do domo captador de água. *Fonte:* Rozana Montiel.[8]

---

7. Disponível em: http://rozanamontiel.com/proyectos/domo-captador-agua/. Acesso em: 04/09/2018.

8. Disponível em: http://rozanamontiel.com/proyectos/domo-captador-agua/. Acesso em 04/09/2018.

Considerações finais: o efeito Lótus por meio do manejo da água

Os casos apresentam desafios em três distintos contextos em que se buscou tornar os espaços mais resistentes e higiênicos. Algumas soluções combinam a captação de água da chuva e podem ser implementadas com o objetivo de aumentar o abastecimento de água em momentos de escassez e reduzir seu volume em situações de chuva. Convertendo crises em oportunidades, o princípio da antifragilidade, as intervenções propõem mecanismos para amenizar as inundações principalmente a partir da manutenção e preparação dos locais para o correto escoamento e direcionamento da água. Um estudo minucioso a respeito dos pontos mais propícios para o acúmulo de água e dos níveis de elevação em inundações anteriores podem dar as diretrizes iniciais para um projeto.

As intervenções selecionadas estão de acordo com os Objetivos do Desenvolvimento Sustentável (ODS), especialmente os tópicos 6 e 11:

- Objetivo 6. Assegurar a disponibilidade e gestão sustentável da água e saneamento para todos.
- Objetivo 11. Tornar as cidades e os assentamentos humanos inclusivos, seguros, resilientes e sustentáveis.

De acordo com a essência da sustentabilidade publicada em 1987 em Nosso Futuro Comum, conhecido como Relatório Brundtland, pela Comissão Mundial das Nações Unidas sobre Meio Ambiente e Desenvolvimento, o objetivo é atender às necessidades do presente sem comprometer a capacidade de gerações futuras em atender às suas próprias necessidades.

A intervenção no Tanner Springs Park, em Portland, exemplifica como em áreas urbanas mais adensadas é importante aumentar a permeabilidade do solo, e isso pode ser feito por meio dos parques.

Na fase de prevenção, planos de conservação podem evitar inundações por meio da realocação de edifícios, da retirada da infraestrutura comunitária do risco e do aprimoramento das características naturais da terra e da região costeira para dissipação da inundação.

Em Sangam Vihar, Nova Delhi, onde o problema está relacionado ao déficit habitacional e ocupação de áreas impróprias, é preciso um olhar mais atento para as alternativas viáveis com implementação no curto prazo, para depois atuar no longo prazo. É possível propor, no curto prazo, abordagens estruturais para reduzir inundações durante a fase de mitigação, como:

> "Elevar os edifícios acima dos níveis de inundação de pico antecipados, estruturas de engenharia de construção e envelopes para impactos severos de vento e ondas, e usar materiais de construção que sejam impermeabilizados ou de outra forma impermeáveis a danos causados pela água"[9] (WATSON, ADAMS, 2011, p. 135).

Finalmente, no exemplo da comunidade Miravalle, na Cidade do México, a estrutura do domo captador de água, que poderia ser vista apenas como um elemento para proteção em momentos de chuvas excessivas, passa a auxiliar em outros entraves relacionados ao abastecimento da água.

As soluções adotadas para a recuperação podem ir além dos problemas pontuais para os quais foram originalmente pensados e promover benefícios mais amplos.

No caso do domo captador de água da chuva, graças às várias funções que ele permite, estabelece-se um precedente cultural para o uso sustentável da água, descentralizando o seu abastecimento.

Enquanto elemento vital, a água não pode ser desperdiçada, quando há a opção de purificá-la e disponibilizá-la para uso. O princípio da autolimpeza das folhas de lótus serve de inspiração, uma vez que transportam as partículas de sujeira e previnem a contaminação da área de superfície da planta exposta à luz. Soluções simples podem propiciar um uso mais racional da água, agindo como o efeito presente nas folhas de lótus.

Referências bibliográficas

AGUIRRE, B. E. **On the Concept of Resilience.** University of Delaware: Disaster Research Center, 2006.

BUCHANAN, R. **Wicked Problems in Design Thinking.** In: Margolin, V.; Buchanan, R. (editor) The Idea of Design. Cambridge, MA: The MIT Press, 1995.

COLLET, A. L. J. **Planejamento após desastres: redução da vulnerabilidade e construção da resiliência em Constitución e São Luiz do Paraitinga.** Dissertação de Mestrado apresentada ao Instituto de Pesquisas Tecnológicas do Estado de São Paulo – IPT, São Paulo, 2018.

---

9. Em tradução livre do inglês: "*Raising buildings above antecipated peak flood levels, engineering building structures and envelopes for severe wind and wave impacts, and using building materials that are waterproofed or otherwise impermeable to water damage*".

DOWBOR, L. **A organização de iniciativas locais.** *In*: Desafios da economia solidária. São Paulo: Instituto Paulo Freire, 2008.

DREISEITL, H; GRAU, D. **New waterscapes planning, building and designing with water.** Basel / Berlin / Boston: Birkhäuser Verlag, 2005.

DURAN, S. C. **Architecture & Energy Efficiency.** Barcelona: Loft, 2011.

FUAD-LUKE, A. **Design Activism: Beautiful Strangeness for a Sustainable World.** New York: Earthscan, 2009a.

FUAD-LUKE, A. **The Eco-Design Handbook: A Complete Sourcebook for the Home and Office.** London: Thames and Hudson, 2009b.

LEE, A. J. **Resilience by Design**. Switzerland: Springer International Publishing, 2016.

MACASKILL, K.; GUTHRIE, P. **Multiple Interpretations of Resilience in Disaster Risk Management.** Procedia Economics and Finance, v.18, pp.667-674, 2014.

PEREIRA, A.; OLIVEIRA, D.; OLIVEIRA, J.; OLIVEIRA, J.P.; BROCHADO, M.; CRUZ, P. **Efeito Lotus.** Relatório Equipe 601 (Mestrado Integrado em Engenharia Química) Porto: Faculdade de Engenharia da Universidade do Porto, 29 de Outubro de 2010.

ROLLER, Z. **Sangam Vihar Water Resilience Plan**. Client Report Submitted in partial satisfaction of the requirements for the degree of MASTER OF CITY PLANNING in the Department of City and Regional Planning of the UNIVERSITY OF CALIFORNIA, BERKELEY, 2016.

ROSA, M. L.; WEILAND, U. E. **Co-desenhando a cidade: arquitetura + inteligência informal.** São Paulo: Meli Melo Press, 2017.

TALEB, N. N. **Antifrágil. Coisas que se beneficiam com o caos.** Rio de janeiro: Best Business, 2017 (6ª Edição).

UNISDR. **Como Construir Cidades Mais Resilientes- Um Guia para Gestores Públicos Locais.** Tradução de: How to Make Cities More Resilient – A Handbook for Mayors and Local Government Leaders. Genebra, Suíça: Escritório das Nações Unidas para a Redução do Risco de Desastres, 2012.

WATSON, D.; ADAMS, M. **Design for Flooding: Architecture, Landscape, and Urban Design for Resilience to Climate Change.** New Jersey: Wiley & Sons, 2011.

Capítulo XIII

Acidentes e desastres tecnológicos: abordagem geotécnica

Edilson Pizzato

Introdução

Recentemente, dois grandes desastres sociais e ambientais marcaram o Brasil: os rompimentos das barragens de contenção de rejeitos de Mariana (MG), em 2015, e de Brumadinho (MG), em 2019. O primeiro, além da perda de vidas humanas, foi também considerado por muitos como o maior desastre ambiental do Brasil. Já o de Brumadinho provocou a morte ou desaparecimento de aproximadamente 270 pessoas, constituindo o segundo maior acidente com barragens no mundo nos últimos 30 anos, em termos de perdas de vidas humanas.

Outro exemplo de desastre social recente no Brasil foi o desabamento da estação Pinheiros do Metrô de São Paulo, fato que ocasionou a morte de sete pessoas.

Não só no Brasil, mas no mundo todo, há exemplos de outros acidentes desse tipo que, por sua magnitude e consequências sociais, também são considerados como desastres.

Esses casos, e outros semelhantes, não podem ser classificados como desastres naturais, pois estão diretamente relacionados às atividades humanas e aos processos tecnológicos que os envolvem, sem interferências naturais externas significativas. Dessa forma, podemos então chamá-los de "acidentes tecnológicos".

Outros exemplos de acidentes tecnológicos são os vazamentos de produtos químicos, colisão de veículos, quedas de avião, desabamentos de edificações por motivos estruturais, etc. Se um acidente em uma obra está relacionado a defeitos ou falhas na estrutura, porém também existe contribuição de um fenômeno externo, como um sismo ou evento natural catastrófico, podem ainda ser designados como desastres mistos.

Neste capítulo trataremos dos acidentes tecnológicos que resultaram em desastres relacionados às obras geotécnicas, ou seja, aquelas que influenciam e dependem diretamente do meio físico geológico. Exemplos desse tipo de obra são as barragens, escavações, fundações, etc. Mais especificamente, poderíamos chamá-los de acidentes *geotécnicos*.

Dentre as obras geotécnicas que historicamente mais apresentam acidentes que podem resultar em desastres estão as barragens e escavações, que serão abordadas neste capítulo. Serão apresentados alguns casos historicamente mais importantes e também se discutirão suas consequências, características, previsibilidade e análise de risco.

Dentro dessa abordagem, será utilizado o conceito de desastre adotado pela Defesa Civil Brasileira: "*Resultado de eventos adversos, naturais ou provocados pelo homem, sobre um ecossistema, causando danos humanos, materiais e/ou ambientais e consequentes prejuízos econômicos e sociais*" (CASTRO, 1998).

Geologia e geotecnia

Grandes obras – como barragens, pontes e escavações – aplicam forças de grandes proporções no subsolo, alterando assim seu estado de tensões e provocando deformações ou rupturas que podem danificar a estrutura e até o meio físico em seu entorno. Quando esses movimentos atingem proporções que afetam significativamente a população, ou o meio ambiente, acabam ocasionando desastres.

As estruturas das obras de engenharia são construídas com materiais feitos pelo homem, como concreto, alvenaria e aço, os quais são elaborados com rigoroso controle e tecnologias cada vez mais desenvolvidas. Nesse caso, rupturas dessas estruturas ocorrem praticamente em virtude de erros no projeto ou deterioração por falta de manutenção. Exemplos desses casos são desabamentos de edifícios ou pontes.

Os materiais geológicos, por sua vez, que constituem as fundações das estruturas de engenharia, apresentam geralmente heterogeneidades características dos materiais naturais, trazendo maior grau de imprevisibilidade. Essa variabilidade geológica confere ao meio físico incertezas que dificultam a análise e podem vir a gerar erros de projeto e, consequentemente, seu colapso.

A área das Geociências que estuda as relações entre o homem e o meio físico geológico é a Geologia de Engenharia (OLIVEIRA; MONTICELLI, 2018).

Segundo a International Association of Engineering Geology and Environment (IAEG), a "*Geologia de Engenharia é a ciência dedicada a investigação, estudo e solução de problemas de engenharia e meio ambiente, decor-*

rentes da interação entre a geologia e os trabalhos e atividades do homem, bem como a previsão e desenvolvimento de medidas de prevenção e remediação de acidentes geológicos" (IAEG, 2019).

A Geologia de Engenharia estuda o meio geológico em sua totalidade, incluindo estruturas geológicas, hidrogeologia e os processos que nele ocorrem. A Geologia de Engenharia, associada a mais duas disciplinas – a Mecânica de Solos e a Mecânica de Rochas, que estudam o comportamento físico dos materiais geológicos (solos e rochas) –, compõem a área de conhecimento designada de Geotecnia.

A Geotecnia tem por finalidade prever o comportamento do meio físico perante as exigências impostas pelas obras de engenharia e a ocupação urbana.

No projeto de uma obra é necessário, antes de mais nada, elaborar um modelo geológico que represente a distribuição dos diferentes materiais geológicos, suas relações, estruturas (dobras, falhas, camadas), disposição da água subterrânea, do topo rochoso, presença de matacões ou cavidades (*carst*), etc. Com base nesse modelo geológico inicial, é laborado o modelo geomecânico, que representa as propriedades físicas dos materiais, suas relações, comportamento perante as solicitações da obra, tensões envolvidas, etc. (Figura 1).

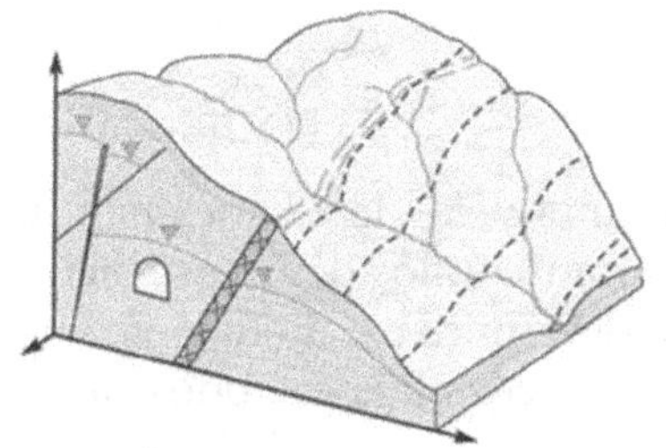

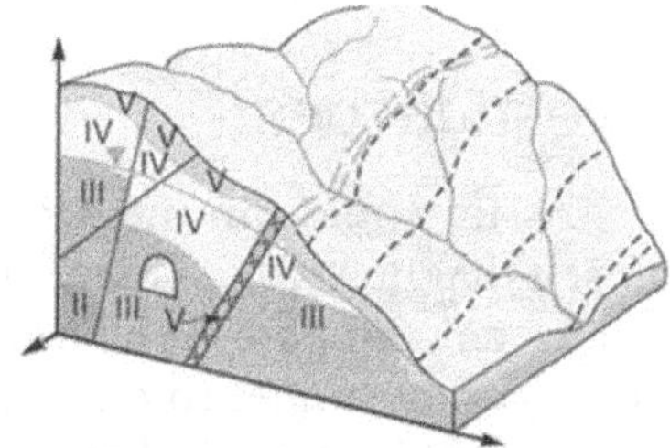

Classe do maciço	Descrição	Coesão (KPa)	Ângulo de atrito (°)
II	Bom	300 – 400	35 – 45
III	Regular	200 – 300	25 – 35
IV	Ruim	100 – 200	15 – 25
V	Péssimo	< 100	< 15

Figura 1 Exemplo de modelos em Geologia de Engenharia. O Modelo Geológico mostra os tipos de rochas, espessura de solo, posição do lençol freático, relevo e estruturas geológicas (falhas e fraturas). O modelo Geomecânico representa a classificação geomecânica dos maciços com as faixas de valores de parâmetros de resistência (coesão e ângulo de atrito). *Fonte:* Modificado de Vallejo e Ferrer (2011).

Para definir os modelos geológico e geomecânico é necessária uma série de estudos e investigações, de forma a reduzir o grau de incerteza, chegando assim ao mais próximo da realidade possível. A segurança da obra depende da precisão desses modelos e, portanto, depende da qualidade das investigações.

Imprevistos geológicos

Imprevistos geológicos constituem situações geológicas que não foram identificadas durante as investigações; são situações inesperadas que representam surpresas. Nesse contexto, conforme aponta Cerri (2018), podemos distinguir na prática dois tipos de imprevistos: aquele que "poderia ter sido previsto" e não o foi em virtude de falhas na investigação; e os "realmente imprevisíveis", que não puderam ser identificados por se tratar de algo ainda não conhecido, ou seja, que estão além do estado da arte.

Essa definição é importante, principalmente no caso de apuração de responsabilidades diante de um acidente, pois no primeiro caso pode indicar imperícia por parte dos profissionais envolvidos. Contudo, a linha divisória é tênue e dinâmica, uma vez que o estado da arte evolui cada vez mais com o desenvolvimento de tecnologias e estudos de casos ocorridos no passado.

Investigações

Assim como um médico dispõe de uma série de exames para fazer seu diagnóstico, a Geotecnia conta com métodos de investigação e ensaios em campo e de laboratório para determinar o modelo geológico e o comportamento dos materiais geológicos. Tais métodos são divididos em diretos e indiretos.

Os métodos diretos permitem acesso ao material, coleta e execução de ensaios de campo. Os mais utilizados são as sondagens, que permitem identificar a distribuição das camadas geológicas no subsolo e determinar a profundidade do nível de água freático, sendo imprescindível para a elaboração do modelo geológico. Permitem, ainda, a realização de ensaios no próprio local e a coleta de amostras para realização de ensaios em laboratório, o que possibilita também a elaboração do modelo geomecânico.

Os métodos indiretos, também chamados de geofísicos, utilizam propriedades físicas dos materiais constituintes do subsolo (resistividade elétrica, densidade, propagação de ondas elásticas, eletromagnetismo, etc.), sejam solos ou rochas, com o objetivo de identificar as camadas e estruturas e também a posição do nível freático, permitindo assim estabelecer o modelo geológico.

A principal vantagem dos métodos geofísicos é que estes possibilitam a análise contínua do meio, na forma de seções, gerando modelos bi ou tridimensionais, são de rápida realização e fácil interpretação. Se compararmos com uma análise clínica, corresponderiam a uma ultrassonografia ou radiografia médica (Figura 2). Se associados aos métodos diretos, podem fornecer resultados bastante precisos para a elaboração de modelos geológicos.

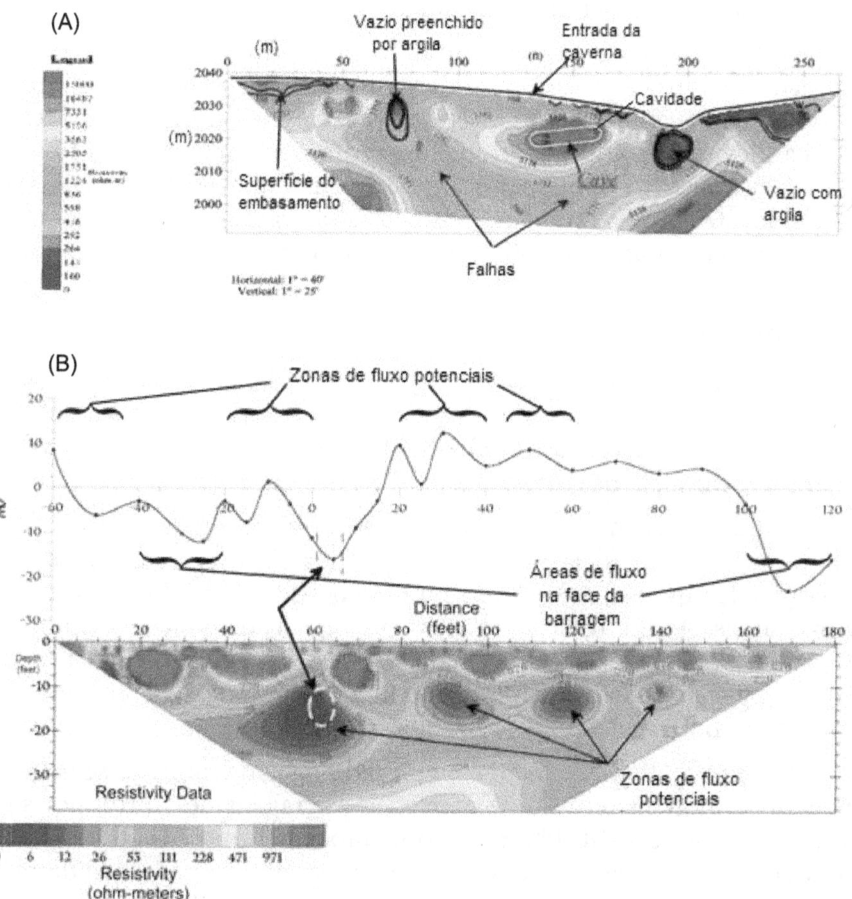

Figura 2 Perfil elétrico utilizado para identificação de: A) cavidades em terrenos cársticos e B) fluxo de água em barragem. *Fonte:* Advanced Geoscience (AGI): http// www.agiusa.com.

Dessa forma, dispomos hoje de ferramentas que nos permitem uma compreensão bastante detalhada das condições geológicas e geotécnicas que influenciam o comportamento de obras de grande porte, possibilitando reduzir muito as incertezas do meio físico e, assim, os imprevistos geológicos. Pode-se dizer até que imprevistos em obras geotécnicas estão relacionados, em grande parte dos casos, com uma investigação geológica inadequada ou insuficiente.

Em outros casos, os condicionantes geológicos foram corretamente levantados e previstos, porém foram negligenciados durante o projeto ou construção. Nesse caso conheciam-se as características geológicas e suas implicações, porém estas não foram consideradas, ou foram menosprezadas, no projeto ou durante a obra.

Outro aspecto de grande importância é que as obras de engenharia não são eternas. Elas sofrem desgaste, e as próprias características do meio físico em que estão inseridas podem se modificar com o tempo. Para evitar esse tipo de problema, tanto obras quanto suas fundações devem ser frequentemente monitoradas durante toda a sua vida útil e, muitas vezes, também após sua desativação. Muitos acidentes graves poderiam ter sido evitados com um monitoramento adequado.

Barragens

Em virtude de suas dimensões, e por normalmente conter grande volume de água e/ou resíduos, as barragens estão entre as obras geotécnicas que mais apresentam acidentes cujas consequências atingem magnitude de desastres.

Uma barragem é um elemento estrutural destinado à criação de um reservatório artificial de acúmulo de água. As barragens podem ser classificadas quanto ao seu uso ou ao tipo de material com que são construídas. Assim, temos barragens para geração de energia (hidrelétricas), regularização de vazões para navegação ou controle de inundações, irrigação, abastecimento doméstico ou contenção de resíduos da indústria ou mineração.

Quanto ao tipo de material empregado na construção, as barragens podem ser de concreto ou de aterro. As barragens de aterro, por sua vez, podem ser constituídas por terra, enrocamento (pedra britada) ou resíduos. As barragens de concreto também podem ser subdivididas em barragens de gravidade, arco ou contraforte, conforme o projeto de engenharia (Figura 3).

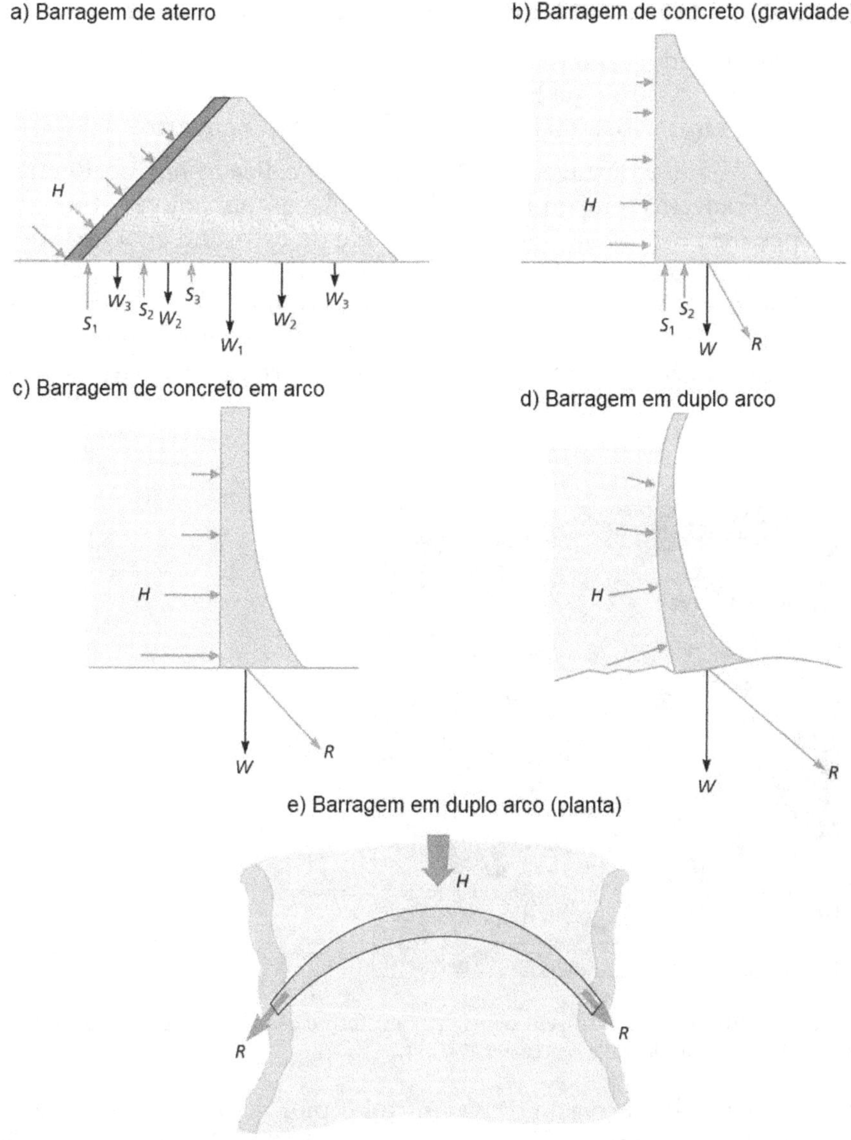

Figura 3 Tipos de barragens e as forças atuantes em cada uma delas. Forças atuantes: H: pressão hidrostática, S: subpressão, W: peso da barragem, R: resultante de H e W. *Fonte:* Modificado de Vallejo e Ferrer (2011).

A maioria dos grandes acidentes envolvendo barragens é decorrente de problemas relativos ao meio geológico sobre o qual foram construídas e não em virtude de problemas relacionados propriamente com seu projeto e construção.

Acidentes em barragens de armazenamento de água

Dois grandes exemplos históricos são o rompimento da Barragem de Malpasset ocorrido na França, em 1959, e a de Vajont, na Itália, que aconteceu em 1963, ambas barragens de concreto em arco.

Em 1959, a Barragem de Malpasset, localizada no Rio Reyran, Riviera Francesa, rompeu atingindo um vilarejo próximo e vitimando 423 pessoas. A ruptura se deu em virtude da estrutura geológica desfavorável, composta pela xistosidade do gnaisse, cortada por uma falha (Figura 4). Nesse caso, a falha ocorreu por um fator geológico desconhecido. Pode-se dizer que a causa foi um "imprevisto", porém uma investigação geológica mais detalhada do entorno poderia ter evitado a tragédia.

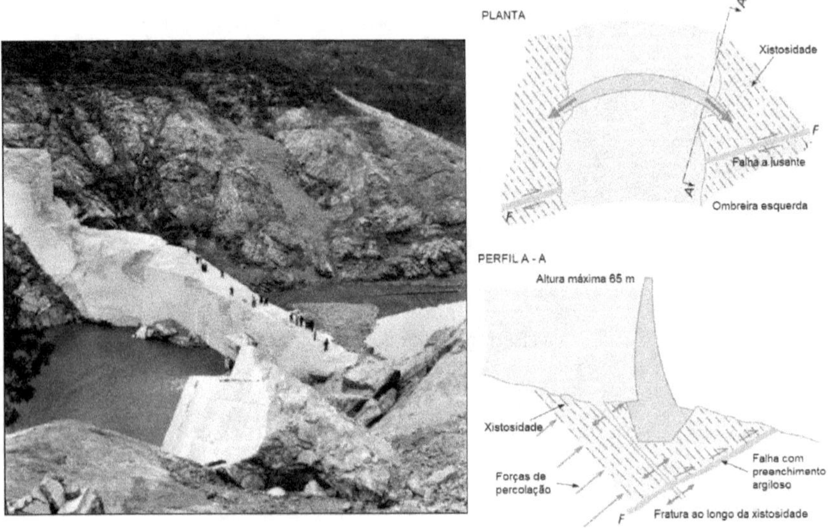

Figura 4 Ruptura da Barragem de Malpasset: foto e esquema da causa da ruptura. *Fonte:* Modificado de Vallejo e Ferrer (2011).

O caso da Barragem de Vajont foi o pior desastre da história relacionado com barragens, causando a morte de aproximadamente 2.600 pessoas. Era a maior barragem do mundo em arco de dupla curvatura, com cerca de 262 m de altura, situada na parte mais baixa de um vale de 1000 m de profundidade. Armazenava cerca de 150 milhões de metros cúbicos de água.

A causa direta do desastre foi o escorregamento de 238 milhões de metros cúbicos de massa rochosa de um dos taludes para dentro do reservatório da barragem. Com o impacto, a água foi expulsa para a jusante do rio, na forma de uma onda que ultrapassou 150 m acima da crista da barragem, atingindo a cidade de Vajont, nas margens do Rio Piave (Figura 5).

O deslizamento foi causado por uma combinação de fatores geológicos adversos, incluindo rochas calcários fraturadas e com cavidades e presença de camadas de argilas com baixa resistência. A ruptura ocorreu no contado entre as rochas calcárias maciças e os calcários com intercalações de argila (Figura 6).

Neste caso, não se pode falar em imprevisto geológico, pois os taludes e as rochas estavam expostas e deformações pretéritas ao movimento final indicavam sua iminência (Figura 7). Na verdade, ouve negligência quanto aos aspectos geológicos e suas possíveis consequências.

A partir desse acidente foi dada mais atenção aos aspectos geológicos em grandes obras de engenharia, impulsionando a Geologia de Engenharia.

Figura 5 Barragem de Vajont após a ruptura. No canto superior direito da foto observa-se a cicatriz da área de ruptura. Percebe-se ainda que a estrutura de concreto da barragem ficou intacta. *Fonte:* Wikipedia.org.

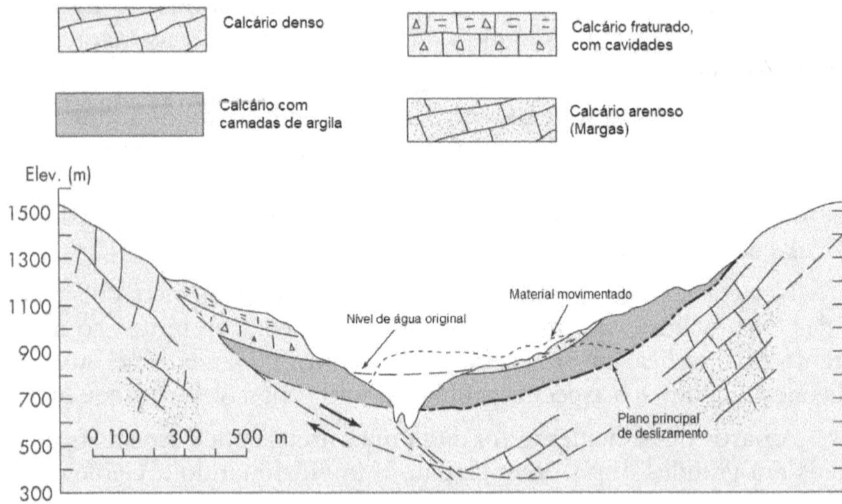

Figura 6 Perfil geológico do acidente de Vajont. *Fonte:* Modificado de Keller (2011).

Figura 7 Barragem de Vajont antes da ruptura. Note-se a cicatriz de escorregamento existente anterior ao evento, no mesmo talude onde se deu a ruptura final (Figura 6), indicando a instabilidade da encosta, que deveria ter sido analisada. *Fonte:* wikimedia.org.

Barragens de rejeitos de mineração

O maior número de acidentes com barragens registrados no mundo envolveu barragens para contenção de resíduos de mineração (rejeitos). Isso porque esse tipo de barragem normalmente não é construído com os mesmos critérios técnicos e controle tecnológico que uma hidroelétrica ou uma barragem de armazenamento de água para abastecimento. São obras associadas à exploração de minérios e geralmente são alteadas em etapas, conforme a demanda de resíduos. Isso dificulta a implantação de drenagem, além do fato de que muitas vezes não há compactação adequada.

Barragens convencionais, como as hidrelétricas ou para abastecimento, são vistas como um ativo do ponto de vista econômico. Como resultado, sua construção, operação e manutenção recebem alto padrão de cuidado. Em contrapartida, as barragens de rejeitos constituem apenas fonte de gastos na operação de uma mineração. Infelizmente, isso significa que o principal objetivo em uma operação de mineração com relação às barragens de rejeito é a redução de gastos, o que muitas vezes pode implicar redução da sua segurança.

Além desse cuidado menor com as barragens de rejeitos em relação às barragens convencionais, também há uma diferença entre os processos construtivos. As primeiras são construídas em etapas, alteadas conforme a necessidade de armazenamento dos resíduos. Esses alteamentos podem ser realizados de acordo com três métodos construtivos, que definem os três principais tipos de barragens de rejeitos de mineração: montante, jusante e linha de centro (Figura 8).

Dentre os três tipos, o processo mais seguro é o de alteamento de jusante, porém também é o mais caro. As barragens de alteamento de montante são as menos seguras, pois são construídas tendo por fundação os resíduos lançados na forma de polpa (lama com resíduos e água de transporte), sem qualquer compactação, e que permanecem saturadas por longo tempo. Nessas condições, esse tipo de estrutura é muito suscetível ao fenômeno de liquefação, principalmente sob condições de sismicidade.

Na Figura 9 está representada a evolução no número de acidentes envolvendo rupturas de barragens de rejeitos de mineração, conforme dados do Center for Cience in Public Participation (2019). Observa-se aumento significativo dos acidentes, principalmente a partir da década de 1970.

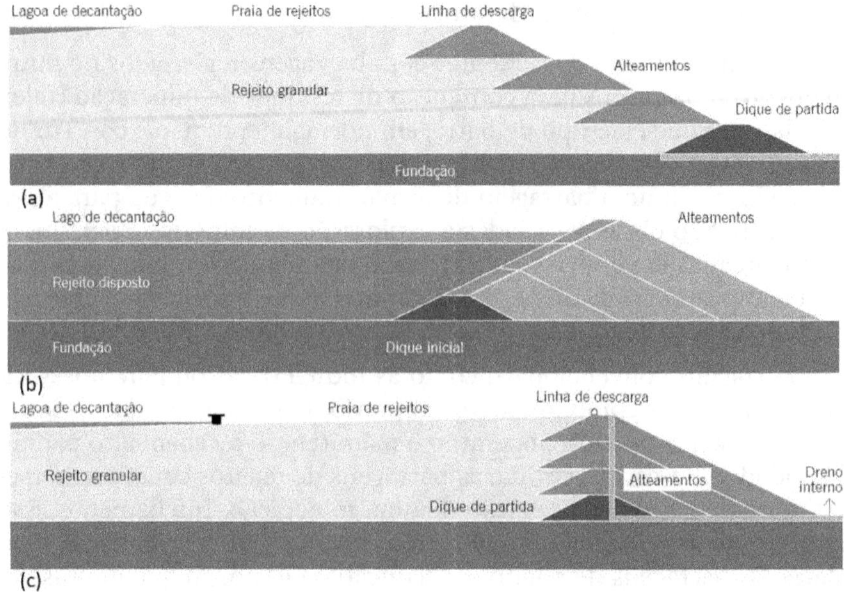

Figura 8 Principais processos construtivos de barragens de rejeito de mineração. Alteamento de: a) montante, b) jusante e c) de linha de centro. *Fonte:* IBRAM (2016).

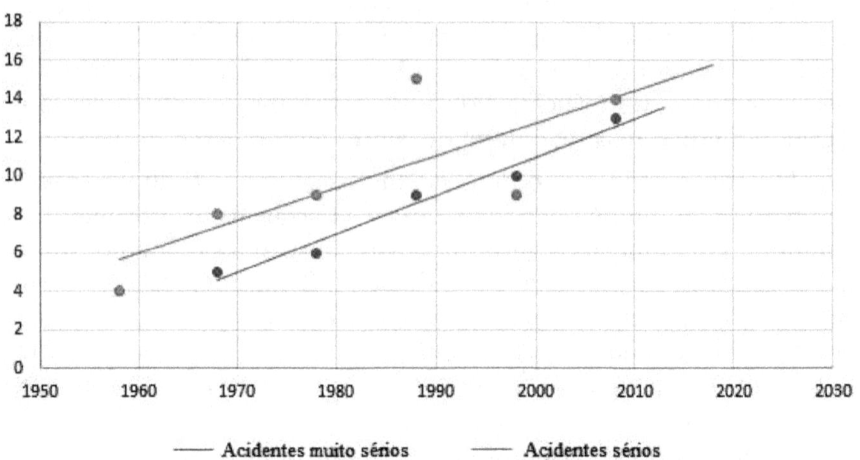

Figura 9 Aumento no número de acidentes envolvendo rupturas de barragens de rejeitos de mineração, muito sérios e sérios, entre 1958 e 2017. São considerados sérios os acidentes com mobilização superior a 100.000 m³ e/ou com ocorrência de mortes. Classificam-se como muito sérios aqueles que envolvem mobilização superior a 1 milhão de m³ e/ou com número de mortes maior ou igual a 20 (ICOLD, 2001). *Fonte:* Center for Cience in Public Participation (2019).

Esse aumento pode ser explicado pela ampliação do volume de material armazenado nas barragens, o que implica aumento na altura das mesmas, (Figura 10). Outro fator que contribui para o aumento no número de rupturas é a baixa durabilidade das barragens de rejeito.

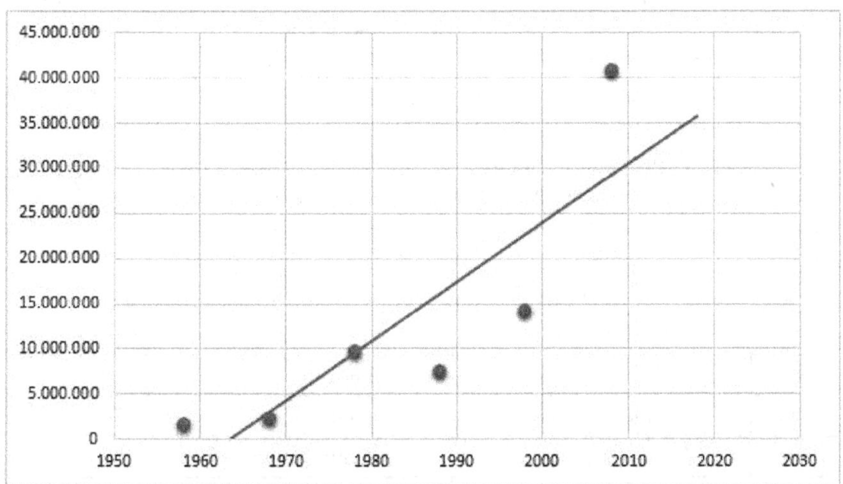

Figura 10a Aumento da capacidade de estocagem das barragens de rejeitos no mundo, entre 1958 e 2017. *Fonte:* Center for Cience in Public Participation (2019).

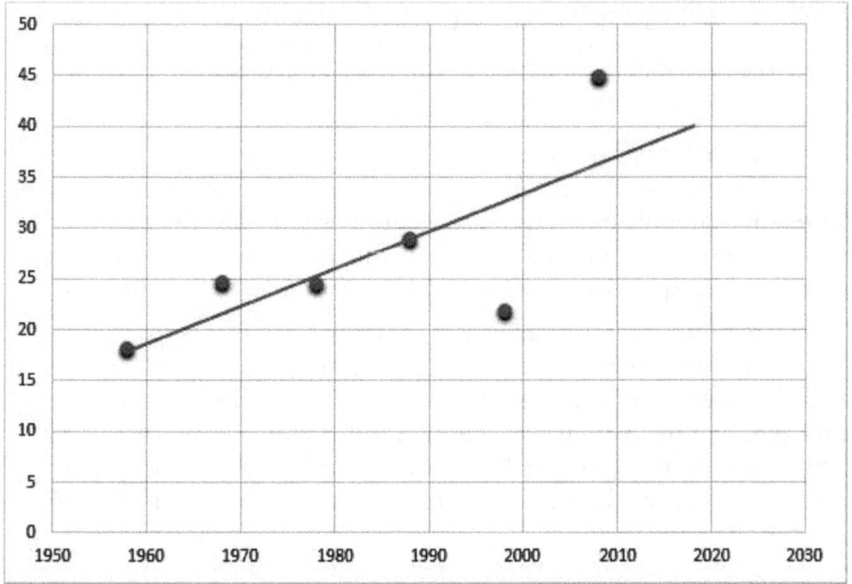

Figura 10b. Aumento da altura média das barragens. *Fonte:* Center for Cience in Public Participation (2019).

Na Tabela 1 são mostrados os maiores acidentes envolvendo barragens de mineração no mundo e que ocasionaram grande número de mortes. Todas são do tipo alteamento de montante.

O Brasil encontra-se nessa relação pelo acidente na Barragem de Fundão, em Mariana (MG), em novembro de 2015, que ocasionou 19 mortes e danos ambientais significativos, e na Barragem I do Córrego do Feijão, em Brumadinho (MG), ocorrido em fevereiro de 2019, com 246 mortos identificados até julho do mesmo ano e 23 desaparecidos.

Tabela 1 Principais acidentes de ruptura de barragens de rejeitos de mineração que ocasionaram mortes, após 1960.

Data	Local	Tipo de minério	Nº de mortes
1966	Bulgária/Sgoringrad	Pb, Zn, Cu, Ar	488
2019	Brasil/Brumadinho/MG	Ferro	269*
1985	Itália/Stava Trento	Fluorita	268
2008	China/Shanxi	Ouro	254
1965	Chile	Cobre	200
1966	Gales/U. K.	Carvão	144
1972	EUA/W Virgínia	Carvão	125
2015	Myanmar	Jade	113
2015	Brasil/Mariana/MG	Ferro	19

Fonte: Center for Cience in Public Participation (2019). * Atualizado de acordo com estimativa de mortos e desaparecidos até julho de 2019. *Fonte:* g1.globo.com.

Além de perdas de vidas humanas, os rompimentos de barragens de rejeitos de mineração normalmente constituem desastres ambientais, por conterem materiais que muitas vezes apresentam substâncias potencialmente poluentes, como metais tóxicos, sulfetos e ácidos, ou grande volume de lama, que pode causar impactos físicos no meio ambiente.

O resíduo de mineração é o principal resíduo proveniente do beneficiamento de minério. Sua importância decorre do volume de material produzido e dos problemas de gestão relacionados com seu armazenamento. A Figura 11 mostra a distribuição relativa dos principais tipos de resíduos produzidos no mundo. Destaca-se que os resíduos provenientes da mineração perfazem aproximadamente 38% do total de resíduos.

Figura 11 Distribuição dos resíduos no mundo. *Fonte:* http://www.estadao.com.br/infograficos/de-onde-vem-o-lixo-produzido-no-mundo,sustentabilidade,235040. *Fonte de dados:* Maurício Waldman

Destacamos três acidentes recentes: o rompimento da barragem de Mount Polley, que ocasionou apenas danos ambientais, e o das barragens de Fundão e Córrego do Feijão, que provocaram não só danos ambientais, mas a perda de muitas vidas humanas.

Barragem de Mount Polley

A Barragem de Mount Pulley, localizada no Canadá, rompeu em 2014. Tinha aproximadamente 40 m altura e continha resíduos de mineração de ouro e cobre, que atingiram o Lago Quesnel (Figura 12).

A fundação da barragem é constituída por rochas sedimentares de origem glacial arenosas (tilitos). Intercaladas a essas rochas arenosas, mais resistentes, ocorre uma camada de aproximadamente 2,0 m de argilitos estratificados lacustres (varvitos). O argilito apresenta baixa resistência ao cisalhamento e, quando a pressão proveniente do peso da barragem superou essa resistência, ocorreu a ruptura na fundação (Figura 13). Dessa forma podemos considerar que a causa foi o desconhecimento da existência dessa camada na fundação, ou seja, dentro de nossa abordagem, um "imprevisto", mas que poderia ser identificado com uma investigação geológica mais detalhada da fundação.

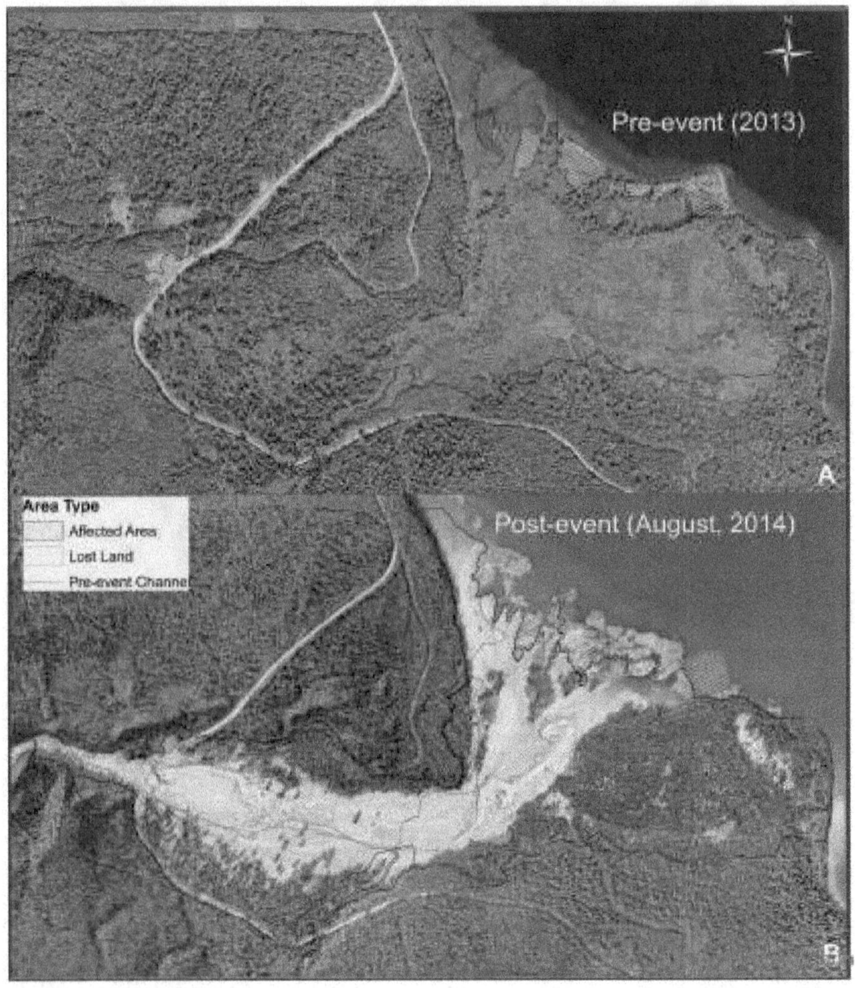

Figura 12 Barragem de Mount Pulley, antes (A) e após o seu rompimento (B). *Fonte:* Morgeinstern et al. (2015).

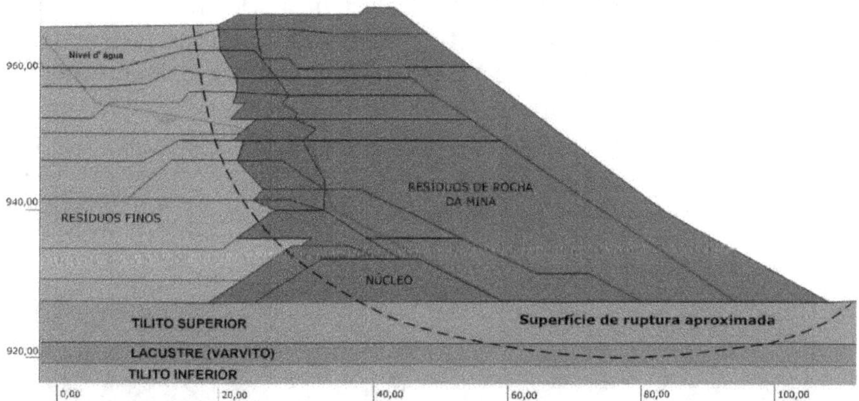

Figura 13 Modelo do rompimento da Barragem de Mount Pulley. A ruptura iniciou-se na camada de varvito, cuja resistência era muito inferior à das demais camadas. *Fonte:* Modificado de Morgeinstern et al. (2015).

Barragem de Fundão

O rompimento da barragem de Fundão, localizada no Município de Mariana (MG), de propriedade da Samarco (Vale e BHP Billiton), não só provocou danos ambientais importantes, como ocasionou a morte de 19 pessoas, entre trabalhadores da empresa e moradores do Bairro de Bento Gonçalves, dizimado pelo evento (Figuras 14 e 15).

Por sua intensidade, o desastre ocorrido em Mariana é classificado como de Nível IV, "**desastre de muito grande intensidade**", conforme classificação da Defesa Civil (Castro, 1998): "*Impactos muito significativos e prejuízos muito vultosos (acima de 30% do PIB municipal). Não é superável pelo município, sem que receba ajuda externa (Estado de calamidade pública)*".

Dos 50 milhões de rejeitos armazenados, 34 milhões foram liberados ao meio ambiente; os 16 milhões restantes continuaram sendo carreados aos poucos. Estes foram transportados por uma distância de 663,2 km pelo Rio Doce até o Oceano Atlântico.

Segundo laudo do IBAMA (2015), trata-se de resíduos não perigosos, não inertes, segundo a NBR 10.004 ABNT (2004), constituídos principalmente por ferro e manganês. Mesmo assim provocaram danos ambientais severos, como: devastação de localidades e a consequente desagregação dos vínculos sociais das comunidades; destruição de estruturas públicas e privadas (edificações, pontes, ruas, etc.); destruição de áreas agrícolas e pastos, com perdas de receitas econômicas; interrupção da geração de energia elétrica pelas hidrelétricas atingidas

(Candonga, Aimorés e Mascarenhas); destruição de áreas de preservação permanente e vegetação nativa de Mata Atlântica (Figura 16); mortandade de biodiversidade aquática e fauna terrestre; assoreamento de cursos d´água; interrupção do abastecimento de água; interrupção da pesca por tempo indeterminado; interrupção do turismo; perda e fragmentação de habitats; restrição ou enfraquecimento dos serviços ambientais dos ecossistemas; alteração dos padrões de qualidade da água doce, salobra e salgada.

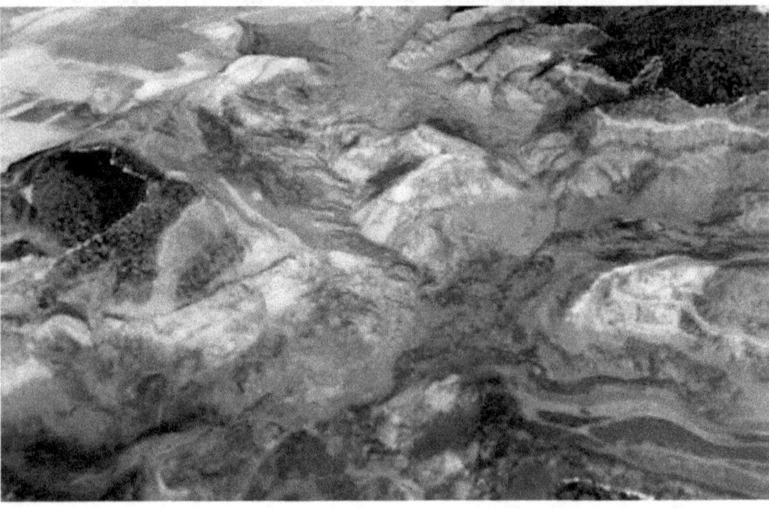

Figura 14 Barragem de Fundão antes e após a ruptura. *Fonte:* Morgeinstern et al. (2016).

Figura 15 Bairro de Bento Rodrigues, após o acidente. *Fonte:* IBAMA (2015).

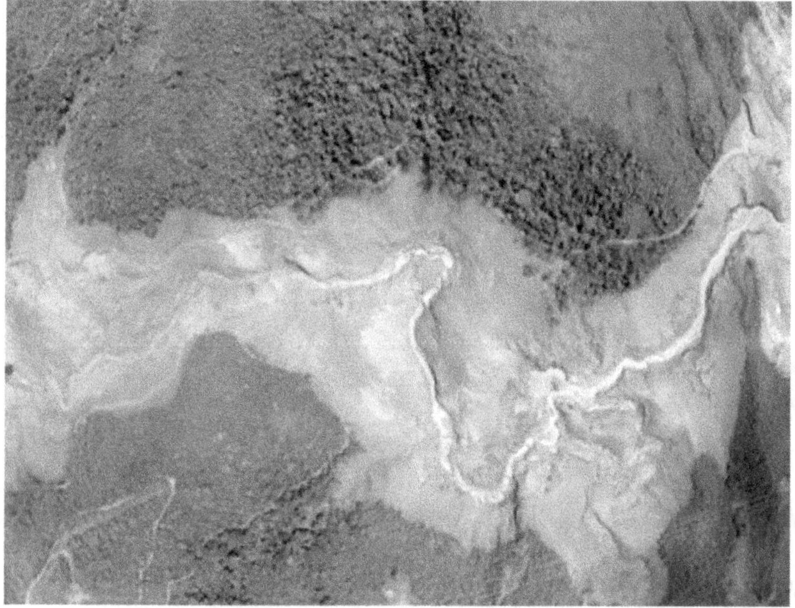

Figura 16 Devastação da mata ciliar pelos resíduos provenientes da Barragem de Fundão. *Fonte:* Imagem Google Earth.

Segundo relatório da junta de consultores que investigou o acidente (MORGEINSTERN et al., 2016), a causa do rompimento da barragem foi o fenômeno conhecido como liquefação. Esse fenômeno ocorre em solos areno-siltosos, saturados, e que submetidos a esforções anômalos e rápidos, em virtude da ausência de drenagem, permitem aumento das tensões intersticiais até valores da ordem das tensões totais. Neste caso, a tensão efetiva se anula, a resistência de corte desaparece e o solo passa a se comportar como um líquido. Essa transformação acontece de forma dinâmica ou estática. A primeira é causada por sismos ou vibrações; a segunda está relacionada com carregamentos em virtude da elevação do nível freático, ou carregamentos rápidos e excessivos (deposição rápida de resíduos).

No caso da Barragem de Fundão, Morgeinstern et al. (2016) indicaram que a liquefação ocorreu em virtude da conjugação de vários fatores, descritos a seguir (Figura 17).

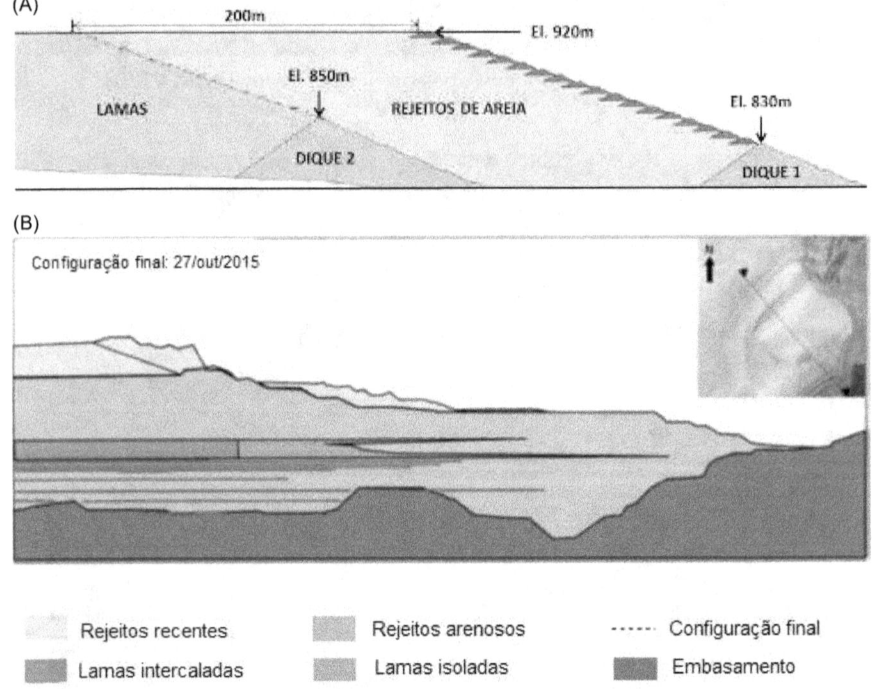

Figura 17 A) Projeto inicial da Barragem de Fundão. B) Configuração real antes do acidente. *Fonte:* Morgeinstern et al. (2016).

Inicialmente, o processo de deposição dos resíduos, por meio hidráulico, criou um maciço arenoso em condições de baixa compactação e saturado, que são as duas condições básicas predisponentes para a ocorrência da liquefação. Além disso, houve deposição de material mais fino (lama) no local onde deveria ser lançada apenas areia, o que introduziu uma barreira ao fluxo da drenagem e uma zona potencialmente menos resistente.

Segundo ainda os autores, para a ocorrência do processo, há necessidade de um evento deflagrador, que eles chamaram de "gatilho". Este gatilho constituiu-se no carregamento (execução de um aterro) sobre o material mais fino descrito acima, o que ocasionou uma extrusão lateral desse material plástico, iniciando o processo.

Os autores citam também que a ocorrência de sismos de baixa magnitude, que aconteceram antes do evento, provocaram deslocamentos de cerca de 5 mm na lama, acelerando a ruptura que já se encontrava em estado bem adiantado.

Barragem I (mina do Córrego do Feijão)

No dia 25 de janeiro de 2019, a Barragem I, pertencente ao complexo da Mina Córrego do Feijão, da Vale S/A, localizada na cidade de Brumadinho (MG), rompeu e apresentou o fenômeno de liquefação, ocasionando aproximadamente 270 vítimas, entre mortos e desaparecidos. Em sua maioria, as vítimas foram funcionários que estavam dentro das instalações da empresa (Figura 18). O volume de resíduos da barragem (aproximadamente 12 milhões de metros cúbicos), embora menor do que a de Fundão, ocasionou muito mais mortes pois ocorreu durante a operação da mina, horário em que havia grande concentração de funcionários no local.

As causas ainda estão sendo averiguadas, porém gerou preocupação o fato de que a barragem estava fora de operação desde 2015 e era monitorada e acompanhada por empresas especializadas, que emitiam relatórios periódicos.

No relatório da empresa responsável pela última auditoria, em dezembro de 2018, um dos fatos que chamaram a atenção é que não havia informações sobre a execução de drenagem na parte inferior da barragem, que deveria ser realizada no início de sua construção. Somente esse fato já gera dúvidas quanto à estabilidade da barragem, pois, como visto, a saturação é um dos pré-requisitos para que ocorra o fenômeno de liquefação. Outros pontos, como má conservação do sistema de drenagem interna e externa e fluxo de água oriundo de uma nascente a montante, também seriam indicativos de potencialidade para a ocorrência de liquefação. Todos os fatores envolvidos, assim como o gatilho que deflagrou o acidente, deverão ser apontados pelas investigações.

Figura 18 Imagens da Mina do Córrego do Feijão, localizada em Brumadinho (MG), antes da ruptura (A) e após a ruptura (B). Note-se que o material mobilizado atingiu diretamente as instalações da mina onde se concentravam os funcionários. *Fonte:* Google Earth (obtida em 28/05/2019).

Segundo a Agência Nacional de Águas (ANA), o Brasil tem mais de 24.000 barragens cadastradas pelos órgãos fiscalizadores, distribuídas conforme a Figura 19. Destas, 790 (3%) são destinadas à contenção de rejeitos de mineração.

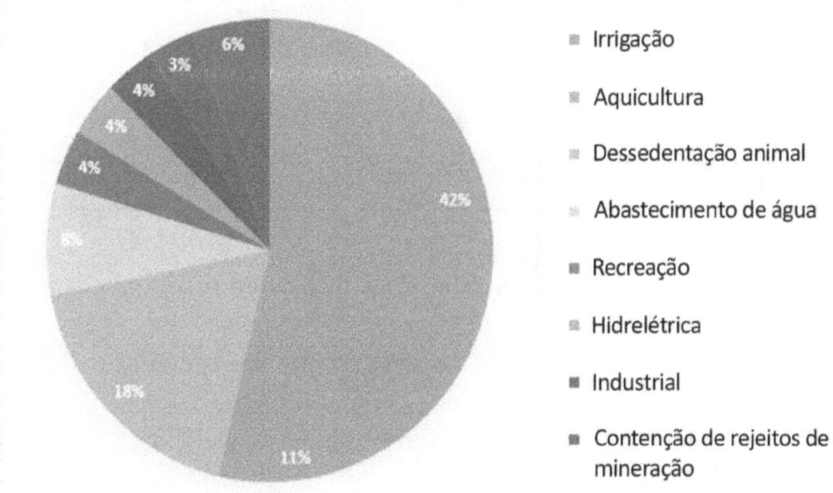

Figura 19 Barragens cadastradas por uso principal. *Fonte:* ANA (2018).

Do total de barragens cadastradas na ANA, 58% possuem algum tipo de autorização e 18,7% delas (4.150) submetem-se à Política Nacional de Segurança de Barragens (PNSB).

No Brasil, o principal documento legal referente a barragens é a Lei Federal 12.334 (BRASIL, 2010), cujo objetivo *"é garantir que sejam observados padrões de segurança e regulamentar as ações de segurança em todas as fases de planejamento, projeto, construção, primeiro enchimento e primeiro vertimento, operação e desativação da barragem"*. A lei aplica-se à água para qualquer uso e disposição final ou temporária de rejeitos e de acumulação de resíduos industriais, e a reservatórios nas seguintes condições: altura do maciço maior ou igual a 15 m, capacidade do reservatório maior ou superior a 3.000.000.000 de m^3, ou que contenha resíduos perigosos, ou que se enquadre na categoria de dano potencial associado.

Para estabelecer a categoria de risco das barragens, utiliza-se a classificação proposta pela Resolução 143 (BRASIL, 2012), mostrada no Quadro 1.

Quadro 1 Classificação de risco em barragens segundo a Resolução 143. As categorias de risco são estabelecidas em função de: características técnicas, estado de conservação e atendimento ao plano de segurança de barragens. Dano potencial associado corresponde ao potencial de perda de vidas humanas e dos impactos econômicos, sociais e ambientais decorrentes da ruptura da barragem.

	Dano potencial associado		
Categoria de risco	**Alto**	**Médio**	**Baixo**
Alto	A	B	C
Médio	B	C	D
Baixo	C	D	E

A Resolução 143 ainda estabelece que os empreendimentos de barragem deverão:

I - Prover os recursos necessários à garantia da segurança da barragem;

II - Providenciar, para novos empreendimentos, a elaboração do proj eto final como construído;

III - Organizar e manter em bom estado de conservação as informações e as documentações referentes ao projeto, à construção, à operação, à manutenção, à segurança e, quando couber, à desativação da barragem;

IV - Informar ao respectivo órgão fiscalizador qualquer alteração que possa acarretar redução da capacidade de descarga da barragem ou que possa comprometer a sua segurança;

V - Manter serviço especializado em segurança de barragem, conforme estabelecido no Plano de Segurança da Barragem;

VI - Permitir o acesso irrestrito do órgão fiscalizador e dos órgãos integrantes do Sindec (Defesa Civil) ao local da barragem e à sua documentação de segurança;

VII - Providenciar a elaboração e a atualização do Plano de Segurança da Barragem, observadas as recomendações das inspeções e as revisões periódicas de segurança;

VIII - Realizar as inspeções de segurança previstas no art. 9º desta Lei;

IX - Elaborar as revisões periódicas de segurança;

X - Elaborar o PAE (Plano de Ação de Emergência), quando exigido;

XI - Manter registros dos níveis dos reservatórios, com a respectiva correspondência em volume armazenado, bem como das características químicas e físicas do fluido armazenado, conforme estabelecido pelo órgão fiscalizador;

XII - Manter registros dos níveis de contaminação do solo e do lençol freático na área de influência do reservatório, conforme estabelecido pelo órgão fiscalizador;

XIII - Cadastrar e manter atualizadas as informações relativas à barragem no Sistema Nacional de Informações sobre Segurança de Barragens (SNISB) (BRASIL, 2012).

Diante de desastres desse tipo, uma questão que sempre se coloca à sociedade e ao meio técnico é como evitar casos semelhantes no futuro. De forma geral, a segurança de uma barragem de rejeito de mineração está relacionada com o custo de operação, que pode inviabilizar economicamente um empreendimento. Nesse caso, é intuitivo se pensar em mudar a forma de disposição dos resíduos. Uma das propostas mais discutidas é substituir a forma de disposição dos resíduos por alternativas mais seguras.

Basicamente, pode-se evitar a utilização de barragens de rejeito das seguintes maneiras: mudando o processo de beneficiamento e extração do minério, tratando o rejeito para sua disposição em uma forma mais seca, reciclando ou utilizando outra forma de disposição.

A flotação é o principal processo de concentração de minérios oxidados de baixos teores, como o caso do itabirito, minério de ferro explorado na região onde aconteceram os acidentes. A flotação é um processo de concentração do minério que utiliza grande quantidade de água (mil litros para produção de uma tonelada de minério concentrado). São adicionados reagentes para que o minério flutue sobre uma polpa. Essa polpa nada mais é do que uma lama muito aquosa que no final do processo constitui o rejeito fluido, que então é disposto em barragens.

Técnicas mais modernas têm sido desenvolvidas para substituir a flotação por processos que dispensem o uso de água, diminuindo assim o emprego de um recurso natural tão importante e gerando um resíduo sólido, que não necessita da utilização de barragens.

Uma delas é o processo chamado Fine Dry Magnetic Separation (FDMS), que permite a separação magnética seca do minério de frações mais finas (abaixo de 0,01 mm), enquanto a separação magnética convencional só pode ser utilizada para frações acima de 0,75 mm. Essa técnica é patenteada pela Empresa New Steel Ltda.

Outro processo de beneficiamento a seco é chamado de *umidade natural*, ou *peneiramento a seco*, e foi aplicado pela Vale S/A na Mina de Canãa dos Carajás. Essa técnica, contudo, exige um minério com teor mais elevado que o itabirito, que gira em torno de 30%.

Exemplos de técnicas alternativas às barragens para disposição dos rejeitos são: disposição em cavas exauridas, disposição do rejeito seco após processo de retirada da água e empilhamento drenado.

A disposição em cavas exauridas confina o rejeito dentro de uma cava de mineração já paralisada, reduzindo muito o perigo de extravasamento, porém só é aplicada em minas que já estão explorando uma segunda cava.

A secagem do rejeito constitui um processo em que a lama é prensada e filtrada, retirando a maior parte da água, em equipamentos chamados de "prensa-filtro". Nesse caso, o resíduo final apresenta consistência mais sólida, podendo ser disposto em aterros com maior estabilidade.

No empilhamento drenado, o resíduo arenoso é depositado na forma de pilha, em meia encosta ou em um pequeno vale confinado, por meio da técnica de aterro hidráulico. A estrutura é dotada de um sistema de drenagem com alta vazão que libera a água livre, diminuindo a pressão hidrostática, o que favorece muito a estabilidade dos taludes, além de promover maior densidade e redução do risco de liquefação e ruptura. Além disso, uma eventual ruptura atingiria uma área mais restrita em virtude do estado sólido do material. Esse tipo de disposição de rejeitos é utilizado na Mina de Serro Azul, na Região Metropolitana de Belo Horizonte.

Outra forma de evitar ou reduzir a disposição dos rejeitos em barragens é a reciclagem. Rejeitos como os da Barragem de Fundão, por exemplo, podem ser utilizados como matéria-prima na fabricação de tijolos, telhas, pavimentos, argamassa de concreto, vidros e outros artefatos. Estudos sobre esse tipo de destinação vêm sendo realizados pelo Grupo de Pesquisas de Resíduos Sólidos (RECICLOS) da Universidade Federal de Ouro Preto (MG). O problema, nesse caso, é o grande volume de resíduos dispostos e que ainda estão sendo gerados, e a distância do material em relação aos centros consumidores, nesse caso os grandes centros urbanos, o que encarece o produto final.

De qualquer forma, não há uma alternativa única e definitiva que possa ser utilizada em todas as situações. Será necessário estudar cada caso e eventualmente associar mais de uma técnica em uma mesma mina.

Escavações

Escavações muitas vezes sofrem estabilizações, provocando acidentes restritos à própria obra. No caso de escavações subterrâneas em ambiente urbano, as consequências podem ser mais graves, dada a concentração de pessoas e serviços próximos ao local da obra.

Um exemplo recente de desastre envolvendo escavações subterrâneas foi o ocorrido na estação Pinheiros do Metrô de São Paulo. Em 12 de janeiro de 2007, um desmoronamento no canteiro de obras da expansão do Metrô de São Paulo provocou a abertura de uma cratera de 80 m de diâmetro às margens da Marginal Pinheiros, na Zona Oeste da Capital, vitimando sete pessoas, entre funcionários da obra e transeuntes (Figura 20). As causas continuam controversas até hoje.

Figura 20 Foto do desabamento da estação Pinheiros do metrô. *Fonte:* g1.globo.com.

Laudos elaborados pelo Instituto de Pesquisas Tecnológicas do Estado de São Paulo e pelo Instituto de Criminalística da Polícia Civil apontaram deficiências na construção da sustentação, realizada pelo processo manual, ou NATM (New Austrian Tunnelling Method). O NATM é uma abordagem metodológica para a construção de escavações subterrâneas que integra os princípios do comportamento de maciços rochosos sob carga e que monitora o desempenho da construção subterrânea durante a construção. O processo é manual, e o dimensionamento da sustentação é realizado com base no comportamento e monitoramento da escavação. Basicamente, os laudos apontaram que não houve tratamento adequado do maciço, conforme indicavam as deformações observadas durante as escavações.

Outros laudos concluíram que a ruptura se deu em virtude da desconsideração de heterogeneidades geológicas do maciço, como variação lateral da rocha e sistema de fraturamento ("imprevistos geológicos"). Como vimos, essas características geológicas poderiam ter sido identificadas, uma vez que dispomos de tecnologia suficiente para uma investigação que permita correta elaboração dos modelos geológicos e geomecânicos.

Ressalta-se ainda uma falha recorrente nesse tipo de acidente, que é a não existência de um plano de gerenciamento de risco, plano de emergência ou plano de contingência que abranja não só os operários envolvidos na obra, como também os moradores e pessoas que transitam no entorno, o que poderia ter reduzido, ou mesmo evitado, o número de perdas de vida.

Das lições que podemos tirar do acidente – visando evitar casos semelhantes em outras obras – estão, entre outras, a necessidade de:

a) realização de investigações geológico-geotécnicas mais detalhadas;
b) mapeamento sistemático de todas as escavações;
c) realização de leituras das instrumentações e retroanálise, efetivando as intervenções em tempo adequado;
d) justificativa detalhada das alterações no projeto original;
e) implementação de um sistema de gestão de risco eficiente que leve em conta não só os trabalhadores da obra, como também a população do entorno.

Colapsos de obras subterrâneas também acontecem com frequência em outras partes do mundo, porém, em sua maioria, não chamam a atenção da sociedade pelo fato de que as consequências ficam restritas a perdas financeiras e atrasos nos cronogramas de obras. Um desses exemplos mais conhecidos foi o desabamento de um trecho do túnel que ligaria a estação Paddington ao aeroporto Heathrow, em Londres, em 1994. A sequência do acidente foi semelhante à do caso do Metrô de São Paulo: primeiro desabou o túnel e depois o fosso que lhe dava acesso. O processo construtivo também era o NATM, porém, no caso de Londres, não houve vítimas, pois o tempo entre o alerta e o colapso foi de dez horas, enquanto em São Paulo foi de minutos.

A investigação realizada em Londres concluiu que as causas do acidente não estavam diretamente ligadas a fatores geotécnicos e sim relacionadas a fatores de engenharia, como má qualidade do sistema de suporte, que apresentava rachaduras que não foram tratadas corretamente, além de fatores organizacionais, como a pressão excessiva sobre as empresas terceirizadas para que cortassem custos.

Análise de risco associado às obras subterrâneas

As crescentes quantidades de obras subterrâneas realizadas em diversas localidades do mundo mostram que uma campanha de investigação geotécnica de ótima qualidade pode evitar problemas futuros ou, principalmente, durante o período de construção.

Um exemplo desse tipo de plano é o GBR (Geotechnical Baseline Reports). Tal documento constitui-se em um relatório de base geotécnica complementar aos documentos de contrato da obra (ASCE, 1997). A principal finalidade do GBR é a de estabelecer, no contrato de execução de uma obra entre a empresa contratante e a contratada, uma declaração informando as condições geológico/geotécnicas que ocorrem no traçado, ou nas proximidades de determinada obra subterrânea.

As outras finalidades do GBR são: apresentar as considerações geotécnicas e o método construtivo por meio da análise dos dados obtidos durante o processo de investigação, alertar o contratante sobre as heterogeneidades de subsuperfície, auxiliar o contratante na escolha dos métodos de escavação e contenção de paredes e ser usado ainda como base para que o gerente de obra possa administrar o desempenho do processo construtivo.

O produto final do GBR é a interpretação de todos os dados de pesquisa adquiridos e apresentados no relatório. Com isso, é possível: estimar a composição e a quantidade de material que serão removidas ao longo do eixo do túnel; caracterizar o material em subsuperfície quanto ao tipo de solo, variedade de rochas, tamanho de grãos, permeabilidade, mineralogia e hidrogeologia; identificar estruturas (dobras, falhas, foliações, juntas e bandamentos); identificar heterogeneidades do meio que possam aumentar o risco, como matacões e interferências antrópicas (adutoras, cabos de alta tensão, cabos de fibra óptica, tubulações de gás, etc.); indicar a posição do maciço rochoso, a presença de gás e contaminações de solos e água subterrânea. O relatório deve ainda prever o impacto que a obra pode causar às áreas próximas no momento da escavação.

Anexo ao GBR deve constar o Relatório de Dados Geotécnicos, também conhecido como GDR (Geotechnical Data Reports). Este documento tem a função de apresentar todos os dados obtidos durante o processo de investigação geotécnica do local, como perfis de sondagens, descrições de campo, resultados de análises de laboratório (análise granulométrica, triaxial, compressão uniaxial, dentre outros), e como esta foi realizada. Com isso, o GBR só pode ser finalizado após a interpretação das informações presentes no GDR.

O GBR é usado principalmente por projetistas e constitui-se em documento importante especialmente no sentido de exigir uma etapa de investigação detalhada e de qualidade, diminuindo as incertezas e evitando imprevistos geológicos. Outra forma de evitar acidente futuros é a realização das análises de risco, documento hoje exigido por seguradoras.

Um exemplo de metodologia para avaliação de risco em escavações subterrâneas é proposto por Pastore (2009). O modelo qualifica o risco em três níveis: alto, médio e baixo. A classificação é feita por meio da análise da complexidade geológica, qualidade das investigações geotécnicas e tipo de obra (Figura 21).

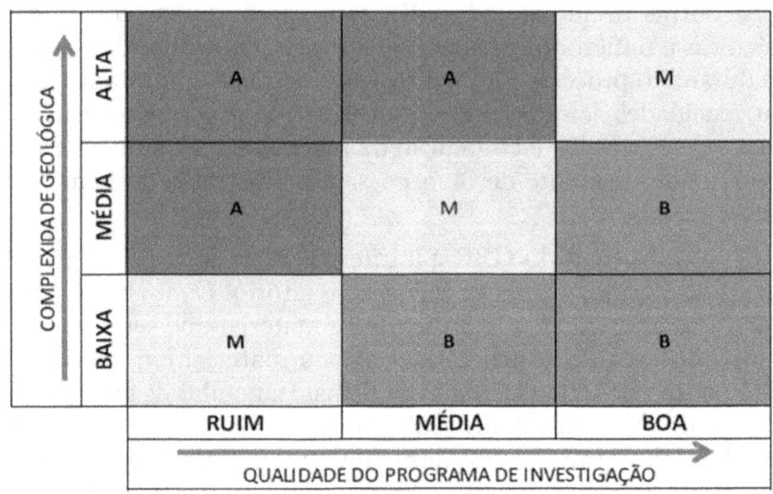

Figura 21 Classificação de riscos geológicos. *Fonte:* Pastore (2009).

A quantificação das variáveis é obtida de parâmetros e pesos apresentados nos Quadros 2, 3 e 4.

Além do próprio resultado da análise de risco, o método é interessante pois força a uma reflexão com relação à quantidade e à qualidade da campanha de investigação, assim como sobre o efetivo conhecimento das condições geológicas do terreno onde a obra se desenvolve.

Quadro 2 Redutores em função da obra.

ITEM	TIPO DE OBRA	REDUTOR
1	Túneis de adução, túneis longos com alta cobertura, taludes de casa de força > 30 metros de altura, casa de força subterrânea e minas subterrâneas	0,70
2	Túneis de desvio de rodoferroviárias, taludes industriais e estruturas de concreto	0,85
3	Taludes < 30 metros de altura, taludes provisórios, fundações de barragens de terra e enrocamento, subestação	1,00

Quadro 3 Complexidade geológica.

PARÂMETROS DE CLASSIFICAÇÃO E SEUS PESOS		COMPLEXIDADE GEOLÓGICA		
ITEM	PARÂMETRO	FAIXA DE VALORES		
1	Quantidade de estudos na região da implatação da obra	muitos 20	alguns 10	nenhum 2
2	Obras similares construídas no mesmo domínio geológico	muitas 20	algumas 15	nenhuma 2
3	Tipo de rocha predominante no sítio da obra	A 15	B 5	C 0
4	Atividade tectônica regional	A 25	B 10	C 1

Somatória valores x redutor tipo de obra = Peso			
Peso	50 - 75	25 - 50	0 - 25
Classe	BAIXA	MÉDIA	ALTA

TIPO DE ROCHA	
A	Granitos, basaltos
B	Xistos, gnaisses
C	Arenitos, folhelhos

TECTÔNICA	
A	Baixa
B	Média
C	Alta

Quadro 4 Programa de investigação.

PARÂMETROS DE CLASSIFICAÇÃO E SEUS PESOS	QUALIDADE DO PROGRAMA DE INVESTIGAÇÃO		
	FAIXA DE VALORES		
1 – Pesquisa bibliográfica	Boa 4	Média 2	Insuficiente 1
2- Interpretação de fotografias aéreas e análise de imagens de radar e satélite	Adequada 8	Razoável 4	Insuficiente 0
3 – Caminhamento elétrico	Existente 8	Parcial 4	Não realizado 0
4 – Sísmica de refração	Existente 6	Parcial 4	Não realizado 0
5 – Sondagens rotativas nas estruturas	Em todas 8	Algumas 7	Insuficiente 2
6 – Qualidade da descrição do testemunho	Boa 8	Razoável 4	Não satisfatória 1
7 – Ensaios de infiltração e perda d'água	Suficientes 6	Parciais 2	Não realizados 0
8 – Ensaios em amostra de rocha	Especiais 8	Usuais 4	Inexistentes 0
9 – Ensaios em amostra de solo	Especiais 8	Usuais 4	Insuficientes 1
10 – Modelo geológico	Detalhado 8	Simplificado 3	Muito simplificado 1
11 – Modelo geomecânico	Consistente 8	Simples 4	Inexistente 0
12 – Modelo hidrogeológico	Consistente 8	Simples 4	Inexistente 0
13 – Interatividade entre informações geológicas e projeto	Intensa 8	Média 4	Não realizada 0
14 – Análise de risco geológicos esperados	Criteriosa 4	Superficial 2	Inexistente 0
Somatória valores x redutor tipo de obra = Peso			
Peso	100 - 70	70 - 30	30 - 0
Classe	BOA	MÉDIA	RUIM

Considerações finais

Obras que têm grande relação com o meio físico, ou obras geotécnicas, normalmente apresentam grandes dimensões e podem ocasionar consequências catastróficas no caso de rupturas.

Apesar do desenvolvimento da tecnologia de investigação geotécnica, e do conhecimento da Geotecnia – adquirido ao longo de pelo menos cinco décadas –, acidentes recentes mostram que ainda há necessidade de aprimoramento das técnicas e, sobretudo, de se atentar e de atribuir maior importância ao conhecimento geológico dos terrenos onde se desenvolverão as obras de engenharia. Quanto melhor conhecermos o ambiente geológico, menores serão as incertezas e mais seguras serão as obras.

Também é importante o estudo dos acidentes ocorridos como forma de aprendizado. Grande parte do desenvolvimento do estado da arte na Geotecnia se deve a esse acúmulo de experiências proveniente de insucessos ao longo do tempo.

Após a ocorrência de acidentes como os descritos, cabe ao meio técnico investigar e levantar as causas o mais realisticamente possível, não somente para criticar e apontar responsabilidades, pois isso é papel dos peritos judiciais, mas para conhecer o processo que resultou no acidente e evitar a ocorrência de casos semelhante no futuro.

Considerando que sempre existirá um grau de incerteza inerente ao meio físico, sempre haverá certo risco. Por isso, toda obra deve sempre dispor de um plano de contingência para o caso de ocorrência de acidente. Um plano de contingência deve contemplar necessariamente não só os funcionários do empreendimento, mas também a população do entorno, e abranger ainda as medidas de mitigação ambiental. Em ambos os casos é imprescindível o envolvimento da sociedade por meio de informação, treinamento e interações com a população e órgãos de gestão.

Os grandes desastres relacionados às barragens de rejeitos de mineração causaram, além de perdas de vidas humanas, grande impacto no meio ambiente. Dentro dessa abordagem é de vital importância que tais empreendimentos estejam adequados aos objetivos do desenvolvimento sustentável (ODS), pois, além de utilizarem a água em seu processo, acidentes normalmente comprometem os recursos hídricos e os ecossistemas associados.

Ainda, as barragens de rejeito de mineração, via de regra, estão localizadas em vales, contribuintes de cursos d'água menores, que por sua vez desaguam em importantes cursos d'água, como o caso de Fundão, onde os rejeitos atingiram o Rio Doce, impactando ecossistemas ribeirinhos e fontes de abastecimento hídrico para importantes localidades.

Os empreendimentos mineiros geram ainda resíduos em grande quantidade, sendo necessários esforços de toda a sociedade no desenvolvimento de novas tecnologias e procedimentos com o objetivo de reduzir seu descarte no meio ambiente, diminuindo sua geração por meio de processos mais eficientes e reciclando ou reutilizando quando sua geração é inevitável. Em relação ainda à sustentabilidade, ressalta-se a importância de se conhecer o ambiente geológico para tornar esses empreendimentos mais seguros, confiáveis e sustentáveis, conforme preconizado no ODS 9.[1]

1. ODS 9.1: "Desenvolver infraestrutura de qualidade, confiável, sustentável e resiliente, incluindo infraestrutura regional e transfronteiriça, para apoiar o desenvolvimento econômico e o bem-estar humano, com foco no acesso equitativo e a preços acessíveis para todos".

Referências bibliográficas

ANA – AGÊNCIA NACIONAL DE ÁGUAS. **Relatório de Segurança de Barragens 2017**. Brasília – DF: ANA, 2018.

ASCE - American Society of Civil Engineers - Technical Committee on Contracting Practices of the Underground Technology Research Council.. **Geotechnical Baseline Reports for Underground Construction – Guidelines and Practices**. New York, NY, 40pp, 1997.

BRASIL. **Lei Federal nº 12.334 de 20 de setembro de 2010**. Estabelece a Política Nacional de Segurança de Barragens, 2010.

BRASIL. **Resolução nº 143 de 10 de julho de 2012**. Estabelece os critérios gerais de classificação de barragens por categoria de risco, dano potencial associado e pelo volume do reservatório. Conselho Nacional de Recursos Hídricos – CNRH, 2012

CASTRO, A. L. C. (coordenador). **Glossário de Defesa Civil. Estudos de Risco e Medicina de Desastres**. Ministério do Planejamento e Orçamento. Secretaria Especial de políticas Regionais. Departamento de Defesa Civil.2ª ed. Brasília, 1998.

CENTER FOR CIENCE IN PUBLIC PARTICIPATION. **Word Mine Tailings Failure**. Disponível em: http://www.csp2.org/tsf-failures-1915-2018. Acesso em 10/01/2019.

CERRI, E. **Imprevistos Geológicos e Perícias**. In: OLIVEIRA, A. M.; MONTICELI, J. G. (editores). Geologia de Engenharia e Ambiental. Associação Brasileira de Geologia de Engenharia e Ambiental – ABGE, Capítulo 40, Vol. 2. Pg. 346-353, 2018.

IAEG - INTERNATIONAL ASSOCIATION OF ENGINEERING GEOLOGY AND ENVIRONMENT. Site: http://www.iaeg.it/en/intro/ acesso em 10/01/2019.

IBAMA - INSTITUTO BRASILEIRO DO MEIO AMBIENTE E DOS RECURSOS NATURAIS RENOVÁVEIS. **Impactos Ambientais Decorrentes do Desastre Envolvendo o Rompimento da Barragem de Fundão em Mariana, Minas Gerais. Laudo Técnico Preliminar**, 2015.

ICOLD. International Commission on Large Dams and the United Nations Environmental Programme (UNEP) Division of Technology, Industry and Economics (DTIE), "**Tailings Dams Risks of Dangerous Occurrences Lessons Learned From Practical Experiences**," Bulletin 121, 2001.

IBRAM - INSTITUTO BRASILEIRO DE MINERAÇÃO. **Gestão e Manejo de Rejeitos da Mineração** 1.ed. - Brasília:128 p. ISBN: 978-85-61993-10-8, 2016.

KELLER, E. A. **Environmental Geology**. 9ª ed. Pearson Prentice Hall. New Jersey, US, 2011.

MORGEINSTERN, N. R.; VICK, S. G.; ZYL, D. V. **Report on Mount Polley Tailings Storage Breach.** 2015. Disponível em: https://www.mountpolleyreviewpanel.ca/final-report.,

MORGEINSTERN, N. R.; VICK, S. G.; VIOTTI, C. B.; WATS, B. D. **Fundão Tailings Dam Review Panel. Report n The Immediate Causes of The Failure of The Fundão Dam.** Disponível em http://fundaoinvestigation.com/pt-br/o-relatorio/ , 2016.

OLIVEIRA, A. M.; MONTICELI, J. G. Introdução. In: OLIVEIRA, A. M.; MONTICELI, J. G. (editores). **Geologia de Engenharia e Ambiental.** Associação Brasileira de Geologia de Engenharia e Ambiental – ABGE, Capítulo 01, Vol. 2. Pg. 10-20, 2018.

PASTORE, E.L. **Risco Geológico em Obras Civis.** Engenharia, 592: 110 – 115, 2009.

VALLEJO, I. G.; FERRER, M. **Geological Engineering.** CRC PRESS. Londres: Taylor & Francis Group, ISBN: 978-0-415-41352-7, 2011.

Capítulo XIV

Natureza, tecnologia e cidade – enquadramentos construtivos no entorno da Floresta Nacional de Ipanema e do Sítio Nuclear de Aramar

Wagner Isaguirre do Amaral, Simone Greicy Cruz Moura, Alessandra Carla Fatori Ergesse Machado, Alexandre Delijaicov, Arlei Benedito Macedo

Introdução

Há uma situação peculiar entre o urbano e o não urbano ocorrendo na região compreendida entre os municípios paulistas de Sorocaba, Iperó, Araçoiaba da Serra e Capela do Alto (Figura 1). Ali, natureza, tecnologia e cidade se encontram de modo peculiar e, sob a ótica dos conceitos de construção e desastre, podem ter a estrutura de suas relações estudada. Tomando o caso específico como base para uma reflexão em termos mais gerais, vinculada aos Objetivos do Desenvolvimento Sustentável – ODS (ONU, 2015), este capítulo visa contribuir para o entendimento dos conflitos de interesse entre os três campos temáticos indicados: natureza, tecnologia e cidade.

Na referida área, a Serra de Araçoiaba, ou Serra de Ipanema, destacando-se na paisagem, contrapõe-se aos fundos de vale, às planícies e terraços fluviais da bacia hidrográfica do Rio Sorocaba. No século XVI, sua descoberta fixou a expedição de Afonso Sardinha, ocorrida sobre as bases da ocupação e rotas das populações nativas, pois foi identificada a magnetita, permitindo então a primeira tentativa de fabricação de ferro em solo americano (IBAMA, 2018). Em 1810, Dom João VI criou a Real Fábrica de Ferro São João de Ipanema, para a produção de itens diversos, como arados, pregos e enxadas, posteriormente servindo também para a produção de munições e armas brancas durante a Guerra da Tríplice Aliança (IBAMA, 2018).

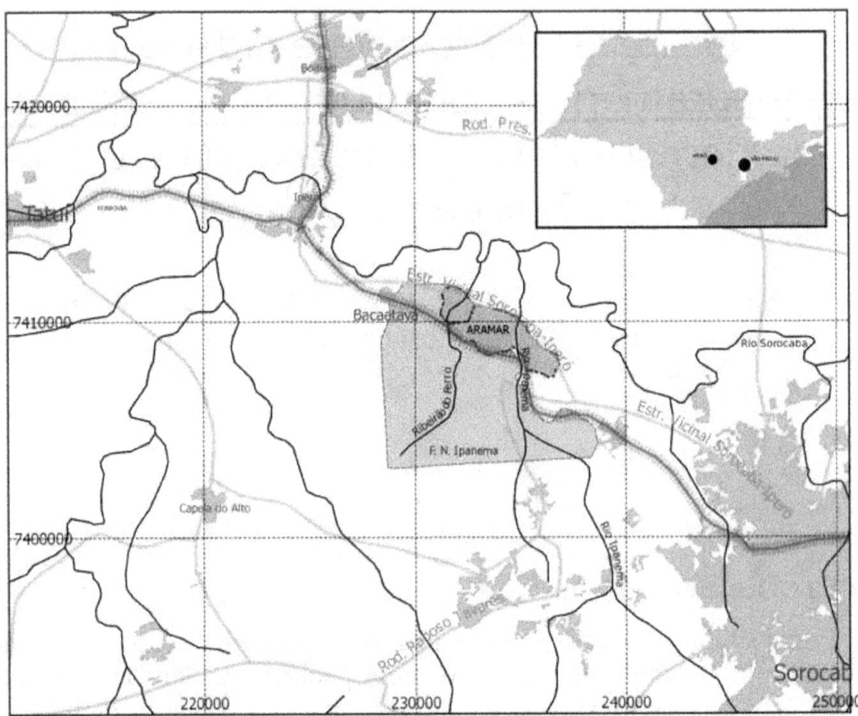

Figura 1 Mapa regional – Aramar e Floresta Nacional de Ipanema.

Na antiga Fazenda Ipanema, um proeminente conjunto arquitetônico – derivado de sucessivas fases de ocupação – foi tombado como patrimônio pelo Instituto do Patrimônio Histórico e Artístico Nacional (IPHAN). Estão presentes importantes remanescentes de Mata Atlântica e Cerrado, com a transição entre um e outro representando o bioma local, os quais foram em parte protegidos como unidade de conservação federal, denominada Floresta Nacional de Ipanema, ou Flona Ipanema, criada pelo Decreto Presidencial 530, de 20 de maio de 1992.

O sítio também abrigou, nas décadas de 1970 e 1980, o Centro Nacional de Engenharia Agrícola (CENEA), cujo projeto arquitetônico é do arquiteto Paulo Mendes da Rocha (ROCHA, 1977). Embora não tenha sido plenamente executado, uma vez que previa sua implantação por etapas e houve mudança programática na ocupação da área, é referência como possibilidade de construção com integração de usos relacionados às atividades de preservação ambiental e histórica, laboratoriais e experimentais, culturais e educativas, habitacionais e lúdicas. Contava com projeto paisagístico de Burle Marx (ROCHA, 1977).

Na parte norte dos limites oficiais da Flona de Ipanema, há o Assentamento Ipanema, de trabalhadores rurais, que carece de regularidade fundiária. Há também a histórica Estrada de Ferro Sorocabana, que funciona como linha divisória com o Complexo Nuclear de Aramar, área do Centro Tecnológico da Marinha em São Paulo (CTMSP) e organizações militares subordinadas. O CTMSP, ao lado de outras instituições, como o Instituto de Pesquisas Energéticas e Nucleares (IPEN), dedica-se ao desenvolvimento da tecnologia do ciclo do combustível nuclear no âmbito do Programa Nuclear da Marinha (PNM) e do Programa Nuclear Brasileiro (PNB). O primeiro tem por prioridade o desenvolvimento da propulsão nuclear de um submarino que visa aumentar o poder de defesa, pela dissuasão[1], da imensa e rica costa brasileira (MOURA, 2014). O segundo é voltado ao aproveitamento civil, como nos campos de geração de energia para consumo, de aplicações em medicina, seja para diagnóstico ou terapia, e também em pesquisa, convergindo com a Estratégia de Ciência, Tecnologia e Inovação da Marinha do Brasil (BRASIL, 2017).

Faz-se necessário observar que os relevantes empreendimentos mencionados compuseram uma vertente de caráter estratégico na constituição do Estado brasileiro: desde a Fábrica de Ferro São João de Ipanema até o CENEA e Aramar e a Flona Ipanema. Hoje, soma-se o caráter estratégico da preservação ambiental e do patrimônio histórico, que não se atém exclusivamente ao benefício presente e futuro do país, tanto cultural e econômico, mas possui crucial importância global e permite o desenvolvimento social e econômico local.

Assim, há importantes questões relativas ao uso e ocupação do solo, de caracterização da cidade, entre o urbano e o não urbano, em conflito ou confluência de interesses, abrangendo desde legalidade fundiária até diferentes tendências de desenvolvimento aparentemente inconciliáveis. Como integrar soluções para conservação ambiental e desenvolvimento de tecnologia nuclear com os objetivos do desenvolvimento social?

Nota-se a necessidade do desenvolvimento de projetos específicos para aquela região, que sejam socialmente inclusivos no aproveitamento da terra, mas que, sobretudo, contemplem as limitações quanto às interferências entre as atividades ali dispostas. O mesmo universo tecno-

1. Os submarinos, com destaque para aqueles de propulsão nuclear, que suportam a submersão por longo período, são os mais notáveis mecanismos de dissuasão perante possíveis hostilidades militares contra, principalmente, as plataformas de petróleo dispostas na costa do Atlântico brasileiro.

lógico que, em outras escalas, expande as possibilidades de apropriação do meio natural, na escala local, impõe restrições relativas aos perigos inerentes aos seus processos. A energia nuclear pode viabilizar o avanço expedicionário em áreas remotas do planeta e até para além dele. No entanto, as instalações nucleares, desde a mineração até as plantas de enriquecimento, em favor da segurança, devem possuir baixa densidade demográfica em seu entorno. Os acidentes já ocorridos compõem um acervo importante, que alimenta novas soluções de implantação a cada geração, novas regras e novas formas de aproveitamento dos recursos naturais.

Assim, em oposição ao conceito de desastre, o conceito de construção pode ser embasado em alguns dos principais itens dos ODS:

- o combate à pobreza e à fome e a promoção da agricultura sustentável, que são fatores pertinentes no desenvolvimento social da área em estudo;
- a promoção do bem-estar e da vida saudável em todas as idades, que abrange tanto o público local quanto os visitantes, principalmente da Floresta Nacional de Ipanema;
- a gestão sustentável da água e o saneamento para todos, bem como o acesso à energia e a promoção do crescimento econômico sustentado e inclusivo, o que implica a implantação de redes de infraestrutura, dirimindo a contradição de um polo tecnológico envolto por áreas urbanisticamente precárias;
- a construção de infraestruturas resilientes, a industrialização inclusiva e sustentável e vinculada à inovação, aproveitando o potencial regional e contribuindo para a redução da desigualdade e a promoção da segurança e resiliência dos assentamentos humanos;
- a promoção de medidas de combate às mudanças climáticas e seus impactos por atividades humanas, promovendo o desenvolvimento de conhecimento e tecnologia em fontes renováveis de energia e de menor impacto ambiental;
- a proteção, recuperação e promoção do uso sustentável dos ecossistemas terrestres, com gestão sustentável de florestas e combate à desertificação, à degradação da terra e à perda de biodiversidade, culminando com soluções integradas preconizadas pelo planejamento de manejo das unidades de conservação locais;
- a promoção de sociedades pacíficas e inclusivas, por meio do desenvolvimento tecnológico de interesse social, num ambiente de promoção da segurança nuclear.

As questões principais e o recorte metodológico

O conjunto urbano e não urbano do entorno da Flona de Ipanema e de Aramar convive com a dinâmica de uma urbanização difusa local e regional, que exerce pressões nos recursos e infraestruturas ali presentes. Além disso, há demanda por energia, saneamento, transporte e serviços públicos, bem como tensões de caráter social e fundiário, o que inclui assentamentos e conjuntos habitacionais ainda em processo de regularização. À medida que as áreas urbanas consolidadas se expandem, clandestinamente ou não, na direção dos sítios protegidos ou de acesso restrito, há maior probabilidade de conflitos de interesse que projetos futuros terão pouca ou nenhuma chance de sanar.

Assim, entende-se que a reestruturação da forma como a arquitetura e o urbanismo, por meio do projeto, expressam os vetores programáticos definidores de usos e ocupações será de fundamental importância nos próximos anos, naquela região intermunicipal. Desse modo, a retomada do caráter industrial, com particularidades relativas a plantas fabris químicas e nucleares, e a futura implantação do reator nuclear de testes, com o Laboratório de Geração Nucleoelétrica (LABGENE) e o Reator Multipropósito Brasileiro (RMB), sustentam a necessidade do desígnio de novos arranjos para a urbanidade ali presente. Essa abordagem considera também o caráter preventivo, o que procura colocar para a arquitetura, como enfatiza o arquiteto Paulo Mendes da Rocha, o paradigma de evitar o desastre (ROCHA, 2017).

Em prosseguimento, no enfrentamento da questão, seguiu-se uma organização temática em três grupos principais de relacionamentos de conceitos:

- o conceito de cidade, na relação entre o conceito de construção e o conceito de desastre;
- a relação entre natureza e sociedade, entre tecnologia e história;
- a relação entre energia e defesa.

À luz de determinada bibliografia, procurou-se abordar os conceitos como base para a compreensão do contexto proposto no entorno do binômio Floresta Nacional de Ipanema e Complexo Nuclear de Aramar.

A cidade e o projeto – construção e desastre

Na década de 1970, para o projeto do CENEA, Paulo Mendes da Rocha adotou um partido projetual voltado à integração e, a partir do Plano Piloto proposto, uma ideia de fortalecimento da importância e preservação do patrimônio arquitetônico da antiga Real Fábrica de Ferro São João de Ipanema (ROCHA, 1977). A paisagem construída foi pensada como um conjunto e foram propostos elementos, como o parque linear ao longo do Rio Ipanema, voltado ao passeio apenas de pedestres. O valioso tema relacionado à produção do ferro, por si um símbolo da industrialização da era moderna, é colocado como premissa de ocupação, com o Museu do Ferro, e coloca-se como necessidade o aproveitamento de parte das edificações históricas pelas novas atividades do CENEA, criando uma unidade entre o novo e o existente.

No campo teórico da arquitetura, o projeto moderno enfrentou duros embates, a partir, como ressaltou Harvey (1992), de contraposições programáticas de uma época de transição do movimento histórico, de uma orientação que já poderia apontar para uma pós-modernidade. Neste contexto, a contraposição de construção a desastre não se colocaria de forma estável ou definitiva no tempo e no espaço. De outra forma, poderia ser percebido um movimento contínuo entre o construir e o destruir, por ação natural ou humana, voluntária ou não, do meio mais humanizado ou ainda intocado.

A questão da cidade então, como colocada por Koolhaas (2008), lendo este espaço histórico específico como ápice tecnológico, se volta ao choque constante entre o pêndulo conceitual de construir e destruir. Se, por um lado, estes conceitos podem ser unificados pelo conceito de transformação, por outro, há um limite existencial para tais relativizações. A perenidade de acesso aos recursos naturais é uma condição de existência para as gerações futuras e, mesmo na atualidade, a precarização de acesso tem gerado inúmeras adversidades às populações, principalmente às mais vulneráveis social e economicamente.

Firma-se a necessidade de se pensarem os espaços não urbanos, sejam rurais ou não, tanto quanto os urbanos, com maior ou menor humanização, sendo esta não necessariamente uma descaracterizadora dos mesmos. Ao contrário, torna-se uma garantidora da continuidade dos serviços ambientais existentes, como o melhor uso do estágio tecnológico atual da humanidade.

Natureza e tecnologia

Baldin (2012) estudou a contribuição de engenheiros e artífices alemães para a construção da cidade de São Paulo, entre 1820 e 1860. Essa etapa da imigração teria relação com a necessidade de construção de estradas para trabalharem na Fábrica de Ferro São João de Ipanema. Como já estudado por Katinsky (1998), a história da técnica é base para entendimento da História. Sob o enfoque aqui proposto, ressalta-se a história da técnica de produção territorial ou relativa à organização dos assentamentos humanos. Desta, subdividem-se as técnicas de implantação no sítio, técnicas de transportes, técnicas construtivas, técnicas de saúde e educação e técnicas de segurança e defesa.

Com relação às técnicas construtivas, no Brasil, o uso do ferro na arquitetura esteve diretamente relacionado com o movimento histórico desencadeado pela vinda da Família Real, em 1808. Kühl (1998) destaca a importância da Fábrica de Ferro São João de Ipanema.

A necessidade de exploração do minério de ferro na área do morro de Araçoiaba, desde o século XVI, é também objeto de estudos arqueológicos (ZEQUINI, 2007). O uso de técnicas de aproveitamento da energia hidráulica para movimentar equipamentos e ferramentas destinadas à produção do ferro foi primordial, incluindo a construção da Barragem de Hedberg, a primeira construída no Brasil.

Energia e defesa

A partir da consolidação das instalações do Centro Experimental Aramar, voltado para o desenvolvimento tecnológico no âmbito da Marinha do Brasil, a função de defesa ganhou novamente importância nas imediações do Domo de Araçoiaba. Se no século XIX havia uma guerra em que armas brancas deveriam ser produzidas para o combate corpo a corpo entre militares de diferentes países latino-americanos, no século XX ganhou importância o domínio da energia nuclear para propulsão de submarinos. Esses navios representam importantes recursos de dissuasão perante ameaças militares em potencial.

Quando o domínio sobre a energia nuclear, na década de 1970 – ainda no contexto da Guerra Fria entre os Estados Unidos da América (EUA) e a União das Repúblicas Socialistas Soviéticas (URSS) –, remetia mais ao uso de armas de destruição em massa, a prioridade do Brasil era buscar meios de fortalecer sua defesa no já tradicional meio submarino (MOURA, 2014). Em 1988, o trato diplomático com a Argentina permitiu consolidar a finalidade pacífica do uso da tecnologia em energia nuclear no país, ratificado pela Assembleia Constituinte do mesmo ano.

Nos EUA e na URSS, as primeiras grandes instalações nucleares foram construídas num esforço de guerra iminente. Cidades foram edificadas para abrigar instalações e trabalhadores especializados para o desenvolvimento de tecnologia nuclear, a produção de urânio enriquecido e de dispositivos de destruição em massa. Essas cidades eram planejadas e altamente controladas por instituições estatais. Tinham acesso, restrito, os trabalhadores e seus respectivos núcleos familiares. Em 1942 foi fundada Oak Ridge, Tennessee, uma das realizações mais emblemáticas do período (Figura 2).

No Brasil, instalações nucleares, como as existentes em Aramar, tiveram sua existência mantida em sigilo no início. No entanto, por se desenvolverem com objetivos geopolíticos diferentes e resguardados os devidos padrões de proteção da informação relativos à Segurança Nuclear, a urbanidade decorrente das atividades de instalações nucleares está cada vez mais diluída nas cidades do entorno. Não houve a criação de cidades exclusivas do empreendimento tecnológico nuclear, o que pode ter relação também com a mudança de paradigma predominante quanto à arquitetura e urbanismo modernos, quando não seria mais uma solução a criação de uma cidade especializada.

Figura 2 Cidade de Oak Ridge, Tennessee, em 21/04/1959, fundada em 1942 para abrigar os trabalhadores no âmbito do Projeto Manhattan (TAYLOR, 2012).

A energia nuclear e, principalmente, suas instalações, mesmo as de uso estritamente não militar, passaram a ter grande oposição da sociedade civil em alguns períodos posteriores a grandes acidentes, como o de Fukushima-Daiichi, no Japão, em 2011. A componente nuclear na matriz energética dos países passa a enfrentar diversos limites de aceitação e mesmo a ser diminuída ou paralisada em alguns países no momento imediato após o desastre (GOLDEMBERG, 2011).

Cada novo acidente em instalações nucleares passa a compor um rol de acidentes postulados, para os quais o campo da Segurança Nuclear se desenvolve e redefine parâmetros e práticas. No entanto, as lições aprendidas são melhor aproveitadas nos novos empreendimentos. Os antigos possuem menor potencial de adaptação e incorporação de melhorias.

Outro condicionante fundamental é o uso e ocupação das áreas do entorno regional das instalações nucleares, pois sua evolução, geralmente, não está atrelada às peculiaridades e riscos, principalmente em países com grandes problemas de regularidade fundiária e de planejamento urbano. A segurança em sítios nucleares é também estudada por instituições como o Institut de Protection et Sûrétè Nucleaire (IPSN), da França, sendo essencial na implantação de novos sítios nucleares (GUIMARÃES, 2011).

Enquadramentos construtivos sobre o sítio nuclear e seu entorno

O núcleo

A forma pela qual a cidade, como assentamento humano, vem se configurando no conjunto compreendido pela Floresta Nacional de Ipanema, pelo Complexo Nuclear de Aramar e o entorno regional pode ser estudada por meio do exercício do metaprojeto. Este conceito tem sido estudado como recurso metodológico na área de pesquisa do projeto de arquitetura, ou seja, o exercício de projeto é utilizado como método de investigação do objeto. Assim, o projeto arquitetônico em escala urbana, que permita discorrer sobre si mesmo também, como forma de aprofundamento das questões arquitetônicas e urbanísticas essenciais a serem respondidas naquele espaço histórico, visa responder também a algo que se coloca além do objeto. Nesta abordagem, por meio de referências teóricas e históricas, é possível verificar a hipótese de que caberia definir uma unidade de planejamento urbano específica, não coincidente com os atuais perímetros das administrações municipais. Esta estaria sob a tríade da preservação do meio ambiente, da inovação tecnológica e do direito à cidade.

Assim, é possível evidenciar os seguintes tópicos:

a) o desenvolvimento urbano em consonância com as limitações e potencialidades determinadas no entorno da Serra de Araçoiaba, priorizando o uso múltiplo dos recursos naturais, em especial a água, bem como a proteção da Unidade de Conservação, representada pela Flona Ipanema e sua Zona de Amortecimento, incluindo seu patrimônio tombado, demais áreas legais, como nascentes e faixas adjacentes aos corpos d'água;

b) o adequado adensamento de ocupação humana, principalmente de caráter habitacional, em função dos conflitos de ocupação impostos pelas atividades industriais relacionadas, principalmente, ao CTMSP-Aramar, da Marinha do Brasil, e ao futuro Reator Multipropósito Brasileiro (RMB), vinculado à Comissão Nacional de Energia Nuclear (CNEN).

Todos os elementos citados e a urbanidade constituinte dos seus entornos, contendo fragmentos típicos da vida urbana, com habitações, comércio, instituições de ensino, instalações religiosas e outros, e mesmo aqueles mais atrelados à vida rural, como as pequenas propriedades com atividade agrícola, deverão ser compreendidos em projetos de forma inclusiva e de modo a buscar a oportunidade de desenvolvimento econômico e social dos mesmos.

Estudo da ocupação de caráter habitacional do entorno

Como recurso de pesquisa, utilizaram-se algumas bases iniciais de informações geográficas, a serem ainda melhor estruturadas nos próximos anos a partir de um esforço já iniciado de integração institucional em diversos níveis, por meio de pesquisa em nível de doutorado que está sendo desenvolvida no Laboratório de Projeto da FAU-USP. Assim, o conteúdo do Plano Diretor de Iperó, de 2006, com revisão de 2014, foi utilizado em consonância com outras informações oriundas do Plano de Manejo da Floresta Nacional de Ipanema (2017) e levantamentos em campo.

Procedimentos de geoprocessamento e desenho cartográfico foram utilizados para a obtenção de estimativas de quantidades de edificações, moradias e habitantes. Um critério adotado foi a setorização radiocêntrica, tendo por referência o ponto médio entre as duas principais instalações em implantação em Aramar: o Laboratório de Geração Nucleoelétrica (Labgene) e a Unidade Piloto de Hexafluoreto de Urânio (USEXA). Do ponto de vista de possíveis conflitos de interesse e da gestão de riscos, procurou-se identificar as áreas com predominância de ocupação habitacional, a partir de uma setorização radiocêntrica, conforme a Figura 3.

Em um raio de 5 quilômetros do centro de Aramar, é baixa a densidade baixa de ocupação por moradias, sendo predominantes as áreas preservadas ou em processo de recuperação ou o uso agropecuário da terra. No entanto, algumas densidades são percebidas em áreas cujo o domínio do lote é pequeno e há a proximidade das edificações. Nesses locais, embora sejam áreas ainda sem atendimento de redes de abastecimento de água tratada e de coleta de esgoto, o aspecto da ocupação se aproxima do das áreas urbanas, tanto pelo parcelamento do solo como já por uma independência do uso econômico da terra.

Conforme o método utilizado, fica evidente a importância de se estudarem determinados tipos de uso e ocupação, com foco nas categorias de maior vulnerabilidade, como as de uso habitacional. Neste sentido, os setores ocupados pelos bairros Bananal e Cagerê, na direção Este-Sudeste (ESE), a uma distância de 2 a 4 quilômetros da referência adotada, poderão ser prioritários.

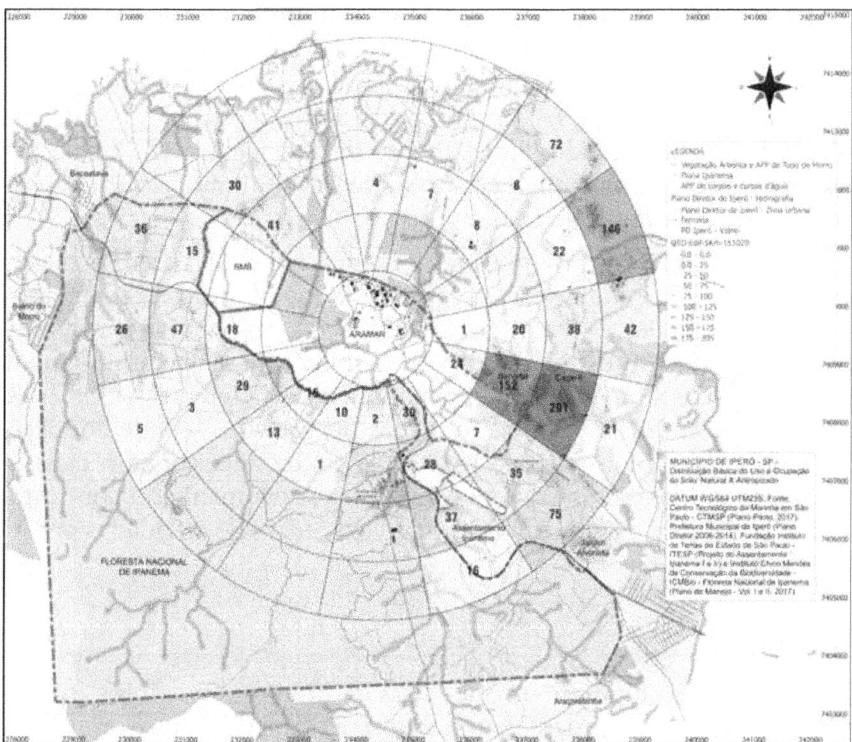

Figura 3 Quantidade de edificações por setor radiocêntrico indicado a cada 1.000 m, num raio de 5 km do centro de Aramar. O número indicado no centro do setor permite estimar a quantidade de habitantes. Para cada edificação, estimam-se 3,39 habitantes.

Outra prioridade que se enuncia seria o estudo das áreas ocupadas de modo bastante rarefeito. Toda a comunidade do entorno, inclusive do ponto de vista do desenvolvimento de programas de educação ambiental, poderia se beneficiar do conhecimento acerca das peculiaridades das áreas e instalações do seu entorno. Trabalhos futuros poderão incluir essas comunidades no esforço de formação e capacitação para apoio a eventuais cenários adversos. Por outro lado, o benefício direto da alta concentração de conhecimento tecnológico e ambiental local, representado pelas instituições federais ali instaladas, alavancaria o potencial de formação das escolas municipais e até por meio de cursos para adultos, contribuindo para o aumento da empregabilidade local.

Tomando por base a quantidade de edificações, poderia se estimar o número de pessoas que habitam esses setores, conforme representado na Tabela 1, que segue metodologia apresentada anteriormente (AMARAL, 2014). Nela, quatro grupos de indicadores, sintetizados no acrônimo PESA[2], são comparados por meio de peças cartográficas e tabelas, procurando definir uma ação para cada situação possível. Os indicadores de ameaça, neste caso, poderiam ser expressos pelo limite de determinada Zona de Planejamento de Emergência (ZPE), ou por algum evento histórico que permitisse inferir um limite espacial histórico para certo evento ou acidente.

Assim, embora os indicadores de ameaça não alcancem qualquer área ocupada por habitações, segundo dados de projeto, podem ser analisados cenários adversos em que esses valores poderão ser modificados segundo futuras demandas que talvez surjam, que impliquem, por exemplo, o aumento da potência do reator. Diferentes empreendimentos – sejam institucionais, públicos ou privados – poderão implicar mudanças rápidas e críticas. O processo de adensamento da ocupação por unidades habitacionais tende a ser acompanhado por outros usos e ocupações, como comércio e serviços, além de atividades produtivas já distribuídas na região.

Hipótese

Coloca-se a hipótese de que, à luz de inúmeras restrições e possíveis conflitos de interesses quanto ao uso e ocupação do solo no sítio e entorno da Serra de Araçoiaba, seja necessário estabelecer um novo desenho urbano, a partir de novas relações entre infraestrutura urbana, equipamentos públicos, habitações e as instalações tecnológicas e áreas de preservação locais. Esse novo desenho, inclusive do ponto de vista da administração pública, pode ser denominado de Distrito Nuclear.

2. PESA: Indicadores de pessoas (P), elementos edificados ou de interesse (E), suscetibilidades (S) e ameaças (A) (AMARAL, 2014).

Tabela 1 Indicadores PESA para o entorno de Aramar.

Intervalo (km)		Intervalo planialtimétrico radiocêntrico																																Ref: Dist em km	Data, período ou referência
		N		NNE		NE		ENE		E		ESE		SE		SSE		S		SSW		SW		WSW		W		WNW		NW		NNW			
		Parc.	Acum.	Parc.	Acum.	Parc.	Acum.	Parc.	Acum.	Parc.	Acum.	Parc.	Acum.	Parc.	Acum.	Parc.	Acum.	Parc.	Acum.	Parc.	Acum.	Parc.	Acum.	Parc.	Acum.	Parc.	Acum.	Parc.	Acum.	Parc.	Acum.	Parc.	Acum.		
0,00	1,00	0	0		0		0		0		0		0		0		0		0		0		0		0		0		0		0		0	0,800	ZPE* de projeto
		0	0	0	0	0	0	0	0	0	0	0	0	0	0	0	0	0	0	0	0	0	0	0	0	0	0	0	0	0	0	0	0	-	-
1,00	2,00	0	0		0		0		0	1	1	24	24		0	30	30	2	2	10	10	15	15		0		0		0		0		0	-	-
		0	0	0	0	0	0	0	0	3	3	81	81	0	0	102	102	7	7	34	34	51	51	0	0	0	0	0	0	0	0	0	0	-	-
2,00	3,00	4	4	7	7	8	8		0	20	21	152	176	7	7	28	58		2	1	11	13	28	29	29	18	18		0		0		0	-	-
		14	14	24	24	27	27	0	0	68	71	515	597	24	24	95	197	0	7	3	37	44	96	98	98	61	61	0	0	3	0	0	0	-	-
3,00	4,00	0	4		7	8	16	22	22	38	59	201	377	35	42	37	95		2		11		28	3	32	47	65	15	15	41	41		0	-	-
		0	14	0	24	27	54	75	75	129	200	681	1.278	119	142	125	322	0	7	0	37	0	96	10	108	159	220	51	51	139	139	0	0	-	-
4,00	5,00	0	4		7	72	88	146	168	42	101	21	398	75	117	16	111		2		11		28	5	37	26	91	36	51	30	71		0	-	-
		0	14	0	24	244	298	495	570	142	342	71	1.349	254	397	54	376	0	7	0	37	0	95	17	125	88	308	122	173	102	241	0	0	-	-
T. Edif. até 5 kms			4		7		88		168		101		398		117		111		2		11		28		37		91		51		71		0	**1285**	
T. Pessoas até 5 kms			14		24		298		570		342		1.349		397		376		7		37		96		125		308		173		241		0	**4356**	

Legenda

P	Pessoas	Indicador Demográfico - Estimativa (Média de Moradores por Domicílio Ocupado em Iperó-SP. IBGE, 2010)	3,39
E	Elementos Edificados	Indicador de Ocupação – Unidades de ocupação domiciliar (lotes ou edificações).	
S	Suscetibilidades	Indicador de Suscetibilidade – Proximidade (Suscetibilidade a atingimento por plumas de dispersão gasosa) e correlação com dados de edificações e estimativa de habitantes	
A	Ameaças	Indicador de Ameaças - Dados históricos de referência de ocorrência ou de parâmetros de projeto.	

* (Zona de Planejamento de Emergência)

Seu conceito remete tanto à geometria do núcleo atômico, de onde derivam o termo e a energia em questão, quanto do sítio de implantação do reator nuclear, de onde derivam parâmetros de segurança.

Assim, podem ser propostas intervenções urbanísticas e arquitetônicas de caráter estruturante, como pesquisa, à luz das possíveis relações com os conceitos descritos por Le Corbusier (2000) acerca da Cidade Linear e Cidade Nuclear, em menção aos estudos russos sobre o mesmo tema. Isto poderá contribuir para a consolidação de princípios e parâmetros, na composição de cheios e vazios de ocupação, regulando em favor da segurança das comunidades que ali venham a constituir suas vidas e da proteção de áreas de conservação ambiental e de patrimônio histórico.

Conclusão

A área em estudo oferece diversas questões para os campos da arquitetura e do urbanismo, podendo ser estudada por uma matriz ampla e complexa de disciplinas que estruturam este campo do conhecimento. Optou-se por iniciar um novo esforço de integração disciplinar, compondo representações de alguns dos problemas notáveis pela tríplice ótica do meio ambiente, da tecnologia e da cidade. Esse caminho de pesquisa permite trabalhar no esforço de integração de conhecimentos e processos de obtenção e acesso a conhecimentos para a formulação de possíveis modelos e soluções. Aqui, começam pelo exercício da cartografia e da análise qualitativa e quantitativa dos elementos edificados e da estimativa de pessoas afetadas.

Também se destacam dois sítios muito peculiares. Um – a Flona de Ipanema – relacionado ao patrimônio ambiental, de biodiversidade, geodiversidade e de fundamental importância histórica. Outro – Aramar e RMB – relacionado ao patrimônio tecnológico brasileiro. Esses sítios estão inseridos no contexto do desenvolvimento urbano da Região Metropolitana de Sorocaba, que possui potencialidades e fragilidades típicas das grandes cidades contemporâneas. Assim, espera-se que, com o aprofundamento de estudos interdisciplinares nessas áreas, possam ser evitados ou mitigados futuros riscos de desastres e, mais favoravelmente, possam ser aproveitados, a partir de projetos adequados, todo o potencial de desenvolvimento associado à preservação da biodiversidade e do desenvolvimento tecnológico e social.

Referências bibliográficas

AMARAL, Wagner Isaguirre do. **Arquitetura em tempo: estudo das áreas inundáveis urbanizadas em Eldorado - SP.** 2014. Dissertação (Mestrado em Recursos Minerais e Meio Ambiente) - Instituto de Geociências, Universidade de São Paulo, São Paulo, 2014.

BALDIN, Adriane de Freitas Acosta. **A presença alemã na construção da cidade de São Paulo entre 1820 e 1860**, dissertação de doutorado apresentada à Faculdade de Arquitetura e Urbanismo da Universidade de São Paulo (FAU USP). São Paulo, 2012.

BRASIL. Marinha do Brasil. **Estratégia de Ciência, Tecnologia e Inovação da Marinha do Brasil** – Estado Maior da Armada (EMA). Brasília, 2017.

CORBUSIER, Le. **Planejamento Urbano**. São Paulo: Perspectiva, 2000.

GOLDEMBERG, José. O futuro da energia nuclear. Artigo publicado na **Revista USP n. 91**, 2011. Disponível em: < http://www.revistas.usp.br/revusp/article/view/34836 >. Acesso em: 03 jul. 2017.

GUIMARÃES, Leonam dos Santos (Org.). **Segurança de sítios nucleares**. Ed. Capaxdei, 2011.

HARVEY, David. **Condição Pós-Moderna**, São Paulo: Loyola, 1992.

IBAMA - INSTITUTO BRASILEIRO DO MEIO AMBIENTE E DOS RECURSOS NATURAIS RENOVÁVEIS. **Plano de Manejo da Floresta Nacional de Ipanema**. Disponível em: < http://www.icmbio.gov.br/portal/images/stories/imgs-unidades-coservacao/flona_ipanema.pdf >. Acesso em: 03 jul. 2018.

KATINSKY, Júlio Roberto. **Um Guia para a História da Técnica no Brasil Colônia**. EDUSP, 1998.

KÜHL, Beatriz Mugayar. **Arquitetura do Ferro e Arquitetura Ferroviária em São Paulo – Reflexões sobre a sua Preservação**. São Paulo, Ateliê Editorial, SEC, FAPESP, 1998.

KOOLHAAS, Rem. **Nova York delirante – um manifesto retroativo para Manhattan**. Cosac Naify. São Paulo, 2008.

MOURA, José Augusto Abreu de. **A estratégia naval brasileira no pós-guerra fria**. Femar. Rio de Janeiro, 2014.

ONU - NAÇÕES UNIDAS NO BRASIL. **Transformando Nosso Mundo: A Agenda 2030 para o Desenvolvimento Sustentável**, 2015. Disponível em: < https://nacoesunidas.org/pos2015/agenda2030/ >. Acessado em: 30 out. 2018.

ROCHA, Paulo Mendes. **Centro Nacional de Engenharia Agrícola Fazenda Ipanema – Iperó – SP**. Revista Módulo, Jul/Ago/Set de 1977. Páginas 50 a 63.

ROCHA, Paulo Mendes. **“Um dos paradigmas da arquitetura é evitar o desastre”**. São Paulo. Junho de 2017. Entrevista concedida a Angélica de

Moraes. Disponível em: < https://revistacult.uol.com.br/home/59454-2/ >. Acesso em 19 jul. 2017.

TAYLOR, Alan. ***The Secret City***. *The Atlantic*, ano 2012. Disponível em < https://www.theatlantic.com/photo/2012/06/the-secret-city/100326/ > Acesso em: 18 jul. 2018.

ZEQUINI, Anicleide. **Arqueologia de uma fábrica de ferro: morro de Araçoiaba séculos XVI-XVIII**. Museu de Arqueologia e Etnologia da USP. 2007. Tese de Doutorado. Área do Conhecimento: Arqueologia.

Capítulo XV

Um olhar sobre o gerenciamento de resíduos de desastres no Japão

Wanda M. Risso Günther
Maria Eugênia G. Boscov

Introdução

O Japão está situado em região vulnerável, sujeita a terremotos, tsunamis, inundações, deslizamentos de terra, nevascas e erupções vulcânicas. Em 2011, o tsunami decorrente de um dos terremotos mais impactantes da história do país resultou na morte e desaparecimento de 20.000 pessoas, na destruição de 500.000 edificações e no acidente na Usina Nuclear de Fukushima Daiichi.

Em virtude do histórico de desastres naturais ao longo de sua história, de suas características socioculturais e de seu desenvolvimento tecnológico e econômico, o Japão é emblemático na abordagem da gestão de desastres em todas as suas etapas: prevenção/mitigação, preparação, resposta, recuperação e reconstrução. Especificamente no caso do terremoto e tsunami de 2011, o Japão tornou-se uma referência mundial de organização para as etapas pós-desastre, especialmente no gerenciamento de resíduos de desastres (GRD).

As autoras tiveram a oportunidade de realizar uma missão científica em 2018, passados sete anos do episódio, com o objetivo de presenciar a realidade pós-evento, captar, na medida do possível, os diversos e complexos aspectos socioeconômicos, culturais e institucionais que determinaram as ações de recuperação e trazer essa experiência para o CEPED-SP/USP.

Este capítulo reflete a nossa vivência no curto, porém intenso, período em que passamos no país. O Japão tem a particularidade de combinar cultura milenar, alta vulnerabilidade geográfica e alto desenvolvimento tecnológico, que o tornam único na perspectiva dos desastres. Apesar dessas peculiaridades, consideramos importante registrar uma discussão, baseada em nossa percepção e sob o ponto de vista de nossas especialidades, para subsidiar o planejamento e atuação em desastres no Brasil e a construção da política nacional sobre GRD.

Conforme proposta deste livro, entendemos que o capítulo contribui com os Objetivos do Desenvolvimento Sustentável – ODS (ONU, 2015), em especial:

- Objetivo 9: Construir infraestruturas resilientes, promover a industrialização inclusiva e sustentável e fomentar a inovação.
- Objetivo 11. Tornar as cidades e os assentamentos humanos inclusivos, seguros, resilientes e sustentáveis.
- Objetivo 15. Proteger, recuperar e promover o uso sustentável dos ecossistemas terrestres, gerir de forma sustentável as florestas, combater a desertificação, deter e reverter a degradação da terra e deter a perda de biodiversidade.

Descrição do desastre

O grande terremoto no leste do Japão, de magnitude 9,0 da escala Richter, ocorrido em 11 de março de 2011, gerou um tsunami de pelo menos 10 m de altura e *run-up*[1] máximo de 40,5 m. Resultou na morte de 16.000 pessoas e desaparecimento de outras 4.000, na destruição total de 100.000 edificações e parcial de 400.000, em 561 km^2 de área inundada e no acidente na Usina Nuclear de Fukushima Daiichi (YOSHIOKA, 2014).

Como consequência do tsunami, foram atingidos três dos seis reatores da Usina Nuclear de Fukushima Daiichi, os quais perderam capacidade de resfriamento, levando a um desastre nuclear de nível 7, segundo a Escala Internacional de Eventos Nucleares. Quantidades significativas de material radioativo, destacando-se o iodo-131 e o césio-137, foram liberadas para o ambiente. No caso do iodo-131, com meia-vida de oito dias, a exposição se deu por inalação do ar e ingestão de água e alimentos contaminados, em especial leite e vegetais folhosos, com maior suscetibilidade para crianças do que para adultos. O césio-137, de meia-vida de 30 anos, caracteriza-se por um risco de exposição de longo prazo por meio de ingestão e deposição no solo. O grupo de risco mais afetado foram os trabalhadores da própria usina: a dose efetiva média dos primeiros 19 meses após ao acidente foi de aproximadamente 12 mSv, cerca de 35% receberam doses totais de mais de 10 mSv no período, enquanto para 0,7% dos trabalhadores a dose superou 100 mSv (WHO, 2015).

---

1. Máxima altura em terra do ponto mais distante alcançado pelo tsunami, medida pela diferença de cotas deste ponto em relação ao nível normal do mar.

Outra importante consequência foi a geração de 29 milhões de toneladas de resíduos de desastres (RD), removidos, afastados e recuperados para garantir que a vida dos afetados voltasse à normalidade. A descrição do gerenciamento desses resíduos é um dos objetivos deste capítulo.

Descrição da missão

A missão foi desenvolvida em três cidades do Japão: Tóquio, Sendai e Quioto. Compreendeu visitas técnicas às áreas afetadas; reuniões com gestores, especialistas técnicos e grupos de pesquisas; e atividades complementares.

A missão iniciou-se em Tóquio, com reunião no Escritório de Gerenciamento de Resíduos de Desastres, parte da Divisão de Gerenciamento de Resíduos do Departamento de Gerenciamento de Resíduos e Reciclagem do Ministério do Meio Ambiente (*Ministry of the Environment – Waste Management and Recycling Department – Waste Management Division – Office of Disaster Waste Management*). Essa organização do Ministério do Meio Ambiente japonês já indica a importância dos resíduos na política ambiental do país e a estruturação das áreas de atuação no gerenciamento de resíduos, em âmbito nacional, com profissionais alocados em funções específicas. Em contrapartida, no Brasil, a questão dos resíduos sólidos encontra-se sob responsabilidade da Secretaria da Qualidade Ambiental do Ministério do Meio Ambiente (uma das cinco secretarias do MMA), a qual se subdivide em dois departamentos: Departamento de Qualidade Ambiental e Gestão de Resíduos e Departamento de Gestão Ambiental Territorial.

Os interlocutores foram o chefe do Departamento de Gerenciamento de Resíduos e Reciclagem, um diretor da empresa NTT *Data Institute of Management Consulting* (da área de estratégia social e ecológica), um professor titular especialista em resíduos e geotecnia ambiental da Universidade de Quioto – que nos acompanhou por toda a missão – e uma pesquisadora do *National Institute for Environmental Studies* (especialista em ciclo de materiais e gerenciamento de resíduos). Na ocasião pudemos ter uma visão geral da organização do ministério e sua articulação com outros setores da sociedade para o gerenciamento de resíduos em geral e, em especial, de desastres.

Órgãos centrais são responsáveis por estabelecer políticas públicas de âmbito nacional, cuja implementação é ramificada, distribuindo-se por diferentes setores e órgãos, os quais incorporam as diretrizes propostas e efetivam ações para cumpri-las até o nível local. Esta segmentação flui de acordo com os objetivos, cada um cumprindo seu papel e atribuições, sem muitas etapas intermediárias de decisões intersetoriais. Talvez seja um traço cultural japonês, o de acreditar na hierarquia e cumprir com seu papel dentro da organização social, política ou técnica, o que possibilita planejamento abrangente, posterior delegação de responsabilidades específicas para diferentes atores e, finalmente, implementação rápida e efetiva de ações.

Foram apresentados aspectos da segregação, coleta seletiva e tratamento de resíduos sólidos urbanos (RSU) no país. Uma interessante iniciativa para aumentar a segregação domiciliar para coleta seletiva de recicláveis foi a venda de sacolas plásticas de diferentes cores e preços na cidade de Quioto. As sacolas para recicláveis (verdes) custam um quarto do preço daquelas para resíduo comum (amarelas), cujo destino é a incineração. Esta simples ação aumentou significativamente o percentual da coleta seletiva.

Ainda em Tóquio, visitamos o Centro de Prevenção de Desastres Rinkai em Odaiba. Construída na Baía de Tóquio, com 110 milhões de m^3 de solo e resíduos de incineração de RSU, a ilha artificial de Odaiba é um grande projeto de recuperação urbana, caracterizado por arquitetura arrojada e entrecortada por monotrilho de aspecto futurista. Nesse espaço encontram-se prédios oficiais, museus, hospitais, jardins, restaurantes, praia artificial e área para prática de esportes náuticos, além de um incinerador de resíduos. Foi importante constatar a viabilidade da utilização de resíduos para recuperação/ampliação de áreas urbanas em grande escala, implantada com planejamento e tecnologia apropriada, que resultou em áreas funcionais e de grande impacto visual. Foi a confirmação prática dos preceitos de sustentabilidade, indicando a possibilidade de reúso de resíduos em grandes obras civis, mesmo em condições geotécnicas e ambientais adversas. Esta experiência de engenharia provavelmente pavimentou para o Japão os passos para a utilização de RD de forma sustentável.

O Parque de Prevenção de Desastres Rinkai atua como uma base central de operações para prevenção de desastres na Área Metropolitana de Tóquio. Inclui a sede local de gerenciamento de desastres, instituições que compilam informações e o Centro de Prevenção de Desastres Rinkai, além de instalações para respostas emergenciais: área de acampamento base para unidades regionais de assistência, base de apoio para cuidado médico e heliporto de emergência para helicóptero de grande porte.

O Centro de Prevenção de Desastres tem finalidade educativa, ministrando instruções básicas para atuação perante terremotos, direcionadas a escolas e público em geral. Há um *tour* programado de simulação intitulado *Como sobreviver por 72 horas após a ocorrência de um terremoto*, o qual permite experimentar em 40 minutos o fluxo de eventos de um terremoto de grau 6 na Área Metropolitana de Tóquio. O início ocorre ainda dentro do elevador, enquanto se tenta acessar a estação de trem subterrânea, e prossegue por cenário de área afetada pelo desastre, mal iluminada, com vazamentos, acúmulo de resíduos e riscos de explosão. Diante de cada situação de risco, o visitante é convidado a realizar um teste em um *tablet* portátil. Na estação de cinema pode-se ver filmes sobre terremotos pregressos ou participar de uma simulação de terremoto por meio de imagens geradas por computador. Ao escapar da área urbana perigosa e chegar a um local seguro de evacuação, depara-se com uma exposição de equipamentos adaptados para pós-desastre – sanitários, mesas, módulos de abrigo temporário individuais e familiares – que ensinam como sobreviver em situações de emergência (Foto 1). Nesse momento, o visitante é notificado sobre os pontos auferidos com suas respostas ao simulado, podendo obter uma avaliação particular de sua capacitação. O centro apresenta também simulações sobre mobiliário de edificações residenciais e comerciais planejado para reduzir danos em casos de terremotos, e um espaço lúdico para auferir novamente a assimilação do conteúdo da capacitação por meio de um circuito de jogos pontuados.

Essa visita resultou em alguns conhecimentos interessantes: no Japão considera-se que o socorro emergencial virá em no máximo três dias, portanto as pessoas devem ser capacitadas para a sobrevivência por esse período, tanto em termos de organização espacial como de equipamentos improvisados. Lançando mão de materiais disponíveis, como caixas de papelão e garrafas plásticas de água, é possível improvisar mobiliário para uso em situações emergenciais.

Outro ponto digno de nota é a clareza, no Japão, da necessidade de uma liderança para que a civilidade impere nos momentos de desespero pós-desastre, logo o treinamento é dado para que qualquer pessoa possa assumir esse papel. É sabido que, em momentos de perda de bens materiais e entes queridos, também se perdem as referências e a identidade. Nesta situação facilmente instauram-se o desespero e a falta de observância a regras sociais. Porém, um mínimo sinal de organização, tal como divisão de espaço com caixotes, já é suficiente para que os afetados sintam a transitoriedade do momento e a ancoragem no mundo real, o que minimiza saques, roubos e suicídios.

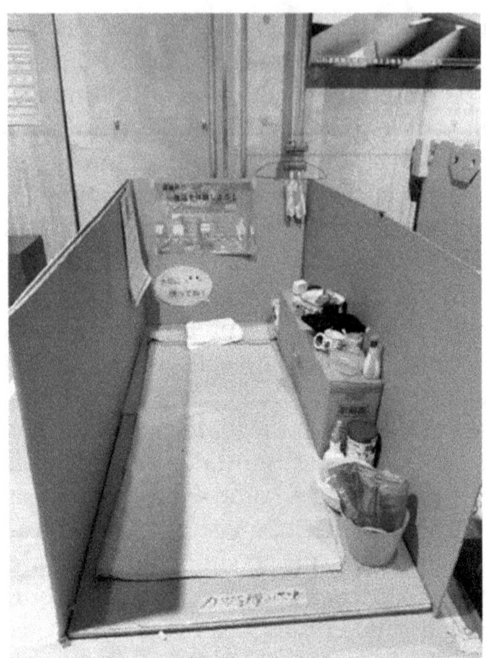

Foto 1 Alojamento individual temporário pós-desastre – Centro de Prevenção de Desastres Rinkai.

Prosseguindo com a viagem, visitamos a Universidade de Quioto, que conta com um forte grupo de pesquisas em resíduos e desastres, liderado pelo professor que nos recebeu em Tóquio e que integrou o grupo de especialistas designado pelo governo do Japão para formular a política de recuperação das áreas afetadas pelo tsunami de 2011. Tivemos a oportunidade de conhecer pesquisadores, pós-graduandos (que expuseram suas pesquisas) e instalações laboratoriais, com forte inserção de pessoal de outras nacionalidades. Conversamos também com o diretor do Centro de Preservação Ambiental da Universidade de Quioto (*Environment Preservation Center – EPC*) e editor-chefe do *Journal of Material Cycles and Waste Management*. Esse Centro, formado por pesquisadores engenheiros, tem abordagem ampla, que inclui questões sociais de resiliência, compostagem de resíduos e resíduos de desastres.

Como o destino mais empregado para resíduos sólidos urbanos não recicláveis no Japão é a incineração, visitamos em Quioto o incinerador *Tohokubo Clean Center* (Fotos 2, 3 e 4) e o *Eastern Valley Landfill*, aterro para as cinzas do incinerador. Trata-se de obra de engenharia complexa e de grandes dimensões, envolvendo barragens, estabilização de encostas, túneis e obras viárias de grande porte (Foto 5). Interessante observar que, dada a importância afetiva das colinas de Quioto para seus habitantes, toda a circulação de caminhões foi organizada por meio de túneis e viadutos integrados à paisagem, que resguardaram a vegetação nativa e a topografia regional.

Foto 2 Fachada do incinerador – Tohokubo Clean Center.

Foto 3 Cabine de controle do incinerador – Tohokubo Clean Center.

Foto 4 Pátio de descarga do incinerador – Tohokubo Clean Center.

Foto 5 Vista do aterro de cinzas do incinerador – Eastern Valley Landfill.

Em Sendai, situada na região afetada pelo tsunami, entrevistamos o reitor da Universidade de Tohoku, a terceira universidade mais importante do Japão, que nos forneceu uma compilação de dados de tratamento e reciclagem dos RD. Tivemos uma reunião no *WAGO Culture Crossing Center Tohoku*, presidido por professor emérito do Instituto de Tecnologia da Universidade de Tohoku. Nessa reunião estavam presentes cinco representantes de corporações da indústria da construção civil, que atuaram na reconstrução da região de Miyagi, onde se localiza Sendai.

Ao lado do diretor da WAGO e do professor da Universidade de Quioto, tivemos a oportunidade de visitar diversos locais afetados pelo tsunami.

Visita à região afetada pelo tsunami

Os locais visitados foram (Foto 6):

- Áreas residenciais de classe média da cidade de Sendai onde ocorreu deslizamento de terra, mesmo estando situadas longe da região mais afetada. Ocorreram deslocamentos excessivos das residências e vias públicas, porém as obras de recuperação já haviam sido concluídas (Foto 7).
- Região de Sendai a Yamamoto, fortemente impactada pelo tsunami, onde visitamos pontos de interesse, tanto pelo aspecto humano e social como pelo aspecto tecnológico.

Do ponto de vista socioambiental, destacamos: monumentos; museu fotográfico com material da região no passado, do evento e de ações comunitárias de reconstrução; colinas memoriais e de fuga (parque Iwanuma); memorial da escola primária Nakahama; cemitérios; e memória de trecho remanescente de ponte destruída e de indústria local.

Tohoku, região situada a nordeste de Honshu, a maior ilha do Japão, é composta de seis prefeituras: Akita, Aomori, Fukushima, Iwate, Miyagi e Yamagata. A prefeitura de Miyagi compreende as cidades de Furukawa, Higashimatsushima, Ishinomaki, Iwanuma, Kakuda, Kesennuma, Kurihara, Natori, Sendai (capital), Shiogama, Shiroishi, Tagajo e Tome. A prefeitura de Fukushima, por sua vez, engloba as cidades de Aizuwakamatsu, Fukusihma (capital), Haramachi, Ikawi, Kitakata, Koriyama, Nihonmatsu, Shirakawa, Soma e Sukagawa. Nossa visita começou em Sendai e estendeu-se até Yamamoto, ainda na prefeitura de Miyagi, mas próxima à divisa com a prefeitura de Fukushima.

A escola primária Nakahama, na cidade de Yamamoto, distante cerca de 200 m da orla oceânica, foi recoberta até o segundo piso pela onda de 10 m de altura. No entanto, as 90 pessoas (professores, crianças e funcionários) foram salvas porque conseguiram acessar rapidamente o sótão, de onde foram resgatadas por helicóptero no dia seguinte, logo ao amanhecer. Dado o curtíssimo tempo entre o surgimento da onda e sua chegada à escola, este feito só foi possível graças à pronta ação dos professores, obediência dos alunos e prévia capacitação para situações emergenciais. O local é mantido como memorial, sem a recuperação das ruínas, como lembrança e alerta (Fotos 8 e 9).

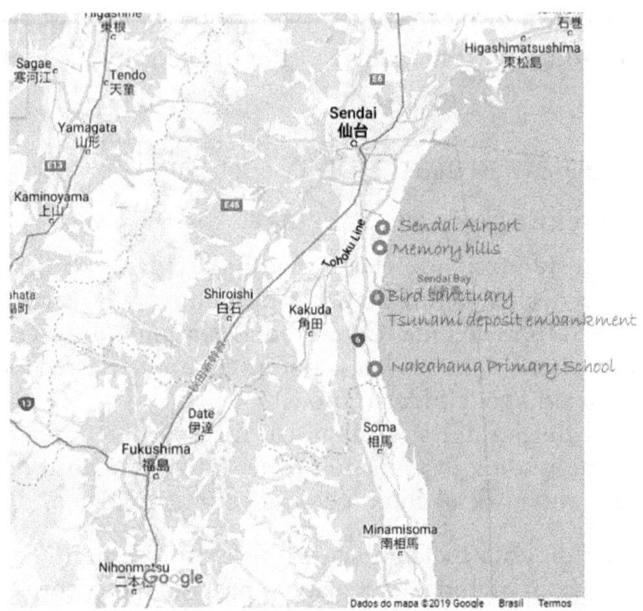

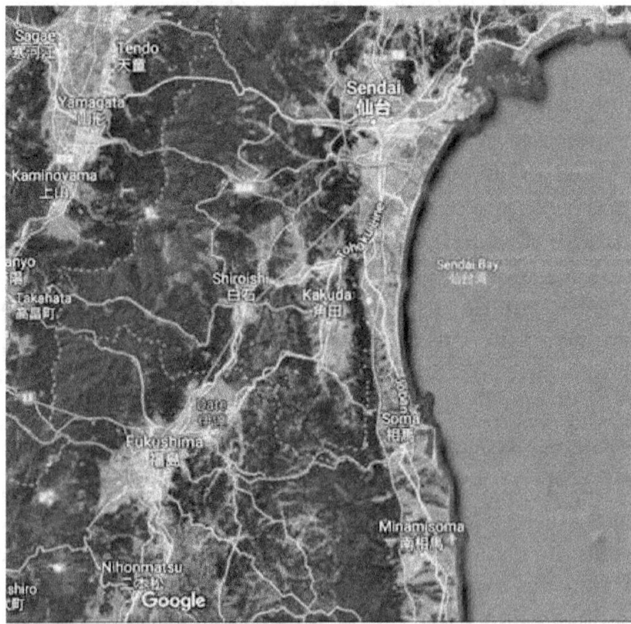

Foto 6 Região afetada pelo tsunami e alguns locais visitados na missão.

Foto 7 Residências alteadas devido à movimentação do terreno durante o tsunami.

Foto 8 Escola Nakahama – pilares destruídos.

Foto 9 Escola Nakahama – placa com a indicação do nível atingido pela onda (canto superior direito).

O trecho remanescente da ponte destruída, não carreado em virtude do peso de uma locomotiva sobrejacente, assim como o edifício de uma fábrica de conserva de peixe que resistiu à onda, são emblemas mantidos com reverência em meio à área já recuperada.

As colinas memoriais, que também são pontos de fuga, foram construídas com os próprios resíduos do desastre, com altura calculada para proteger contra a máxima onda esperada em caso de novo desastre. Encontram-se em pontos estratégicos e são munidas de sistemas de intercomunicação (Foto 10). Figuram como memorial para homenagear os mortos e, simultaneamente, são pontos de refúgio em caso de novos eventos. Cada um desses locais, embora de pequena área, conta com bancos sob os quais são colocados alimentos, água e roupas, periodicamente repostos, além de uma tenda acionável para funcionar como abrigo.

Foto 10 *Memory hills.*

Na região de Sendai a Yamamoto pode-se dimensionar a destruição causada pelo tsunami. Trata-se de uma região plana no nível do mar, rural, com canais centenários desaguando no oceano, anteriormente constituída por pequenas propriedades unifamiliares com plantações, atividade pesqueira e uma floresta de coníferas paralela à orla marinha. Uma rodovia construída em aterro atravessava a região, interligando-a com cidades maiores.

O tsunami atravessou a floresta, que funcionou como anteparo à força da onda e acabou morrendo tempos depois graças à salinização da terra. O formato da baía concentrou as águas, aumentando a altura e energia da onda, a qual avançou sobre a região, arrasando tudo pelo caminho. Ao atingir a rodovia, construída em maior elevação, a energia dissipou-se parcialmente: o aterro funcionou como um anteparo à onda, e é visível a diferença no grau de destruição entre um lado e outro da rodovia. A dissipação de energia proporcionada pela rodovia reforçou a ideia da recuperação e alteamento de diques ao longo da orla para proteção contra futuras ondas com período de recorrência maior.

A título de comparação, a Foto 11 traz uma montagem da região visitada antes e após o tsunami, reproduzida de um painel fotográfico em área memorial.

Foto 11 Visão da área visitada antes e após o tsunami. *Fonte:* Painel fotográfico em área memorial.

Do ponto de vista tecnológico, visitamos as obras de recuperação concluídas e em andamento: novos condomínios, estação, rodovia e linha de trem realocadas (a Estação Sakamoto foi realocada a 1100 m da original), aeroporto recuperado, diques de contenção ao longo da orla, viveiro para reflorestamento, locais de armazenamento de resíduos ainda a serem recuperados e obras em andamento.

Os destroços todos foram removidos da região, com exceção de alguns locais onde ainda há resíduos armazenados a serem reaproveitados nas obras em andamento. A Foto 12 mostra um local onde predominam solos recuperados aguardando uso. Os locais de armazenamento temporário tiveram grande importância na recuperação das áreas afetadas pelo tsunami. Além de abrir espaço rapidamente para a reconstrução da infraestrutura, possibilitaram a segregação dos RD para posterior reaproveitamento, tratamento ou disposição adequada. A estratégia de definir rapidamente os locais de armazenamento temporário e as ações de segregação, reciclagem, incineração e envio para aterro foi muitas vezes mencionada por nossos colegas japoneses, constituindo-se, na opinião deles, como ponto fundamental para o adequado GRD.

Foto 12 Locais de armazenamento temporário de RD e obras em andamento.

A infraestrutura da região está completa e em funcionamento normal. Novas construções de condomínios horizontais e verticais possibilitaram o retorno dos habitantes (Foto 13).

Diques de 200 km de extensão foram construídos ao longo da orla, alguns como recuperação de diques previamente existentes galgados pelo tsunami, com solos recuperados e resíduos do desastre. Há também linha de quebra-mar de tetrápodes (elementos pré-moldados utilizados para contenção). Os diques construídos ao longo da orla marítima para proteger a região de um novo tsunami impressionam por dois motivos. Por um lado, a obra de engenharia civil de grande dimensão, que reaproveitou os próprios resíduos do desastre, representa inovação tecnológica a serviço da comunidade local. Por outro, os diques se interpõem entre o mar e área urbanizada, roubando dos habitantes dessa região pesqueira a visão do mar, elemento importante da cultura japonesa. Segundo nossos anfitriões, a prevenção e a preservação da vida são mais importantes (Foto 14).

Foto 13 Novos condomínios residenciais.

Foto 14 Diques de contenção.

Após tantos anos, a região ainda está vazia (Foto 15). Os apartamentos dos condomínios construídos, mesmo financiados a longo prazo e a preços módicos, com a preocupação de reassentar a população, não estão totalmente habitados. O apego e a identidade com a terra trouxeram de volta alguns moradores antigos. Porém, muitos encontraram condições de vida mais favoráveis em regiões urbanas próximas e não retornaram, especialmente os jovens. Nossos anfitriões afirmaram que não se retorna ao *status quo ante* desastre, mesmo estando cumpridas as metas de infraestrutura (edificações, saneamento, ferrovia e rodovia, transporte público, comércio e serviços). O Japão continua com a reconstrução da área afetada, com a visão de que talvez não sejam mais as mesmas pessoas a habitarem o local.

Foto 15 Panorama atual da área visitada.

Aspecto importante observado foi a plantação de mudas para reconstruir a floresta de altas coníferas. Muitos idosos, que provavelmente não verão a floresta renascida, participam do trabalho voluntário para as próximas gerações, revelando um traço cultural importante na resiliência comunitária a desastres.

Gerenciamento dos resíduos de desastre

As informações apresentadas a seguir baseiam-se em entrevistas e em material fornecido pelos anfitriões (ASARI et al., 2013; KATSUMI et al., 2014; 2017; 2018; YOSHIOKA, 2014; JSMCWM, 2018; vídeos disponibilizados pelo Prof. Hajime Imanishi).

O desastre deu origem a 29 milhões de toneladas de resíduos, que foram quantificados por prefeituras (Iwate, Miyagi e Fukushima) e, em cada prefeitura, pelo governo local. A região mais afetada, Miyagi, totalizou 15,7 milhões de toneladas de RD. A quantificação de RD orienta as etapas pós-evento do GRD, definindo a logística e a mão de obra necessária, como, por exemplo: espaço necessário para implantação de locais de armazenamento temporário, transporte de RD, capacidade a ser ocupada nos aterros já existentes, operação do incinerador, quantidade a ser reciclada e recebida pelos processos industriais de recuperação, dentre outros. Também serve para embasar a previsão de quantidades geradas em futuros eventos, informação essencial à etapa de preparação.

Imediatamente após o desastre, houve dificuldade inicial para determinar a competência sobre os RD: enquanto era clara a competência sobre o lodo (Ministério do Meio Ambiente), solos e sedimentos (Ministério da Terra, Infraestrutura, Transporte e Turismo), havia dúvidas se os materiais trazidos pela onda estariam sob responsabilidade do Ministério da Agricultura, Florestas e Pesca ou do Ministério do Meio Ambiente.

Outra questão inicial foi a capacidade de disposição dos RD em aterros. Por exemplo, a capacidade dos aterros sanitários na Cidade de Sendai somava 5,81 milhões de toneladas (um aterro municipal de 3,50 milhões de toneladas de vida útil de 80 anos e aterros privados com capacidade total de 2,31 milhões de toneladas). Os resíduos gerados com o terremoto e tsunami, de 2,65 milhões de toneladas (1,35 do terremoto e 1,30 do tsunami), puderam ser absorvidos pela estrutura existente. Porém, em Iwate, a capacidade instalada de disposição de resíduos domiciliares e industriais (2,11 milhões de m^3) não conseguiu atender à demanda de 4,75 milhões de toneladas de RD.

Nas regiões em que os aterros de resíduos já existentes não atendiam à demanda gerada pelos RD do tsunami, a metodologia de gerenciamento de RD compreendeu a instalação de locais de armazenamento primários e secundários, com gradativa segregação. Apenas na região de Miyagi, formada por 12 cidades, 239 locais foram selecionados para armazenamento primário.

A experiência de gerenciamento de RD na cidade de Sendai – a mais bem-sucedida – compreendeu o planejamento para um horizonte de três anos. Um comitê organizador foi estabelecido, no mesmo dia do desastre, com a designação de diferentes profissionais. Sua finalidade era apresentar, em um mês, o plano de gerenciamento de RD, cuja execução deveria estar completa em três anos. O comitê apresentou, duas semanas depois, as diretrizes para remoção de entulho e casas danificadas.

Paralelamente, um fundo de recuperação de desastre de 500 milhões de ienes foi liberado em uma semana para a prefeitura de Sendai. Mais 10 bilhões de ienes foram disponibilizados 20 dias após o evento; e um mês depois o Ministério do Meio Ambiente formulou diretrizes para utilização dos fundos.

Em termos operacionais, as decisões do comitê foram rápidas e concatenadas, com as seguintes ações efetivas:

- Remoção de entulho para busca de corpos até junho de 2011, em torno das áreas residenciais até julho e nas áreas agricultáveis até dezembro.
- A prefeitura municipal começou a demolir as casas danificadas em junho de 2011, trabalho que foi concluído em fevereiro de 2014. Para agilizar o processo, foram contratadas empresas privadas, que recebiam por casa demolida, com exceção de locais de demolição mais complexa, que mereceram contratos especiais.
- A remoção dos sedimentos do tsunami continuou até março de 2012.
- A submissão de contestação de processos indenizatórios, inicialmente prevista para fins de março de 2012, foi estendida por mais seis meses por solicitação das vítimas ao governo nacional.
- No mesmo dia do evento iniciou-se a seleção de locais para armazenamento temporário, os quais foram definidos em 22 dias e preparados para entrar em operação em menos de um mês. Esses depósitos temporários funcionaram até o final de 2013 e voltaram às condições originais exatamente três anos após o evento, cumprindo a meta original.
- O processo de gerenciamento dos RD baseou-se em segregação muito apurada – por tipo, tamanho e características –, que definiu categorias para reciclagem (metais, madeira, concreto, asfalto, pneus, tatame e solos), incineração (resíduos combustíveis), tratamento como resíduo especial (resíduos de equipamentos elétricos e eletrônicos, óleo, amianto, PCB, CFC e outros resíduos perigosos), destinação específica (embarcações, automóveis e sedimentos) e disposição em aterro (rejeitos como painéis de gesso e tijolos). Foram selecionadas e contratadas empresas privadas para trituração e segregação, as quais entraram em operação em primeiro de julho de 2011, três meses após o evento.
- Antes do armazenamento temporário, foi feita triagem grosseira no momento de coleta e transporte para separar as embarcações, automóveis e sedimentos. O país já contava com lei específica para reciclagem de veículos em fim de vida.

- Para evitar o transporte dos RD combustíveis, já em abril de 2011, optou-se pela instalação de incineradores temporários no próprio local. A contratação e construção dos incineradores temporários de grande porte efetivaram-se em maio, sendo que dois incineradores entraram em operação em outubro do mesmo ano e um terceiro, em dezembro. A incineração local terminou em setembro de 2013, e a desmontagem completa dos incineradores foi encerrada em final de fevereiro de 2014. Inicialmente observou-se que a geração de calor nos incineradores foi reduzida devido à presença de solos e sedimentos aderidos aos resíduos combustíveis, o que induziu melhoramentos na segregação dos resíduos e uso de combustível auxiliar (resíduos de madeira). Para a implantação dos incineradores temporários, fez-se necessária uma revisão da legislação de planejamento urbano e padrões de construção com a finalidade de permitir o uso temporário de parques e outras áreas de controle de urbanização como locais de gerenciamento de RD. Esses procedimentos foram publicados e explicados à população local.
- A reciclagem dos metais presentes nos RD iniciou-se em junho de 2011.
- A disposição final de painéis de gesso começou em agosto de 2011 e foi até o final de 2013.
- A reciclagem de concreto e sedimentos só pôde ser iniciada em julho de 2012, após o estabelecimento, pelo Ministério do Meio Ambiente, de diretrizes e padrões específicos de uso de RD em obras públicas, particularmente dos sedimentos de tsunami. A reciclagem desses materiais completou-se no final de 2013.
- A fração de solo representou mais de um terço em peso dos RD. A lacuna de conhecimento sobre o reúso de solos recuperados induziu o desenvolvimento de estudos, que resultaram na utilização de solos e misturas solo-resíduo como material de preenchimento de valas e de construção dos diques ao longo da orla marítima. Algumas obras ainda estão em andamento com a utilização de solos recuperados, conforme visto na Foto 12. Na Foto 16 percebe-se que os solos recuperados utilizados na construção dos diques de contenção ainda é composta de uma parcela de resíduos, dentro de limites aceitáveis para este uso, conforme os critérios técnicos estabelecidos.
- Itens de valor sentimental e afetivo foram separados manualmente por grupos de voluntários.
- Muitos equipamentos foram utilizados para trituração e segregação granulométrica dos RD, tais como triturador uniaxial,

máquina de separação magnética, submersão em água, por vento, peneiras rotatórias e vibratórias, dentre outros.

- Sedimentos do tsunami são fundamentalmente solo e areia do berço marinho que foram carreados para o continente pela onda. Dependendo do uso da terra na área de desastre, vários outros objetos e materiais podem estar misturados, portanto a composição do sedimento é muito variável. Foi realizado um zoneamento tentativo do risco inerente do sedimento, considerando o uso da terra e as características das construções locais antes do evento. Assim, definiram-se três categorias: áreas poluídas, não poluídas e possivelmente poluídas, a partir das quais foram definidas ações e destinações.

Foto 16 Composição do solo recuperado utilizado nos diques de contenção.

Na região de Fukushima, o problema adicional de solos contaminados por radiação exigiu gerenciamento específico de RD, particularmente a descontaminação dos solos. Conceitos e métodos para projeto e gerenciamento de locais de disposição de solos e resíduos com contaminação nuclear passaram a ser discutidos, indicando a necessidade de pesquisas específicas e adicionais sobre a temática.

Documento "Disaster waste management guideline in Asia and the Pacific (Framework)"

Quando de nossa visita, o Ministério do Meio Ambiente estava preparando o documento "Disaster waste management guideline in Asia and the Pacific (Framework)", em conjunto com uma empresa privada de consultoria e com a Sociedade Japonesa de Ciclos de Materiais e Gerenciamento de Resíduos (Japan Society of Material Cycles and Waste Management – JSMCWM). A JSMCWM é membro da D. Waste Net, estabelecida a partir da Conferência Mundial de Redução de Risco de Desastres, ocorrida em 2015, em Sendai.

Esse documento é endereçado a gestores municipais, estaduais e federais para fortalecimento e divulgação de leis, resoluções, estratégias e planos de implementação de GRD, com destaque para a fase de preparação para o desastre.

Inicialmente, o escopo voltava-se para o Japão, ampliado posteriormente para Ásia e Pacífico. A ideia é a de que as experiências e lições aprendidas no Japão possam ser efetivas e adaptáveis para outros países, considerando suas condições geográficas e tipos de desastres.

A compreensão geral sobre o conceito de GRD, como apenas remoção de entulho após o desastre, foi ampliada para ações antes e depois do desastre, demandando uma coordenação sistemática e ampla. A visão ampliada foi consequência de questionamentos sobre como o GRD poderia impactar positivamente os seguintes aspectos: risco à saúde e ao ambiente, sistema local de gerenciamento de resíduos, economia e resiliência.

O guia também recomenda revisões sistemáticas das diretrizes e manuais de GRD existentes em todo o mundo. Para sistematizar o nível de conhecimento atual e identificar as lacunas e superposições, analisaram-se diversos documentos, e as informações foram classificadas segundo as cinco etapas do gerenciamento de desastres.

Esse guia representa o primeiro esforço nesse sentido e se propõe a atingir, em sua conclusão, os seguintes elementos-chave para a região:

- Necessidade de incorporar o GRD no sistema geral de gerenciamento de resíduos, no contexto da RRD e mudanças climáticas.
- Desenvolvimento de políticas, leis, regulamentações e estratégias, com destaque para algumas ações fundamentais: preparação de *checklist* para GRD específica para atuação local; designação do funcionário responsável e da organização responsável por implementar e coordenar as atividades de GRD; alocação de

recursos específicos para GRD; e promoção do envolvimento do setor privado, comunidades e voluntários, com um acordo de cooperação.

- Redes de cooperação (*networking*) e coordenação por nucleação (*cluster*):[2] o documento ressalta a importância da intersetorialidade com saúde, abastecimento de água, saneamento, higiene, educação e infraestrutura, liderado pelo Órgão Nacional de Gerenciamento de Desastres e agências humanitárias. No Brasil, destaca-se a importância de acrescentar a Defesa Civil na nucleação.
- Aspectos técnicos, pesquisa, treinamento e conscientização: registro de dados estatísticos, elaboração de inventários e equações para estimar geração de RD; promoção de técnicas, equipamentos e locais para tratamento e disposição de RD; e condução de atividades de educação e conscientização.
- Compartilhamento de conhecimento e informação: formação de *hubs* e redes de compartilhamento.
- Matérias específicas: promoção do conceito de *Build Back Better*,[3] entre outras.

Uma das principais contribuições do documento é a formulação da estrutura (*framework*) do plano de GRD para duas situações estratégicas: preparação e implementação. Curioso observar que, no documento, são apresentados dois planos distintos: o plano de preparação, para a etapa pré-evento, e o plano de implementação, contemplando as etapas pós-evento (resposta, recuperação e reconstrução). O destaque de etapa de preparação, com objetivos e metas próprios, indica a importância que o Japão dá às atividades e ações preventivas para mitigação de impactos e redução de riscos de desastres. Como exemplo citam-se a existência prévia de *clusters*, legislações específicas, estimativas de geração de RD, identificação de áreas potenciais para destino dos RD, dentre outras.

---

2. O conceito de ***cluster***, que se estende da informática ao *marketing*, diz respeito a conjuntos colaborativos de semelhantes com vistas à cooperação e maior eficiência.

3. *Building Back Better* (reconstruindo melhor) é um conceito inicialmente empregado para a recuperação pós-desastre da infraestrutura visando reduzir a vulnerabilidade das construções a futuros desastres: a urgência em reconstruir áreas afetadas frequentemente leva à aceitação de padrões mais baixos de projetos, materiais e construção, tornando as comunidades mais vulneráveis ao próximo evento. BBB aponta no sentido inverso e foi estendido para outros aspectos da resiliência comunitária.

Outro destaque é a necessidade da criação de rede de informações sobre RD na Ásia e no Pacífico, a exemplo da rede interna D.waste-net, já existente no Japão desde 2015.

O documento traz informações sobre estimativas da geração de RD em eventos de grande porte ocorridos nas duas últimas décadas, conforme apresentado na Tabela 1.

Tabela 1 Impacto de desastres de grande porte no mundo de 1998 a 2015.

Data	Nome do desastre	Número de desaparecidos e mortos	Quantidade estimada de RD
	A) Terremoto/Tsunami		
Dez. 2004	Sumatra- Andaman	~283.000	7-10 milhões m^3
Out. 2005	Paquistão	~73.000	N.D.
Maio 2008	Sichuan	~89.000	20 milhões t
Jan. 2010	Haiti	~229.000	23-60 milhões t
Mar. 2011	Japão	~19.000	31 milhões t
Abr. 2015	Nepal	~8.700	14 milhões t
	B) Ciclone/Tufão/Furacão/Enchente		
Ago. 1998	Enchentes em Bangladesh	~ 1.000	N.D.
Ago. 2005	Furacão Katrina	1.321	26,8 milhões t
Jun. 2010	Enchentes na China	1.765	N.D.
Jul. 2010	Enchentes no Paquistão	2.901	N.D.
Out. 2011	Enchentes na Tailândia	815	100.000 t
Nov. 2013	Superfuracão Haiayn	7.986	19 milhões t
Mar. 2015	Ciclone tropical PAM em Vanuatu	~24	N.D.

N.D.: dados não disponíveis.

Fonte: JSMCWM, 2018.

Em relação aos RD, a JSMCWM (2012) estabelece os prazos de GRD para cada uma das cinco etapas do gerenciamento de desastre (Tabela 2).

Tabela 2 Prazos para GRD por etapa do gerenciamento de desastre.

Fase	Prazo
Preparação	Antes do desastre
Resposta (emergência)	10^2 horas (aproximadamente 3 dias = 72 horas)
Recuperação imediata (alívio)	10^3 horas (aproximadamente 1 mês)
Recuperação	10^4 horas (aproximadamente 1 ano)
Reconstrução	10^5 horas (aproximadamente 10 anos)

Fonte: JSMCWM, 2018.

Considerações finais

Gostaríamos de comentar alguns aspectos culturais que julgamos determinantes no gerenciamento de resíduos de desastres no Japão:

- *Cultura da resiliência*: o japonês aprende a conviver com o risco desde sempre. Ele tem consciência de sua vulnerabilidade e se prepara para as consequências. Esse traço cultural é perceptível na postura individual dos cidadãos, no senso comunitário, na estrutura social e política e, mesmo, na concepção dos espaços internos e externos dos edifícios.
- *Planejamento com metas e prazos e comprometimento com o cumprimento das metas*: isto se faz notar em diversos aspectos da sociedade japonesa, mais especificamente no caso de gerenciamento de desastres. Cabe ressaltar que muitas metas, no caso do GRD de Sendai, foram alcançadas antes do prazo estabelecido.
- *Estruturação de comando e responsabilidades*: percebemos clara hierarquia de comando na questão de GRD do tsunami de 2011. Um grupo designado pelo poder central planejou ações por três anos, e as responsabilidades foram segmentadas por setores e funções, todos obedecendo comando de voz única. Sentimos que cada profissional é focado em sua incumbência e em geral não tem a percepção do todo, o que, no entanto, não suscita questionamentos que atrasam o cumprimento de suas atribuições. O GRD teve um planejamento central, multidisciplinar, realizado por um grupo de *experts*; a partir das decisões do grupo, os demais aceitaram, confiaram e cumpriram sua parte. Supomos que seja consequência de um traço cultural de respeito às autoridades e instituições, de reverência à hierarquia. Nossos colegas japoneses aparentemente se surpreenderam com nossos múltiplos interesses na questão de desastres. Concluindo, sentimos que, no caso do tsunami em Sendai, não houve crise institucional, como costuma acontecer nos episódios de desastres brasileiros. Houve responsabilização clara e objetiva, mesmo considerando a diversidade de atores envolvidos. Essa forma de trabalhar propicia uma ação mais rápida, harmônica e eficiente. Consideramos que essas observações podem contribuir para uma reflexão sobre ações perante os desastres no âmbito brasileiro.
- *Envolvimento de instituições públicas e privadas*: é difícil simplesmente importar o modelo japonês para o Brasil, porém a a cooperação do setor privado revelou-se extremamente eficaz no Japão; embora seja difícil simplesmente importar o modelo japonês para o Brasil, esta é uma questão que merece consideração.

- *Resiliência comunitária, que pode ser constatada de diversas maneiras*: a recuperação da vegetação para futuras gerações por meio de cultivo de mudas por idosos que não verão as árvores crescerem; o preparo diante de desastres demonstrado pelos professores, funcionários e alunos da escola municipal primária de Nakahama, o que lhes poupou a vida quando o tsunami ocorreu; os voluntários que trabalharam na recuperação de objetos pessoais dos atingidos; a postura dos nossos colegas japoneses de aceitação da provável ocorrência de desastres e de convivência resignada, porém proativa, perante essa realidade.

Há também aspectos interessantes sobre RD que merecem ser comentados:

- Desastres, mesmo que não envolvam substâncias perigosas, podem gerar resíduos perigosos. Por exemplo, enchentes podem arrastar veículos, equipamentos elétricos e eletrônicos, produtos químicos, alimentos, dentre outros, que, quando destruídos, podem liberar substâncias perigosas. O tsunami de 2011 atingiu a usina nuclear de Fukushima, resultando na necessidade de evacuação da área. Em Sendai, embora a onda tenha varrido uma região de vilas de pescadores e pequenas propriedades agrícolas, havia também resíduos contaminados entre os RD.
- Para GRD, destaca-se a importância do planejamento e das decisões prévias sobre locais de armazenamento de RD, ponto especialmente relevante para o contexto de limitação de espaço do Japão. Este aspecto também é essencial para áreas urbanas em nosso país, em especial as mais extensas e adensadas.
- A separação dos RD na fonte e o armazenamento diferenciado, por tipos e características, facilitam os fluxos para valorização, tratamento ou disposição final.

Entendemos que este capítulo apresentou diversas ações do gerenciamento de desastres, em particular do GDR, que contribuem para os Objetivos do Desenvolvimento Sustentável – ODS (ONU, 2015):

- O conceito *Building Back Better*, a otimização da segregação de RD para valorização, a criação de mercado em conjunto com o setor privado para a reciclagem industrial, a utilização *in situ* de solos recuperados, o estabelecimento de critérios técnicos para utilização de RD, dentre outras medidas, promovem o ODS 9.
- Os *memory hills*, a construção de diques de contenção, a relocação das vias de transporte rodoviário e ferroviário, os museus

documentais, a capacitação contínua para o enfrentamento de eventos adversos são aspectos que alavancam o ODS 11.

- O cultivo de mudas para reflorestamento por voluntários da comunidade atende claramente aos objetivos do ODS 15. Uma grande contribuição a este ODS, embora não óbvia, é a própria intervenção imediata para afastamento dos RD visando ao retorno rápido à normalidade da vida comunitária, o que auxilia a reverter a degradação da terra.

Cabe ressaltar que várias dessas ações contribuem simultaneamente para mais de um ODS.

Reconhecendo as diferenças culturais, políticas, econômicas e sociais entre Japão e Brasil, esperamos que a experiência proporcionada pela missão, sintetizada neste capítulo, traga pontos importantes para a discussão de uma política nacional de resíduos de desastres. Esperamos que esta contribuição possa também proporcionar reflexões sobre a importância do gerenciamento de resíduos de desastres e sua incorporação na agenda do gerenciamento de resíduos sólidos em geral.

Agradecimentos – Agradecemos a Shirlei Lica Ichisato Hashimoto, pela tradução dos vídeos, ao Prof. Takeshi Katsumi, pela organização da visita e calorosa recepção, ao CEPED-SP/USP, pelo trabalho conjunto sobre desastres, e à CAPES, pelo apoio financeiro.

Referências bibliográficas

ASARI, M.; SAKAI, S.; YOSHIOKA, T.; TOJO, Y.; TASAKI, T.; TAKIGAMI, H.; WATANABE, K. Strategy for separation and treatment of disaster waste: a manual for earthquake and tsunami disaster waste management in Japan. Journal of Material Cycles and Waste Management, v. 15, n. 3, p. 290-299, 2013.

JSMCWM – Japan Society of Material Cycles and Waste Management. Disaster Waste Management Guideline in Asia and the Pacific (Framework). Relatório, 22 p., 2018.

KATSUMI, T.; INUI, T.; TAKAI, A.; ENDO, K.; SAKANAKURA, H.; IMANISHI, H.; KAZAMA, M.; OKAWARA, M.; OTSUKA, Y.; SAKAMOTO, H.; SUZUKI, H.; YASUTAKA, T. Environmental geotechnics for the recovery from 2011 East Japan earthquake and tsunami. Seventh International Congress on Environmental Geotechnics, Melbourne, Australia, November 11-14, 2014.

KATSUMI, T.; OKAWARA, M.; KAWAHIMA, M.; ENDO, K.; SAKANAKURA, H.; IWASHITA, S.; TAKAI, A.; INUI, T. Soils recovered from disaster debris – Characterization and utilization. Journal of JSCE, v. 5, p. 145-156.

Special Topic- Restauration and Recovery from the 2011 Great East Japan Earthquake (Invited Paper), 2017.

Katsumi, T.; Inui, T.; Yasutaka, T.; Takai, A. Towards sustainable soil management – Reuse of excavated soils with natural contamination. Proceedings of the 8th International Congress on Environmental Geotechnics, **v. 1, 99-118, Hangzhou, China,** 2018.

ONU – Organização das Nações Unidas. ***United Nations – Sustainable Development Goals Knowledge Platform,*** 2015. Disponível em https://sustainabledevelopment.un.org/post2015/transformingourworld. Acesso em 11/04/2019.

WHO – World Health Organization. FAQs: **Fukushima Five Years On**, 2015. **Disponível em** https://www.who.int/ionizing_radiation/a_e/fukushima/faqs-fukushima/en/ **. Acesso em 11/04/2019.**

YOSHIOKA, T. Tratamento e reciclagem de resíduos de desastres após o grande terremoto do leste do Japão. **Notas de palestra, SENALIMP 2013**, ABLP, São Paulo, 2014.

Sobre os autores

Adelaide Cassia Nardocci: bacharel em Física, doutora em Saúde Pública pela Faculdade de Saúde Pública, Universidade de São Paulo (USP), e pós-doutorado pela Universidade de Bologna. Livre-docente e professora do Departamento de Saúde Ambiental da Faculdade de Saúde Pública da USP. Coordenadora do Núcleo de Pesquisa em Avaliação de Riscos Ambientais (NARA) da USP.

Alessandra Carla Fatori Ergesse Machado: bióloga, doutora em Biodiversidade Vegetal e Meio Ambiente pelo Instituto de Botânica, trabalha na Assessoria de Meio Ambiente do Centro Tecnológico da Marinha em São Paulo (CTMSP) como servidora da Amazônia Azul Tecnologias de Defesa S.A.

Alexandre Cláudio Botazzo Delbem: professor titular do Departamento de Sistemas de Computação do Instituto de Ciências Matemáticas e de Computação na Universidade de São Paulo (ICMC-USP) e bolsista produtividade 1C do CNPq. Investiga soluções computacionais para lidar com problemas do mundo real, tais como: qualidade da energia e restabelecimento de energia após apagões, predição de mudanças em sistemas complexos e detecção de doenças.

Alexandre Delijaicov: doutor e mestre pela FAU/USP, é professor do Departamento de Projeto da FAU/USP, coordenador do Grupo de Pesquisa em Projeto de Arquitetura de Infraestruturas Urbanas Fluviais (Grupo Metrópole Fluvial) e do Grupo de Pesquisa em Projeto de Arquitetura de Equipamentos Públicos, ambos do Laboratório de Projeto (LABPROJ) da FAU/USP. Arquiteto efetivo da Prefeitura de São Paulo.

Aline Betânia de Mattos Carvalho Signorelli: capitão de Polícia Militar, trabalha atualmente na divisão de Preparação da Defesa Civil do Estado de São Paulo. Bacharel em Ciências Policiais de Segurança e Ordem Pública pela Academia de Polícia Militar do Barro Branco (APMBB) e em Direito pela Universidade Bandeirante. Instrutora do Curso de Recursos Federais de Defesa Civil pela Secretaria Nacional de Proteção e Defesa Civil e da Universidade de Santa Catarina.

Ana Carolina Corberi Famá Ayoub e Silva: doutoranda em Ciência Ambiental pelo PROCAM (IEE/USP). Graduada em Direito pela Faculdade de Direito da USP e em Ciências Biológicas pela UNESP, com especialização em Gerenciamento Costeiro. Pesquisadora do CEPED-SP/USP e do GEAMA/USP. Atualmente é sócia-fundadora de Iglecias&Famá Advogados.

Ana Carolina Sarmento Buarque: bacharel em Engenharia Ambiental e Sanitária pela Universidade Federal de Alagoas (UFAL). Desde 2018 é mestranda em Engenharia Hidráulica e Saneamento na EESC-USP, com tema de pesquisa em observatórios sócio-hidrológicos para segurança hídrica sob cenários de mudanças climáticas. Possui experiência nas áreas de Hidrologia, Gestão de Recursos Hídricos, Ciência de Dados e Sócio-hidrologia.

André Ferreira de Castilho: graduado em Direito pela Faculdade de Direito da USP. Foi aluno do programa Pites de dupla diplomação com a Université Lumière Lyon 2 (França). Ex-membro da Clínica de Direito Ambiental Paulo Nogueira Neto e da Oficina de Direito Ambiental, ambas da Faculdade de Direito da USP. Atualmente é advogado ambiental em São Paulo.

Arlei Benedito Macedo: livre-docência pela USP, pós-doutorado pela United States Geological Survey Tucson Az e pela Colorado School of Mines. Doutorado, mestrado e graduação em Geociências pelo IGc/USP. É professor aposentado pela Universidade de São Paulo, tendo atuação no Comitê da Bacia Hidrográfica do Ribeira de Iguape e Litoral Sul, bem como consultor em projetos de SIG, relatórios de situação, planos de bacia, levantamento e monitoramento de riscos naturais e planos de defesa civil.

Arlindo Philippi Junior: mestrado em Saúde Ambiental e doutorado em Saúde Pública (USP), pós-doutorado em Estudos Urbanos e Regionais (MIT/EUA) e livre-docência em Política e Gestão Ambiental (USP). É professor titular da Universidade de São Paulo e membro titular do Conselho Deliberativo do INCLINE (Interdisciplinarity Investigation Center on Climate Change) da USP.

Bianca Carvalho Vieira: professora do Departamento de Geografia da Universidade de São Paulo desde 2005. Foi professora da UNESP-Ourinhos e pesquisadora do Instituto de Pesquisa do Estado de São Paulo. Fez pós-doutorado no Earth and Space Sciences, University of Washington (EUA). É coordenadora do Grupo de Pesquisas de Processos Morfodinâmicos e Ambientais (GPmorfo/USP).

Caio Pompeu Cavalhieri: engenheiro ambiental formado na USP (2007) e mestre em Engenharia Civil pela Unicamp (2013). É pesquisador desde 2008 no Instituto de Pesquisas Tecnológicas do Estado de São Paulo (IPT), no qual usa e desenvolve ferramentas de monitoramento ambiental. Foi pesquisador visitante em 2012 no Departamento de Ciências do Solo da North Carolina State University (EUA).

Camila Bertaglia Carou: geógrafa pela Universidade Federal de São Carlos (UFSCar), mestranda em Geografia Física na Universidade de São Paulo (USP) e pesquisadora estudante do Programa Novos Talentos do Instituto de Pesquisas Tecnológicas de São Paulo (IPT). Foi bolsista de iniciação tecnológica e estagiária no IPT, na Seção de Investigações, Riscos e Desastres Naturais. Possui experiência, principalmente, em geomorfologia, pedologia e mapeamento de riscos naturais.

Camilo Restrepo-Estrada: professor da Universidade de Antioquia (Colômbia). Doutor em Engenharia Hidráulica e Saneamento pela Escola de Engenharia de São Carlos, da Universidade de São Paulo (EESC-USP). Mestrado em Engenharia Ambiental pela Universidade de Antioquia e engenheiro civil pela Universidade Nacional da Colômbia. Atua nas áreas de Modelagem Ambiental, GIS, Hidrologia, Drenagem Urbana, Assimilação de Dados, *Machine Learning* e Estatística.

Cíntia Pereira Torres Oliveira: capitão de Polícia Militar. Trabalha atualmente na divisão de Prevenção da Defesa Civil do Estado de São Paulo. Bacharel em Ciências Policiais de Segurança e Ordem Pública pela Academia de Polícia Militar do Barro Branco (APMBB) e em Direito pela Universidade Bandeirante. Possui especialização em Direito Penal, pela Escola Superior do Ministério Público, e em Redução de Risco de Desastres com Participação da Comunidade, pela Agência de Cooperação Internacional do Japão.

Dafne Rosane Oliveira: psicóloga e professora universitária. Mestre em Ciências do Comportamento (UnB) e doutora em Psicologia (USP). Participa do LEM-USP (Laboratório de Estudos sobre a Morte), é pesquisadora no CEPED-SP/USP (Centro de Estudos em Desastres) e parceira no NIPED (Núcleo de Intervenções Psicossociais em Emergências e Desastres) da Prestar Cuidados.

Denise Taffarello: pós-doutoranda (EESC/USP, bolsa CAPES PNPD). Doutora em Engenharia Hidráulica e mestre em Biotecnologia (USP/Instituto Butantan/IPT-SP), bacharel em Ciências Biológicas (USP-SP). Foi funcionária da Secretaria de Estado do Meio Ambiente de São Paulo, sendo diretora técnica 2, e da Companhia Ambiental do Estado de São Paulo (CETESB). Experiência em serviços ambientais e eco-hidrologia.

Donald Robert Nelson: doutorado na University of Arizona. Atualmente é assistant professor na University of Georgia (UGA/EUA). Tem experiência na área de Antropologia, com ênfase em Sensoriamento Remoto e Análise Espacial. As áreas de atuação incluem Segurança Alimentar, Vulnerabilidade e Adaptação, Mudanças Climáticas, Desenvolvimento e Métodos Participativos.

Edilson Pizzato: geólogo pelo Instituto de Geociências, mestre e doutor em Engenharia de Minas pelo Escola Politécnica da USP. É professor doutor no Instituto de Geociências da USP, na área de Geotecnia.

Eduardo Mario Mendiondo: engenheiro de Recursos Hídricos da Universidade Nacional del Litoral, Argentina; mestre e doutor em Recursos Hídricos (UFRGS); pós-doutor do Center for Environ. Systems Research, Univ Kassel; professor doutor do Departamento de Hidráulica e Saneamento, Escola de Engenharia de São Carlos, USP. Coordenador científico do CEPED-SP/USP.

Elaine Gomes dos Reis Alves: psicóloga especialista em Perdas, Luto, Emergências e Desastres; doutorado e pós-doutorado pelo Instituto de Psicologia (USP); coordenadora do Núcleo de Intervenções Psicológicas em Emergências e Desastres (NIPED); fundadora da Prestar Cuidados em Psicologia; pesquisadora do CEPED-SP/USP; pesquisadora do Laboratório de Estudos. Sobre a Morte (LEM-IPUSP); docente; habilitada em Gestão de Riscos e Desastres pela OIT/CIF, ONU, Turim, Itália.

Felipe Augusto Arguello de Souza: pesquisador do Water-Adaptive Design & Innovation lab (the WADI lab). Mestre em Engenharia Hidráulica e Saneamento pela Escola de Engenharia de São Carlos (USP). Engenheiro civil pela Universidade Federal do Mato Grosso do Sul. Desenvolve trabalhos na área de Sócio-hidrologia, *Citizen Science*, Gerenciamento de Recursos Hídricos, Pegada Hídrica e Projetos de Drenagem.

Fernando Girardi de Abreu: graduado em Gestão Ambiental pela Universidade de São Paulo (2005) e Engenharia Ambiental pela Uniseb (2010). É mestre e doutorando em Engenharia Hidráulica e Saneamento na Universidade de São Paulo. Atuou como professor na Universidade Estácio de Sá e como analista de fiscalização na Agência Reguladora ARES-PCJ.

Filipe Aécio Alves de Andrade Santos: pesquisador em Logística Humanitária no CISLOG/USP e CEPED-SP/USP. Bacharel em Engenharia Mecânica; atualmente cursa o mestrado em Engenharia de Sistemas Logísticos pela Escola Politécnica da USP. Sua pesquisa é focada em Operações de Logística Humanitária e Sistemas de Apoio à Decisão.

Gabriela Maraví: assistente de pesquisa e engenheira de negócios da Universidad del Pacífico. Tópicos de pesquisa: Logística Urbana e Logística Humanitária.

Henguel Ricardo Pereira: tenente coronel de Polícia Militar; diretor estadual de Proteção e Defesa Civil. Mestre e doutor em Ciências Policiais de Segurança e Ordem Pública, bacharel em Direito e em Engenharia, com especialização em Segurança do Trabalho.

Hugo T. Y. Yoshizaki: doutor e livre-docente em Engenharia de Produção pela Universidade de São Paulo, é professor do Departamento de Engenharia de Produção da Escola Politécnica da USP. Coordenador científico do CEPED/SP-USP entre os anos de 2013 e 2019. Dirige o Centro de Inovação em Sistemas Logísticos (CISLOG) da USP. Foi pesquisador sênior na London School of Economics e professor visitante no Massachusetts Institute of Technology.

Irineu de Brito Junior: graduado em Engenharia de Produção pela EESC-USP, mestre em Engenharia de Sistemas Logísticos e doutor em Engenharia de Produção pela POLI-USP. Atualmente é professor da Unesp em São José dos Campos. Pesquisador no Centro de Pesquisas em Desastres da USP e da Università della Svizzera Italiana (Suiça), realizando trabalhos sobre Localização de Instalações e Pré-posicionamento de Materiais.

Jefferson de Lima Picanço: geólogo (UFPR), com mestrado e doutorado no IG-USP. Tem experiência profissional na Indústria da Mineração e com Engenharia e Obras Civis. Atualmente é professor no Instituto de Geociências da UNICAMP, onde faz pesquisa e orienta na área de Gestão de Riscos e Suscetibilidade a Desastres. Seus interesses de pesquisa são: processos de gestão de riscos, análises de suscetibilidade a fluxos de detritos, riscos geológicos associados a rompimento de barragens de rejeito e análise geológico-geotécnica de solos saprolíticos.

João Múcio Amado Mendes: doutorando, mestre e graduado em Direito pela Faculdade de Direito da USP, com período de graduação-sanduíche na Faculdade de Direito da Ludwig-Maximilians-Universität München (LMU). Pesquisador do CEPED-SP/USP e do GEAMA/USP. Atualmente é analista judiciário no Tribunal Regional Federal da 3ª Região (TRF3).

João Pedro Coelho Belini: graduando em Engenharia Ambiental pela EESC-USP. Aluno selecionado na Bolsa Empreendedorismo, AUSPIN-2018, tendo por dois meses desenvolvido atividades de pesquisa na Ecole Nationale Supérieure de Chimie de Rennes. Bolsista de IC-FAPESP, de 2018 a 2019, com o projeto "Adaptação baseada em ecossistemas através de PSA-Hídrico, usando técnicas compensatórias, para aumento da segurança hídrica em bacias hidrográficas urbanas".

Juliana da Costa Mantovani: geógrafa formada na USP e mestre em Geografia Física pela USP, com pesquisa sobre Geomorfologia e impacto de infraestruturas lineares no meio físico. Especialista em Perícia Ambiental pelo Senac São Paulo. Foi docente nos cursos técnicos e livre de Geoprocessamento, Meio Ambiente e Licenciamento Ambiental no Senac-São Paulo. Atualmente desenvolve doutorado no Programa de Pós-graduação em Geografia Física da USP, com pesquisa sobre a interação entre geomorfológica e perícia ambiental.

Katia Canil: graduação em Geografia, mestrado e doutorado em Geografia Física pela Universidade de São Paulo. Foi pesquisadora do Instituto de Pesquisas Tecnológicas do Estado de São Paulo de 1992 a 2013. Atualmente é professora adjunta da Universidade Federal do ABC (UFABC) e integrante do grupo de pesquisa e vice-coordenadora do Laboratório de Gestão de Riscos da UFABC (LabGris). É colaboradora e afiliada da Associação Brasileira de Geologia de Engenharia e Ambiental (ABGE).

Lara Leite Barbosa: professora doutora do Departamento de Projeto da FAU-USP. Arquiteta e urbanista, autora do livro *Design sem fronteiras: a relação entre o nomadismo e a sustentabilidade*, publicado pela Edusp e Fapesp em 2012, pelo qual recebeu o 1° lugar no Prêmio do Museu da Casa Brasileira em 2009. Esse mesmo livro recebeu o 3° lugar do Prêmio Jabuti 2013 na categoria Arquitetura e Urbanismo. Atualmente é coordenadora do grupo NOAH (Núcleo Habitat sem Fronteiras), no qual desenvolve e orienta pesquisas sobre projetos para situações emergenciais na FAU-USP.

Larissa Ciccotti: doutora e bacharel em Química Ambiental pelo Instituto de Química da Universidade de São Paulo, é tecnóloga em Gestão Ambiental pelo Centro Universitário Senac, pós-doutora pela Faculdade de Saúde Pública da USP, pós-doutoranda da Escola Politécnica da USP e pesquisadora membro do CEPED/SP-USP.

Lia Helena Monteiro de Lima Demange: doutora em Ciência Ambiental pelo PROCAM (IEE/USP), mestre em Direito Ambiental pela Pace University e graduada em Direito pela Faculdade de Direito da USP. É SESYNC Graduate Research Fellow na Universidade de Maryland e pesquisadora do CEPED-SP/USP e do GEAMA/USP. Atualmente é assessora da presidência da CETESB.

Marcelo Fischer Gramani: graduação em Geologia e mestrado em Engenharia Civil pela Universidade de São Paulo. Geólogo do Instituto de Pesquisas Tecnológicas do Estado de São Paulo desde 2002. Membro do Plano Preventivo de Defesa Civil e Programa Estadual de Desastres Naturais. Tem experiência na área de Geociências, com ênfase em Geologia de Engenharia. Atua principalmente nos seguintes temas: corrida de massa, riscos geológicos, atendimentos de emergência, mapeamento de áreas de risco e treinamento e capacitação

Marcus Nóbrega Gomes Júnior: mestrando em Ciências com foco em Engenharia Hidráulica e Saneamento pela Escola de Engenharia de São Carlos, da Universidade de São Paulo (EESC-USP) e bacharel em Engenharia Civil pela Universidade Estadual de Maringá (UEM). É pesquisador na área de Técnicas Compensatórias de Drenagem Urbana com foco no design de modelos hidrológicos e hidráulicos para o projeto e avaliação de desempenho de reservatórios de biorretenção.

Maria Clara Fava: mestre em Ciências com foco em Engenharia Hidráulica e Saneamento pela Escola de Engenharia de São Carlos, da Universidade de São Paulo (EESC-USP). Desde 2015 é doutoranda em Engenharia Hidráulica e Saneamento na EESC-USP, com tema de pesquisa em modelagem hidrodinâmica para previsão de enchentes utilizando informações de voluntários como fonte complementar de dados.

Maria Clara Rodrigues Pinheiro: mestranda em Engenharia de Produção pela Escola Politécnica da Universidade de São Paulo (Poli-USP), bacharel em Engenharia de Produção pela Universidade de Brasília (UnB), pesquisadora do CEPED-SP/USP.

Maria Eugenia Gimenez Boscov: doutora em Engenharia de Solos e livre-docente em Obras de Terra e Geotecnia Ambiental pela Escola Politécnica da Universidade de São Paulo, onde é professora titular no Departamento de Engenharia de Estruturas e Geotécnica desde 2012. Pesquisadora com bolsa de produtividade em pesquisa do CNPq desde 2003.

Maria Tereza Pepe Razzolini: bióloga, doutora em Saúde Pública pela Faculdade de Saúde Pública (USP) e com pós-doutorado em Avaliação de Risco Microbiológico – Michigan State University (EUA). Atualmente é professora do Departamento de Saúde Ambiental da Faculdade de Saúde Pública (USP).

Marina Batalini de Macedo: mestre em Ciências com foco em Engenharia Hidráulica e Saneamento pela Escola de Engenharia de São Carlos, da Universidade de São Paulo (EESC-USP) e bacharel em Engenharia Ambiental pela Universidade Federal de Uberlândia (UFU). Desde 2017 é doutoranda em Engenharia Hidráulica e Saneamento na EESC-USP, com tema de pesquisa em Técnicas Compensatórias de Drenagem Urbana.

Mario Chong: vice-decano associado de Engenharia de Negócios da Faculdade de Engenharia da Universidad del Pacífico; diretor da Associação Peruana de Profissionais de Logística (APPROLOG). Doutor em gestão empresarial (UNMSM). Mestre em Engenharia Industrial e em Engenharia de Sistemas. Certificação de Gerenciamento da Cadeia de Suprimentos (MIT). Tópicos de pesquisa: logística urbana, logística humanitária, pesquisa operacional, gestão da cadeia de suprimentos e processo de negócios.

Namrata Bhattacharya-Mis: formada em Geografia, atualmente é professora de Geografia e Desenvolvimento Internacional na Universidade de Chester, UK. Sua pesquisa de doutorado envolveu a modelagem do impacto de inundações nos bens de propriedades comerciais. Atualmente possui interesse na compreensão e gerenciamento das consequências e vulnerabilidade de extremos hidrológicos em dinâmicas de sistemas socioeconômicos.

Narumi Abe: cientista de dados sênior no Bradesco, doutor em Engenharia Hidráulica e Saneamento (USP), mestre em Tecnologias Ambientais (UFMS), graduação em Engenharia de Computação (UCDB). Possui experiência em Engenharia Hidráulica, atuando principalmente nos seguintes temas: previsão de enchentes, informações geográficas voluntárias, perdas físicas, sistemas de alertas e calibração de modelos.

Nayara dos Santos Egute: doutorado em Saúde Pública (FSP/USP) com período de doutorado sanduíche realizado na University of Georgia (UGA/EUA). Possui graduação em Ciências Biológicas pela Universidade Nove de Julho, mestrado em Tecnologia Nuclear pelo Instituto de Pesquisas Energéticas e Nucleares (IPEN/USP), especialização em Gestão Ambiental e curso técnico em Segurança do Trabalho pelo Centro Universitário SENAC.

Patrícia Faga Iglecias Lemos: professora associada da Faculdade de Direito da USP. Diretora do Escritório Regional do Programa Cidades do Pacto Global da ONU na USP. Vice-coordenadora do CEPED-SP/USP e pesquisadora-líder do GEAMA/USP. Foi secretária do Meio Ambiente do Estado de São Paulo e sócia-fundadora de Iglecias&Famá Advogados. Atualmente é presidente da CETESB.

Pedro Roberto Jacobi: sociólogo, mestre em Planejamento Urbano, doutor em Sociologia e livre-docente em Educação. Professor titular sênior do Programa de Pós-Graduação em Ciência Ambiental/Instituto de Energia e Ambiente (IEE) e da Divisão Cientifica de Gestão, Ciência e Tecnologia Ambiental do IEE/USP. Coordenador do projeto temático Fapesp Governança Ambiental da Macrometrópole Paulista face às Variabilidades Climáticas do IEE/USP. Editor da revista *Ambiente e Sociedade*. Coordenador do Grupo de Estudos Meio Ambiente e Sociedade do Instituto de Estudos Avançados da USP. Presidente do Conselho do ICLEI – Governos Locais pela Sustentabilidade – América do Sul.

Samia Nascimento Sulaiman: pesquisadora do Laboratório de Gestão de Risco da Universidade Federal do ABC (LabGRis-UFABC), pós-doutora pelo Instituto de Energia e Ambiente da Universidade de São Paulo (IEE-USP), doutora em Educação (USP), licenciada em Letras (USP). Experiência em educação, mobilização e participação social em projetos socioambientais.

Sidgley Camargo de Andrade: professor da Universidade Tecnológica Federal do Paraná, mestre em Ciência da Computação pela Universidade Estadual de Maringá e bacharel em Ciência da Computação pela Faculdade de Ciências Aplicadas de Cascavel. Desde 2015 é doutorando em Ciências de Computação e Matemática Computacional na Universidade de São Paulo. Possui experiência nas áreas de Ciência da Geoinformação, Sistemas de Informação, Banco de Dados e Estatística Espacial.

Simone Greicy Cruz Moura: mestre em Engenharia de Computação pela Universidade do Estado do Rio de Janeiro (UERJ) e graduada em Engenharia Cartográfica pela mesma universidade, é oficial do Corpo de Engenheiros Navais da Marinha do Brasil e serve no Centro Industrial Nuclear de Aramar (CINA).

Tábata Rejane Bertazzo: mestre em Engenharia de Sistemas Logísticos pela Universidade de São Paulo e especialista em Gestão Pública Municipal pela Universidade Tecnológica Federal do Paraná. Doutoranda do CEPED-SP/USP.

Thomas Pinto Ribeiro: bacharel em Relações Internacionais pela Universidade Federal de Santa Catarina. Mestrando em Engenharia de Sistemas Logísticos pela Escola Politécnica da USP. Pesquisador em Logística Humanitária no CISLOG/USP e CEPED-SP/USP.

Tiago D. Martins: professor adjunto da Universidade Federal de São Paulo (Unifesp). Tem atuado na área de análise do relevo para mapeamento de suscetibilidade a movimentos de massa e cartografia de risco. É líder do Grupo de Estudos Dinâmicas Territoriais e Conflitos Socioambientais (GETECON/Unifesp) e integrante do Grupo de Pesquisas de Processos Morfodinâmicos e Ambientais (GPmorfo/USP). Montanhista nas horas vagas.

Vivian Cristina Dias: graduada em Geografia (FFLCH/USP), mestra em Ciências e atualmente doutoranda pelo Programa de Pós-Graduação em Geografia Física (FFLCH/USP). Visiting International Research Student na University of British Columbia (2019-2020), com financiamento da Fundação de Amparo à Pesquisa do Estado de São Paulo. Sua pesquisa tem por foco corridas de detritos e sua relação com aspectos geomorfológicos.

Wagner Isaguirre do Amaral: arquiteto e urbanista pela FAU/USP, mestre em Ciências pelo IGc/USP e doutorando em Projeto de Arquitetura pelo Laboratório de Projeto (LABPROJ) do Departamento de Projeto da Faculdade de Arquitetura e Urbanismo (FAU-USP). Oficial RM2 desde 2015, do Quadro de Engenheiros Navais da Marinha do Brasil, serve na Diretoria de Desenvolvimento Nuclear da Marinha (DDNM) no Centro Experimental Aramar.

Walter Nyakas Junior: secretário-chefe da Casa Militar, coordenador estadual de Proteção e Defesa Civil e presidente do Conselho Nacional de Gestores Estaduais de Proteção e Defesa Civil. Bacharel em Direito, com especialização em Direito Penal, pela Escola Superior do Ministério Público, e em Direito Ambiental, pela Escola Superior da Magistratura. Ingressou na Polícia Militar em 1985, na Academia de Polícia Militar do Barro Branco. Serviu o 2° Batalhão de Polícia de Choque; o Comando de Policiamento Ambiental; a Casa Militar do Gabinete do Governador, onde exerceu, dentre diversas funções, a de diretor do Departamento Estadual de Proteção e Defesa Civil; foi comandante do Policiamento de Área-3 (zona norte de São Paulo) e chefiou a Assessoria Militar da Prefeitura de São Paulo.

Wanda M. Risso Günther: engenheira civil pela Escola de Engenharia Mauá e cientista social pela FFLCH-USP, mestre e doutora em Saúde Pública pela USP, professora titular da Faculdade de Saúde Pública (USP), coordenadora do Programa de Pós-Graduação Ambiente, Saúde e Sustentabilidade da FSP/USP e pesquisadora membro do CEPED/SP-USP.

www.ingramcontent.com/pod-product-compliance
Lightning Source LLC
LaVergne TN
LVHW012036160826
845678LV00014B/2619

* 9 7 8 6 5 8 0 0 3 5 1 2 0 *